高等职业教育(专科)"十三五"规划教材

兽医中药学

陈玉库　马　霞　主编

中国农业大学出版社
·北京·

内容简介

本教材是一部简明实用的职业技术教育教材，以兽医中药学课程学生必须掌握的技能为主线选择教学内容，按照案例教学法（CBL）和以问题为基础的教学法（PBL）联合应用的体例编排，突出理论知识和实践技能的培养，充分体现了专业课教材的理实一体性。

全书将课程分为中药方剂知识和常用中药与方剂两个项目，根据工作内容提炼出62个必须掌握的技能，辅以必备的理论知识。

本教材的特点是重点突出、条理清晰、通俗易懂，既注重传承祖国医学精粹，又广泛吸收了当代研究成果和实践经验。撰写力求图文并茂，以图释文，既保持了兽医中药学科的系统性，又突出了在生产中的实用性。

图书在版编目（CIP）数据

兽医中药学 / 陈玉库，马霞主编. — 北京：中国农业大学出版社，2018.5

ISBN 978-7-5655-2017-4

Ⅰ.①兽… Ⅱ.①陈…②马… Ⅲ.①中兽医学-中药学 Ⅳ.①H853.7

中国版本图书馆CIP数据核字（2018）第078866号

书　名　兽医中药学

作　者　陈玉库　马　霞　主编

策划编辑　姚慧敏　　责任编辑　张　玉

封面设计　郑　川

出版发行　中国农业大学出版社

社　址　北京市海淀区圆明园西路2号　　邮政编码　100193

电　话　发行部 010-62818525，8625　　读者服务部 010-62732336

编辑部 010-62732617，2618　　出　版　部 010-62733440

网　址　http://www.caupress.cn　　E-mail cbsszs @ cau.edu.cn

经　销　新华书店

印　刷　北京时代华都印刷有限公司

版　次　2018年5月第1版　2018年5月第1次印刷

规　格　787×1 092　16开本　18.5印张　460千字

定　价　49.00元

编审人员
CONTRIBUTORS

主　编　陈玉库（江苏农牧科技职业学院）

　　　　马　霞（河南牧业经济学院）

副主编　孙　健（北京农业职业学院）

　　　　邢玉娟（江苏农牧科技职业学院）

　　　　郭振环（河南牧业经济学院）

　　　　王建国（山东省威海市环翠区动物疫病预防控制中心）

编　者　加春生（黑龙江农业工程职业学院）

　　　　田丽芳（保定职业技术学院）

　　　　王　炼（河南牧业经济学院）

　　　　王中杰（山东畜牧兽医职业技术学院）

　　　　闫宏强（山东奥迪尔生物集团有限公司）

　　　　蒋　翔（江苏农牧科技职业学院）

　　　　李美娜（内蒙古兴安盟科右前旗人民医院）

　　　　戴丽红（江苏农牧科技职业学院）

　　　　徐婷婷（江苏农牧科技职业学院）

　　　　赵爱华（江苏农牧科技职业学院）

　　　　王建国（山东省威海市环翠区动物疫病预防控制中心）

　　　　郭振环（河南牧业经济学院）

　　　　邢玉娟（江苏农牧科技职业学院）

　　　　孙　健（北京农业职业学院）

　　　　马　霞（河南牧业经济学院）

　　　　陈玉库（江苏农牧科技职业学院）

主　审　胡元亮（南京农业大学）

前 言
PREFACE

本教材是根据《教育部关于加强高职高专教育人才培养工作的意见》和《关于加强高职高专教育教材建设的若干意见》的精神，经农业部教材评审委员会评定，在中国农业大学出版社的主持下，按照2016年12月“农林类高等职业技术教育教材”编写会议的要求编写的。目标以培养高素质技能型人才为宗旨，突出专业课程教材的实用性、综合性和先进性。

本教材以完成职业任务为依据选择课程内容，并且以职业任务的逻辑顺序进行编排。围绕职业岗位(群)的典型工作任务，将需要掌握的各项技能分解为多个单一的实践训练课题。每一实践训练课题后附有相关理论，以支撑实践操作，从而将理论知识和实践技能有机地融为一体，实现“理实一体化”教学。让学生有计划地按照课题接受专门的技能训练，在技能训练的同时让学生知其所以然。同时，按照案例教学法(casebased learning，CBL)和以问题为基础的教学法(problem based learning，PBL)的体例编排，以培养学生独立思考、分析和解决临床问题的能力，提高课程的教学质量。

本教材为开展“理实一体化”教学所做的尝试，也意为抛砖引玉，企盼更新的观点、更好的教学方法问世。由于作者水平有限，错漏之处在所难免，希冀广大专家、读者不吝指正。

编　者
2018年1月

目录 CONTENTS

绪　论

中药，是指在中兽医理论指导下用于预防和治疗动物疾病的药物。中药学是研究中药的来源、采制、性能、功效及临床应用等知识的一门科学，是祖国兽医学的一个重要的组成部分。中药主要来源于植物、动物和矿物三类。全国中药资源调查资料表明，我国现有的中药资源 12 807 种，其中药用植物 11 146 种，药用动物 1 581 种，药用矿物 80 种。因植物药占绝大多数，所以自古将中药著作称为“本草”。几千年来，中药作为防病治病的主要手段，为保障我国畜牧业的发展发挥了重要作用，并对世界兽医学做出了宝贵贡献。

中药的发展与应用，有着悠久的历史。早在原始社会时期，人们在寻找食物的过程中，有时因误食毒物而发生中毒，为了免除继续发生中毒现象，促使人们不得不主动辨识这些毒物。汉代《淮南子·修务训》就有“神农尝百草，一日而遇七十毒”的记载。

奴隶社会时期，兽医中药学有了初步的发展。公元前 11 世纪，由于马已用于拉车和骑射，所以很重视马病。甲骨文中记载有“马亚”（读为马恶，是关于马有疫病的卜辞）和“鬯其酒”（芳香的药酒），说明当时已能用药酒来防治疾病。

西周时期已设有专职兽医诊治“兽病”和“兽疡”，并采用灌药、手术及护养等综合兽医医疗措施。在《周礼》《诗经》《山海经》中，记载有人畜通用的药物 100 余种。如“流赭（代赭石）以涂牛马之病”等。

先秦时期（公元前 770—前 221 年），随着医学典籍《黄帝内经》的出现，中医学和中兽医学不仅形成了理论体系，而且总结了四气、五味等药性理论，为中药学的进一步发展奠定了基础。

秦汉时期（公元前 221—公元 220 年），中药学的发展已经具有了相当规模。我国最早的一部人、畜通用的药学专著《神农本草经》（约 2 世纪），收载药物 365 种，根据药物的功用分为上品、中品、下品三类。其中上品 120 种，有补益作用，无毒，可以久服；中品 120 种，能攻病补虚，有毒或无毒，当斟酌使用；下品 125 种，专主攻病，多毒，不可久服。书中特别提到“牛扁（草药名）疗牛病”“柳叶主马疥痂疮”“桐叶治猪疮”以及“雄黄治疥癣”等。据汉简记载，汉代已有兽医药方。如“治马伤水方：姜、桂、细辛、皂夹、附子各三分，远志五分，桂枝五钱……”汉末名医华佗（公元 145—208 年）首创全身麻醉剂“麻沸散”，将其运用于剖腹手术，使患者“既醉无所觉”。这是世界上应用麻醉方法进行手术的最早记载。

魏晋南北朝时期（公元 220—581 年），我国兽医药学术有了新的发展。晋人葛洪（公元 281—341 年）所著《肘后备急方》，其中有治六畜的“诸病方”，如治疗“鼻有脓”“啌”“黑汗”“起卧”“肠结”“后冷”“虫颡”“疥疮”“脊疮”“目晕”“马蛆蹄”等的方药，该书还记载了用类似狂犬病疫苗防治狂犬病的方法。北魏（公元 386—534 年）贾思勰所著《齐民要术》有畜牧兽医专卷，收载治疗动物疾病的方剂 48 种，如用麦芽治“中谷”、麻子治腹胀、榆白皮治咳嗽、雄黄治疥癣、芥子和巴豆捣烂涂敷患部治跛行等。

隋代（公元 581—618 年），兽医学的分科已渐完善，对于病症的诊治、方药及针灸的应用等均有专著。如《治马牛驼骡等经》《治马经》《伯乐治马杂病经》《疗马方》以及《马经孔穴图》等。

唐代（公元 618—907 年），我国已有了兽医教育。唐人李石（约 9 世纪）编著的《司牧安骥集》为现存较完整的一部中兽医古籍，该书对中兽医理论及技术均有较全面的论述，而且也是我国最早的一部兽医教科书。其中卷七为“安骥药方”，分 25 类，收载兽医药方 144 个。公元 659 年由朝廷颁布的《新修本草》，是世界上最早的一部人、畜通用的药典，全书共 54

卷，收载药物 844 种。此外，我国少数民族地区的兽医技术也有了较大发展，如在新疆吐鲁番的唐墓中发现有《医牛方》等。

宋元时期(公元 960—1368 年)，我国兽医药学进一步发展和充实。宋代出现了我国最早的兽医药房，即“药蜜库”。据《文献通考》记载：“宋之群牧司有药蜜库，……掌受糖蜜药物，以供马医之用。”宋代王愈著《蕃牧纂验方》，收载兽医方剂 57 个。其中有些方剂，如消黄散、天麻散、石决明散、桂心散、凉肺散、茴香散、乌梅散等，至今仍在沿用，并有良好疗效。元代卞宝著《痊骥通玄论》，收载药物 13 门 37 类 249 种，兽医药方 113 个，中药开始了分类应用。

明代(公元 1368—1644 年)，安徽六安兽医喻本元、喻本亨集以前和当时兽医的实践经验，编撰了著名的《元亨疗马集》(附牛驼经)，该书刊行于 1608 年，收载药物按功用分为 14 门 44 类，共 260 种，还有关于中药的运用、配伍、禁忌等方面的内容，并收载 170 余个经验良方，是国内外流传最广、影响最大的一部中兽医代表著作。16 世纪期间还陆续出版了《马书》和《牛书》，内容也较丰富。特别是著名医药学家李时珍(公元 1518—1593 年)编著的《本草纲目》，该书系统地总结了 16 世纪以前我国医药学的丰富经验，收入药物 1 892 种，方剂 11 096 个，书中记载可作饲料、令家畜肥壮的药物 16 种，明确记载有治疗六畜疾病的药物 78 种，记载对家畜有剧毒的药物 21 种，对中外医药学的发展做出了巨大的贡献。

鸦片战争以前的清代(公元 1644—1840 年)，我国兽医学陷入停滞不前的状态。李玉书在 1736 年曾对《元亨疗马集》进行了改编，并根据其他兽医古籍删除和增加了一部分内容。中华人民共和国成立后，从民间收集到这一时期的兽医著作有《养耕集》(收载常用中药 134 种，药方 100 余个)、《抱犊集》(收载治牛病方 99 个)、《疗马集》(收载药方 110 个)以及《牛经备要医方》、《医牛金鉴》等。

鸦片战争以后，我国沦为半殖民地半封建社会(公元 1840—1949 年)，随着西兽医学的传入，中兽医受到歧视，被污蔑为“医方小道”，“故无人学兽医者久矣”(见《猪经大全》序)。在这一时期出现的中兽医著作有《活兽慈舟》(约公元 1873 年，黄牛部分载方 89 个)、《牛经切要》(公元 1886 年)以及《猪经大全》(公元 1891 年，收载防治 48 种猪病药方 63 个)等。

1904 年，北洋政府在保定开办北洋马医学堂，此后派往日、美等国的留学生逐渐增多，从此西兽医学便开始系统地在我国传播。与此同时，反动统治阶级对中医和中兽医采取了摧残及扼杀政策，如在 1927 年悍然通过了“废止旧医案”，立即遭到了全国人民的反对。这一时期仅有《驹儿编全卷》(1909 年)、《治骡马良方》(1933 年)以及《兽医实验国药新手册》(1940 年)等出现。

1949 年以前，中国共产党领导的根据地重视中兽医学的发展，积极倡导中、西(兽)医结合。1928 年，毛主席在《井冈山的斗争》一文中就提出“用中西两法治病”。解放区的华北大学农学院(开始属北方大学)，在 1947 年便开始学习和研究中兽医学术，并把中兽医学作为兽医专业的必修课。各根据地及军队兽医系统中都吸收有中兽医，他们在防治动物疾病，特别是在军马保健工作中发挥了重要作用。

1949 年以后中兽医药得到了重视和发展。中华人民共和国成立初期，人民政府及时发出了“保护畜牧业，防止兽疫”的指示。1956 年 9 月，在北京召开了第一届“全国民间兽医座谈会”，提出“使中、西兽医密切配合，把我国兽医学术推向一个新阶段”。1958 年毛泽东指出：“中国医药学是一个伟大的宝库，应当努力发掘，加以提高”，为中兽医药的发展指明了方向。在此情况下，先后有中兽医药研究、教育和学术组织的建立，使濒临困境的中兽医药学如“枯木逢春”，获得了前所未有的发展。

几十年来，广大兽医工作者在应用现代科学技术总结提高中兽医药学术方面，取得了不少新成就，搜集整理出版了大量中兽医药经验资料和古籍，编撰出版了一大批中兽医药学书籍，在中兽医药理论、方剂以及病证防治等方面的研究中，取得了丰硕的成果。中兽药应用范围不断拓宽，尤其是从20世纪下半叶开始，用于鸡病防治日渐增多，用于犬、猫、兔、鱼、虾、蜂、蚕等也屡见不鲜。兽医方剂的剂型也有所增加与改进。20世纪出现的新剂型有酊剂、注射剂、片剂、冲剂、栓剂、涂膜剂、胶囊剂、灌注剂等。中药饲料添加剂的研究和应用，证明中药不仅在提高动物生产性能和防治疾病方面具有重要作用，而且在环保、食品安全和保护人民健康方面显示出独特的优势。

1978年，当时的农林部组织专家首次颁布了《兽药规范》草案，其中一部为西药，二部为中药。二部收载中药材531种，成方剂制114个。1990年，农业部正式制定并颁布了《中华人民共和国兽药典》，仍分二部，其中二部为中药，收载中药材396种，成方制剂81个。2016年，《中华人民共和国兽药典》二部（2015年版）出版发行，收载中药材和饮片、植物油脂和提取物、成方制剂和单味制剂共1 148种，使兽医中药的生产和应用有章可循。

Project 1

中药方剂知识

项目 1.1　中药材生产

问题一:根和根茎类药材的采集时间是(　　)。

A. 果实成熟时　　B. 秋末初春　　C. 春夏时节

D. 冬季　　E. 任何时候均可

问题二:一般宜在春末夏初采收的中药是(　　)。

A. 根及根茎类中药　　B. 全草类中药　　C. 果实种子类中药

D. 皮类中药　　E. 矿物类中药

问题三:清除骨碎补表面的绒毛的方法是(　　)。

A. 刷净法　　B. 刮除法　　C. 砂烫法

D. 挖净法　　E. 火燎法

问题四:中药饮片贮存过程中,易发生吸潮粘连和发霉的饮片是(　　)。

A. 黄柏　　B. 天冬　　C. 苦参

D. 大黄　　E. 川芎

问题五:宜与蛤蚧同贮的是(　　)。

A. 牡丹皮　　B. 细辛　　C. 红花

D. 灯心草　　E. 吴茱萸

问题六:含糖分多的饮片,应贮存于(　　)。

A. 阴暗处　　B. 密闭容器内　　C. 避光凉爽处

D. 通风干燥处　　E. 凉暗处

问题七:炒制后的种子类饮片,应贮存于(　　)。

A. 阴暗处　　B. 密闭容器内　　C. 避光凉爽处

D. 通风干燥处　　E. 凉暗处

问题八:黄芩正确的处理方法是(　　)。

A. 水浸软后切薄片　　B. 温水浸软后切薄片　　C. 水沸后,蒸 30 min

D. 水浸煮 30 min　　E. 水沸后,蒸 2～4 h

【任务 1】中药的采集

1. 植物药的采集

(1)全草类。多在植株充分生长,茎叶茂盛或花朵初开时采收。茎较粗或较高的可用镰刀割取地上部分,如荆芥、益母草、紫苏等;茎细或较矮带根全草入药的可连根拔起,如夏枯草、紫花地丁、蒲公英等;有的在花未开前采收,如薄荷、青蒿等;有的须在初春采其嫩苗,如茵陈。采集时,应将生长茁壮的植株留下一些,以利于繁殖。

(2)根和根茎类。多在秋末春初采集。此时期药材的有效成分含量高,质量好。春初在开冻到刚发芽或露苗时采挖较好,过晚则养分消耗,影响质量。秋末在植物地上部分未枯萎到土地封冻之前采挖为好。过早浆水不足,质地松泡;过晚则不易寻找,如丹参、沙参、天南星等。但也有些中药要在夏天采收，如半夏、延胡索等。采挖时尽量将根全部挖出，同时注意挖大留小，以备来年生长。

(3)树皮和根皮类。树皮通常在春季或初夏(即清明至夏至)时采集最好。此时植物生长旺盛，皮内养料丰富，药材质量较佳，而且植物的液汁较多，皮易剥离，如杜仲、黄柏、厚朴等。但肉桂多在10月采收，此时油多容易剥离。木本植物生长周期长，应尽量避免伐树取皮或环剥树皮等简单方法，以保护药源。

根皮，应于秋后苗枯，或早春萌发前采集，如牡丹皮、地骨皮、苦楝根皮。采取根皮时，先将根部挖出，然后利用击打法或抽心法取皮。击打法是将新鲜根部洗去泥土后，用木槌击打，使皮部与木部分离，如地骨皮、北五加皮等。抽心法是将洗净的根在日光下晒半天，此时水分大部分蒸发，全部变软，即可将中央的木质部抽出，如牡丹皮等。

(4)叶类。通常在花将开放或正在盛开的时候采摘。此时植物生长茂盛，叶子健壮，有效成分含量较高，药力雄厚，如大青叶、枇杷叶、紫苏叶等。荷叶在荷花含苞欲放或盛开时采收者，色泽翠绿，质量最好。个别叶类中药，如霜桑叶，须在深秋或初冬经霜后采集较佳。

(5)花类。一般在尚未完全开放或刚开放时分批采摘。过早不但产量少而且香气不足，过迟则气味散逸、花瓣脱落和变色，均影响药物质量，如菊花、旋覆花等。有些花要求在含苞欲放时采摘花蕾，如金银花、槐花、辛夷；有的在刚开放时采摘最好，如月季花；而红花则在花冠由黄变红时采收为宜。以花粉入药的，如蒲黄，须于花朵盛开时采收。

(6)果实和种子类。多数果实类药材，当于果实成熟后或即将成熟时采收，如瓜蒌、枸杞、马兜铃。少数有特殊要求，应采收未成熟的幼嫩果实，如乌梅、青皮、枳实等。种子类药材，多在种子完全成熟时采集，如车前子、牛蒡子等；但有些干果成熟后会很快脱落，或果壳开裂、种子散失，最好在果实成熟尚未开裂时采收，如茴香、牵牛子等。

2.动物药的采集

动物类药材因品种不同，采收各异。其具体时间，以保证药效和易于获取为原则。如桑螵蛸宜在3月中旬前采收，过迟虫卵便会孵化；鹿茸应在清明后45～60 d截取，过迟则角化；驴皮应在冬至后剥取，其皮厚质佳；对于潜藏在地下的虫类可在夏、秋季活动期捕捉，如蚯蚓、蜈蚣等。也有的没有一定的采收时间，如兽类的皮、骨、脏器等。

3.矿物药的采集

一般无季节性限制，随时都可以采收，也可以结合开矿进行。

【任务2】中药的加工

1.晒干

将经过挑选、洗刷等初步处理的药材摊放在席子上，置阳光下曝晒。如把席子放在架子上则干燥更快。常用于不怕光的皮类、根和根茎类药材。对于叶、花和全草类药物长时间曝晒后容易变色，甚至使有效成分损失，尤其是芳香性药物(含挥发油)不宜采用此法。

2.阴干

将药材放在通风的室内或遮阴的棚下，利用室温和空气流通，使药材中的水分自然蒸发而干燥。应用于高温、日晒易失效的药材，如芳香性的花、叶和全草类药材。

3. 烘干

适用于阴湿多雨的季节，通常在干燥室内，用有烟囱的火炉加热烘干。室内有多层的架子，架上放置网筛，将药材在网筛上摊成薄层(易碎的花、叶等，需在网筛上衬上纸或布)。大规模的烘干设备则用热水管或蒸汽管。干燥室必须通风良好，以利于排出潮湿空气。多汁的浆果(如枸杞)和根茎(如黄精)等要求迅速干燥，温度可调至70～90℃；具有挥发性的芳香药材、含有油性的果实、种子和某些动物药(如川芎、乌梢蛇)须用较低温度(以25～30℃为宜)缓缓干燥。

4. 石灰干燥

易生虫、发霉的药材如人参、虎骨等，放入石灰缸内贮藏干燥。

生药在干燥后还需作进一步的加工，除去杂质、泥沙、变色和霉烂部分，使符合有关规定的质量要求。

近年来随着科学技术的不断发展，中药的加工技术也有了很大的发展。如应用微波进行中药的烘干和灭菌，具有干燥速度快，灭菌效果显著和干净卫生等优点。

【任务3】中药的贮藏

1. 防霉变

保证药材的干燥，入库后防湿、防热、通风。对已生霉的药材，采取撞刷、晾晒等方法简单除霉，发霉严重的，可用水、醋、酒等洗刷后再晾晒。

2. 防虫蛀

一般温度在5℃左右即不易生虫，因此可采用冷窖、冷库等设施干燥冷藏；或采用适当容器，用蜡封固。怕热的药材可用干沙或稻糠埋藏密封。贵细药材，可充二氧化碳或氮气密封；或用一种药物和另一种药物一起贮藏的“对抗法”，如泽泻与丹皮同贮，泽泻不生虫、丹皮不变色。蕲蛇中放花椒，鹿茸中放樟脑，瓜蒌中放酒等均不生虫。

3. 防泛油、变色

贮藏在暗处或陶瓷、有色玻璃容器内，干燥避光冷藏。

4. 防中毒

对于剧毒药材应贴上“剧毒药”标签，按国家规定，设置专人、专处妥善保管，防止人畜中毒。

项目1.2 中药炮制

问题一：可降低天南星毒性的常用炮制方法是(　　)。

A. 炒法　　B. 炙法　　C. 烊法

D. 提净法　　E. 复制法

问题二：宜用煅淬法炮制的中药是(　　)。

A. 石膏　　B. 赭石　　C. 雄黄

D. 白矾　　E. 石决明

问题三：麸炒白术的炮制作用是（　　）。
A. 缓和辛燥之性，以免伤中　　B. 缓和辛散走窜之性，以免耗气伤阴
C. 缓和辛燥性，增强健脾和胃作用　　D. 缓和辛燥性，增强健脾止泻作用
E. 炒后性偏温补，利于煎出有效成分，提高疗效

问题四：欲发挥黄柏清上焦湿热作用，宜选用的炮制品是（　　）。
A. 生黄柏　　B. 蜜黄柏　　C. 姜黄柏
D. 酒黄柏　　E. 黄柏炭

问题五：欲缓和大黄泻下作用，增强活血祛瘀功效，宜选择（　　）。
A. 生大黄　　B. 大黄炭　　C. 蜜大黄
D. 酒大黄　　E. 熟大黄

问题六：芒硝的炮制辅料是（　　）。
A. 胆汁　　B. 白矾　　C. 甘草
D. 萝卜　　E. 童便

问题七：石膏煅制的主要目的是（　　）。
A. 增强疗效　　B. 降低毒性　　C. 减少副作用
D. 便于制剂和调剂　　E. 产生新疗效

问题八：发酵法的适宜温度是（　　）。
A. 18～25℃　　B. 30～37℃　　C. 5～10℃
D. 25～30℃　　E. 45～50℃

问题九：炮制法半夏的辅料是（　　）。
A. 生姜　　B. 白矾　　C. 生姜、白矾
D. 生姜、甘草　　E. 生石灰、甘草

【任务4】中药的炮制

1. 净制

净制是中药炮制的第一道工序，方法主要有：去毛，去心，去核，去壳，去节，去根等。去毛的中药有石韦、骨碎补、狗脊、金樱子、马钱子等。去毛主要由于毛细小体轻，易漂浮在汤剂或附着在丸剂的表面，服用时刺激呼吸道黏膜而引起咳嗽；去心的中药有乌药、巴戟天、大戟、远志、天冬、麦冬、莲子、川贝母、百部、连翘等；去核的药物有山茱萸、金樱子、枳实、枳壳等；去皮、去壳的中药有肉桂、厚朴、杜仲、黄柏等树皮类，桔梗、知母、明党参、北沙参、白芍等根茎类，使君子、杏仁、益智仁、柏子仁、火麻仁、砂仁等果实种子类；去节、去根的药材有麻黄和木贼等。

2. 切制

切制是炮制的第二道工序。凡原个大块粗长的中药，都要切制成小块、小段、薄片后供进一步炮炙。切片通常称为“生片”。切制后便于有效成分煎出，利于进一步炮制、调配、制剂、贮存、鉴别等。根据药材的性质和医疗需要，切片有很多规格。如天麻、槟榔切薄片；泽泻、白术切厚片；黄芪、鸡血藤切斜片；陈皮、桑白皮切丝，白茅根、麻黄切段，茯苓、葛根切块等。

3. 水制

(1)淋法。用清水喷淋或者浇淋药材。喷淋、浇淋要均匀，次数根据药材质地而定，一般为2～3次，以适合切制为度。适用于气味芳香、质地疏松的全草类、叶类和有效成分易随水流失的药材。如薄荷、荆芥、佩兰、藿香、半边莲、枇杷叶等。

(2)洗法(抢水法)。将药材投入清水中，快速洗涤后取出。由于药材与水接触时间短，故称抢水法。采用本法通常为质地松软、水分易渗入的药材，如桑白皮、羌活、五加皮、前胡等。但有些药材需水洗数遍，以洁净为准。而花类药物不宜用洗法。

(3)泡法。对质地坚硬的药材，需经清水浸泡一定时间，使其吸收适宜水分，以软化药材便于切制。有些质轻的药材如防风、枳壳、青皮等，在浸泡时要压以重物，使其完全浸入水中。

(4)浸法。用清水或液体辅料(米泔水、石灰水)较长时间浸泡药材，使之柔软又不宜过湿，便于切制。浸泡时间根据药材的质地、季节和气候确定，必要时可换一次水。适用于质地较坚硬的药材，有时上面可压以重物和加盖。

浸法与泡法可从温度、时间、水量、目的四个方面加以区别。浸法：水温是常温，时间长，水量多，目的是软化药材，除去杂质，使之洁净，便于切制。泡法：有时用沸水或刚煮好的药汁，温度高，时间短，水量少，除浸法的目的外还可调和药性、减轻毒副作用。

(5)漂法。将药材置于多量清水中，经常换水，反复漂洗，以溶解清洗掉药材的毒性、盐分或腥臭味。如漂去南星、半夏的毒性，漂去盐附子、肉苁蓉、海藻等的咸味。

(6)润法。

①浸润：把药物浸至未透心而不易折断时，再放入簸箕或缸内，上面用湿麻袋或蒲包盖好，润至折断面无白心，内外湿度一致时切片，如木通、桑寄生、鸡血藤等。

②淋润：用少量清水直接喷洒于药物表面，用篓或箩盛好，上面盖上麻袋或湿蒲包，使药物湿润一致，便于切片，如荆芥、麻黄、藿香、青蒿、淡竹叶等。

③晾润：把药物略浸或洗后，放于盆内或水泥地上摊开，不盖麻袋。若包着润会使药物发黏、发酵、发酸，甚至变成黑色。适用于含淀粉较多或油性较多的药物，如山药、桔梗、天花粉等，或某些草类、叶类药物，如蒲公英、大青叶、枇杷叶等。

④露润：将药物抢水洗或不经水洗，直接平铺于室外，使其接受露水回潮变软。适用于油性重或糖分较多的药物，如当归、牛膝、党参、黄柏等。

⑤闷润(伏润)：药物浸后或煮后，晾干表面的水分，然后放入容器内，密闭，使药物保持湿润状态，而使药物内外湿润均匀一致。适用于质地较坚硬或淀粉较多而不宜久浸的药物，如白芍、姜半夏、南星、郁金等。

⑥复合润：药物经上面的润法未达到要求时，可重新按原法再润。如南星、半夏、郁金等。

(7)水飞法。将不溶于水的矿物、贝壳类药物研成粉末，利用粗细粉末在水中悬浮性的差异而获取细粉，可使药物更加细腻和纯净，便于内服和外用。如雄黄、朱砂、珍珠粉、滑石、炉甘石等。

4. 火制

(1)清炒。将药物放在锅里加热，不断翻动，炒至一定程度取出。根据炒的时间和火力大小，可分为炒黄、炒焦、炒炭。炒黄、炒焦使药物易于粉碎并能缓和药性，种子类药材常用此法。如决明子为清肝明目药，生用滑肠，炒后缓和药性，使有效成分易于煎出。炒炭能缓和药物的烈性和副作用或增强收敛止血的功效。如蒲黄生用性滑，偏于活血行瘀止痛；炒炭后性涩，偏于止血。

(2)加辅料炒。炒制过程中加入固体辅料如土、麸、米、砂、蛤粉、滑石粉等拌炒，可减少药物的刺激性，降低毒性，增强疗效。例如，斑蝥有剧毒，米炒后可降低其毒性；党参米炒后，气味焦香，具健脾止泻作用；山药生用补肾生精，益肺肾之阴，土炒增强补脾止泻功效，麸炒增强补气益脾作用；穿山甲质地坚硬，砂炒后质变酥脆，易于粉碎及有效成分煎出；水蛭滑石粉炒，使质地酥脆，易于粉碎，并可降低毒性。

(3)炙法。用液体辅料拌炒，使辅料逐渐渗入药物组织内部，以改变药性、增强疗效或减少毒副作用。如酒炙川芎、丹参可增强活血作用，酒炙乌蛇、白花蛇可减其腥味；醋炙柴胡、香附可增强疏肝理气作用，醋炙甘遂、大蓟可降低毒性，醋炙五灵脂、乳香可除去不良气味；盐炙即用盐水拌炒，盐炙杜仲、巴戟天可增强补肝肾之功，盐炙泽泻、车前子可增强利小便作用；姜汁炙竹茹能增强止呕作用，炙厚朴消除辛辣对咽喉的刺激作用；蜂蜜炙桑叶、百部可增加润肺作用，蜜炙黄芪、甘草能增强补中益气作用等。

(4)烘焙法。烘是将生药置近火处，使所含水分慢慢蒸发。一般可利用烘箱或者烘房进行，便于控制温度；焙是将生药置于金属网或锅内，用文火加热，焙至药物颜色加深，质地酥脆为度。常用烘焙法的药物有蜈蚣、壁钱、菊花等。

(5)煨法。将生药用面糊或湿纸包裹，埋于热灰或加热滑石粉中，或直接埋于加热的麦麸中煨熟。煨后可除去药物中的刺激性、挥发性和油脂成分，以降低副作用，缓和药性，增强疗效。如煨肉豆蔻、诃子、木香等。

(6)煅法。将生药直接置于无烟炉火直接煅烧或耐火容器内间接煅烧。坚硬的矿物类和贝壳类药多直接煅烧，如磁石、代赭石、自然铜、海蛤壳、瓦楞、石膏、石决明等。质地疏松的药物多密闭于耐火容器内间接煅烧，如棕榈炭、血余炭。但有些矿物类药材直接煅烧容易爆裂，如紫石英、金蒙石等可用土罐煅，明矾、硼砂等可用铁锅煅。煅的程度也有不同的要求，如金石类必须煅至红透酥松，贝壳类只煅至微红，植物类煅至炭化即可。煅法可使药物便于粉碎和煎出有效成分，同时改变药物的理化特性，降低或消除其毒副作用。有的药物煅后生成新的作用，如明矾生用收敛、燥湿、解毒、祛痰，多内服；煅后生肌敛疮，多外用。

5.水火共制

(1)蒸法。有清蒸、拌蒸、直接蒸、间接蒸等不同。不加辅料蒸制为清蒸，如蒸制山萸肉、女贞子等。拌入姜汁、酒、醋、盐或其他辅料同蒸的叫拌蒸，如蒸制熟地、何首乌等。将药物直接放入蒸笼内蒸为直接蒸，如蒸狗脊。将药物置铜罐或瓦罐内，再放入锅内隔水蒸为间接蒸，如蒸制黄精、大黄等。蒸法可改变或缓和药性，保存药效、便于贮藏。

(2)煮法。将生药或与其他辅料置锅内加清水煮沸，煮至药物透心为度。常用水煮的药物有川乌、草乌、附子等，常用醋煮的药物有延胡索、三棱、远志等；常用豆腐煮的药物有硫黄、珍珠等。

(3)焯(抄)法(水烫法)。先将适量的水煮沸，再将生药投入沸水中，翻动片刻，焯至表皮易于挤脱时立即捞出，漂在清水中，挤去外皮晒干。如焯杏仁、焯桃仁等。

(4)淬法。药物通过火煅烧后，趁热投入醋或其他药液中，根据各药炮制的不同要求，反复煅淬，使药物充分吸收溶液。淬法大多用于金石类及贝壳类等较硬的药材，如代赭石、炉甘石、石决明、龟板等。

6.其他炮制方法

(1)制霜法。主要用于含油脂成分较多的果实、种子类中药,采用压榨去油的方法,除去药材中大部分油脂,去油后的制品称为霜。霜制可降低毒性,缓和药性,如巴豆制霜后能缓和其泻下作用,减少刺激性,降低毒性;柏子仁含大量油脂,制霜后其异味减少,致吐、致泻作用降低;西瓜霜为西瓜皮和皮硝加工而成,两药合制,清热泻火作用增强。

(2)发酵。将药物置于适宜的温度和湿度下,借助霉菌和酶的催化作用,使药物发泡、生衣。一般以温度30～37℃、相对湿度70%～80%为宜,如六神曲、半夏曲等。

(3)发芽。将成熟的果实及种子类药物置于一定的温度和湿度下,促使其萌发幼芽。温度以18～25℃为宜。发芽使药物产生新的功效,如麦芽、谷芽等。

(4)复制。将净选后的药物加入一种或数种辅料,按规定程序反复炮制。主要用于天南星、半夏、白附子等有毒中药的炮制。

【相关知识】

中药炮制是根据中药药性理论、临床辨证用药、药物调配和制剂要求而发展起来的一项传统制药技术,早在《黄帝内经》中就有"治半夏"的规定。炮制又称炮炙、修事或修治,包括对药材的一般修治整理和部分药材的特殊处理,炮制后的成品习惯称为饮片。炮制目的主要有以下几个方面:

1.去除杂质和非药用部分

临床用药,必须去除杂质和非药用部分,使药物纯净清洁,以保证用药剂量的准确。植物根茎类药物要洗去泥沙,刮去粗皮,尽可能地去除非药用部分,如枇杷叶去毛,杏仁去皮,远志去心等;有些动物类药物,如蜈蚣、全蝎、蝉蜕等要去头、足、翅等非药用部分;矿物类药物要拣去杂质。

此外,炮制也有利于中药的贮藏。有些药物虽然来源于同一动植物,因入药部位不同,作用也不同,如麻黄茎发汗,麻黄根止汗,必须分别存放和应用。一些通过加热炮制的中药,不但可杀死虫卵,还消除酶解反应,如杏仁和黄芩用沸水略煮,可使苦杏仁酶、黄芩酶变性失活,有利于长时间保存而不致失效。

2.降低或消除毒副作用

有的药物虽有较好的疗效,但因毒性或者副作用太大,临床应用不安全,通过炮制,可以降低其毒性或副作用。历代都有许多解毒的方法,或浸,或漂洗,或清蒸,或单煮,或加用辅料共蒸或煮以降低毒性。豆蔻含有毒物质肉豆蔻醚能使人惊厥,采用面煨、滑石粉炒可使毒性成分受热挥发,从而降低毒性;斑蝥含斑蝥素有剧毒,作用于局部能刺激皮肤黏膜引起红肿、疼痛、发泡等,加热能使其升华逸出,含量减少,毒性降低;对于含有油类毒性成分的药物,通过制霜除去部分油性成分而降低毒性,如巴豆。

3.改变或缓和性味

性味又称四气五味,即寒、凉、温、热四气和酸、苦、甘、辛、咸五味,是中药固有的特性和功效的物质基础。性味偏盛的药物,临床应用会给机体带来一定的副作用。如太寒伤阴,过辛耗气,过甘生湿,过酸损齿,过苦伤胃,过咸生痰。通过炮制可改变或缓和中药的性味。例如,黄连为大苦大寒之品,用辛温的姜汁和吴茱萸汁制后,能减弱其苦寒之性,即以热制寒,抑制其偏,是谓"反制";用苦寒胆汁制后,则增加苦寒之性,加强清热泻火的功能,即寒者益寒，是谓“从制”。又如，生地黄甘苦寒，善于清热凉血，滋阴生津，多用于血热阴亏之证，蒸制后则为熟地黄，味甘温，为补血滋阴要药，用于肝血亏虚，肾阴不足及精血两亏者。

4. 改变或增强作用趋向

中药的作用趋向以升、降、浮、沉来表示。炮制后由于性味的改变，可以改变或增强其作用趋向。例如，大黄苦寒，其性沉而不浮，酒制后能引药上行，先升后降；黄柏主清下焦湿热，酒制后借酒的甘辛升浮之性，兼清上焦之热；砂仁辛温，能行气开胃消食，作用主要在中焦，盐炙后则下行治小便频数。一般来说，酒制则升，姜制则浮，醋制则收，盐制则降，从而使中药产生多种功能。

5. 改变或增强归经

归经是中药对脏腑疾病的选择性治疗作用。炮制可以改变或增强这种选择性作用，从而更好地发挥疗效。例如，生地归心、肝经，清热凉血，制成熟地则入肾经，滋肾阴补精填髓；生姜发散风寒，和中止呕。干姜则温脾胃，回阳救逆。煨姜则主要用于和中止呕。姜炭则长于温经止血，祛小腹寒邪。辛温之生姜，经炮制成四种不同药用规格后，则分别适用于肺、心、胃、脾四经的疾病。中药炮制很多是以归经理论为指导的。如延胡索辛散苦泻温通，既行脾肺之气，又通肝心之血，活血行气俱佳，止痛应用最广。经醋制后，能增加在水中的溶解度，便于有效成分的煎出，从而增强止痛效果。

6. 增强药物疗效

中药切制成一定规格的饮片，并经过适当的炮制处理后，可以提高有效成分溶出率，从而增强疗效。例如，苦参、常山、延胡索、车前子等经酒、醋、盐等辅料炮制后，可使有效成分易于煎出；质地坚硬的矿物药及贝壳类药物，经火煅或火煅醋淬处理后，易使药物粉碎成适度粒度，可提高有效成分溶出量。含铁的代赭石经火煅醋淬后，易煎出和吸收；决明子、萝卜子、芥子 、苏子、韭子，凡药用子者俱要炒过，入煎方得味出；冬花、紫菀等化痰止咳药经蜜炙处理后，增强了润肺止咳作用；胆汁制南星能增强镇痉作用。

7. 便于服用和制剂

有些中药有特殊或不良气味，难于下咽或服用后易引起恶心、呕吐，可通过辅料炮制矫味除臭，如酒炙乌蛇以去腥，醋炙五灵脂以除臭等。

项目 1.3　中药性能

问题一：中药的性能是指(　　)。

A. 中药的功效　　B. 中药的性状　　C. 中药作用的基本性质和特征的高度概括
D. 中药的基本作用　　E. 中药的性味和效能

问题二：甘味药的作用是(　　)。

A. 发散、行气、行血　　B. 补益、和中、缓急　　C. 软坚、散结、泻下
D. 收敛、固涩　　E. 清热、燥湿、泄降

问题三：咸味药的作用主要是(　　)。

A. 发散　　B. 固涩　　C. 软坚
D. 清热　　E. 补益

问题四:寒凉性药物的作用是

A. 温里　　B. 散寒　　C. 助阳

D. 凉血　　E. 通络

问题五:下列不属于中药性能的是(　　)。

A. 性味　　B. 归经　　C. 升降浮沉

D. 升降出入　　E. 毒性

问题六:(1～5 题共用下列备选答案)

A. 温性　　B. 凉性　　C. 热性

D. 寒性　　E. 平性

1. 依据四气五味定性,生地的药性属于(　　)。
2. 依据四气五味定性,附子的药性属于(　　)。
3. 依据四气五味定性,茯苓的药性属于(　　)。
4. 依据四气五味定性,六曲的药性属于(　　)。
5. 依据四气五味定性,柴胡的药性属于(　　)。

问题七:指出下列说法错误的是(　　)。

A. 桑叶、天花粉主升浮　　B. 确定升降浮沉的依据之一是药物的质地轻重

C. 凡花叶类及质轻者多主升浮　　D. 果实及质重的矿物类贝壳类药物多主沉降

E. 苏子、枳实主沉降

问题八:下列哪些不是确定升降浮沉的主要依据(　　)。

A. 药物的效用　　B. 药物的性味　　C. 药物的气味厚薄

D. 药物的质地轻重　　E. 疾病的部位

问题九:治疗肺热燥咳宜选用(　　)。

A. 半夏　　B. 桑白皮　　C. 枇杷叶

D. 牛蒡子　　E. 桑叶

问题十:指出下列错误的说法(　　)。

A. "毒"指药物的偏性

B. 副作用指在常用剂量时药物出现与治疗需要无关的不适反应

C. 药物的偏性能治疗疾病,而不毒害人体

D. 副作用对人体危害轻微,停药后能消失

E. 毒性反应因过用而致,对人体危害较大

【任务 5】四气五味

1. 四气

药性的寒、凉、温、热,都是从药物作用于机体所发生的反应和对于疾病所产生的治疗效果而总结出来的,是与所治疾病的寒、热性质相对而言的。能够治疗热性证候的药物,便认为是寒性或凉性的;能够治疗寒性证候的药物,便认为是温性或热性的(表 1-1)。

表 1-1　四气的阴阳属性和作用

属性	四气	作用	药物举例
阴	寒性药 凉性药	清热、泻火 凉血、解毒	黄连、黄芩 柴胡、桑叶
中性	平性药	寒证、热证均可	甘草、大枣
阳	温性药 热性药	温里、散寒 助阳、通络	防风、独活 干姜、肉桂

2. 五味

药味的确定，最初是依据药物的真实滋味，由口尝而得。如黄连、黄柏之苦，甘草、枸杞之甘，桂枝、川芎之辛，乌梅、木瓜之酸，芒硝、食盐之咸等。后来由于将药物的滋味与作用相联系，并以味解释和归纳药物的作用，便逐渐根据药物的作用确定其味。如凡有发表作用的药物，便认为有辛味；有补益作用的药物，便认为有甘味等。由此出现了本草所载中药的味，与实际味道不符合的情况。例如，葛根味辛、石膏味甘、玄参味咸等，均与口尝不符。所以药物的味，不能完全以舌感辨别，包括了药物作用的含义(表 1-2)。

表 1-2　五味的阴阳属性和作用

属性	五味	作用	药物举例
阴	酸	收敛、固涩	乌梅、诃子
	苦	清热、燥湿、泄降	黄连、黄柏
	咸	软坚、散结、泻下	芒硝、海藻
	涩	与酸味药作用相似	龙骨、牡蛎
阳	辛	发散、行气、行血	防风、桂枝
	甘	补养、和中、缓急	党参、甘草
	淡	渗湿、利水	茯苓、猪苓

【相关知识】

中药性能，是指中药与疗效有关的性味和效能，概括起来主要有四气五味、升降浮沉、归经、毒性等。研究中药性能及其运用规律的理论称为药性理论。熟悉和掌握中药性能，对指导临床用药具有重要意义。

四气指寒、凉、温、热四种药性，也称四性。其中寒凉与温热属于两类不同的性质。寒与凉，温与热则是性质相同，仅在程度上有差异。此外，尚有一些中药的药性不甚显著、作用比较平缓，称为平性。但是它们或多或少偏于温或偏于凉，性属微凉或微温，并未越出四气范围，所以习惯上仍称四气。

五味指酸、苦、甘、辛、咸五种不同的药味。有些药物具有淡味或涩味，但是习惯上仍然称为五味。前人在长期的临床用药实践中，发现药物的味和其功用之间有一定联系，即不同味道的药物对疾病有不同的治疗作用，从而总结出五味的用药理论。即“辛能散行、甘能缓补、酸能收涩、苦能燥泻、咸能软下”。

每一种药物都具有性和味。一般说来，性味相同的药物的主要功能基本相似。例如，辛温的紫苏、生姜、荆芥、辛夷、川芎、款冬花等均具有不同程度的解表祛风、温里散寒的功效；苦寒的大黄、黄柏、川楝皮、白头翁等均具有清热燥湿或泻火解毒功效。性味不同，则作用不同。例如，辛寒的石膏除热，辛凉的薄荷解表，辛温的砂仁行气，辛热的附子助阳；辛温的麻黄发汗，甘温的大枣补脾，苦温的杏仁降气，酸温的乌梅收敛，咸温的蛤蚧补肾。

同一中药兼有数味者，其功效相应扩大。例如，当归辛甘温，补血活血，行气散寒；天冬甘苦寒，既能补阴，又能清火；苍术辛苦温，祛风湿解表，燥湿健脾，玄参苦甘咸寒，泻火解毒、养阴、化痰散结。

【任务6】升降浮沉

凡病位在上、在表的宜升浮不宜沉降，如外感风寒表证，当用麻黄、桂枝等升浮药来解表散寒；在下、在里的宜沉降不宜升浮，如肠燥便秘之里实证，当用大黄、芒硝等沉降药来泻下攻里。病势上逆的宜降不宜升，如肝火上炎引起的两目红肿，羞明流泪，应选用石决明、龙胆草等沉降药以清热泻火、平肝潜阳；病势下陷的宜升不宜降，如久泻脱肛或子宫脱垂，当用黄芪、升麻等升浮药来益气升阳（表1-3）。

表1-3　升降浮沉的阴阳属性和作用

属性	四气	五味	升降浮沉	作用趋向	质地轻重	炮制	病位	药物举例
阳	温热	辛甘淡	升浮	升阳、发表、祛风、散寒、开窍、催吐	植物的花叶、空心的根茎	酒炒姜制	病在上、在表	菊花、桑叶、桔梗
阴	寒凉	酸苦咸	沉降	潜阳、熄风、降逆、止吐、清热、渗湿、利尿、泻下、止咳、平喘	植物的子实、根茎，矿物质	盐炒醋制	病在下、在里	苏子、大黄、代赭石、牡蛎

【相关知识】

升降浮沉，是指药物进入机体后的作用趋向，是与疾病表现的趋向相对而言的。升是上升，降是下降，浮是上行发散，沉是下行泄利。

由于各种疾病在证候上常有向上（如呕吐、喘咳）、向下（如泻痢、脱肛）、向外（如自汗、盗汗）、向内（如表证未解）等趋向的不同，以及在上、在下、在表、在里等病位的差异，因此，能够针对病情，改善或消除这些病证的药物，相对说来也就分别具有升降浮沉的不同作用趋向。药物的这种性能，有助于调整紊乱的脏腑气机，使之归于平顺；或因势利导，祛邪外出。

升降沉浮与四气五味有密切的关系。以药物的四气来说，温热药物主升浮，寒凉药物主沉降；以五味来说，辛、甘、淡主升浮，酸、苦、咸主沉降。

升降浮沉与药物质地、药用部分有关。凡质地轻而疏松的药物，如植物的叶、花、空心的根、茎，大多具有升浮的作用。凡质地坚实的药物，如植物的子实、根茎及金石、贝壳类药物，大多具有沉降的作用。但也有少数药物例外，如"诸花皆升，旋覆花独降""诸子皆降，牛蒡子独升"等。

升降浮沉与药物炮制和配伍也有关系。以炮制来说，生用主升，熟用主降，酒制能升，生姜制能散，醋制能收，盐水炒能下行；以药物配伍来说，如将升浮药物配于大队沉降药物之中，也能随之下降，而沉降药物配于大队升浮药物之中，也能随之上升。

【任务7】归经

1.根据动物脏腑经络的病变按经选药

如肺热咳喘，选用入肺经的黄芩、桑白皮；肝热或肝火，选用入肝经的龙胆草、夏枯草；心火亢盛，选用入心经的黄连、连翘等。

2.根据脏腑经络病变的相互影响和传变规律选药

如肺气虚而见脾虚者，选择入肺经的药物的同时，选择入脾经的补脾药物以补脾益肺（培土生金），使肺有所养而逐渐恢复；又如肝阳上亢而见肾水不足者，选用入肝经的药物的同时，选择入肾经滋补肾阴的药物以滋肾养肝（滋水涵木），使肝有所涵而虚阳自潜。

【相关知识】

归经，是指某药对某经（脏腑及其经络）或某几经发生明显的作用，而对其他经则作用较小，或没有作用。

1.每种药物都有归经

如同属寒性的清热药，黄连偏于清心热，黄芩偏于清肺热，龙胆草偏于清肝热，各有所专。再如，同是补养药，也有党参补脾，蛤蚧补肺，杜仲补肾等区别。因此，将各种药物对机体各部分的治疗作用系统归纳，便形成了归经理论。

2.药效决定归经

中药归经，是以脏腑、经络理论为基础，以所治具体病证为依据。在临床上，根据药物的疗效与病机病理和脏腑、经络联系起来，就可以说明药物和归经之间的关系。如桔梗、杏仁能治咳嗽、气喘，则归肺经；朱砂能安神，则归心经；麦芽能消食，则归脾胃经等。由此可见，药物的归经理论，具体指出了药效之所在，它是从客观疗效观察中总结出来的规律。

3.一药归数经

即药物对数经的病变都有治疗作用。如杏仁归肺与大肠经，它既能平喘止咳，又能润肠通便；石膏归肺与胃经，能清肺火和胃火。

4.同经不同效

在应用药物的时候，如果只掌握药物的归经，而忽略了四气五味、升降浮沉等性能，那是不够全面的。因为同一脏腑经络的病变，有寒、热、虚、实以及上逆、下陷等不同；同归一经的药物，其作用也有温、清、补、泻以及上升、下降的区别。如同归肺经的药物，黄芩清肺热，干姜温肺寒，百合补肺虚，葶苈子泻肺实。

【任务8】毒性

1.无毒

药物服用后很少出现副作用，使用安全，一般不会毒害人畜。

2.小毒

药物使用较安全，虽可出现一些副作用，但一般不会导致严重后果。

3. 有毒、大毒

药物容易使人畜中毒，用时必须谨慎。

4. 剧毒

药物毒性强烈，临床上多供外用，或极小量入丸散内服，并要严格掌握炮制、剂量、服法、宜忌等。

但是，根据以偏纠偏、以毒攻毒的原则，有毒药物也有其可利用的一面。如古今利用某些有毒药物治疗恶疮肿毒、疥癣、瘰疬、瘿瘤、癌肿、癥瘕等积累了大量经验，获得了肯定的疗效。

【相关知识】

毒性，是指中药对畜体产生的毒害作用。毒性与副作用不同，前者对动物体的危害性较大，甚至可危及生命；后者是指在常用剂量时出现的与治疗无关的不适反应，一般比较轻微，对机体危害不大，停药后能消失。

毒性反应在临床用药时应当尽量避免。由于毒性反应的产生与药物贮存、加工炮制、配伍、剂型、给药途径、用量、使用时间的长短以及动物的体质、年龄、证候性质等都有密切关系，因此，使用有毒药物时，应从上述各个环节进行控制，避免中毒发生。

值得注意的是，在古代文献中有关药物毒性的记载大多是正确的，但由于历史条件和个人经验与认识的局限性，其中也有一些错误之处。如《本经》认为丹砂无毒，且列于上品药之首；《本草纲目》认为马钱子无毒等。因此，在继承古代用药经验的同时，亦应借鉴现代药理学研究成果，更应重视临床报道，以便更好地认识中药的毒性。

[**附**]《中国药典》2015 年版（Ⅰ部）收载的标有毒性的药材及饮片共有 83 种，分为大毒、有毒、小毒三类。

大毒（10 种）：川乌、马钱子、马钱子粉、天仙子、巴豆、巴豆霜、红粉、闹羊花、草乌、斑蝥。

有毒（42 种）：三颗针、干漆、土荆皮、千金子、千金子霜、制川乌、天南星、制天南星、木鳖子、甘遂、仙茅、白附子、白果、白屈菜、半夏、朱砂、华山参、全蝎、芫花、苍耳子、两头尖、附子、苦楝皮、金钱白花蛇、京大戟、制草乌、牵牛子、轻粉、香加皮、洋金花、臭灵丹草、狼毒、常山、商陆、硫黄、雄黄、蓖麻子、蜈蚣、罂粟壳、蕲蛇、蟾酥、山豆根。

小毒（31 种）：丁公藤、九里香、土鳖虫、大皂角、川楝子、小叶莲、飞扬草、水蛭、艾叶、北豆根、地枫皮、红大戟、两面针、吴茱萸、苦木、苦杏仁、金铁锁、草乌叶、南鹤虱、鸦胆子、重楼、急性子、蛇床子、猪牙皂、绵马贯众、绵马贯众炭、紫萁贯众、苦蒺藜、榼藤子、鹤虱、翼首草。

项目 1.4 配伍禁忌

问题一：下列药物配合使用，属于相须为用的是（　　）。

A. 石膏—知母　　B. 黄芪—茯苓　　C. 大黄—黄芩

D. 生姜—半夏　　E. 绿豆—巴豆

问题二：（1～4 题共用下列备选答案）

A. 相须　　B. 相使　　C. 相畏

D. 相杀　　E. 相恶

1. 大黄、芒硝配伍用于清热泻下属于（　　）。

2. 人参若与莱菔子配伍属于（　　）。

3. 绿豆若与巴豆配伍属于（　　）。

4. 黄芪、茯苓配伍用于补气利水属于（　　）。

问题三：下列哪一组不属十九畏的内容（　　）。

A. 官桂畏石脂　　B. 水银畏砒霜　　C. 芫花畏甘草

D. 丁香畏郁金　　E. 硫黄畏朴硝

问题四：除下列哪一项外，均为十八反的内容（　　）。

A. 乌头反白蔹　　B. 海藻反甘草　　C. 甘草反甘遂

D. 人参反五灵脂　　E. 细辛反藜芦

【任务9】配伍

1. 单行

指用单味药治病。对于病情较为单纯的病证，选用一种针对性强的药物即能收效。如单用甘草解毒，独用蒲公英治疗疮黄肿毒等。

2. 相须

指性能功效相似的同类药物配合应用，可以起到协同作用，增强药物的疗效。如大黄与芒硝配合，能明显地增强泻下通便的作用；石膏与知母配合，能明显地增强清热泻火的作用。

3. 相使

指性能功效有某种共性的不同类药物配合应用，以一种药物为主，另一种药物为辅，能提高主要药物的功效。如黄芪与茯苓配合，黄芪的补气利水作用提高；黄芩与大黄配合，黄芩的清热泻火作用增强。

4. 相畏

指一种药物的毒性或副作用，能被另一种药物减轻或消除。如生半夏的毒性能被生姜减轻和消除，所以说生半夏畏生姜。

5. 相杀

指一种药物能减轻或消除另一种药物的毒性或副作用。如防风能解砒霜毒，绿豆能减轻巴豆毒性，所以说防风杀砒霜毒，绿豆杀巴豆毒。可见，相畏、相杀实际上是同一配伍关系的两种不同提法。

6. 相恶

指两种药物配合应用，能相互牵制而使作用降低或丧失药效。黄芩能降低生姜的温性；莱菔子能削弱人参（或党参）的补气功能，所以有生姜恶黄芩，人参恶莱菔子之说。

7. 相反

指两种药物配合应用，能产生毒性反应或出现副作用。如甘草反大戟，乌头反半夏等。

【相关知识】

配伍是指根据病情需要和药物的性能，有目的地将两种或两种以上的药物配合在一起应用。前人把单味药的应用和药物与药物之间的配伍关系总结为七个方面，称为药物的“七情”。

药性“七情”除了单行外，其余六个方面都是药物的配伍关系，用药时需要注意，其中相须、相使是药物产生协同作用而增进疗效；相畏、相杀是药物由于相互作用能减轻或消除原有的毒性或副作用；相恶是药物可能互相拮抗而抵消或削弱原有的功效；相反是本来无毒的药物，却因互相作用而产生毒性反应或强烈的副作用，属于配伍禁忌，应避免配用。

【任务 10】禁忌

1. 十八反

本草明言十八反，半蒌贝蔹及攻乌，
藻戟遂芫俱战草，诸参辛芍叛藜芦。

2. 十九畏

硫黄原是火中精，朴硝一见便相争；
水银莫与砒霜见，狼毒最怕密陀僧；
巴豆性烈最为上，偏与牵牛不顺情；
丁香莫与郁金见，牙硝难合荆三棱；
川乌草乌不顺犀，人参又忌五灵脂；
官桂善能调冷气，石脂相见便跷蹊；
大凡修合看顺逆，炮爁炙煨要精微。

3. 妊娠禁忌

蚖斑水蛭及虻虫，乌头附子配天雄，
野葛水银并巴豆，牛膝薏苡与蜈蚣，
三棱代赭芫花麝，大戟蛇蜕黄雌雄，
牙硝芒硝牡丹桂，槐花牵牛皂角同，
半夏南星与通草，瞿麦干姜桃仁通，
硇砂干漆蟹甲爪，地胆茅根都不中。

【相关知识】

在临证用药处方时，为了安全起见，有些药物或配伍关系应当慎用或禁止使用。在长期的医疗实践中，古人积累了许多有关配伍禁忌的经验，主要有“十八反”“十九畏”、妊娠禁忌等。

1. 十八反

历代文献记载，配伍应用可能对动物产生毒害作用的药物有 18 种，故名“十八反”。即：乌头反半夏、瓜蒌、贝母、白蔹、白及；甘草反海藻、大戟、芫花、甘遂；藜芦反人参、沙参、丹参、玄参、细辛、芍药。

2. 十九畏

历来认为相畏药物有 19 种，配合在一起应用时，一种药物能抑制另一种药物的毒性或烈性，或降低另一药物的功效。习惯上称为“十九畏”。硫黄畏朴硝，水银畏砒霜，狼毒畏密陀僧，巴豆畏牵牛子，丁香畏郁金，牙硝畏荆三棱，川乌、草乌畏犀角，人参畏五灵脂，官桂畏赤石脂。

3. 妊娠禁忌

在动物妊娠期间，为了保护胎儿的正常发育和母畜的健康，应当禁用或慎用具有堕胎作用或对胎儿有损害作用的药物。属于禁用的多为毒性较大或药性峻烈的药物，如巴豆、水银、大戟、芫花、商陆、牵牛子、斑蝥、三棱、莪术、虻虫、水蛭、蜈蚣、麝香等。属于慎用的药物主要包括祛瘀通经、行气破滞、辛热、滑利等方面的中药，如桃仁、红花、牛膝、丹皮、附子、乌头、干姜、肉桂、瞿麦、芒硝、天南星等。

项目 1.5　中药成分与药理

【任务 11】生物碱

1. 抗菌、抗病毒、抗寄生虫

如苦参生物碱具有独特的抗柯萨奇 B 组病毒作用；黄连小檗碱对革兰阳性细菌和革兰阴性细菌、原虫及各型流感病毒、新城疫病毒、真菌类均有抑制作用，对钩端螺旋体在试管中有相当强的杀灭作用等。

2. 镇咳、镇静、镇痛

如贝母总碱对小鼠和豚鼠氨水引咳有非常显著的抑制作用；白屈菜总碱对小鼠氨水引咳法和豚鼠枸橼酸引咳法引起的咳嗽有明显的抑制作用，延长引咳潜伏期、减少咳嗽次数，并有明显的平喘作用；附子生物碱有较强的镇痛作用；苦参生物碱具有镇静镇痛、解热降温等中枢抑制性作用。

3. 抗肿瘤

以苦参碱和氧化苦参碱为主要成分的抗癌药吗特灵注射液，临床上用于治疗某些呼吸系统及消化系统肿瘤，能延缓、限制恶性胸水发展而减轻症状，对缓解中、晚期胃癌患者的症状和体征同样有效；鄂北贝母总碱对小鼠移植肝实体瘤具明显的抑制作用；吴茱萸生物碱具有很强的抗肿瘤活性等。

【相关知识】

生物碱是来源于生物体的含负氧化态氮原子的环状化合物，在植物中分布广泛，故又称植物碱。生物碱的分子结构多属于仲胺、叔胺或季胺类，少数为伯胺类。大多有苦味，呈无色结晶状，少数为液体，有一定的旋光性与吸收光谱。难溶于水，与酸可形成盐，盐类大多易溶于水及醇。生物碱是很多中药的有效成分，例如，麻黄中的平喘成分麻黄碱、黄连中的抗菌消炎成分小檗碱(黄连素)、长春花中的抗癌成分长春新碱等。

【任务 12】苷类

1. 对心血管作用

三七皂苷 R_1 和 Rd 能显著促进或改善正常及去甲肾上腺素所致耳廓微循环障碍小鼠耳廓的微循环，亦可延长血浆复钙时间；三七总皂苷及其主要化学成分三七皂苷 Rb_1、Rg_1、Re 均具有显著的抗血管内皮缺氧损伤作用。

2. 对中枢神经作用

酸枣仁皂苷A具有中枢神经系统镇静作用；人参皂苷具有镇痛作用；黄芪总苷可抑制小鼠福尔马林致痛后第Ⅱ时相的疼痛反应。

3. 抗微生物作用

连翘酯苷在体外和体内对引发奶牛乳腺炎的主要致病菌金黄色葡萄球菌、停乳链球菌、无乳链球菌均有较好的抑制作用。

4. 抗肿瘤作用

薯蓣皂苷具有较为明显的抗乳腺癌作用；人参皂苷 Rh_2 在一定浓度范围内可以通过诱导细胞凋亡而非细胞毒作用，抑制肿瘤细胞的生长。

【相关知识】

苷类是由糖或糖的衍生物（如糖醛酸）的半缩醛羟基与另一非糖物质中的羟基以缩醛键（苷键）脱水缩合而成的环状缩醛衍生物。水解后能生成糖与非糖化合物，非糖部分称为苷元，通常有酚类、蒽醌类、黄酮类等化合物。苷类成分广泛存在于植物体内，也存在于某些海洋动物中。

纯净的苷大多为无色、无臭而有苦味的结晶。少数苷例外，如黄酮苷与蒽醌苷多为黄色，甘草甜素具甜味等。多数苷呈中性或酸性，少数呈碱性。大多数苷有一定的水溶性，通常苷比苷元在水中的溶解度大，苷元易溶于有机溶剂。大多苷类能被稀酸或酶水解，生成糖和苷元或次生苷。苷类没有还原性，多呈左旋光性。当苷类水解后其溶液由左旋变为右旋，并有强还原性。

【任务13】挥发油

1. 抗微生物活性

如鱼腥草挥发油对大肠杆菌、金黄色葡萄球菌、枯草杆菌均有一定的抑制作用；广藿香挥发油能抑制大部分皮肤细菌的生长繁殖；香薷挥发油具有抗流感 A_3 病毒作用。

2. 抗炎镇痛活性

如金佛手、油松等挥发油有一定的抗炎镇痛作用；乙酸龙脑酯具有较显著的镇痛抗炎作用等。

3. 抗肿瘤活性

如白术挥发油对小鼠移植性肿瘤肝癌 H_{22} 及肉瘤 S_{180} 有显著抑制作用；姜黄挥发油对肿瘤有明显抑制作用，且能增强免疫功能。

4. 其他药理活性

如川芎挥发油具有解热作用；当归挥发油对子宫收缩功能的影响，依剂量呈现小剂量兴奋、大剂量抑制的双向性特征；鹅不食草挥发油对过敏性鼻炎有明显治疗效果；椒蒿挥发油具有增强非特异性免疫功能，同时对机体体液免疫、细胞免疫功能亦有促进作用；蕲艾挥发油具有抗疲劳作用；小叶枇杷挥发油具有明显的平喘作用等。

【相关知识】

挥发油也称精油，是存在于植物体内的一类具有挥发性、可随水蒸气蒸馏、与水不相混溶的油状液体。大多数挥发油是无色或淡黄色透明液体,少数呈蓝绿色、红色等。挥发油都含有特殊的香气或臭气,有刺激性的灼热或辛辣味,呈中性或酸性反应。挥发油常温下为液体,有的在冷却时其主要成分可能结晶析出,这种析出物习称为“脑”,如樟脑、薄荷脑等。挥发油难溶于水,能完全溶于无水乙醇,在低浓度乙醇中溶解度较小。不同挥发油具有不同的旋光度和折光率。

【任务 14】鞣质

1. 止泻、止血作用

鞣质具收敛性,用作收敛药,内服可用于治疗胃肠道出血、溃疡和水泻等症;外用于创伤、灼伤,可使创伤后渗出物中蛋白质凝固,形成痂膜,减少分泌和防止感染,鞣质能使创面的微血管收缩,有局部止血作用。

2. 抑菌、抗病毒作用

鞣质能凝固微生物体内的原生质,故有抑菌作用。有些鞣质具抗病毒作用,如贯众能抑制多种流感病毒等。

3. 解毒作用

鞣质可用作生物碱及某些重金属中毒时的解毒剂。

4. 其他作用

鞣质具较强的还原性,可清除生物体内的超氧自由基,延缓衰老。此外,鞣质还有抗变态反应、抗炎、驱虫、降血压等作用。植物中的鞣质化合物对预防肿瘤和控制肿瘤进一步恶化有一定的作用。

【相关知识】

鞣质又称单宁,目前认为是由没食子酸(或其聚合物)的葡萄糖(及其他多元醇)酯、黄烷醇及其衍生物的聚合物以及两者混合共同组成的植物多元酚。多存在于植物的根、枝、树皮、叶和果实中,一年生草本植物中含的较少。

鞣质为非晶形棕色粉末,味涩。可溶于水、醇、丙酮、乙酸乙酯中,不溶于无水醚、苯、氯仿、石油醚。水溶液呈胶体状态,容易氧化而颜色加深,加入多量盐类,能将鞣质析出。水溶液遇三氯化铁等高铁盐产生蓝黑色或蓝绿色反应或沉淀。在制备鞣质的药物时,应避免与铁器过多接触,也要避免与蛋白质、重金属盐、生物碱、有机胺等配伍。注射液中如含有鞣质,往往引起刺激甚至肌肉坏死,所以一般须设法事先将鞣质除去。水溶液遇重金属盐(铅、银、锌、铜等)、蛋白质或生物碱能生成沉淀。

【任务 15】有机酸

1. 抑菌作用

如紫花地丁提取的有机酸对金黄色葡萄球菌的抑菌作用和杀菌作用明显;土槿皮中的土槿皮酸有抗真菌作用;绿原酸为许多中草药的有效成分,有抗菌、利胆、升高白细胞等作用。

2. 抗氧化作用

阿魏酸是当归的有效成分，能直接清除氧自由基，抑制脂质过氧化，提高谷胱甘肽过氧化物酶及相关酶的活性。用阿魏酸钠等五种中药来观察对白内障患者晶状体的影响，发现阿魏酸钠抗晶状体氧化性损伤的作用最强。此外，甘草次酸、雄果酸、水杨酸、苯甲酸、桂皮酸等也有清除自由基效应。

3. 其他作用

如半夏中含有的总游离有机酸具有止咳、祛痰、体外抑制肿瘤细胞的作用；板蓝根及大青叶所含的有机酸则具有较强的抗内毒素活性，其作用以水杨酸及苯甲酸作用最强。

【相关知识】

有机酸是一类含有羧基（—COOH）的有机化合物（氨基酸除外），广泛存在于植物的叶、花、茎、根、果实等部分，如乌梅、五味子、覆盆子等。

有机酸多溶于水或乙醇，呈显著的酸性反应，难溶于其他有机溶剂。有挥发性或无。在有机酸的水溶液中加入氯化钙或醋酸铅或氢氧化钡溶液时，能生成不溶于水的钙盐、铅盐或钡盐的沉淀。有机酸除少数以游离状态存在外，一般都与 K^+、Na^+、Ca^{2+} 等结合成盐，有些与生物碱结合成盐。脂肪酸多与甘油结合成油脂，个别油脂是其他多元醇的酯（如具有抗癌活性的薏苡仁酯是丁二醇的脂肪酸酯），或与其他高级醇结合成蜡。还有些有机酸是树脂的组成部分。

【任务 16】氨基酸

1. 驱虫作用

如使君子氨酸、海人草酸等均有较好的驱除蛔虫的效果。

2. 降压作用

如天南星、半夏中的 γ-氨基丁酸具有降压作用。

3. 调节作用

如水蛭中含有谷氨酸、门冬氨酸、亮氨酸等 17 种氨基酸，直接参与合成各种酶、激素，调节动物体内代谢的平衡，在活血化瘀中起很重要的作用；荔枝核主要成分为 α-（亚甲环丙基）甘氨酸，给小鼠皮下注射可使血糖下降。

4. 营养作用

如西洋参果实中具有 16 种氨基酸和极为丰富的游离氨基酸，其中包括 7 种动物体必需氨基酸；香菇中含有大量蛋白质、氨基酸和多种微量元素等。

【相关知识】

氨基酸是广泛存在于动植物中的一类含氮有机化合物，它的分子中同时含有呈碱性的氨基（$—NH_2$）和呈酸性的羧基（—COOH），遇酸和碱皆能中和成盐，而且分子中的羧基和氨基也可以相互作用生成内盐。一部分氨基酸是生物体蛋白质的组成部分，这些氨基酸有 20 种，其中一些已作为药品应用（如精氨酸、组氨酸）。

氨基酸多为无色结晶，易溶于水，不溶于乙醇、乙醚、氯仿、苯等有机溶剂。除甘氨酸外，均具旋光性。它们的旋光度决定于溶剂的性质、pH、温度和盐的存在。

氨基酸遇水合茚三酮试验加热呈现紫色—蓝紫—粉红色(个别黄色),遇吲哚醌试液显多种不同颜色。

【任务17】多肽、蛋白质和酶

1. 多肽

(1)抗血栓:如从水蛭中提取的水蛭素能缓解动脉壁的痉挛,减低血液的黏着力,能有效地阻止血栓形成,有扩张血管、增加血液循环的作用。

(2)镇咳祛痰:如茜草活性多肽具有行血止血、通经活络、止咳祛痰的作用。

(3)降血压:如毒蕈环肽具有降血压作用。

(4)其他作用:如蛙皮多肽能舒张血管,海兔抑制素能抗肿瘤,白花蛇舌草含催产肽,人参中的多肽能抗脂质分解等。

2. 蛋白质和酶

(1)解热、镇惊和镇痛:如羚羊角塞水溶性蛋白质成分具有解热、镇惊和镇痛作用,是羚羊角塞中的有效部位或有效成分之一。

(2)降胆固醇:如决明子蛋白质可降低高脂血症大鼠的总胆固醇、三酰甘油和低密度脂蛋白胆固醇。

(3)抗凝血:如蚯蚓链激酶有降解纤维蛋白原和Ⅱ、Ⅷ凝血因子,有较强的抗凝血作用。

(4)引产:如天花粉蛋白直接作用于胎盘滋养叶细胞,引起细胞变性坏死,导致胎盘功能丧失、胎儿死亡,可用于流产和死胎引产。

(5)其他作用:芦荟叶汁液中,含有多种活性酶,如淀粉酶、过氧化氢酶、脂肪氧化酶、超氧化物歧化酶(SOD)等,其中SOD具有抗衰老、治疗风湿性关节炎及类风湿性关节炎的功效。

【相关知识】

1. 多肽

多肽一般指由2~20个氨基酸组成的化合物,具直链或环状结构。最简单的肽是由二个氨基酸分子组成,称为二肽,其中包含一个肽键。由3个氨基酸分子组成的称为三肽,其余类推。一般由3个或3个以上氨基酸分子组成的肽称为多肽。而20个以上氨基酸组成的多肽与蛋白质无明显界限。多肽类成分一般可溶于水,在热水中不凝固。可与茚三酮、吲哚醌试剂显色,又因分子中具肽链而有双缩脲反应。

2. 蛋白质和酶

蛋白质是一类由20个以上的氨基酸通过肽键结合而成的大分子化合物,分子量一般在$5\times10^3\sim1\times10^7$之间,广泛分布于生物界,是一切生命活动的物质基础。

酶是一类具有高度催化活性和专一性的特殊蛋白质。生物体中蛋白质、脂肪和糖类等的合成与降解,以及生命活动中许多复杂的化学变化均与酶有密切关系。

蛋白质和酶的性质相同,大多数可溶水,中草药中的蛋白质大多在水中成胶体状态,不溶于有机溶剂,遇盐类(如硫酸铵或氯化钠)即凝聚变性产生可逆的沉淀反应。蛋白质同时具酸性和碱性,能与重金属盐类生成沉淀。这些沉淀反应可用于蛋白质的提取分离或从溶液中除去蛋白质。蛋白质的溶解度受pH影响很大。

蛋白质性质不稳定，在酸、碱、热、醇及某些试剂（如硫酸铵）作用下发生变性。蛋白质遇水和茚三酮也与氨基酸一样显色，在浓碱液与稀硫酸铜溶液作用下可产生蓝紫色反应。由于蛋白质分子量都很大，这种大分子化合物不能通过半透膜。故可用“透析法”提取分离蛋白质。

【任务 18】单糖、低聚糖和多聚糖

1. 增强免疫

如云芝胞内多糖是一种葡聚糖，给小鼠腹腔注射能显著增强网状内皮系统的吞噬功能；小鼠口服或腹腔注射人参多糖能明显增强小鼠巨噬细胞吞噬百分率和吞噬指数；小鼠腹腔注射黄芪多糖，则巨噬细胞吞噬功能加强；银耳多糖腹腔注射能明显增加小鼠血清溶血素抗体含量，并能颉颃环磷酰胺所致体液抑制，使其恢复正常；刺五加多糖，可显著增加体液免疫功能；小鼠腹腔注射枸杞多糖，可增强 NK 细胞的杀伤功能，且增强白细胞介素-2 的活性等。

2. 抗肿瘤

体外细胞计数法测定表明，栀子多糖对 S_{180} 肉瘤细胞和腹水肝癌细胞有明显的抑制作用；用体外细胞毒试验证明，人参多糖致敏血清对人和鼠的肿瘤细胞株均有不同程度的杀伤和抑制作用，对体内移植瘤也可使其发生明显的出血性坏死。

3. 抗氧化

短裙竹笋多糖能抑制超氧阴离子自由基，抑制人红细胞脂质过氧化；枸杞多糖四种成分均能清除羟自由基，抑制脂质过氧化；灵芝多糖可增强组织超氧化物歧化酶活力，降低过氧化脂质和氧化的低密度脂蛋白含量；猴头菌丝子多糖、子实体多糖、黑木耳多糖和银杏多糖等均能使小鼠脑和肝脏中的超氧化物歧化酶活性增加。

【相关知识】

1. 单糖类

是指不能再水解成更小分子的多羟基醛或多羟基酮的化合物。绝大多数天然存在的单糖为 5～7 碳糖，如五碳糖（*L*-阿拉伯糖、*D*-木糖等）、六碳糖（*D*-葡萄糖、*D*-果糖、*D*-甘露糖等）、七碳糖（景天庚糖）。

单糖类，多为结晶性，有甜味，易溶于水，可溶于稀醇，难溶于高浓度乙醇，不溶于乙醚、苯、氯仿等极性小的有机溶剂。单糖具有醛基或酮基，有还原性，可使碱性酒石酸铜试液还原生成砖红色的氧化亚铜沉淀。单糖有旋光性，而且有多种立体异构体。

2. 低聚糖类（寡糖）

是指由 2～9 个单糖分子通过糖苷键聚合而成的直糖链或支糖链的聚糖。但目前仅发现 2～5 个单糖分子的低聚糖，分别称为二糖或双糖（蔗糖、麦芽糖）、三糖（甘露三糖、龙胆三糖）、四糖（水苏糖）、五糖（毛蕊草糖）等。

低聚糖具有结晶性，有甜味，易溶于水，难溶或不溶于有机溶剂。有的有还原性，如麦芽糖、乳糖、甘露三糖等；有的无还原性，如蔗糖、龙胆三糖等。低聚多糖可被适宜的酶在酸性溶液中加热水解，变为单糖，水解过程中常有旋光性的改变。

3. 多聚糖类（多糖）

是由 10 个以上单糖分子脱水缩合而成。由一种单糖组成的多糖，称为均多糖，由两种

以上不同的单糖组成的多糖，称杂多糖。在多糖结构中除单糖外，还含有糖醛酸、去氧糖、氨基糖与糖醇等，而且还可以有别的取代基。淀粉、菊糖、树胶、黏液、纤维素是中草药中最常见的多糖类。

多聚糖，分子量较大，无甜味与还原性，难溶于水，有的与水加热可形成糊状或胶体溶液。不溶于醇及其他有机溶剂。水解后生成单糖或低聚糖，可有旋光性与还原性。在中草药的提取过程中，往往采用水浓缩液中加入乙醇的方法除去树胶、果胶、菊糖、黏液以及蛋白质等物质，以提取分离生理活性较强的高分子多糖类。

【任务 19】油脂和蜡

1. 泻下

含油脂丰富的中药一般可用作润肠通便药，如火麻仁、芝麻、杏仁等；蓖麻仁、巴豆油为刺激性泻药。

2. 降胆固醇

如沙棘油能够降低血清中胆固醇、高血脂、低密度脂蛋白含量，以降低胆固醇效果更为突出，同时具有升高血高密度脂蛋白胆固醇和红细胞变形性的趋势；中国林蛙卵油能明显降低实验性高脂血症家兔血清胆固醇的含量，提高高密度脂蛋白胆固醇的含量，抑制自由基的产生；富含 α-亚麻酸的苏子油具有改变大鼠脑和肝脏中脂肪酸的作用，可以用于降低血脂。

3. 其他作用

如大枫子油抑菌，薏苡仁油脂中的薏苡仁酯有驱蛔虫与抗癌等作用；鸦胆子油能腐蚀赘疣，鱼肝油可以预防维生素 A、维生素 D 缺乏症等。此外，大多数的油脂与蜡在医药上作为制造油注射剂、软膏、硬膏的赋形剂，如麻油、花生油、棉籽油、蜂蜡等。

【相关知识】

油脂是脂肪油和脂肪的总称，为饱和与不饱和高级脂肪酸的甘油酯所组成的混合物。常温下为液体的称为油，多存在于植物的种子和果实中；常温下为固态或半固态的称为脂肪，动物油脂多属之。蜡是高级脂肪酸和高级一元醇结合的酯类，主要存在于植物果实、茎、幼枝和果实的表面，常温下为固体。

油脂与蜡的相对密度均在 0.91～0.94 之间，不溶于水、易溶于乙醚、氯仿、苯、石油醚等有机溶剂。在乙醇中冷时难溶，热时可溶。油脂不具挥发性，无一定的熔点或沸点，大多数具明显而确定的折光率，可用于鉴定。油脂与碱作用能形成肥皂，在空气中久放易发生氧化酸败，产生过氧化物、酮酸、醛等，使油脂具有特殊的臭气和苦味，不能再供药用。

【任务 20】树脂

1. 消炎止痛

如乳香、没药、血竭作用于局部有防腐消炎、止痛作用。

2. 促进冠状动脉血液循环

如苏合香脂有减慢心率、增进冠状动脉血流量、降低心肌耗氧量等作用。

3. 其他作用

阿魏油胶树脂抗凝血和泻下、安息香脂抗菌和祛痰、牵牛子脂泻下、松香止血等。

【相关知识】

树脂是植物正常生长分泌的一类化学组成较为复杂的化合物，多与树胶、挥发油和有机酸等混合存在。与挥发油共存的称香树脂；与树脂共存的有机酸统称香脂酸，如安息香；有些树脂与糖结合成苷，称为苷树脂，如牵牛苷树脂。

树脂通常为无定形固体。质脆，遇热发黏变软后熔化，燃烧时有浓烟与明亮的火焰。比水重，不溶于水，溶于乙醇和乙醚等有机溶剂。

【任务 21】无机成分

1. 营养作用

如铁、锰、铜、锌、镍、钴、碘、硒、钼、硅、铬、氟、锡、钒等 14 种微量元素为动物体所必需。

2. 构成大分子物质及生理活性调节

核酸、蛋白质、酶、激素、维生素等的生理活性与一些微量的金属离子有关，一旦缺乏或过多均可导致疾病。如微量元素铁、锌、铜、锰等均与酶的活性有关，具有促进生长发育，提高免疫能力等功效。

3. 其他作用

如夏枯草内主要为钾盐的无机成分，有降压、利尿作用；马齿苋所含氯化钾等钾盐有兴奋子宫的作用；附子中的磷脂酸钙有强心作用；锰可以改善动脉粥样硬化患者脂质的代谢，防止实验性动脉粥样硬化等。

【相关知识】

植物类中药的无机成分多为钾、钠、钙、镁、铝、硫、磷等，大部分以盐的形式存在于细胞中，它们或与有机物质结合存在，或成各种结晶状态，如大黄中的草酸钙结晶，夏枯草中的氯化钾、桑叶中的碳酸钙等。

【任务 22】植物色素类

1. 抗氧化

如预先灌胃栀子黄色素可抑制四氯化碳引起的小鼠血清天冬氨酸转氨酶（AST）、丙氨酸转氨酶（ALT）、乳酸脱氢酶（LDH）及肝脏丙二醛（MDA）含量和肝脏指数的升高，缓解肝脏还原型谷胱甘肽（GSH）含量的降低，减轻四氯化碳引起的肝小叶内灶性坏死；射干中提取的异丹叶大黄素（ISOR）提高 SOD、GSH-PX 活力，抑制活性氧对线粒体和 DNA 的损伤等。

2. 其他作用

如叶绿素有抗菌、促进肉芽生长和除臭等作用；紫草的萘醌类色素、栀子中的栀子黄色素能抑菌；姜黄中的姜黄素能降血脂和抑菌；胡萝卜素是维生素 A 的前体，服后在体内能转变成维生素 A，可用于防治维生素 A 缺乏症等。

【相关知识】

植物色素类在中草药中分布很广，主要有水溶性色素与脂溶性色素两类。水溶性色素主要为花色苷类，又称花青素，普遍存在于花中。溶于水及乙醇，不溶于乙醚、氯仿等有机溶剂，遇醋酸铅试剂会沉淀，并能被活性炭吸附，其颜色随 pH 的不同而改变。花色苷在制备中草药制剂或提取有效成分时，常作为杂质去除。

脂溶性色素主要为叶绿素、叶黄素与胡萝卜素，三者常共存，此外尚有藏红花素、辣椒红素等。除叶绿素外，多为四萜衍生物。这类色素不溶于水，难溶于甲醇，易溶于高浓度乙醇、乙醚、氯仿、苯等有机溶剂。胡萝卜素在乙醇中也不溶。叶绿素等在制备中草药制剂或提取其他有效成分时常须作为杂质去除，以使药物纯化。中草药（特别是叶类、全草类）的乙醇提取液中含有多量叶绿素，可在浓缩液中加水使之沉出，也可通过氧化铝、碳酸钙等吸附剂而除去。

项目1.6　方剂

问题一：引经药属于下列哪类药的范畴（　　）。

A. 君药　　B. 臣药　　C. 佐药
D. 使药　　E. 以上都不是

问题二：针对主病或主证而起主要治疗作用的药物是（　　）。

A. 君药　　B. 臣药　　C. 佐药
D. 使药　　E. 以上都是

问题三：关于麻黄汤的说法错误的是（　　）。

A. 麻黄辛温发汗，解表散寒，为君药
B. 桂枝辛温通阳以助麻黄发汗散寒，为臣药
C. 杏仁降泄肺气以助麻黄平喘，为佐药
D. 甘草调和诸药，为使药
E. 麻黄汤用于治疗外感风寒表虚证

问题四：不属于方剂运用变化内容的是（　　）。

A. 方剂药味的加减　　B. 方剂剂型的更换　　C. 方剂药量的增加
D. 方剂药量的减少　　E. 方剂主治范围的扩大

问题五：方剂中各药物剂量的确定主要依据（　　）。

A. 根据中药的性能　　B. 根据配伍与剂型　　C. 根据方剂的组成
D. 根据病情及其轻重　　E. 以上均是

【任务23】方剂的组方原则

1. 主药（君药）

针对病因或主证起主要作用的药物。

2. 辅药（臣药）

辅助主药，以加强治疗作用的药物。

3. 佐药

有三方面的作用。一是用于治疗兼证或次要证候；二是制约主药的毒性或烈性；三是用作反佐，用于因病势拒药须加以从治者，如在温热剂中加入少量寒凉药，或于寒凉剂中加入少许温热药，以消除病势拒药（“格拒不纳”）的现象。

4. 使药

方中的引经药，或协调、缓和药性的药物。

以主治风寒表实证的麻黄汤为例，方中的麻黄辛温发汗，解表散寒，为君药；桂枝辛温通阳以助麻黄发汗散寒，为臣药；杏仁降泄肺气以助麻黄平喘，为佐药；甘草调和诸药，为使药。

【相关知识】

方剂是在确立治法的基础上，由单味或若干味药物按一定原则配合组成的药方。方中各药能互相配合、加强疗效，并能减少或缓和某些药物的毒性和烈性、消除不利作用，更好地适应复杂病情的需要。也就是说，药有个性之特长，方有合群之妙用。

方剂学是中兽医理、法、方、药的重要组成部分，只有在辨证立法的基础上才能合理运用。方是从属于治法的，治法是立方的依据。例如治疗冷肠泄泻，根据辨证确立暖肠利水之法，处方用药就要以暖肠利水这个治法为依据。既可以选用桂心散加减处方，也可以在五苓散的基础上化裁，或选用其他方剂。但无论运用何方，都不能违背暖肠利水的治法。所以，在治疗疾病时，“方”可以不定，而“法”必须确定。只有这样，才能使治法落实到处方上，以达到合理有效的治疗目的。即所谓“方从法立，以法统方”。

除单方外，方剂一般是由若干味药物组成的。组成一个方剂，不是把药物进行简单的堆砌，也不是单纯地将药效相加，而是根据病情需要，在辨证立法的基础上，按照一定的原则，选择适当的药物组合而成的。构成方剂的组分药一般包括主、辅、佐、使四部分，即古人所归纳的“君、臣、佐、使”。

方剂中君臣佐使的药味划分，是为了使处方者在组方时注意药物的配伍和主次关系，并非死板格式。有些方剂，药味很少，其中的主药或辅药本身就兼有佐使作用，则不再另配伍佐使药。有些方剂，根据病情需要，只需区分药味的主次即可，不必都按君臣佐使的结构排列。如二妙散（苍术、黄柏）只有两味药。

【任务 24】方剂的加减化裁

1. 药味增减

在主证未变、兼证不同的情况下，可不改变主药，适当增添或减去一些次要药味。如郁金散是治疗牛肠黄的基础方，热甚时，宜减去诃子以免湿热滞留，添加金银花、连翘增强清热解毒；腹痛重时，宜加乳香、没药、延胡索以活血止痛；水泻不止时，宜减去大黄，加猪苓、茯苓、泽泻、乌梅增强利水止泻功能。

2. 配伍变化

方剂中主药不变，与之相配伍的药物发生了变化，其功能和主治也会发生变化。以麻黄为例，配桂枝，组成麻黄汤，能发汗解表，主治风寒表实证；配石膏，组成麻杏石甘汤，则由辛温散寒变化为辛凉清热的方剂，能解表清里，主治表邪未解、里热已炽之证。

3. 药量增减

药物不变，只增减药物的用量，可以改变方剂的药力或治疗范围，甚至也可改变方剂功能和主治。如小承气汤和厚朴三物汤，同是由大黄、枳实、厚朴三味药物组成，但方剂中药物之间的比例不同，功能和主治也有差异。小承气汤重用大黄，功能泻热通便，主治阳明腑实证；厚朴三物汤重用厚朴，功能行气除满，主治气滞腹胀。

4. 合方加减

在病情复杂的情况下，主、兼各证均有各自的代表性方剂时，可将两个或两个以上的方剂合并。如四君子汤补气，四物汤补血，两方合成八珍汤则成气血双补之剂；再如卫气营血病证，卫、气同病可用银翘散合白虎汤加减；营、卫合邪可用银翘散合清营汤加减；气、营同病可用白虎汤合清营汤加减；热毒内盛、气血两燔可用黄连解毒汤、白虎汤、清营汤和犀角地黄汤等加减组合成的清瘟败毒饮。

【相关知识】

方剂的组成虽然有一定的原则，但在临床应用时不是一成不变的，还应根据病情的轻重缓急以及病畜种类、体质、年龄等灵活化裁。只有这样，才能做到“师其法而不泥其方”，获得预期的治疗效果。

【任务 25】剂型的选择

1. 散剂

是将处方中一种或多种药物粉碎后混合均匀而制成的粉末状制剂。临床最常用，有内服和外用之分。内服，常用开水调成糊状，或加水稍煎，候温灌服；也可混入饲料中喂服，如藿香正气散、平胃散、郁金散、千金散等；外用，一般研成细末或极细末，多用于疮面或患部的掺撒、敷贴，或用于点眼、吹鼻等，如桃花散、生肌散、拨云散、青黛散、冰硼散等。

2. 汤剂

又称煎剂、汤液，是将处方中一味或多味中药饮片加水煎煮后去渣而得的液体剂型。也有内服和外用之分。内服汤剂容易吸收、药效快，适用于急病或重病，如白虎汤、补中益气汤、麻杏石甘汤、四逆汤等。当经口灌服困难时，某些内服汤剂也可采用保留灌肠的方法投药。外用汤剂常用于洗治疮疡、湿敷肿痛等，如防风汤。

3. 丸剂

是将中药粉末或提取物加适宜的赋形剂制成的球形固体剂型。有蜜丸、水丸、糊丸、浓缩丸等多种。蜜丸是将药物粉末以炼制过的蜂蜜为黏合剂制成；水丸的辅料为水或黄酒、醋、稀药汁、糖液等；糊丸的辅料为米糊或面糊；浓缩丸是由中药提取物加适当辅料制成。很多内服方剂都可做成丸剂，如六味地黄丸、四神丸等。丸剂易于保存，但大多吸收缓慢，作用持久，常用于治疗慢性疾病。但在兽医临床上，因动物不能主动吞咽丸药，故给药时需用投丸器，或用水化开灌服。

4. 片剂

是将一味或多味中药细粉或经加工提炼后，与适宜的辅料混合压制而成的一种圆片状剂型。如板蓝根片、黄连解毒片等。

5. 合剂

是将中药用水或其他溶剂提取、纯化、浓缩制成的供内服的液体制剂，又称口服液，常有固定的规格，如双黄连口服液、杨树花口服液等。

6. 注射剂

是将中药经提取、配制、灌封、灭菌等步骤制成的液体或可溶性粉末状制剂，供注射用。如当归注射液、柴胡注射液等。

7. 冲剂

是将中药煎液或浸提液，浓缩干燥或与适当辅料混合制成的颗粒状（又称颗粒剂）或粉末状制剂。因使用时多用水冲服，故称冲剂。如板青颗粒、七清败毒颗粒等。

8. 流浸膏剂

是将中药用适当溶剂提取后，除去部分溶剂而制成的液体制剂，如大黄流浸膏、远志流浸膏等。

9. 浸膏剂

是将中药经适当溶剂提取后，除去所有溶剂而制成的半固体或固体制剂，如甘草浸膏、大黄浸膏等。由于浸膏不含溶剂，可制成片剂或丸剂，或直接装入胶囊服用。

10. 软膏剂

是将中药细粉或提取物与适当的基质混合调制成的一种半固体制剂，如白及膏、紫草膏等。

11. 锭剂

是将中药粉末或提取物加赋形剂制成的一种固体制剂，如保健锭。

12. 酊剂

是将中药用规定浓度的乙醇提取加工而成的澄清液体制剂，也可用流浸膏稀释制成。如马钱子酊、复方龙胆酊等。

13. 灌注剂

是将中药提取物以适宜的溶剂制成的供子宫、乳房等器官内灌注应用的灭菌液体制剂。如用于子宫内灌注的促孕灌注液等。

【相关知识】

根据治病需要，将方剂制成适宜的使用形式称为剂型。剂型是根据方药的性质、病情的需要、用药的方法和动物的采食特性等确定的。《神农本草经》中记载："药性有宜丸者，宜散者，宜水煮者，宜酒渍者，宜膏煎者，亦有一物兼宜者，亦有不可入汤酒者，并随药性，不得违越。"病情不同，所需的剂型也不同，如病急者宜汤，病缓者宜丸；疮疡湿者宜贴，干枯者宜涂膏等。在使用方法上，灌服宜用散剂或汤剂，直肠给药宜用汤剂等。不同的动物，采食特性不同，所用剂型也不同，如禽类可用药砂，鱼类多用药饵等。

【任务 26】剂量的确定

1. 根据中药的性能

凡有毒的、峻烈的药物用量宜小，并应从小量开始使用，逐渐增加，中病即止，谨防中毒。对质地较轻或容易煎出的药物，可用较小的量，对质地较重或不容易煎出的药物，可用较大的量。此外，对于新鲜的药物，用量可大些。

2. 根据配伍与剂型

方剂中各药有君、臣、佐、使之分，主药的用量一般要大些。同一中药在大复方中的用量要小于小复方甚至单味方。在吸收较快的汤剂、酒剂中的用量要小于吸收较慢的散剂、丸剂中的用量。

3. 根据方剂的组成

各种药物剂量的变化可使处方的功能和主治都发生变化。方剂中药味多用量少，药味少时则用量宜大。

4. 根据病情及其轻重

一般来说，病情轻浅的用量宜轻，病情较重的用量可适当增加。病证不同，用量也有讲究。如在石膏与麻黄的配伍剂量上，治汗出而喘、无大热者石膏与麻黄的比例为2∶1；治温病无汗而热重者为10∶1；治白喉、烂喉病比例可高达20∶1。

5. 根据动物种类和体型大小

动物种类和体形大小不同，剂量大小非常悬殊。各种动物用药剂量的相对比例参考值见表1-4。

表1-4　不同种类动物用药剂量比例

动物种类	剂量比例	动物种类	剂量比例
马（体重300 kg左右）	1	猫（体重4 kg左右）	1/32～1/20
黄牛（体重300 kg左右）	1～1¼	鸡（体重1.5 kg左右）	1/40～1/20
水牛（体重500 kg左右）	1～1½	鱼（每1 kg体重）	1/30～1/10
驴（体重150 kg左右）	1/3～1/2	虾蟹（每1 kg体重）	1/300～1/200
羊（体重40 kg左右）	1/6～1/5	蚕（5%熟蚕时，10 000头）	1/20～1/10
猪（体重60 kg左右）	1/8～1/5	蜂（每1标准群）	1/100～1/50
犬（体重15 kg左右）	1/16～1/10		

注：常用方剂中所设剂量为体重300 kg左右马、牛剂量，用于其他动物时，按比例酌减。

此外，还要根据动物的年龄、性别以及地区、季节等不同来确定用量。剂量与药物产地、品种、采集、炮制、贮藏、药材性质有关，也与动物机体的生理和病理状况密切相关。要根据临床治疗的具体情况全面考虑，适当增减。

【相关知识】

剂量，是指每一药物的常用治疗量。剂量的大小，直接关系到治疗的效果和药物对畜体的毒性反应。一般中药的用量安全度比较大，但个别有毒的药物仍须注意。药物的毒性与剂量通常是成正比关系，如果剂量超越一定的范围时，还会引起功效的改变，如大黄少量能健胃，大量则泻下。所以，对待中药的剂量必须持严谨的态度。

【任务27】给药方法

1. 经口给药法

经口给药又称内服、口服、灌服（液体制剂）或投服（丸剂、片剂）以及舐服等。用胃导管经口或鼻插入食管或胃中投灌药也属经口给药法。除了将药物制剂混在饲料中或溶于水中令动物自行采食或饮服外，多采用经口给药法。服用的剂型多为散剂或汤剂。

灌服中药，可用牛角、竹筒或金属制成的灌角（或称灌勺）。汤剂可直接灌服，散、片等固体制剂用水调成稀糊样；丸剂可用投丸器投服，也可调成糊状灌服。药量不多的散剂，可加少量水或赋形剂调膏状，涂在舌面后部或舌根处令动物咽下。

服药次数，一般 1 d 1 次，也可将 1 日量分 2～3 次服完。服药前后，动物一般应停止饲喂 2～4 h，以利于药物的消化与吸收。服药时间，有些药物有饲喂前服和饲喂后服的说法。一般说来，滋补药、驱虫药和泻下药宜饲喂前空腹时服，健脾胃药和对胃肠刺激性较大的药宜饲喂后服。药液温度，有些药物有温服和凉服之分，清热剂宜凉服，除寒剂宜温服。

2.非经口给药法

指除经口给药法以外的各种给药方式，如注射、灌肠、点眼、吹鼻、熏、洗、敷、掺、贴、嵌入等。

随着畜牧业集约化生产的发展，群体用药被越来越多地采用。所谓群体用药，就是为了防治群发性疫病，或为了提高动物的生产性能，采用批量集体用药的方式。有些动物（如鸡、鱼、蜂、蚕）或群体数量很大，或个体很小，难以逐个给药，也主要采用群体用药法。中药的群体用药，目前较普遍的是拌饲或混饮，即将药物拌入饲料中或溶解于饮水中给动物服用。此外，在动物所处的环境（如水体）中施药，使环境中的每个动物都能接触到药物，也是一种群体给药方法。

Project 2

常用中药与方剂

- 项目 2.1 常用解表方药
- 项目 2.2 常用清热方药
- 项目 2.3 常用泻下方药
- 项目 2.4 常用消导方药
- 项目 2.5 常用止咳化痰平喘方药
- 项目 2.6 常用和解方
- 项目 2.7 常用温里方药
- 项目 2.8 常用祛湿方药
- 项目 2.9 常用理气方药
- 项目 2.10 常用理血方药
- 项目 2.11 常用收涩方药
- 项目 2.12 常用补虚方药
- 项目 2.13 常用平肝方药
- 项目 2.14 常用安神开窍方药
- 项目 2.15 常用驱虫方药
- 项目 2.16 常用外用方药
- 项目 2.17 常用饲料添加剂

项目 2.1 常用解表方药

问题一:指出下面说法错误的是( )。

A. 解表药性善发散,能使肌表之邪外散或从汗而解

B. 解表药主要宣肺透疹,兼发散解表、利水、祛风湿

C. 解表药主要适用于外感风寒或风热所致的恶寒、发热、头痛、身痛、无汗或有汗、脉浮等表证

D. 解表药部分还可用于咳喘、水肿、疹发不畅及风湿痹痛等

E. 解表药是以发散表邪,解除表证为主要功效的药物

问题二:指出下面说法错误的是( )。

A. 发汗力强的解表药,注意用量,不可过汗

B. 体虚多汗及热病后期津液亏耗者忌服发汗力强的解表药

C. 解表药入汤剂应久煎

D. 辛凉解表药发汗力较缓和,长于透解表热

E. 辛温解表药发汗力强,能发散风寒

问题三:菊花配枸杞子共同体现的功效是( )。

A. 疏散风热　B. 补肝肾明目　C. 平肝熄风

D. 清热解毒　E. 清肺润肺

问题四:生用能解表退热,醋炙能增强疏肝解郁的药物是( )。

A. 柴胡　B. 薄荷　C. 延胡索

D. 青皮　E. 香附

问题五:喻为"呕家圣药"的是( )。

A. 生姜　B. 香薷　C. 紫苏

D. 荆芥　E. 桂枝

问题六:主治风热表证,麻疹透发不畅,吐血宜选( )。

A. 菊花　B. 牛蒡子　C. 葛根

D. 荆芥　E. 蔓荆子

问题七:关于桂枝的描述哪些是错误的( )。

A. 发汗力同麻黄,并长于助阳、温通经脉　B. 辛温助热,易伤阴动血

C. 治疗阳虚停水之痰饮或蓄水证　D. 温经通脉　E. 孕畜慎用

问题八:治疗风热或肝热目赤,宜选( )。

A. 蝉蜕　B. 牛蒡子　C. 葛根

D. 升麻　E. 柴胡

问题九:治疗鼻渊,头痛,宜选( )。

A. 辛夷　B. 夏枯草　C. 藁本

D. 香薷　E. 荆芥

问题十：既能疏肝解郁，又能利咽透疹的药是(　　)。

A. 蝉蜕　　B. 板蓝根　　C. 马勃

D. 升麻　　E. 薄荷

问题十一：下面哪两药合用，善宣肺降气，止咳平喘，治咳喘气逆功著，证属风寒束肺者尤宜(　　)。

A. 麻黄配石膏　　B. 麻黄配杏仁　　C. 杏仁配桂枝

D. 麻黄配薏苡仁　　E. 石膏配杏仁

问题十二：下列药物不属于辛温解表药的是(　　)。

A. 桂枝　　B. 荆芥　　C. 紫苏

D. 细辛　　E. 升麻

问题十三：下列药物不属于辛凉解表药的是(　　)。

A. 葛根　　B. 柴胡　　C. 薄荷

D. 黄芩　　E. 桑叶

问题十四：银翘散主要用于(　　)。

A. 外感风寒表实证　　B. 外感风寒表虚证　　C. 外感挟湿表寒证

D. 外感风热证　　E. 气分实热证

问题十五：(1～5 题共用下列备选答案)

A. 荆防败毒散　　B. 桑菊饮　　C. 银翘散

D. 麻黄汤　　E. 桂枝汤

1. 外感风热选用(　　)。
2. 外感风寒表实证选用(　　)。
3. 外感风寒表虚证选用(　　)。
4. 外感挟湿的表寒证选用(　　)。
5. 外感风热犯肺的轻证选用(　　)。

【任务 28】常用解表药

1. 辛温解表药

麻黄
Herba ephedrae

为麻黄科植物麻黄 *Ephedra sinica* Stap f、中麻黄 *E. intermedia* Schrenk. et Mey. 或木贼麻黄 *E. equisetina* Bge. 的干燥茎枝。切段生用或蜜炙用。主产于山西、内蒙古、河北等地。

【性味归经】辛、微苦，温。入肺、膀胱经。

【功能主治】发汗散寒，宣肺平喘，利水消肿。主治风寒表实证，肺经实喘，水肿实证。

【用量】马、牛 15～30 g；猪、羊 3～10 g；犬 3～5 g。

【应用】①外感风寒所致的恶寒发热、无汗等，常与桂枝相须为用，以增强发汗力量，如麻黄汤。

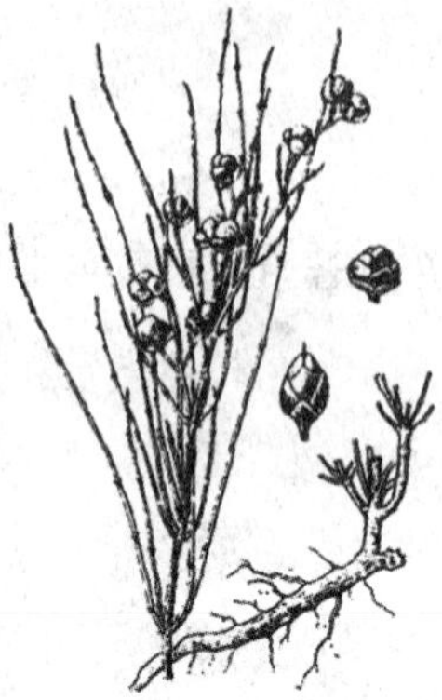
草麻黄

中麻黄

木贼麻黄

②肺热咳喘，常与石膏、杏仁、甘草同用，如麻杏石甘汤。

【药理】含麻黄碱、假麻黄碱、甲基麻黄碱、麻黄次碱、苄甲胺和松油醇等，能刺激汗腺分泌，可发汗解热，松弛支气管平滑肌痉挛，兴奋心脏，收缩血管，升高血压和兴奋中枢，并有利水消肿、抑菌、抗病毒等作用。

【附药】麻黄根　味甘，性平，入肺经，能止一切虚汗（气虚自汗、阴虚盗汗）。可使心脏收缩减弱，血压下降，呼吸幅度增大，末梢血管扩张，心率降低等。

桂枝
Ramulus cinnamomi

为樟科植物肉桂 *Cinnamomum cassia* Presl. 的干燥嫩枝。切成薄片或小段后入药。主产于广西、广东、云南等地。

肉桂

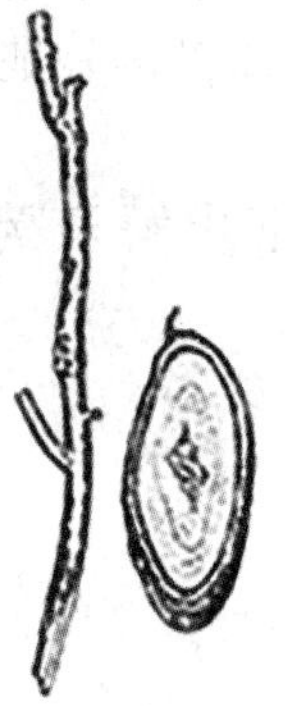
桂枝及饮片

【性味归经】辛、甘，温。入心、肺、膀胱经。

【功能主治】发汗解肌，温经通络。主治风寒表证，风寒湿痹，水肿。

【用量】马、牛 15～45 g；猪、羊 3～10 g；犬 1.5～3 g；兔、禽 0.5～1.5 g。

【应用】①风寒表证、发热无汗，常与麻黄等同用，如麻黄汤；表虚自汗，多与白芍、生姜、大枣等配伍，如桂枝汤。

②风寒湿痹，肢体疼痛，关节不利等，常与附子、羌活、防风等同用，如桂枝附子汤。

③脾肾阳虚所致的水肿，尿不利等，常与茯苓、猪苓、泽泻、白术同用，如五苓散。

【药理】含桂皮醛、肉桂酸、2-甲氧基肉桂酸等，有解热、镇痛、抑菌等作用。

防风
Radix saposhnikoviae

为伞形科植物防风 *Saposhnikoria divaricata*（Turcz.）Schischk 的干燥根。切片生用或炒用。主产于黑龙江、吉林、内蒙古、辽宁等地。

防风

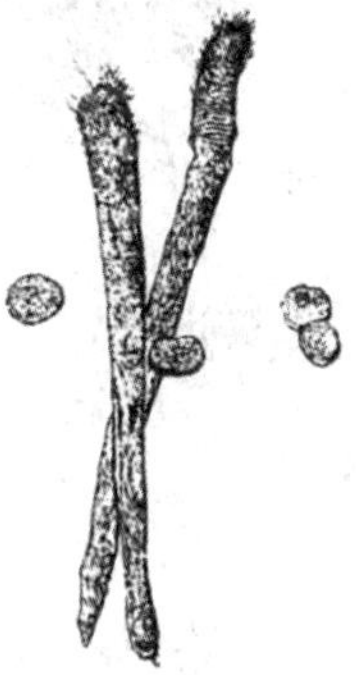

防风根及饮片

【性味归经】辛、甘，微温。入膀胱、肺、脾经。

【功能主治】祛风发表，胜湿解痉。主治表证，风湿痹痛，破伤风等。

【用量】马、牛 15～60 g；猪、羊 5～15 g；犬 3～8 g；兔、禽 1.5～3 g。

【应用】①外感风寒所致的鼻流清涕，肌肉紧硬等，常与荆芥、羌活、独活、前胡等同用，如荆防败毒散；外感风热，鼻流浓涕，咽喉肿痛，常与金银花、连翘、薄荷、荆芥等配伍。

②风湿痹痛，常与羌活、独活、附子、升麻等配伍，如防风散。

③破伤风所致的强直性痉挛，常与天南星、白附子、天麻等配伍，如千金散。

【药理】含石防风素、补骨脂素、香柑内酯等，具有解热、抗炎、镇痛、抑菌等作用。

荆芥
Herba schizonepetae

为唇形科植物裂叶荆芥 *Schizonepeta tenuifolia*（Benth.）Briq.［Nepeta tenuifolia Benth.］和多裂叶荆芥 *S. multifida*（L.）Briq.［Nepeta multifida L.］的全草或花穗。切段生用、炒黄或炒炭用。主产于江苏、浙江、江西等地。

【性味归经】辛，温。入肺、肝经。

【功能主治】祛风解表，止血。主治表证，各种出血。

【用量】马、牛 15～60 g；猪、羊 6～12 g；犬、猫 2～5 g；兔、禽 1.5～3 g。

【应用】①外感风寒表证，常与防风、羌活、独活等同用，如荆防败毒散；外感风热表证，常与金银花、连翘、薄荷等同用，如银翘散。

②衄血、便血、尿血、子宫出血等，常炒炭后与栀子、大黄、槐花、地榆等同用。

【药理】含挥发油，具有解热，促进皮肤血液循环，增强汗腺分泌以及缓解平滑肌痉挛等作用。

裂叶荆芥

多裂叶荆芥

紫苏
Folium perillae

为唇形科植物紫苏 *Perilla frutescens*(L.)Britt. 的干燥茎叶。切细生用。茎单用名苏梗，种子亦入药，名苏子，全国各地均产。

紫苏

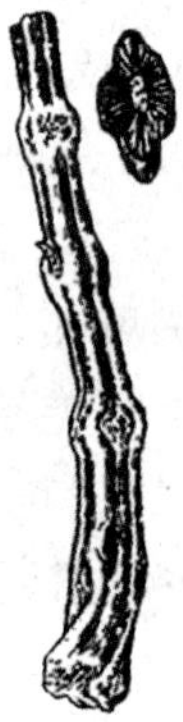

紫苏梗及饮片

【性味归经】辛，温。入肺、脾经。

【功能主治】发表散寒，行气和胃。主治风寒感冒，脾胃气滞，呕吐。

【用量】马、牛 15～60 g；猪、羊 5～15 g；犬 3～8 g；兔、禽 1.5～3 g。

【应用】①外感风寒表证，恶寒发热，无汗兼咳嗽等，常与杏仁、前胡、桔梗等同用，如杏苏散。

②脾胃气滞，食欲不振，肚腹胀满，反胃呕吐等，常与藿香、大腹皮、草果、陈皮、生姜等同用。

【药理】含挥发油等，具有解热、镇咳、止呕、抑菌等作用。

【附药】①紫苏梗：辛，温。入肺、脾经。功能理气和中、止痛、安胎，主治气滞腹胀、呕吐、胎动不安。

②紫苏子：辛，温。入肺经。功能降气消痰、止咳平喘、润肠通便，主治痰壅咳喘、肠燥便秘。

细辛
Asari rudis et rhizoma

为马兜铃科植物北细辛 *Asarum heterotropoides* Fr. Schmidt var. *mandshuricum* (Maxim.) Kitag.、汉城细辛 *Asarum sieboldii* Mig. f. *seoulense* Nakai. 和华细辛 *Asarum sieboldii* Miq. 的全草。切段生用或蜜炙用。主产于辽宁、吉林、陕西、山东、黑龙江等地。

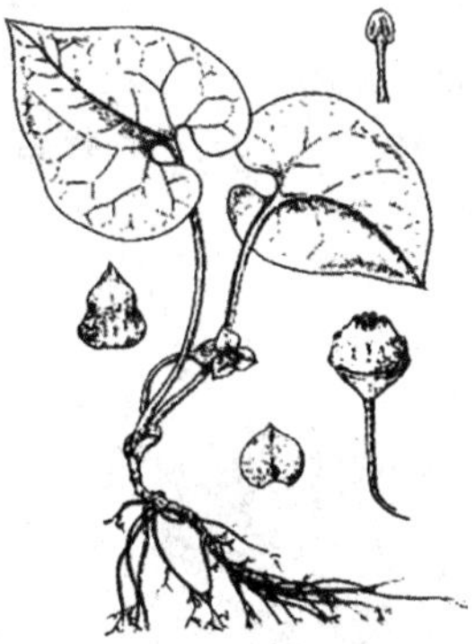
细辛

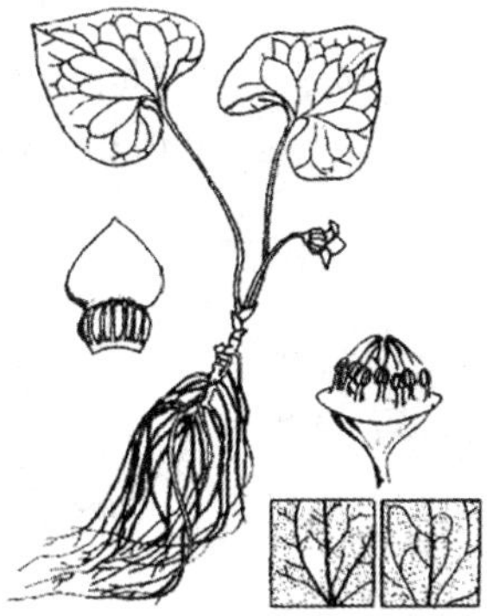
汉城细辛

【性味归经】辛，温。入心、肺、肾经。

【功能主治】发表散寒，温肺化痰，祛风止痛。主治外感风寒，肺寒咳嗽，风湿痹痛。

【用量】马、牛 9～15 g；猪、羊 1.5～3 g；犬 0.5～1 g。

【应用】①外感风寒，发热恶寒等，常与羌活、防风、白芷、川芎等同用。

②风寒束肺所致的咳喘，痰多清稀等，常与干姜、五味子、桂枝、麻黄、半夏等同用，如小青龙汤。

③风湿痹痛，常与羌活、桂枝、川乌、草乌等配伍。

【药理】含蒎烯、甲基丁香酚、细辛酮等，有解热、镇痛、抗惊厥、抗炎等作用。

白芷
Radix angelicae dahuricae

为伞形科植物白芷 *Angelica dahurica* (Fisch.) Benth. et Hook. 或杭白芷 *Angelica dahurica* (Fisch. ex Hoffm.) Benth. et Hook. f. var *formosana* (Boiss.) Shan et Yuan 的干燥根。切片入药。主产于四川、东北、浙江、江西、河北等地。

白芷

【性味归经】辛，温。入肺、胃经。

【功能主治】祛风除湿，消肿排脓，通窍止痛。主治风寒感冒，风湿痹痛，疮黄肿痛，脑颡鼻脓。

【用量】马、牛 15～30 g；猪、羊 3～9 g；犬、猫 0.5～3 g。

【应用】①外感风寒，常与荆芥、防风、细辛等同用，如荆防败毒散；风湿痹痛，常与独活、桑枝、秦艽等同用。

②疮痈成脓，难于破溃，常与金银花、天花粉、穿山甲、皂角刺同用，如仙方活命饮；乳痈初起，常与瓜蒌、贝母、蒲公英等同用。

③脑颡，鼻流浊涕不止，常与辛夷、苍耳子、薄荷等配伍，如苍耳散。

【药理】含白芷素、欧前胡素等，具有解热、镇痛、抗炎、抑菌等作用。

辛夷
Flos magnoliae

为木兰科植物望春花 *Magnolia biondii* Pamp.、玉兰 *Magnolia denudata* Desr. 或武当玉兰 *Magnolia sprengeri* Pamp. 的干燥花蕾。捣碎生用或炒炭用。主产于河南、安徽、四川等地。

望春花

玉兰

武当玉兰

辛夷

【性味归经】辛，温。入肺、胃经。

【功能主治】散风寒，通鼻窍。主治脑颡鼻脓。

【用量】马、牛 15～60 g；猪、羊 3～9 g；犬、猫 2～5 g。

【应用】①外感风寒，鼻流清涕，常与防风、白芷、川芎等同用。

②脑颡鼻脓，常与知母、黄柏、沙参、木香、郁金等同用，如辛夷散。

【药理】含挥发油，具有平喘、止咳、抗炎等作用。

苍耳子
Fructus xanthii

为菊科植物苍耳 *Xanthium sibiricum* Patr. 的干燥成熟果实。生用或炙用。主产于山东、安徽、江苏、湖北等地。

【性味归经】甘、苦，温。有小毒。入肺经。

【功能主治】发汗通窍，散风祛湿。主治风寒感冒，脑颡鼻脓。

【用量】马、牛 15～45 g；猪、羊 3～15 g；兔、禽 1～2 g。

【应用】①风寒感冒，鼻窍不通，浊涕下流，脑颡流鼻等，常与辛夷、白芷、薄荷等同用。

②风湿痹痛，常与威灵仙、苍术、羌活等配伍。

【药理】含苍耳苷、苍耳醇、苍耳脂、大黄酚、大黄素、芦荟大黄素和α-谷甾醇、豆甾醇、胡萝卜苷和蔗糖等，生品和炒制品的脂肪油乳浊液、水煎液对金黄色葡萄球菌和肺炎双球菌都有效，且炒制品抗菌作用优于生品。

苍耳

生姜
Rhizoma zingiberis recens

为姜科植物姜 *Zingiber offijcinale* Rosc. 的新鲜根茎。切片生用或煨熟用。我国各地均产。

【性味归经】辛，微温。入脾、肺、胃经。

【功能主治】解表散寒，温中止呕，解毒。主治外感风寒、胃寒呕吐。

【用量】马、牛 15～60 g；猪、羊 5～15 g；犬、猫 1～5 g；兔、禽 1～3 g。

【应用】①外感风寒，常与桂枝同用，如桂枝汤。

②胃寒呕吐，单用或与半夏、陈皮等同用。

③解半夏、天南星之毒。

【药理】含挥发油、姜辣素和二苯基庚烷等，具有抑菌、抗炎和抗氧化等作用。

姜

2. 辛凉解表药

薄荷
Herba menthae haplocalycis

为唇形科植物薄荷 *Mentha haplocalyx* Briq. 和家薄荷 *Mentha haplocalyx* Briq. var *piperascens*(Malinvaud.)C. Y. Wu et H. W. Li 的干燥茎叶。切段生用。主产于江苏、江西、浙江等地。

【性味归经】辛，凉。入肺、肝经。

【功能主治】疏散风热，清利头目。主治外感风热，目赤肿痛，咽喉肿痛。

【用量】马、牛 15～45 g；猪、羊 3～9 g；犬 3～5 g；兔、禽 0.5～1.5 g。

【应用】①风热感冒或温病初起，常与荆芥、牛蒡子、金银花等同用，如银翘散。

②风热上攻所致的目赤或咽喉肿痛等，常与桔梗、牛蒡子、玄参、菊花、柴胡等同用。

【药理】含薄荷酮、薄荷醇、桉树脑等，具有发汗、解热、解痉、祛痰、抗炎、镇痛等作用。

薄荷

柴胡
Radix bupleuri

为伞形科植物柴胡 *Bupleurum chinense* DC. 或狭叶柴胡 *Bupleurum scorzonerifolium* Willd. 的干燥根。前者习称北柴胡，后者习称南柴胡。切片生用或醋炒用。北柴胡主产于辽宁、甘肃、河北、河南等地，南柴胡主产于湖北、江苏、四川等地。

柴胡

狭叶柴胡

柴胡根

【性味归经】辛、苦，微寒。入肝、胆、肺经。

【功能主治】和解退热，疏肝理气，升举阳气。主治寒热往来，肝脾不和，久泻脱肛，子宫脱垂。

【用量】马、牛 15～45 g；猪、羊 3～10 g，犬 3～5 g，兔、禽 1～3 g。

【应用】①寒热往来，常与黄芩、半夏、甘草等同用，如小柴胡汤。

②肝脾不和所致食欲减退，腹痛，腹泻，单用或与当归、白芍、茯苓、白术、薄荷等同用，如逍遥丸。

③脾虚下陷所致的久泻脱肛、子宫脱垂、阴道脱等，常与黄芪、党参、升麻等同用，如补中益气汤。

【药理】含挥发油、有机酸、植物甾醇等，具有解热、镇静、镇痛、抗菌、抗病毒、抗疟原虫、利胆和抗肝损伤等作用。

升麻
Rhizoma cimicifugae

为毛茛科植物大三叶升麻 *Cimicifuga heracleifolia* Komar. 或兴安升麻 *Cimicifuga dahurica*（Turcz.）Maxim. 和升麻 *Cimicifuga foetida* L. 的干燥根茎。切片生用或炙用。主产于辽宁、黑龙江、湖南、山西等地。

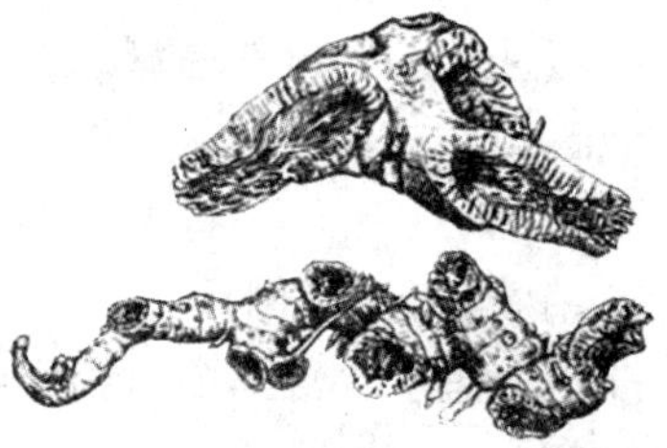
升麻根茎

【性味归经】甘、辛，微寒。入肺、脾、胃、大肠经。

【功能主治】发表透疹，清热解毒，升阳举陷。主治痘疹，疮疡肿毒，久泻脱肛。

【用量】马、牛 15～45 g；猪、羊 3～10 g；兔、禽 1～3 g。

【应用】①猪、羊痘疹透发不畅的初期，常与葛根、金银花、连翘等同用。

②胃火亢盛的牙龈肿痛，常与石膏、黄连等同用；咽喉肿痛，常与桔梗、牛蒡子、玄参等同用；热病发斑和疮黄肿毒，常与金银花、连翘、大青叶等同用。

③脾虚下陷所致的久泻脱肛，子宫脱垂等，常与柴胡、黄芪、党参等同用。

【药理】含升麻素、升麻苷、升麻宁、异阿魏酸等，具有解热、镇静、降压、抗惊厥、抗肝损伤等作用。

大三叶升麻

兴安升麻

升麻

葛根

Radix puerariae lobatae

为豆科植物野葛 *Pueraria lobata*（Willd.）Ohwi. 或甘葛藤 *Pueraria thomsonii* Benth. 的干燥根。切片，晒干。生用或煨用。主产于浙江、广东、江苏等地。

野葛

甘葛藤

【性味归经】甘、辛，凉。入脾、胃经。

【功能主治】发表解肌，生津止渴，透疹，升阳止泻。主治风热表证，热病伤津，痘疹，脾虚泄泻。

【用量】马、牛 20～60 g；猪、羊 5～15 g；犬 3～5 g；兔、禽 1.5～3 g。

【应用】①外感表热证，常与柴胡、黄芩、石膏等同用；热病伤津，可单用或与天花粉、麦冬等同用。

②脾虚泄泻，煨葛根与党参、白术、藿香等同用。

【药理】含葛根素、大豆素、大豆苷、花生酸等，具有扩张血管、增加血流量、降低心肌耗氧量、增加氧供应，以及退热、镇静和解痉等作用。

桑叶
Folium mori

为桑科植物桑 *Morus alba* L. 的叶片。生用或蜜炙用。全国各地均产。

【性味归经】苦、甘，寒。入肺、肝经。

【功能主治】疏风散热，清热润燥，清肝明目。主治风热感冒，肺热燥咳，目赤肿痛。

桑

【用量】马、牛 15～30 g；猪、羊 5～10 g；犬 3～8 g；兔、禽 1.5～2.5 g。

【应用】①风热感冒、肺热咳嗽、咽喉肿痛等，常与菊花、金银花、薄荷、桔梗等配伍，如桑菊饮。

②燥热伤肺所致的咳嗽咽干，常与石膏、党参、麦冬、杏仁、枇杷叶等同用，如清燥救肺汤。

③风热或肝火上炎所致的目赤肿痛，常与菊花、决明子、车前子等同用。

【药理】含 N-糖化合物、芦丁、槲皮素、挥发油等，具有解热、祛痰、利尿、抗炎和抑菌等作用。

菊花
Flos chrysanthemi

为菊科植物菊 *Chrysanthemum morifolium* Ramat. 的干燥头状花序。烘干或蒸后晒干入药。主产于浙江、安徽、河南、四川、山东等地。

【性味归经】甘、苦，微寒。入肺、肝经。

【功能主治】疏风清热，平肝明目，清热解毒。主治风热感冒，目赤肿痛，疮黄肿毒。

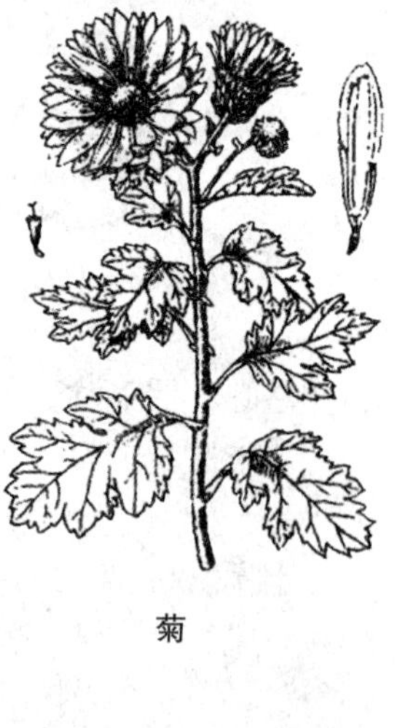
菊

【用量】马、牛 15～45 g；猪、羊 3～19 g；犬 3～8 g；兔、禽 1.5～3 g。

【应用】①外感风热或温病初起，常与桑叶、薄荷、连翘等同用，如桑菊饮。

②风热或肝火上炎所致的目赤肿痛，常与桑叶、夏枯草等同用。

③疮黄肿毒，既可内服，又可外敷，常与金银花、甘草等同用。

【药理】含挥发油、黄酮类、绿原酸等，具有抗菌、抗病毒、消炎、解热和降血压等作用。

牛蒡子

Fructus arctii

为菊科植物牛蒡 *Arctium lappa* L. 的成熟种子。生用或炒用。主产于河北、东北、浙江、四川、湖北等地。

【性味归经】辛、苦，寒。入肺、胃经。

【功能主治】疏散风热，宣肺透疹，解毒消肿。主治外感风热，疮黄肿毒，痘疹，咽喉肿痛。

【用量】马、牛 15～45 g；猪、羊 5～10 g；犬、猫 2～5 g。

【应用】①外感风热所致的咽喉肿痛，常与桔梗、金银花、连翘、薄荷、荆芥、甘草等同用，如银翘散。

②痈肿疮毒尚未破溃者，常与大黄、连翘、黄芩、当归等同用。

③猪、羊痘疹透发不畅，常与蝉蜕、薄荷、葛根等同用。

牛蒡

牛蒡子

【药理】含牛蒡苷、牛蒡酚、松脂醇等，具有直接抑制或灭活流感病毒，利尿和改善肾脏代谢，抑制皮肤真菌等作用。

蝉蜕

Periostracum cicadae

为蝉科昆虫黑炸 *Cryptotympana pustulata* Fabr. 的若虫羽化时脱落的皮壳。晒干入药。全国各地均产。

【性味归经】甘、咸，寒。入肺、肝经。

【功能主治】散风热，退目翳，定惊厥。主治外感风热，目赤肿痛，破伤风。

【用量】马、牛 15～30 g；猪、羊 3～15 g。

【应用】①外感风热、温病初期或痘疹初期有表证者，常与薄荷、桑叶、菊花、升麻、葛根等同用。

②外感风热或肝火上炎所致的目赤肿痛、翳膜遮睛，常与菊花、谷精草、白蒺藜等同用。

③破伤风出现四肢抽搐，可与全蝎、天南星、防风等同用。

蝉蜕

【药理】含甲壳质、蛋白质、氨基酸、微量元素钙和铝等，具有止痉、止咳、镇静作用，蝉蜕提取液能明显减轻免疫器官胸腺和脾脏的重量及明显降低腹腔巨噬细胞的吞噬功能。

【相关知识】

凡以发散表邪，解除表证为主要作用的药物（方剂），称为解表药（方）。本类药物多具有辛味，辛能发散，故有发汗、解肌的作用，适用于邪在肌表的病证，即《内经》所说的“其在皮者，汗而发之”。此外，某些解表药尚兼有利尿消肿、透发斑疹、止咳平喘、宣痹止痛等作用。

根据解表药（方）的性能和功效，一般可分为辛温解表药（方）和辛凉解表药（方）两类。

（1）辛温解表药：本类药物性味多为辛温，具有发散风寒的功能，发汗作用较强，适用于风寒表证，如恶寒颤栗，发热无汗，耳鼻发凉，口润不欲饮水，舌苔薄白，脉浮紧等。

（2）辛凉解表药：性味多为辛凉，具有发散风热的功能，发汗作用较缓和，适用于风热表证，如发热，微恶风寒，目赤多眵，咽干口渴，舌苔薄黄，脉浮数等。

使用解表药（方）应注意以下几点：

①用量不宜过大或使用太久，以免耗损津液，造成大汗亡阳。

②炎热季节，畜体腠理疏松，容易出汗，用量宜轻，而寒冷季节，用量可稍大。

③对于体虚或气血不足的病畜，要慎用或配合补养药以扶正祛邪。

④本类药物一般不宜久煎，以免气味挥发，损耗药力。

【任务 29】常用解表方

麻黄汤（《伤寒论》）

【组成】麻黄（去节）30 g　桂枝 45 g　杏仁 60 g　炙甘草 20 g

【功能】发汗解表，宣肺平喘。

【主治】外感风寒表实证。证见恶寒发热，无汗咳喘，苔薄白，脉浮紧。

【方解】本方是辛温解表的代表方。方中麻黄辛温，能发汗解表以散风寒，又能宣利肺气以平喘咳，为主药；桂枝发汗解肌，温通经脉，与麻黄合用则发表之力大增，并能解除肢体疼痛，为辅药；杏仁宣降肺气，助麻黄止咳平喘，为佐药；甘草协调诸药，为使药。四药同用，共收发汗解表，宣肺平喘之效。

【用法】水煎，候温灌服，或为细末，稍煎，候温灌服。

【应用】用于风寒表实证。常以本方加减治疗感冒、流感和支性气管炎等属于风寒表实证者。本方去桂枝，加生姜，名三拗汤（《和剂局方》），功能宣肺止咳，主治外感风寒，咳嗽痰多；若倍用麻黄、桂枝，加石膏、生姜、大枣，名大青龙汤（《伤寒论》），功能发汗解表，清热除烦，主治风寒表实证兼有里热而见发热恶寒、寒热俱重、无汗而烦躁者。

【备注】本方为发汗之峻剂，凡表虚自汗、外感风热、体虚外感、产后血虚等不宜应用；本方不宜久服，一经出汗，即可停药。

桂枝汤（《伤寒论》）

【组成】桂枝 45 g　白芍 45 g　炙甘草 20 g　生姜 60 g　大枣 60 g

【功能】解肌发表，调和营卫。

【主治】外感风寒表虚证。证见恶风发热，汗出，鼻流清涕，舌苔薄白，脉浮缓。

【方解】本方证是因风寒之邪客于肌表，营卫不和所致。方中桂枝解肌发表为主药；辅以白芍敛阴和营，使桂枝辛散风寒又不致伤阴，桂枝、白芍二药配伍，一散一收，营卫调和，能使表邪得解；生姜助桂枝散风寒，大枣助白芍和营卫，共为佐药；甘草调和诸药，为使药。诸药相合，共有解肌发表，调和营卫之功。

【用法】水煎，候温灌服，或为细末，稍煎，候温灌服。

【应用】主要用于外感风寒表虚证。对流感、外感性腹痛、产后发热等有良效。若见有喘咳，可加厚朴、杏仁，以平喘止咳，名桂枝加厚朴杏子汤（《伤寒论》）；本方倍用芍药，加饴糖，名小建中汤（《伤寒论》），治虚寒腹痛；再加黄芪，名黄芪建中汤（《金匮要略》），治疗气虚而腹痛者。

【备注】本方重在解肌发表，调和营卫，与专于发汗的方剂不同，只适用于外感风寒的表虚证。若表实无汗不宜应用，表热证也当忌用。

荆防败毒散（《摄生众妙方》）

【组成】荆芥 30 g　防风 30 g　羌活 25 g　独活 25 g　柴胡 25 g　前胡 25 g　桔梗 30 g　枳壳 25 g　茯苓 45 g　甘草 15 g　川芎 20 g

【功能】发汗解表，散寒除湿。

【主治】外感挟湿的表寒证。证见发热无汗，恶寒战抖，皮紧肉硬，肢体疼痛，咳嗽，舌苔白腻，脉浮。

【方解】本方证因外感风寒湿邪。方中荆芥、防风发散肌表风寒，羌活、独活祛除全身风湿，四药共用以解表驱邪为主药；川芎散风止痛，柴胡助荆芥、防风疏解表邪，茯苓渗湿健脾，均为辅药；枳壳理气宽胸，前胡、桔梗宣肺止咳为佐药；甘草益气和中，调和诸药为使药。诸药相合，共奏发汗解表，散寒祛湿之效。

【用法】为末，开水冲调，候温灌服，或煎汤灌服。

【应用】本方是治疗感冒的常用方。对于时疫、痢疾、疮疡而挟湿的表寒证者均可酌情应用。如不兼湿证，可去独活；如兼气虚，可加党参。本方辛温解表作用较强，对于风热表证及湿而兼热者，不宜应用。

发汗散（《元亨疗马集》）

【组成】麻黄 25 g　升麻 20 g　当归 30 g　川芎 30 g　葛根 20 g　白芍 20 g　党参（原方为人参）30 g　紫荆皮 15 g　香附 15 g

【功能】表散风寒，补气活血。

【主治】气血不足的外感风寒证。证见恶寒战抖、发热无汗，咳嗽流涕，体瘦食少，脉浮。

【方解】本方证因患畜体质素虚，气血不足，而感受风寒。方中麻黄散寒解表为主药；党参、当归、川芎、白芍益气补血，为辅药；葛根解肌表热，升麻解表升阳，二药合用，助麻黄散解表邪，紫荆皮、香附二药合用活血理气，为佐药。且芍药能和营敛阴，防麻黄发散太过。诸药合用，共奏表散风寒，补气活血之效。

【用法】为末，开水冲，候温加葱白 3 根、生姜 15 g、白酒 60 mL，同调灌服。

【应用】本方是扶正解表之剂，为治疗牛体虚风寒感冒的主方。咳嗽严重者，可加冬花、杏仁祛痰止咳；肚胀者，可加莱菔子、草果理气消胀；大便秘结者，可加大黄、芒硝泻肠通便。

防风通圣散(《宣明论》)

【组成】防风 15 g　荆芥 15 g　连翘 15 g　麻黄 15 g　薄荷 15 g　当归 15 g　川芎 15 g　白芍(炒)15 g　白术 15 g　栀子(炒)15 g　大黄(酒蒸)15 g　芒硝 15 g　生石膏 30 g　黄芩 30 g　桔梗 30 g　滑石 60 g　甘草 60 g

【功能】解表通里，疏风清热。

【主治】外感风邪，内有蕴热，表里俱实之证。证见恶寒发热，口干舌燥，咽喉不利，尿赤便秘，舌苔黄腻，脉洪数或弦滑。

【方解】本方主治外感表邪、内有实热、表里俱实之证。方中麻黄、防风、荆芥、薄荷疏风解表，使风热之邪从汗而解；大黄、芒硝泄热通便，栀子、滑石清热利湿，使里热从二便而除；配伍石膏、黄芩、连翘、桔梗清解肺胃之热；更以当归、川芎、白芍养血和血，白术、甘草、生姜健脾和胃。以上各药合用，有解表、泻下、清热之功，实为汗、下、清三法并用，上下分消，表里同治之剂。本方在泻散之中又有温养，所以汗不伤表，下不伤里。

【用法】为末，开水冲调，候温灌服，或水煎服。

【应用】用于外感风邪，内有蕴热的表里俱实之证。用时应根据具体情况灵活加减化裁。如恶寒不重时可酌减解表药；发热不高可减石膏；有汗者可不用麻黄，若无便秘可减去芒硝之类泻下药。

银翘散(《温病条辨》)

【组成】银花 60 g　连翘 45 g　淡豆豉 30 g　桔梗 25 g　荆芥穗 30 g　淡竹叶 20 g　薄荷 30 g　牛蒡子 45 g　芦根 30 g　甘草 20 g

【功能】辛凉解表，清热解毒。

【主治】外感风热或温病初起。证见发热无汗或微汗，微恶风寒，口渴咽痛，咳嗽，舌苔薄白或薄黄，脉浮数。

【方解】本方证因外感温邪所致，温病初起，邪在卫分。方中金银花、连翘清热解毒，辛凉透表为主药；薄荷、荆芥穗、淡豆豉发散表邪，助主药透热外出，为辅药；牛蒡子、桔梗、甘草合用能宣肺祛痰、利咽止咳，芦根、竹叶清热生津止渴，治疗兼证，为佐使药。诸药相合，共奏辛凉透表，清热解毒之功。

【用法】为末，开水冲调，候温灌服，或煎汤服。

【应用】本方由清热解毒药与解表药组成，是辛凉解表的主要方剂，常用于治疗各种家畜的风热感冒或温病初起，也用来治疗流感、急性咽喉炎、支气管炎、肺炎及某些感染性疾病初期而见有表热证者。发热甚者，加栀子、黄芩、石膏以清热；津伤渴甚者，加天花粉生津止渴；咽喉肿痛甚者，加马勃、射干、板蓝根以利咽消肿；痈疮初起，有风热表证者，应酌加紫花地丁、蒲公英等以增强清热解毒之力。

桑菊饮(《温病条辨》)

【组成】桑叶 45 g　菊花 45 g　连翘 45 g　薄荷 30 g　杏仁 20 g　桔梗 30 g　甘草 15 g　芦根 30 g

【功能】疏风清热,宣肺止咳。

【主治】外感风热,咳嗽。

【方解】本方主治外感风热之轻证。风温袭肺,肺失清肃,故气逆而咳。本证受邪轻浅,津未大伤,故身热不甚,口仅微渴,以咳为主要临床表现。方中桑叶清透肺络之热,菊花清散上焦风热,并为主药。薄荷辛凉透表,助主药散上焦风热,桔梗开肺、杏仁降肺,二药宣降相伍,既助主药祛邪,又理肺气止咳,共为辅药。连翘清热,芦根生津,共为佐药。甘草润肺止咳,调和诸药。诸药配伍,共成疏风清热,宣肺止咳之功。

【用法】煎汤灌服。或制成散剂,开水冲调,候温灌服。

【应用】本方主要应用于风温或风热犯肺的轻证,临床表现为咳嗽身热不甚,口不渴,或微渴,舌尖红,苔薄白,脉浮数。现代用于上呼吸道感染、急性扁桃体炎、肺炎等属于风热表证者。

项目 2.2　常用清热方药

问题一:下列药物属于清热泻火药的是(　　)。

A. 黄连　B. 黄芩　C. 知母

D. 生地　E. 水牛角

问题二:下列药物属于清热解毒药的是(　　)。

A. 黄连　B. 黄芩　C. 板蓝根

D. 苦参　E. 白头翁

问题三:下列药物属于清热凉血药的是(　　)。

A. 黄连　B. 生地　C. 知母

D. 栀子　E. 板蓝根

问题四:下列药物不属于清热燥湿药的是(　　)。

A. 黄连　B. 黄芩　C. 黄柏

D. 苦参　E. 麻黄

问题五:黄连解毒汤主要用于(　　)。

A. 阳明经证　B. 三焦热盛　C. 热入血分

D. 湿热黄疸　E. 气分实热

问题六:犀角地黄汤主要用于(　　)。

A. 气分热盛　B. 热入血分　C. 热入营分

D. 三焦热盛　E. 气血两燔

问题七:白头翁汤主要用于(　　)。

A. 心经积热　　B. 伤暑　　C. 热毒血痢

D. 三焦热盛　　E. 肝经湿热

问题八：郁金散主要用于（　　）。

A. 湿热黄疸　　B. 肠黄　　C. 乳痈初起

D. 肝火上炎　　E. 膀胱湿热

问题九：茵陈蒿汤主要用于（　　）。

A. 湿热黄疸　　B. 温热病后期　　C. 心经积热

D. 热毒血痢　　E. 肠黄

问题十：白虎汤主要用于（　　）。

A. 气分热盛　　B. 热入血分　　C. 热入营分

D. 三焦热盛　　E. 气血两燔

问题十一：马，发病 1 d。临诊时体温 39.9℃。高热，汗出如油，口渴贪饮，脉象洪而有力。若选用中药治疗，应以下述哪个方剂为主进行加减（　　）。

A. 清营汤　　B. 龙胆泻肝汤　　C. 荆防败毒散

D. 白虎汤　　E. 香薷散

【任务 30】常用清热药

1. 清热泻火药

石膏
Gypsum fibrosum

为硫酸盐类矿物硬石膏族石膏，主含含水硫酸钙（$CaSO_4 \cdot 2H_2O$）。粉碎成粗粉，生用或煅用。主产于湖北、甘肃、四川等地。

【性味归经】辛、甘，大寒。入肺、胃经。

【功能主治】清热泻火，外用收敛生肌。主治气分实热，肺热咳喘，湿疮和疮疡。

【用量】马、牛 60～120 g；猪、羊 15～30 g；犬、猫 3～5 g；兔、禽 1～3 g。

【应用】①气分实热，高热不退等，常与知母相须为用，以增强清里热的作用，如白虎汤；气血两燔，神昏发斑，常与水牛角、生地、丹皮等同用。

②肺热咳嗽，气喘，常与麻黄、杏仁、甘草等配伍，如麻杏石甘汤。

③湿疹、烫伤、疮疡不敛及创伤久不收口等，宜外用煅石膏，与枯矾、陈石灰、血竭、乳香、没药、冰片等同用。

【药理】含硫酸钙，具有解热、镇静、镇痉、消炎等作用。

知母
Rhizoma anemarrhenae

为百合科植物知母 *Anemarrhena asphodeloides* Bunge. 的干燥根茎。切片生用，盐炒或酒炒用。主产于河北、山西及山东等地。

知母

知母根茎

【性味归经】苦，寒。入肺、胃、肾经。

【功能主治】清热泻火，滋阴润燥。主治胃热，肺热咳嗽，阴虚内热，肠燥便秘。

【用量】马、牛 20～60 g；猪、羊 5～15 g；犬 3～8 g；兔、禽 1～2 g。

【应用】①肺胃实热证，常与石膏同用，如白虎汤；肺热痰稠，可与黄芩、瓜蒌、贝母等同用。

②阴虚火旺，盗汗，常与黄柏等同用，如知柏地黄汤。

③肺虚燥咳，常与沙参、麦冬、川贝等同用。

④阴虚所致肠燥便秘，常与郁李仁、火麻仁等同用。

【药理】含知母皂苷、菝葜皂苷元等，有解热、抗炎、抗菌等作用。

栀子
Fructus gardeniae

为茜草科植物栀子 *Gardenia jasminoides* Ellis. 的干燥成熟果实。生用、炒用或炒炭用。主产于长江以南各地。

栀子

栀子果实

【性味归经】苦，寒。入心、肺、三焦经。

【功能主治】清热泻火，凉血解毒，利尿。主治三焦热盛，目赤肿痛，口舌生疮，湿热黄疸，热淋，尿血，鼻衄。

【用量】马、牛 15～60 g；猪、羊 5～10 g；犬 3～6 g；兔、禽 1～2 g。

【应用】①目赤肿痛，常与黄连、黄芩、黄柏等同用，如黄连解毒汤。

②湿热黄疸，常与茵陈、大黄同用，如茵陈蒿汤。

③血热妄行所致的热淋、尿血、鼻衄等，常与大黄、丹皮、大蓟、小蓟等同用。

【药理】含栀子素(黄酮类)、果酸等，有抗菌、解热、抗炎、镇静、镇痛、利胆、止血等作用。

夏枯草
Spica prunellae

为唇形科植物夏枯草 *Prunella vulgaris* L. 的果穗或全草。生用。主产于我国各地。

夏枯草

夏枯草果穗

【性味归经】苦、辛，寒。入肝、胆经。

【功能主治】清肝火，散郁结。主治目赤肿痛，疮肿瘰疬，乳痈。

【用量】马、牛 15～60 g；猪、羊 5～10 g；犬 3～5 g；兔、禽 1～3 g。

【应用】①肝火上炎所致的目赤肿痛，常与菊花、决明子、黄芩等同用。

②疮肿瘰疬，常与玄参、贝母、牡蛎、昆布等同用。

③乳房肿痛，常与蒲公英、连翘等同用。

【药理】含三萜、甾体、黄酮、香豆素、挥发油及糖类化合物等，具有抗炎、抗菌等作用。

淡竹叶
Herba lophatheri

为禾本科植物淡竹 *Lophatherum gracile* Brongn. 的干燥茎叶。生用。主产于浙江、江苏、湖南、湖北、广东等地。

淡竹叶

【性味归经】甘、淡，寒。入心、胃、小肠经。

【功能主治】清热，利尿。主治心热舌疮，尿短赤，尿血。

【用量】马、牛 15～45 g；猪、羊 5～15 g；兔、禽 1～3 g。

【应用】①心经实热所致的口舌生疮，尿短赤等，常与木通、生地等同用，如导赤散。

②尿血，常与车前子、槐花、侧柏、艾叶等同用。

【药理】含牡荆素、胸腺嘧啶、香草酸、腺嘌呤、3,5-二甲氧基-4-羟基苯甲醛、反式对羟基桂皮酸、苜蓿素等,具有利尿、解热、抑菌和抗病毒等作用。

芦根
Rhizoma phragmitis

为禾本科植物芦苇 *Phragmites communis*(L.)Trin. 的新鲜或干燥根茎。切段生用。各地均产。

芦苇

芦根

【性味归经】甘,寒。入肺、胃经。

【功能主治】清热生津,止呕,利尿。主治咳嗽,肺痈,胃热呕吐,高热贪饮。

【用量】马、牛 30~60 g;猪、羊 10~12 g;犬 5~6 g。

【应用】①肺热咳嗽、外感咳嗽及痰火咳嗽,常与黄芩、桑白皮等同用;肺痈,常与冬瓜仁、薏苡仁、桃仁等同用,如苇茎汤;胃热呕逆,常与竹茹等同用。

②热病伤津、烦热贪饮、舌燥津少,常与天花粉、麦冬等同用。

【药理】含阿魏酸、亚麻酸素、芦根多糖、蛋白质、维生素和矿物质等,具有抗菌、溶解胆结石、解毒保肝等作用。

胆汁
Fel

为猪科动物猪 *Susscrofa domesicus* Briss.、牛科动物牛 *Bostaurus domesticus* Gmel.,以及羊 *Capra hircus* L. 等的鲜胆汁。

【性味归经】苦、寒。入心、肝、胆经。

【功能主治】泻肝胆火,润燥滑肠。主治目赤肿痛,粪便秘结。

【用量】马、牛 200~250 mL;猪、羊 10~20 mL。

【应用】①肝火上炎所致的目赤肿痛、睛生翳障等,常与菊花、黄连、草决明、夏枯草等同用。

②热结胃肠所致的粪便秘结,可单用或与大黄、芒硝等配伍。

【药理】猪胆汁含胆酸、胆色素、黏蛋白、脂类及无机物等，具有抗炎、抑菌和止咳作用。

2. 清热凉血药

生地
Radix rehmanniae

为玄参科植物地黄 *Rehmannia glutinosa* Libosch. 的新鲜或干燥块根。切片生用。新鲜者，习称鲜地黄；慢慢焙至约八成干者，习称生地黄。主产于河南、河北、东北及内蒙古等地。

【性味归经】甘、苦，寒。入心、肝、肾经。

【功能主治】清热凉血，滋阴生津。主治阴虚内热，鼻衄，尿血，津亏便秘。

【用量】马、牛 30～60 g；猪、羊 5～15 g；犬 3～6 g；兔、禽 1～2 g。

【应用】①热病后期，阴虚内热所出现的低热不退，口色红，脉细数，盗汗，常与青蒿、鳖甲、地骨皮等配伍。

②血分热或血热妄行而致的鼻衄、尿血，常与侧柏叶、丹皮、茜草等同用。

③高热伤律所致口干舌红，津亏便秘，可与玄参、麦冬等配伍，如增液汤。

地黄

【药理】含梓醇、阿魏酸、胡萝卜苷等，具有抗真菌、升高血压、降血糖、强心、利尿、止血和增强免疫等作用。

牡丹皮
Cortex moutan

为毛茛科植物牡丹 *Paeonia suffruticosa* Andr. 的干燥根皮。切片生用或炒用。主产于安徽、山东、湖南、四川、贵州等地。

牡丹

牡丹根皮及饮片

【性味归经】苦、辛，微寒。入心、肝、肾经。

【功能主治】清热凉血，活血散瘀。主治血热出血，瘀血肿痛。

【用量】马、牛 15～30 g；猪、羊 3～10 g；犬 3～6 g；兔、禽 1～2 g。

【应用】①热入营血所致的鼻血、便血、发斑等，常与生地、玄参等同用。

②跌打损伤等所致瘀血肿痛，常与当归、赤芍、桃仁、乳香、没药等配伍。

【禁忌】孕畜慎用。

【药理】含丹皮酚、白桦脂酸、齐墩果酸、没食子酸等，具有镇静、镇痛、抗惊厥、解热、抗凝血、抗过敏和抑菌等作用。

地骨皮
Cortex lycii

为茄科植物枸杞 *Lycium chinense* Mill. 的干燥根皮。切段生用。主产于宁夏、甘肃、河北等地。

枸杞

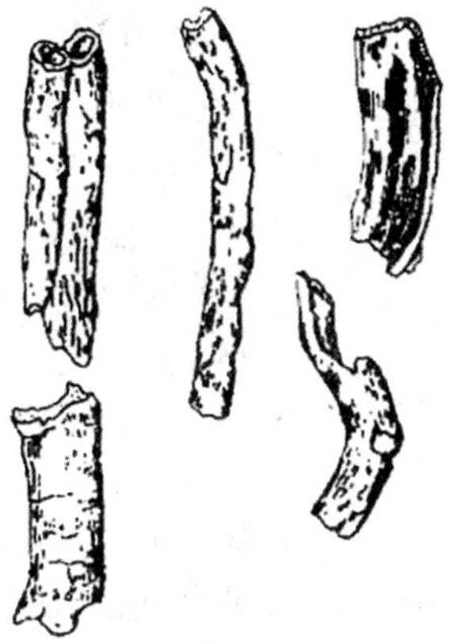

地骨皮

【性味归经】甘，寒。入肺、肾、肝经。

【功能主治】清热凉血，退虚热。主治血热妄行，阴虚发热，肺热咳嗽。

【用量】马、牛 15～60 g；猪、羊 5～15 g；兔、禽 1～2 g。

【应用】①血热妄行所致的衄血、尿血，常与生地、丹皮等同用。

②阴虚发热，盗汗，常与知母、胡黄连、秦艽等同用。

③肺热咳嗽，可与桑白皮等配伍。

【药理】含甜菜碱、莨宕亭、β-谷甾醇、大黄素、大黄素甲醚等，具有降血糖、降血压、解热、抗菌等作用。

白头翁
Radix pulsatillae

为毛茛科植物白头翁 *Pulsatilla chinensis*（Bunge.）Regel. 的干燥根。生用。主产于东北、内蒙古及华北等地。

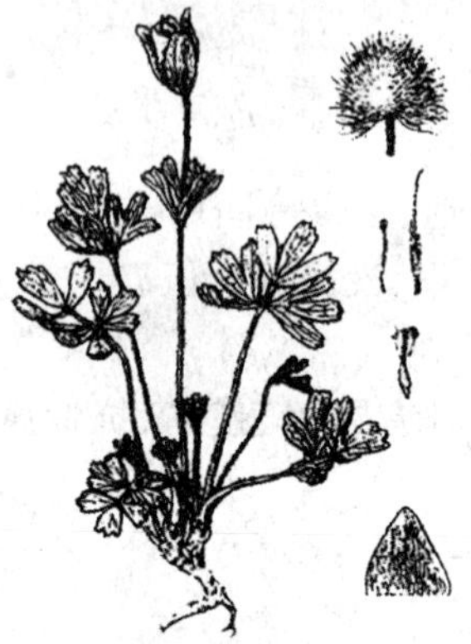

白头翁

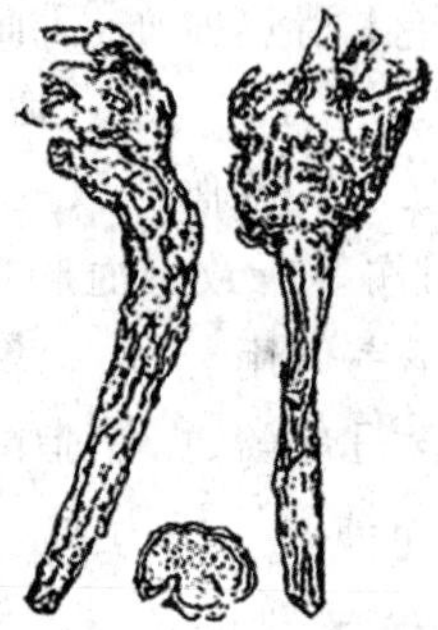

白头翁根

【性味归经】苦,寒。入大肠、胃经。

【功能主治】清热解毒,凉血止痢。主治湿热泄泻,热毒血痢。

【用量】马、牛 15～60 g;猪、羊 6～15 g;犬、猫 1～5 g;兔、禽 1.5～3 g。

【应用】肠黄作泻、下痢便血、里急后重等,常与黄连、黄柏、秦皮等同用,如白头翁汤。

【药理】含白头翁皂苷、白头翁素、原白头翁素和白桦酯酸等,具有镇静、镇痛、止泻、止血、抑菌、抗痉挛、抑制阿米巴虫的繁殖和生长等作用。

玄参
Radix scrophulariae

为玄参科植物玄参 *Scrophularla blleryerlan* Hemsl. 的干燥根。切片生用。主产于浙江,湖北、安徽、山东、四川、河北、江西等地。

玄参

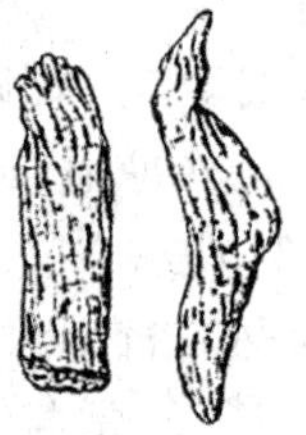

玄参根

【性味归经】甘、苦、咸,寒。入肺、胃、肾经。

【功能主治】清热养阴,润燥解毒。主治阴虚内热,咽喉肿痛,阴虚便秘。

【用量】马、牛 15～45 g;猪、羊 5～15 g;犬、猫 2～5 g;兔、禽 1～3 g。

【应用】①热病伤阴,口渴舌绛,常与生地、麦冬、黄连、金银花、连翘等同用,如清营汤。

②咽喉肿痛,常与生地、桔梗、栀子、葛根、黄芩等同用。

③肠燥便秘,常与生地、麦冬配伍,如增液汤。

【禁忌】不宜与藜芦同用。

【药理】含有环烯醚帖类、苯丙素苷、黄酮类、脂肪酸及挥发油等，具有解热、抗炎、抗氧化、抑菌、提高脑血流量等作用。

水牛角
Cornu bubali

为牛科动物水牛 *Bubalus bubalis* L. 的角。镑片或锉成粗粉。南方各地均产。

【性味归经】苦、咸，寒。入心、肝经。

【功能主治】凉血止血，清心安神，泻火解毒。主治高热神昏，血热出血，惊风和惊厥。

【用量】马、牛 90～150 g；猪、羊 20～50 g；犬、猫 3～10 g。

【应用】①血热妄行所致的鼻衄、尿血等，常代犀角，与生地、玄参、丹皮等同用，如犀角地黄汤。

②热扰心神所致的惊厥、惊风等，可代犀角，与生地、丹皮、黄连、石菖蒲、黄芩、茯苓等同用。

【禁忌】孕畜慎用。畏川乌、草乌。

【药理】含氨基酸、常量和微量元素等，具有强心、止血、增强免疫等作用。

紫草
Radix arnebiae

为紫草科植物紫草 *Lithospermum erythrorrhizon* Sieb. et Zucc.、新疆紫草 *Arnebia euchroma*（Royle.）Johnst. 或内蒙古紫草 *Arnebiaguttata* Bunge. 的干燥根。切片生用。主产于辽宁、湖南、湖北、新疆等地。

紫草

内蒙古紫草

【性味归经】甘，寒。入心、肝经。

【功能主治】凉血活血，解毒透疹。主治热毒发斑，痈肿溃疡，烫火伤。

【用量】马、牛 15～45 g；猪、羊 5～10 g；兔、禽 0.5～1.5 g。

【应用】①热入营血所致发斑等，常与生地、丹皮、赤芍等同用。

②痈肿溃疡，常与当归、白芷、血竭等熬膏外敷。

③烫火伤，单用或与当归、金银花、白芷等同用。

【药理】含紫草素和乙酰紫草素等，具有抗炎、抗病毒、抗菌和止血等作用。

白茅根
Rhizoma imperatae

为禾本科植物白茅 *Imperata cyliodrica* Beauv. var *major*（Nees.）C. E. Hubb. 的根茎。切段生用。各地均产。

白茅

白茅根

【性味归经】甘，寒。入肺、胃经。

【功能主治】凉血止血，清热利尿。主治血热出血，热淋，水肿，黄疸。

【用量】马、牛 30～60 g；猪、羊 10～20 g；犬 3～6 g。

【应用】①热邪所致的鼻衄、尿血，常与侧柏、仙鹤草等同用。

②湿热壅滞所致的热淋，常与车前、木通、金钱草等同用。

③热病贪饮、肺胃有热等，常与芦根、天花粉等同用。

【药理】含白茅素、芦竹素、白头翁素、薏苡素、对羟基桂皮酸等，具有利尿、止血和抗菌等作用。

3. 清热燥湿药

黄连
Rhizoma coptidis

为毛茛科植物黄连 *Coptis chinensis* Franch.、三角叶黄连 *Coptis deltoidea* C. Y. Cheng et Hsiao. 或云连 *Coptis teeta* Wall. 的干燥根茎。生用，姜汁炒或酒炒用。主产于四川、云南及我国中部、南部各地。

黄连

三角叶黄连

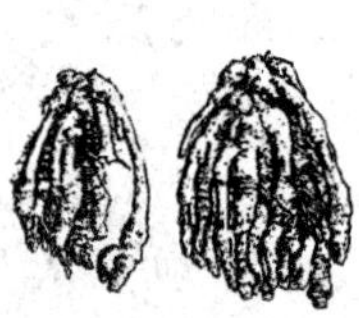
味连根茎

云连根茎

【性味归经】苦，寒。入心、脾、胃、肝、胆、大肠经。

【功能主治】清热燥湿，泻火解毒。主治湿热泻痢，心火亢盛，火毒疮痈，目赤肿痛。

【用量】马、牛 15～30 g；猪、羊 5～10 g；犬 3～8 g；兔、禽 0.5～1 g。

【应用】①湿热泻痢，单用或与郁金、诃子、黄芩、大黄、黄柏、栀子、白芍等同用，如郁金散。

②心火亢盛所致的口舌生疮等，常与黄芩、黄柏、栀子、天花粉、牛蒡子、桔梗、木通等同用，如洗心散。

③火热炽盛，疮黄肿毒，目赤肿痛等，常与黄芩、黄柏、栀子等同用，如黄连解毒汤。

【药理】含小檗碱、黄连碱、甲基黄连碱、药根碱等，具有抗菌、抗病毒、抗炎、解热、镇静、利胆、降压、抗腹泻、增强白细胞的吞噬能力等作用，对钩端螺旋体、阿米巴原虫、皮肤真菌亦有抑制作用。

黄芩
Radix scutellariae

为唇形科植物黄芩 *Scutellaria baicalensis* Georgi. 的干燥根。切片生用或酒炒用。主产于河北、山西、内蒙古、河南及陕西等地。

黄芩

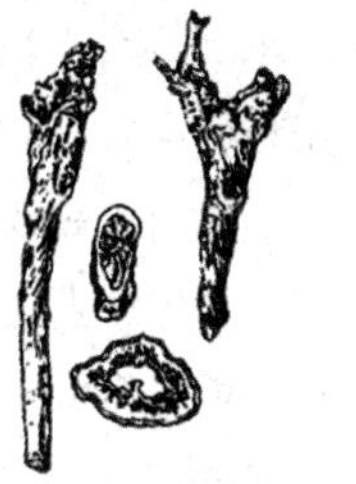

黄芩根

【性味归经】苦，寒。入肺、胆、脾、大肠、小肠经。

【功能主治】清热燥湿，泻火解毒，安胎。主治湿热泻痢，肺热咳嗽，疮黄肿毒，黄疸，胎动不安。

【用量】马、牛 20～60 g；猪、羊 5～15 g；犬 3～5 g；兔、禽 1.5～2.5 g。

【应用】①湿热泻痢，单用或与黄连、黄柏、栀子、郁金等同用。

②肺热咳嗽，可与金银花、板蓝根、知母等同用。

③热毒疮黄，常与金银花、板蓝根、连翘等同用。

④湿热黄疸，常与栀子、茵陈等同用。

⑤胎动不安，可与白术同用。

【药理】含黄芩素、黄芩苷、汉黄芩素、汉黄芩苷、千层纸素等，具有解热、抗炎、镇静、降压、抑制肠管蠕动、利尿等作用，并有抗菌、抗病毒和抑制皮肤真菌等作用。

黄柏
Cortex phellodendri

为芸香科植物黄檗 *Phellodendron amurense* Rupr. 和黄皮树 *Phellodendron chinense* Schneid. 的干燥树皮，前者习称关黄柏，后者习称川黄柏。切丝生用或盐水炒用。主产于东北、华北、内蒙古、四川、云南等地。

黄檗

黄皮树

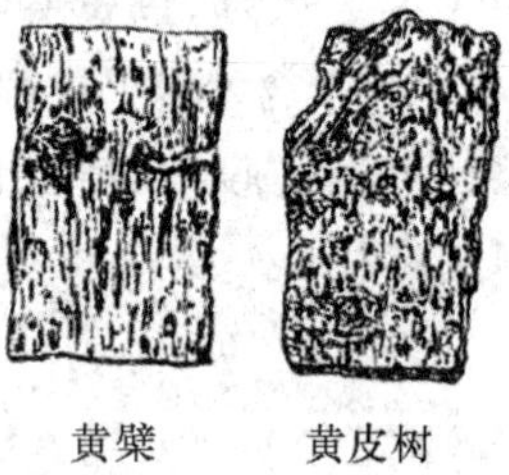

黄柏树皮

【性味归经】苦，寒。入肾、膀胱经。

【功能主治】清热燥湿，泻火解毒，退虚热。主治湿热泻痢，黄疸，阴虚盗汗，疮疡肿毒。

【用量】马、牛 15～45 g；猪、羊 5～10 g；犬 5～6 g；兔、禽 0.5～2 g。

【应用】①湿热泻痢，常与白头翁、黄连、秦皮同用，如白头翁汤；湿热黄疸，常与茵陈、栀子同用，如茵陈蒿汤；膀胱湿热所致的尿淋涩疼痛，常与木通、淡竹叶、车前子、栀子等同用。

②阴虚发热，常与知母、地黄等同用，如知柏地黄汤。

③疮疡肿毒，常与知母、苦参等同用。

【药理】含小檗碱、小檗胺、药根碱、木兰花碱、掌叶防己碱等，具有抗菌、解热、降压、利胆、利尿等作用。

龙胆草
Radix gentianae

为龙胆科植物龙胆 *Gentiana scabra* Bunge.、条叶龙胆 *Gentiana manshurica* Kitag. 或三花龙胆 *Gentiana triflora* Pall. 的干燥根及根茎。切段生用。我国南北各地均有分布。

龙胆

条叶龙胆

三花龙胆

【性味归经】苦，寒。入肝、胆、膀胱经。

【功能主治】清热燥湿，泻肝火。主治肝胆湿热，湿疹，目赤肿痛。

【用量】马、牛 15～45 g；猪、羊 6～15 g；犬、猫 1～5 g；兔、禽 1.5～3 g。

【应用】①黄疸，常与茵陈、栀子等同用。

②尿短赤、湿疹等，常与黄柏、苦参、茯苓等配伍。

③肝经风热和目赤肿痛，单用或与栀子、黄芩、柴胡、木通等同用，如龙胆泻肝肠。

【药理】含龙胆苦苷、龙胆三糖、龙胆碱、龙胆黄碱等，具有健胃、抗皮肤真菌和广谱抑菌作用。

苦参
Radix sophorae flavescentis

为豆科植物苦参 *Sophora flavescens* Ait. 的干燥根。切片生用。主产于山西、河南、河北等地。

苦参

苦参根

【性味归经】苦，寒。入心、肝、胃、大肠、膀胱经。

【功能主治】清热燥湿，祛风杀虫，利尿。主治湿热黄疸，泻痢，疥癣。

【用量】马、牛 15～60 g；猪、羊 6～15 g；犬 3～8 g；兔、禽 0.3～1.5 g。

【应用】①湿热黄疸，常与栀子、龙胆草等同用。

②泻痢，单用或与木香、甘草等同用。

③疥癣，常与雄黄、枯矾等同用。

【药理】含苦参碱、槐果碱、金雀花碱、苦参酮、苦参醇等，具有抗菌、抗病毒、保护胃黏膜，以及抗蓝氏贾第鞭毛虫、阿米巴原虫、滴虫等作用。

胡黄连
Rhizoma picrorhizae

为玄参科植物胡黄连 *Picrorhlza scrophulariiflolia* Pennell. 的干燥根茎。切片生用。主产于西藏、云南等地。

【性味归经】苦，寒。入心、肝、胃、大肠经。

【功能主治】清热燥湿，退虚热。主治湿热泻痢、阴虚发热。

【用量】马、牛 15～30 g；猪、羊 3～10 g；兔、禽 0.5～1.5 g。

【应用】①湿热所致的肠黄泻痢，常与地榆、车前子、苍术、茵陈等同用。

②阴虚发热，常与银柴胡、地骨皮等同用。

【药理】含胡黄连苦苷、香草酸、肉桂酸和阿魏酸等，具有抗真菌、收缩子宫等作用。

胡黄连

三棵针
Radix berberidis

为小檗科植物豪猪刺 *Berberis julianae* Schneid.、细叶小檗 *Berberis poiretii* Schneid.、小黄连刺 *Berberis wilsonae* Hemsl.、刺黑果 *Berberis sargentiana* Schneid. 的根及茎。切片生用。主产于湖北、西南和华北等地。

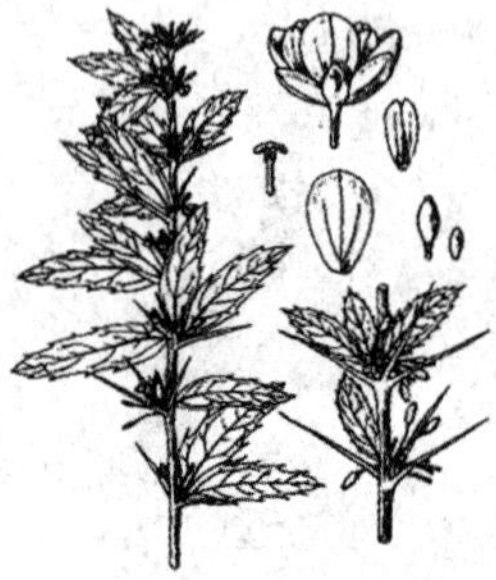

豪猪刺

细叶小檗

【性味归经】苦，寒。入肝、胃、大肠经。

【功能主治】清热燥湿，泻火解毒。主治湿热泻痢，肺热咳嗽，咽喉肿痛，疮黄肿毒。

【用量】马、牛 60～90 g；猪、羊 15～30 g。

【应用】①湿热泻痢，常与委陵菜、辣蓼等同用。

②肺热咳嗽、咽喉肿痛和疮黄肿毒等，常与金银花、连翘、甘草等配伍。

【药理】含小檗碱、棕榈碱、药根碱等多种生物碱等，对痢疾杆菌、绿脓杆菌、葡萄球菌等有抑制作用。

秦皮
Cortex fraxini

为木樨科白蜡树属植物大叶梣 *Fraxinus rhynvhophylla* Hance.、白蜡树 *F. chinensis* Roxb. 或宿柱白蜡树 *Fraxlnus stylosa* Lingelsh.、尖叶白蜡树 *Fraxlnus szaboana* Lingelsh. 的干燥树皮。切丝生用。主产于陕西、河北、河南、辽宁、吉林等地。

【性味归经】苦，寒。入肝、胆、大肠经。

【功能主治】清热燥湿，清肝明目。主治湿热泻痢，目赤肿痛。

【用量】马、牛 15～60 g；猪、羊 5～10 g；犬 3～6 g；兔、禽 1～1.5 g。

大叶梣

白蜡树

宿柱白蜡树

【应用】①湿热泻痢，常与白头翁、黄连等同用，如白头翁汤。

②目赤肿痛、睛生翳障等，常与黄连、竹叶等配伍。

【药理】含秦皮素、秦皮甲素、秦皮乙素、秦皮苷、宿柱白蜡苷等，具有抗菌、抗炎、镇咳、祛痰、镇痛、镇静和抗惊厥等作用。

马尾连

Radix et Rhizoma thalictri

为毛茛科植物金丝马尾连 *Thalictrum glandulosissimum* W. T. Wang et S. H. Wang、高原唐松草 *Thalictrum cultratum* Wall. 或多叶唐松草 *Thalictrum foliolosum* D C. 的干燥根或根茎。晒干生用。主产于云南、贵州、四川等地。

金丝马尾连

高原唐松草

多叶唐松草

【性味归经】苦，寒。入心、肝、胆、大肠经。

【功能主治】清热燥湿，解毒。主治湿热泻痢，口舌生疮，痈肿疮疖。

【用量】马、牛 30～80 g；猪、羊 10～15 g；犬 3～6 g；禽 1～2 g。

【应用】①湿热泻痢，常与藿香、滑石、白头翁、马齿苋、黄柏等同用。

②口舌生疮等，常与黄芩、冰片、地榆、大黄等同用。

③痈肿疮疖，单味研末外敷。

【药理】含有海兰地嗪、普鲁托品、小檗碱等，具有抑菌、抗癌等作用。

杨树花

Flos Poluli

为杨柳科植物毛白杨 *Populus tomentosa* Carr.、加拿大杨 *Populus canadensis* Moench.或同属数种植物的干燥雄花序。生用。全国大部分地区均产。

毛白杨

加拿大杨

【性味归经】苦，寒。入肝、胆、大肠经。

【功能主治】清热解毒，化湿止泻。主治湿热泻痢。

【用量】马、牛 60～120 g；猪、羊 30～60 g；犬 3～6 g；禽 5～10 g。

【应用】湿热泻痢，单味研末或煎汤服，也可按 1%～2%饲料添加预防泻痢。

【药理】含 β-谷甾醇、胡萝卜苷和 5，7-二羟基黄酮等，具有抑菌作用。

功劳叶

Folium mahoniae

为小檗科植物阔叶十大功劳 *Mahonia bealie*（Fort.）Garr. 和十大功劳 *Mahonia fortunei*（Lindl.）Fedde. 的干燥叶。生用。主产于江苏、河南、安徽、浙江、陕西、四川等地。

阔叶十大功劳

十大功劳叶

【性味归经】苦，寒。入心、肝、胆、肺、小肠、大肠经。

【功能主治】清热燥湿，解毒止痢。主治湿热泻痢，咽喉肿痛。

【用量】马、牛 60～120 g；猪、羊 30～60 g；犬 3～6 g；禽 5～10 g。

【应用】①湿热泻痢，常与白头翁、秦皮、黄柏等同用。

②咽喉肿痛，常与凤尾草、夏枯草等同用。

【药理】含小檗碱、汉防己碱、药根碱、木兰碱等，具有抗菌、抗病毒作用。

4. 清热解毒药

金银花
Flos lonicerae japonicae

为忍冬科植物忍冬 *Lonicera japonica* Thunb.、红腺忍冬 *Lonicera hypoglauca* Miq.、山银花 *Lonicera confusa* DC. 或毛柱忍冬 *Lonicera dasystyla* Rehd. 的干燥花蕾。生用或炙用。主产于河南、山东等地。

忍冬

红腺忍冬

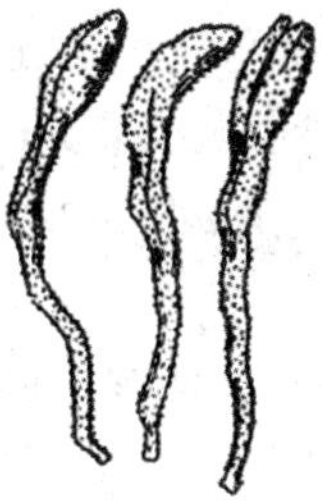
金银花花蕾

【性味归经】甘，寒。入肺、胃、大肠经。

【功能主治】清热解毒，疏散风热。主治风热感冒，热毒血痢，热毒痈肿。

【用量】马、牛 15～60 g；猪、羊 5～10 g；犬、猫 3～5 g；兔、禽 1～3 g。

【应用】①外感风热或温病初起，常与连翘、荆芥、薄荷等同用，如银翘散。

②热毒血痢，常与郁金、黄芩、白芍等同用。

③热毒痈肿，常与当归、陈皮、防风、白芷、贝母、天花粉、乳香、穿山甲等同用，如真人活命饮。

【药理】含绿原酸、异绿原酸、木犀草素等，具有抗炎、解热、抑菌、抗感毒等作用。

连翘
Fructus forsythiae

为木犀科植物连翘 *Forsythia suspensa*（Thunb.）Vahl. 的干燥成熟果壳。生用。主产于山西、陕西、河南等地。

连翘

【性味归经】苦，微寒。入心、肺、小肠经。

【功能主治】清热解毒，消肿散结。主治外感风热，疮黄肿毒。

【用量】马、牛 20～30 g；猪、羊 10～15 g；犬 3～6 g；兔、禽 1～2 g。

【应用】①外感风热或温病初起等，常与金银花、薄荷、牛蒡子、淡豆豉等同用，如银翘散。

②疮黄肿毒等，常与金银花、蒲公英、黄芩、栀子等同用。

【药理】含连翘酚、连翘酯苷、齐墩果酸、熊果酸、槲皮素、芦丁等，具有强心、镇吐、解热、抗炎、利尿和广谱抗菌作用。

紫花地丁
Herba violae

为堇菜科植物紫花地丁 *Viola yedoensis* Maki. 的干燥或新鲜全草。干用或鲜用。主产于江苏、福建、云南及长江以南各地。

紫花地丁

【性味归经】苦、辛，寒。入心、肝经。

【功能主治】清热解毒，凉血消肿。主治乳痈，痈肿疮毒。

【用量】马、牛 60～80 g；犬 3～6 g；猪、羊 15～30 g。

【应用】①痈肿疮毒，常与蒲公英、金银花、野菊花等同用，如五味消毒饮。

②乳痈，鲜品捣烂外敷，或与蒲公英、金银花、王不留行等同用。

【药理】含有机酸、黄酮、皂苷、甾醇、鞣质等，具有抗炎和抑菌作用。

蒲公英
Herba taraxaci

为菊科植物蒲公英 *Taraxacum mongolicum* Hand-Mazz.、碱地蒲公英 *Taraxacum sinicum* Kitag. 或同属数种植物的干燥全草。生用。各地均产。

蒲公英

碱地蒲公英

【性味归经】苦、甘，寒。入肝、胃经。

【功能主治】清热解毒，散结消肿，利尿通淋。主治痈肿疮毒，黄疸，热淋。

【用量】马、牛 30～90 g；猪、羊 15～30 g；犬、猫 3～6 g；兔、禽 1.5～3 g。

【应用】①痈疽疔毒，常与金银花、野菊花、紫花地丁等同用。

②乳痈，单用或与金银花、连翘、通草等同用，如公英散。

③湿热黄疸，常与茵陈、栀子配伍。

④热淋，常与白茅根、金钱草等同用。

【药理】含蒲公英素、蒲公英甾醇等，具有抑菌、增强免疫、抗氧化、利胆、保肝、利尿、健胃等作用。

板蓝根
Radix isatidis

为十字花科植物菘蓝 *Isatia indigotica* Fort. 的干燥根。切片生用。主产于江苏、河北、安徽、河南等地。

【性味归经】苦，寒。入心、肺经。

【功能主治】清热解毒，凉血利咽。主治外感风温时疫，热毒血斑，血痢，咽喉肿痛。

【用量】马、牛 30～100 g；猪、羊 15～30 g；犬、猫 3～5 g；兔、鸡 1～2 g。

【应用】①外感风温时疫等，单用或与黄芩、连翘、牛蒡子等同用，如普济消毒饮。

②热毒斑疹、丹毒、血痢肠黄等，常与黄连、栀子、赤芍、升麻等同用。

菘蓝

③咽喉肿痛、口舌生疮等，常与金银花、桔梗、甘草等同用。

【药理】含靛苷、靛红、靛蓝、葡萄糖芸香素、棕榈酸及氨基酸等，具有广谱抗菌、抗病毒和增强免疫作用。

大青叶
Folium Isatidis

为十字花科植物菘蓝 *Isatia indigotica* Fort. 的干燥叶。生用。主产于江苏、河北、安徽、河南等地。

【性味归经】苦，寒。入心、肺经。

【功能主治】清热解毒，凉血消斑。主治外感风温时疫，热毒发斑，咽喉肿痛。

【用量】马、牛 30～90 g；猪、羊 15～30 g；犬、猫 3～6 g；兔、鸡 1～3 g。

【应用】①外感风温时疫等，常代替板蓝根与黄芩、连翘、牛蒡子等同用。

②热毒发斑，常与水牛角、栀子、淡豆豉等同用。

③咽喉肿痛等，常与石膏、贝母等同用。

【药理】含丁香酸、烟酸、异牡荆素等，具有广谱抗菌作用，能提高细胞免疫和体液免疫功能。

【附药】青黛，为大青叶的加工品，系用大青叶加水打烂后，再加入石灰水等，捞取浮在上面的靛蓝粉末，晒干而成。功效与大青叶相似。多外用，治口舌生疮。

射干

Rhizoma belamcandae

为鸢尾科植物射干 *Belamcanda chinensis*（L.）DC. 的干燥根茎。切片生用。主产于浙江、湖北、河南、安徽、江苏等地。

射干

射干根茎

【性味归经】苦，寒。入肺经。

【功能主治】清热解毒，祛痰利咽。主治肺热咳喘，咽喉肿痛。

【用量】马、牛 15～45 g；猪、羊 5～10 g。

【应用】①肺热咳喘痰多，常与前胡、贝母、瓜蒌等同用。

②痰热壅盛所致的咽喉肿痛，常与黄芩、牛蒡子、山豆根、甘草等同用。

【药理】含鸢尾苷、鸢尾黄素、野鸢尾黄素、射干酚、射干醛等，具有抗炎、减少炎性渗出、解热、止痛及抑制皮肤癣菌等作用。

山豆根

Radix sophorae tonkinensis

为豆科植物柔枝槐 *Sophora tonkinensis* Gapnep. 的干燥根及根茎。切片生用。主产于广西、广东、湖南、贵州等地。

柔枝槐

【性味归经】苦，寒，有毒。入胃、肺经。

【功能主治】清热解毒，利咽消肿，祛痰止咳。主治咽喉肿痛，肺热咳喘，疮黄疔毒。

【用量】马、牛 15～45 g；猪、羊 5～10 g；犬 3～5 g；兔、禽 1～2 g。

【应用】热毒肺火所致的咽喉肿痛，常与射干、玄参、桔梗等同用。

【药理】含苦参碱、氧化苦参碱等，具有抗炎、抗菌和抗肿瘤等作用。

黄药子

Rhizoma dioscoreae bulbiferae

为薯蓣科植物黄独 *Dioscorea bulbifera* L. 的干燥块茎。切片生用。主产于湖北、湖南、江苏、江西、山东、河北等地。

黄独

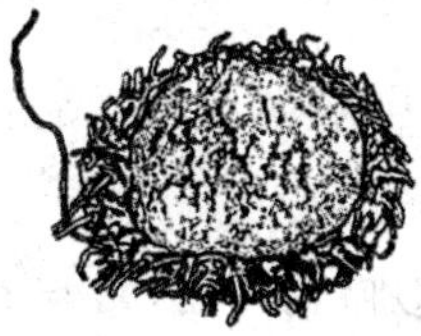

黄药子饮片

【性味归经】苦,平。有小毒。入心、肺、脾经。

【功能主治】清热凉血,解毒消肿。主治肺热咳喘,咽喉肿痛,疮黄肿毒,衄血,毒蛇咬伤。

【用量】马、牛 15～60 g;猪、羊 5～15 g;犬 3～8 g;兔、禽 1～3 g。

【应用】①肺热咳喘、咽喉肿痛等,常与山豆根、射干、牛蒡子等同用。

②疮黄肿毒,常与栀子、黄芩、黄连、白药子等同用,如消黄散。

③衄血,常与栀子、生地等同用。

④毒蛇咬伤,常与半边莲等同用。

【药理】含薯蓣皂苷元、箭根薯蓣皂苷等,具有抑菌、抗病毒等作用。

白药子
Radix stephaniae cepharanthae

为防己科植物头花千金藤 *Stephania cepharantha* Hayata. 的干燥块根。切片生用。主产于江西、湖南、湖北、广东、浙江、陕西、甘肃等地。

【性味归经】苦,寒。入肺、心、脾经。

【功能主治】清热解毒,凉血止血,散瘀消肿。主治肺热咳喘,咽喉肿痛,疮黄肿毒。

【用量】马、牛 30～60 g;猪、羊 5～15 g;犬 3～8 g;兔、禽 1～3 g。

【应用】①肺热咳喘、咽喉肿痛等,常与桑白皮、贝母、当归、芍药、天花粉、桔梗、白芷等同用。

②疮黄肿毒,常与黄药子同用。

【药理】含头花藤碱、小檗胺、氧甲基异根毒碱等,对结核杆菌有抑制作用。

白药子

穿心莲
Herba andrographis

为爵床科植物穿心莲 *Andrographis paniculata*（Burm. f.）Nees. 的全草。切段,晒干

生用或鲜用。主产于广东、广西、云南等地。

【性味归经】苦，寒。入心、肺、大肠、膀胱经。

【主治功能】清热解毒，燥湿止泻。主治肺热咳喘，肠黄作泻、泻痢。

【用量】马、牛 60～120 g；猪、羊 30～60 g；犬、猫 3～10 g；兔、禽 1～3 g。

【应用】①肺热咳喘，常与桑白皮、黄芩等同用。

②肠黄作泻、泻痢等，可与地榆、苦参、秦皮、白头翁等同用。

【药理】含穿心莲内酯、脱氧穿心莲内酯、脱水穿心莲内酯等，具有抑菌、抗炎、减少渗出、消肿、解热等作用。

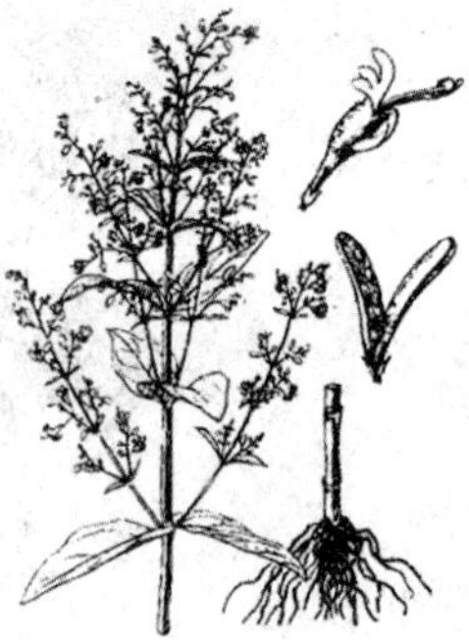

穿心莲

鱼腥草

Herba houttuyniae

为三白草科蕺菜 *Houttuynia cordata* Thunb. 的干燥地上部分。切段生用。主产于江苏、浙江、江西、安徽、四川、云南、贵州、广东、广西等地。

【性味归经】辛，微寒。入肺经。

【功能主治】清热解毒，消肿排脓，利尿通淋。主治肺痈，泻痢，淋浊。

【用量】马、牛 30～120 g；猪、羊 15～30 g；犬、猫 3～5 g；兔、禽 1～3 g。

【应用】①痰热壅滞，肺痈鼻脓等，常与桔梗、芦根、桃仁、浙贝母等同用。

②泻痢，单用或与黄连、木香等同用。

③膀胱湿热所致的尿短赤、淋涩疼痛等，常与海金沙、车前子、木通等同用。

【药理】含挥发油，具有抑菌、抗炎、消肿、增强免疫等作用。

蕺菜

漏芦

Radix rhapontici

为菊科植物祁州漏芦 *Rhaponticum uniflorum*（L.）DC. 等的干燥根。切片生用。主产于河北、辽宁、山西、陕西、山东、吉林、黑龙江、内蒙古等地。

【性味归经】苦，寒。入胃经。

【功能主治】清热解毒，通经下乳。主治乳痈，乳汁不通。

【用量】马、牛 15～30 g；猪、羊 3～10 g。

【应用】①乳痈，常与蒲公英、木通、苦参、穿心莲等同用。

②乳汁不通，常与瓜蒌、当归、黄芪、通草等同用。

【药理】含噻吩类、挥发油类、三帖类及甾体类等，具有杀菌、杀

祈州漏芦

虫、抗病毒、抗癌和抗炎等作用。

地锦草
Herba euphorbiae humifusae

为大戟科植物地锦 *Euphorbia humifusa* Willd. 或斑地锦 *Euphorbia maculata* L. 的干燥全草。生用。全国各地均产。

地锦草

斑叶地锦

【性味归经】辛,平。入肝、大肠经。

【功能主治】清热解毒,凉血止血。主治湿热泻痢。

【用量】马、牛 60～150 g;猪、羊 30～60 g。

【应用】湿热泻痢,单用或与马齿苋、铁苋菜、功劳叶等同用。

【药理】含槲皮素、槲皮苷、山萘酚、莨替醇、没食子酸、棕榈酸等,具有抑菌、抗氧化、缩短凝血时间、增加血小板数量等作用。

千里光
Herba senecionis scandentis

为菊科植物千里光 *Senecio scandens* Buch-Ham. 的干燥地上部分。生用。主产于江苏、浙江、广西、四川等地。

【性味归经】辛,温,有毒。入肺、肝经。

【功能主治】清热解毒,清肝明目。主治湿热泻痢,目赤肿痛。

【用量】马、牛 60～120 g;猪、羊 10～30 g。

【应用】①湿热泻痢,常与木香、白芍、地榆等同用。

②目赤肿痛,单用或与金银花、蒲公英、败酱草等同用。

【药理】含吡咯里西啶类生物碱、呋喃雅槛蓝型倍半萜及菊黄素、叶黄呋喃素和对羟基苯乙酸等,含千里光血清对金黄色葡萄球菌、大肠杆菌、痢疾杆菌、乙型副伤寒杆菌、绿脓杆菌均有较强的抑制作用。

千里光

马齿苋
Herba portulacae

为马齿苋科植物马齿苋 Portulaca *oleracea* L. 的干燥地上部分。鲜用或生用。全国各地均产。

【性味归经】酸,寒。入肝、大肠经。

【功能主治】清热解毒,清血止痢。主治热毒下痢,疮黄肿毒。

马齿苋

【用量】马、牛 30～120 g;猪、羊 15～30 g;兔、禽 1.5～6 g。鲜品量加倍,外用适量。鱼每 1 kg 体重 5～10 g,拌饵投喂。

【应用】①热毒下痢,常与黄连、秦皮、鱼腥草、车前草等同用。

②疮黄肿毒,单味鲜品捣烂外敷。

【药理】含脂肪酸、挥发油、多糖、氨基酸、维生素和矿物质等,具有抑菌、促进淋巴细胞增殖作用,对豚鼠、大鼠及兔离体及在体子宫及血管均有收缩作用。

败酱草
Herba patriniae

为败酱科植物黄花龙芽 *Patrinia scabiosaefolia* Fisch. 或白花败酱 *Patrinia villosa* Juss. 的干燥全草。生用。主产于河北、山东、浙江等地。

【性味归经】辛、苦,凉。入肝、胃、大肠经。

【功能主治】清热解毒,祛瘀排脓。主治肠黄痢疾,目赤肿痛,疮黄疔毒。

黄花败酱

【用量】马、牛 30～120 g;猪、羊 15～30 g。

【应用】①肠黄痢疾,常与白头翁、马齿苋等同用。

②目赤肿痛,常与蒲公英、金银花、千里光等同用。

③疮黄疔毒,鲜败酱草、鲜蒲公英等捣烂调敷。

【药理】含黄花败酱苷、败酱烯和异败酱烯等,具有止泻、抑菌、镇静等作用。

5. 清热解暑药

香薷
Herba moslae

为唇形科植物香薷 *Mosla chinensis* Maxim. 的干燥全草。切段生用。主产于江西、安徽、河南等地。

【性味归经】辛,微温。入肺、胃经。

【功能主治】祛暑解表，利湿行水。主治伤暑，发热无汗，泄泻腹痛，水肿，尿不利。

【用量】马、牛 15～45 g；猪、羊 3～10 g；犬 2～4 g；兔、禽 1～2 g。

【应用】①外感伤暑，常与黄芩、黄连、天花粉等同用，如香薷散；暑湿，常与扁豆、厚朴等同用。

②水肿、尿不利等，常与白术、茯苓等同用。

【药理】含黄酮、香豆素、木脂素、萜类和挥发油等，具有抑菌、镇痛、增强免疫、抑制平滑肌痉挛、发汗、解热、利尿等作用。

香薷

绿豆

Semen phaseoli radiati

为豆科植物绿豆 *Phageolus radiatus* L. 的干燥种子。生用。各地均有栽培。

【性味归经】甘，寒。入心、胃经。

【功能主治】清热解毒，消暑止渴。主治暑热口渴，热痈肿毒，中毒轻症。

【用量】马、牛 250～500 g；猪、羊 30～90 g。

【应用】暑热常与甘草、葛根、黄连等同用；中毒常与甘草等同用。

【药理】含蛋白质、淀粉、香豆素、单宁、生物碱、甾醇、皂苷和黄酮类等，有利尿、抗菌、抗病毒、增强机体免疫等作用。

绿豆

荷叶

Folium nelumbinis

为睡莲科植物莲 *Nelumbo nucifera* Gaertn. 的叶片。生用或晒干用。主产于浙江、江西、湖南、江苏、湖北等地。

【性味归经】苦，平。入肝、脾、胃经。

【功能主治】解暑清热，升发清阳。主治暑湿泄泻，便血，尿血，子宫出血。

【用量】马、牛 30～90 g；猪、羊 10～30 g；犬 6～9 g。

【应用】①暑热、尿短赤等，常与藿香、佩兰等同用。

②暑湿泄泻、脾虚气陷等，常与白术、扁豆等配伍。

【药理】含荷叶碱、莲碱、去甲基荷叶碱、槲皮素等，具有降血压、降血脂、改善血液循环、抗菌等作用。

莲

青蒿

Herba artemisiae annuae

为菊科植物青蒿 *Artemisia apiacea* Hance. 和黄花蒿 *Artemisia annua* L. 的干燥茎叶。切段生用。各地均产。

【性味归经】苦、辛，寒。入肝、胆经。

【功能主治】清热解暑，退虚热，杀原虫。主治外感暑热，阴虚发热，湿热黄疸，寄生虫病。

【用量】马、牛 15～60 g；猪、羊 5～15 g；犬 3～5 g；兔、禽 1～2 g。

【应用】①外感暑热，常与藿香、佩兰、滑石等配伍；治温热病，常与黄芩、竹茹等同用。

②阴虚发热，常与生地、鳖甲、知母、丹皮同用，如青蒿鳖甲汤。

③疟原虫、血吸虫、球虫和焦虫病等，单用或与其他杀虫药同用。

【药理】含青蒿素及挥发油，具有抗疟原虫、血吸虫、弓形虫、卡氏肺孢子虫、犬附红细胞体和球虫等作用。

黄花蒿

刘寄奴

Herba artemisiae anomalae

为菊科植物奇蒿 *Artemisia anomala* S. Moore. 的干燥全草。生用。主产于东北、河北、河南、山东等地。

【性味归经】辛、苦，寒。入心、肝、脾经。

【功能主治】清暑利湿，消食健脾，活血止痛。主治中暑，食积不化，跌打损伤。

【用量】马、牛 15～60 g；猪、羊 10～15 g。外用适量。

【应用】①中暑，单味鲜品煎水喂服。

②食积不化，常与神曲、麦芽、山楂、木香等同用。

③跌打损伤，常与当归、川芎、栀子等同用。

【药理】含黄酮、香豆素、单宁和挥发油等，具有抑制血小板聚集和抑制血栓作用。

奇蒿

【相关知识】

凡以清解里热为主要作用的药物(方剂)，称为清热药(方)。

清热药性属寒凉，具有清热泻火、解毒、凉血、燥湿、解暑等功能，主要用于高热、热痢、湿热黄疸、热毒疮肿、热性出血及暑热等里热证。

里热证有气分、血分之别，实热、虚热之分，脏腑偏盛之殊，以及湿热、暑湿之不同。因此，清热药又可分为清热泻火药、清热凉血药、清热燥湿药、清热解毒药和清热解暑药五大类。

(1)清热泻火药：本类药物性味甘、苦，寒，能清气分热，有泻火泄热的作用。适用于高热火盛所致的里热证。症见高热、大汗、口渴贪饮、尿液短赤、舌苔黄燥、脉象洪数等。

(2)清热凉血药：主要入血分，能清血分热，有凉血清热作用。主要用于血分实热证，温热病邪入营血，血热妄行，症见斑疹和各种出血，以及舌绛、狂躁、甚至神昏等。

(3)清热燥湿药：性味苦寒，苦能燥湿，寒能胜热，有清热燥湿的作用，主要用于湿热证，如肠胃湿热所致的泄泻、痢疾，肝胆湿热所致的黄疸，下焦湿热所致的尿淋漓等。

(4)清热解毒药：有清热解毒作用，常用于瘟疫、毒痢、疮黄肿毒等热毒病证。

(5)清热解暑药：有清热解暑作用，用于暑热、暑湿病等。

使用清热药应注意以下几点：

①清热药性多寒凉，易伤脾胃，影响运化，对脾胃虚弱的患畜，宜适当辅以健胃药。

②热病易伤津液，清热燥湿药，又性多燥，也易伤津液，对阴虚的患畜，要注意辅以养阴药。

③清热药药性寒凉，多服久服能伤阳气，故对阳气不足、脾胃虚寒、食少、泄泻的患畜要慎用。

【任务31】常用清热方

白虎汤(《伤寒论》)

【组成】石膏(打碎先煎)250 g　知母 60 g　甘草 45 g　粳米 100 g

【功能】清热生津。

【主治】阳明经证及气分实热证。证见高热大汗，口干舌燥，大渴贪饮，脉洪大有力。

【方解】本方为清热泻火之代表方，方中石膏辛甘大寒，清阳明气分实热而除烦为主药；知母苦寒质润，清热润燥为辅药；甘草、粳米益胃养阴，又能缓和石膏、知母寒凉伤脾胃之不足之处，共为佐使药。四药合用，共奏清热生津之效。

【用法】先将石膏打碎先煎，再投其余 3 味，煎至米熟汤成，去渣候温灌服。

【应用】凡证见发热、口干、舌红、苔黄燥、脉洪大而数者均可应用。常用于治疗某些传染性或非传染性疾病如流感、脑炎、肺炎等病的高热期。本方加玄参、水牛角，名化斑汤(《温病条辨》)，功能清热凉血，滋阴解毒，主治温病发斑。

清胃散(《中华人民共和国兽药典》二〇一五年版二部)

【组成】生石膏 60 g　大黄 45 g　玄明粉 45 g　知母 30 g　黄芩 30 g　天花粉 30 g　麦冬 30 g　甘草 30 g　陈皮 25 g　枳壳 25 g

【功能】清热泻火，理气开胃。

【主治】胃热食少，便干。

【方解】本方可视为白虎汤合大承气汤加减变化而成。石膏、知母清热生津，大黄、玄明粉泻热通便，共为主辅药；黄芩泻肺火，天花粉生津止渴，麦冬养胃阴，陈皮、枳壳理气兼治嗳气酸臭，甘草调和药性共为佐使药，且能缓和诸药寒凉伤脾胃。诸药合用共奏清热泻火，理气开胃之功效。

【用法】共为粗末，开水冲调，候凉灌服。

【应用】用于胃热食少，嗳气酸臭，粪便燥结不通等证。

洗心散(《元亨疗马集》)

【组成】天花粉 30 g　黄芩 30 g　黄连 20 g　连翘 30 g　茯神 25 g　黄柏 20 g　桔梗

30 g　栀子 30 g　牛蒡子 20 g　木通 5 g　白芷 10 g

【功能】泻火解毒，散瘀消肿。

【主治】心经积热，口舌生疮。证见舌红，舌肿溃烂，口内垂涎，草料难咽。

【方解】本方由黄连解毒汤加味而来，为治心热舌疮之剂。方中黄连、黄芩、黄柏、栀子（即为黄连解毒汤）通泻三焦火，导热下行，共为主药；辅以连翘助主药泻火解毒；牛蒡子、白芷消肿止痛生肌，茯神利尿安心神，天花粉清热生津，木通清心火、利尿，均为佐药；桔梗排脓消肿，并载药上达病所，为使药。诸药合用，共奏泻火解毒、散瘀消肿之效。

【用法】共为末，开水冲，候温加鸡蛋清 4 个，同调灌服。

【应用】用于心经积热所致的舌体肿胀或溃破成疮，可用于各种口炎，常配用冰硼散或青黛散。

清营汤(《温病条辨》)

【组成】犀角（用 10 倍量的水牛角代替，锉细末冲服）6 g　生地 60 g　玄参 60 g　竹叶心 30 g　银花 60 g　连翘 45 g　黄连 30 g　丹参 45 g　麦冬 45 g

【功能】清营解毒，透热养阴。

【主治】温热病邪初入营分证。证见高热，口渴或不渴，烦躁或时有神昏，舌绛而干，或见斑疹隐现，脉细数。

【方解】本方是清营透气的代表方。方中犀角清解营分热毒为主药；生地、玄参、麦冬清热养阴为辅药；黄连、银花、连翘、竹叶心清解气分热毒，使营分邪热转出气分而解，为佐药；丹参助主药清热凉血，还能活血散瘀，防血热结，又能引导诸药入心而清热，为使药。诸药相合，共奏清营解毒，透热养阴之功。

【用法】加水煎服，去渣，候温加水牛角，灌服；或研末，开水冲调候温灌服。

【应用】常用本方加大青叶、板蓝根等治疗日本乙型脑炎、败血症而有上述症候者。若气分热重而营分热轻，应重用银花、连翘、黄连、竹叶心，并相对减少犀角、生地、玄参的用量。

双黄连口服液(《中华人民共和国兽药典》二〇一五年版二部)

【组成】金银花 375 g　黄芩 375 g　连翘 750 g

【功能】疏风散热，泻火解毒。

【主治】风热犯肺。证见发热，咳嗽，痰黏，咽喉肿痛，口干舌红，苔黄，脉数。

【方解】本方所治证候为风热之邪侵犯肺卫所致。风热之邪侵犯机体，自口鼻而入，直通于肺，肺卫相通，肺合皮毛，所以风热犯肺，多见发热咳嗽，咳痰黏稠，咽喉肿痛，口干舌红，苔黄，脉数。方中金银花清热解毒、疏散风热，黄芩清泻肺火，二药合用，以清除肺中之实火；连翘清热解毒，消肿散结。诸药相合，共奏疏风散热，泻火解毒之功。

【用法】按照一定方法制成口服液，按黄芩苷计，每 1 mL 不少于 8 mg。

【应用】主要用于呼吸道感染。鸡 0.5～1 mL；犬、猫 1～5 mL。

清肺散(《元亨疗马集》)

【组成】板蓝根 90 g　葶苈子 60 g　甘草 30 g　浙贝母 45 g　桔梗 45 g

【功能】清肺泻火，平喘止咳。

【主治】肺热喘粗。证见气促喘粗，或有咳嗽，呼出气热，口干，舌红，脉洪数等。

【方解】肺热喘证，常由于燥热之邪侵袭于肺，以致肺热壅滞，气失宣降；或因胃中积热，上蒸于肺而成喘。方中板蓝根清热解毒为主药；葶苈子泻肺清热定喘，贝母清肺止咳、桔梗开宣肺气而祛痰，使升降调和则喘咳自消，共为辅佐药；甘草调和诸药，且能润肺金而护脾土，蜂蜜清肺止咳、润燥解毒，均为佐使药。诸药合用，共奏清热解毒，平喘止咳之效。

【用法】共为末，开水冲，候温加蜂蜜 120 g，同调灌服。

【应用】凡肺热咳嗽，如支气管炎、肺炎均可加减使用。热盛痰多，加知母、瓜蒌、桑白皮、黄药子、白药子等；喘甚，加苏子、杏仁、紫菀等；肺燥干咳可加沙参、麦冬、天花粉等。

白头翁汤(《伤寒论》)

【组成】白头翁 90 g　黄柏 45 g　黄连 45 g　秦皮 45 g

【功能】清热解毒，凉血止痢。

【主治】湿热痢疾、热泻等。证见里急后重，泻痢如脓血，排粪黏滞不爽，次数频繁，发热，渴欲饮水，舌红苔黄，脉数。

【方解】方中白头翁清热解毒，清大肠血热而专治热痢，为主药；黄连清化湿热而固大肠，黄柏清下焦湿热，秦皮清肝经湿热以凉血，三药合用能助主药清热解毒，燥湿止痢，均为辅药。合而用之，清热解毒，凉血止痢。

【用法】水煎服去渣，候温灌服；或研末，开水冲调候温灌服。

【应用】用于大肠热毒伤于血分的湿热痢。体弱血虚者，加阿胶、甘草；里急后重者，加木香、槟榔。本方去秦皮，加黄芩、枳壳、砂仁、厚朴、苍术、猪苓、泽泻，名“三黄加白散”，清热燥湿作用更强。

郁金散(《元亨疗马集》)

【组成】郁金 45 g　诃子 30 g　黄芩 30 g　大黄 45 g　黄连 20 g　栀子 30 g　白芍 30 g　黄柏 30 g

【功能】清热解毒，涩肠止泻。

【主治】肠黄。证见泄泻腹痛，荡泻如水，赤秽兼腥，舌红苔黄，渴欲饮水，脉数。

【方解】方中郁金凉血散瘀，行气解郁为主药；辅以黄连、黄芩、黄柏、栀子(即黄连解毒汤)清三焦郁火兼化湿热；白芍、诃子敛阴涩肠而止泻，更以大黄清血热，下积滞，推陈致新，共为佐药。诸药合用，具有清热解毒，涩肠止泻之功。

【用法】研末，开水冲调或煎汤灌服。

【应用】本方是治疗肠黄的基础方，对于胃肠实热积滞引起的肠黄、痢疾，均可加减使用。肠黄初期内有积滞，应重用大黄，加芒硝、枳壳、厚朴，少用或不用诃子、白芍；热毒盛，加银花、连翘；腹痛甚，加乳香、没药；伴发黄疸，重用栀子，加茵陈；热毒已解、泄泻不止者，少用或不用大黄，重用诃子、白芍，加乌梅、石榴皮、泽泻等。

龙胆泻肝汤（《医宗金鉴》）

【组成】龙胆（酒炒）45 g　黄芩（炒）30 g　栀子（酒炒）30 g　泽泻 30 g　木通 30 g　车前子 20 g　当归（酒炒）25 g　柴胡 30 g　甘草 15 g　生地（酒炒）30 g

【功能】泻肝胆实火，清三焦湿热。

【主治】肝胆实火所致目赤肿痛，以及肝经湿热下注引起的尿淋浊涩痛，阴肿等。

【方解】本方为肝胆实火或湿热下注而设。方中龙胆草泻肝胆经实火，除下焦湿热为主药；辅以栀子、黄芩泻火清热，助龙胆草清肝胆实火，泽泻、木通、车前子利尿，引湿热从尿而出，助龙胆草清利肝胆湿热；当归、生地养血益阴以和肝，为佐药；甘草和中协调诸药，柴胡疏肝胆之气，并用作引经药，皆为使药。诸药合用，而有泻肝火利湿热之效。

【用法】水煎服。或为末，开水冲调，候温灌服。

【应用】用于急性结膜炎，胆囊炎，急性湿疹，泌尿生殖系感染如肾炎、膀胱炎、尿道炎、睾丸炎等属于肝胆湿热或实热者。急性结膜炎，加菊花、白蒺藜；急性泌尿系感染，加萹蓄、金钱草等。

茵陈蒿汤（《伤寒论》）

【组成】茵陈蒿 250 g　栀子 60 g　大黄 45 g

【功能】清热，利湿，退黄。

【主治】湿热黄疸。证见结膜、口色、肌肤俱黄，黄色鲜明如橘，尿液短赤，舌苔黄腻，脉滑数等。

【方解】本方为治湿热阳黄之剂。方中重用茵陈利胆清热、去湿除黄，为主药；辅以栀子清利三焦湿热，使湿热从尿而出，大黄通泄郁热，使湿热从粪便而下，为佐药。三药均为苦寒之品，合用能清热利湿，使湿热从二便排出，则黄疸自退。

【用法】水煎去渣，候温灌服，或研末，开水冲调候温灌服。

【应用】用于急性黄疸型肝炎、急性胆囊炎以及其他疾病出现黄疸而属于湿热症者。本方去栀子、大黄，加干姜、附子、甘草等，名“茵陈四逆汤”（《玉机徽义》），可治阴黄。

黄连解毒汤（《外台秘要》）

【组成】黄连 30 g　黄芩 45 g　黄柏 45 g　栀子 60 g

【功能】泻火解毒。

【主治】三焦热盛。证见大热烦躁，甚则发狂，或见发斑，疮疡肿毒等。

【方解】本方为治三焦热盛常用方，也是泻火解毒之基础方。解毒必泻火，泻火须泻心。方中黄连泻心火兼泻中焦火，为主药；黄芩泻上焦肺火为辅药；黄柏泻下焦肾火为佐药；栀子通泻三焦之火，导热下行从膀胱而出，为使药。四药合用，共奏泻火解毒之功。

【用法】煎汤或研末，开水冲调，候温灌服。

【应用】凡败血症、脓毒血症、痢疾、肺炎及各种急性炎症等属于火毒盛者，均可选用，但以津液未伤者为宜。还可用于疮疡肿毒，可内服，也可外敷。本方去黄柏、栀子，加大黄，名泻心汤，功效相似，尤适用于口舌生疮、胃肠积热。

清瘟败毒饮(《疫疹一得》)

【组成】石膏 120 g(先煎)　犀角 6 g(挫细末冲服，可用 10 倍量水牛角代)　生地 30 g　黄连 20 g　栀子 30 g　丹皮 30 g　黄芩 30 g　赤芍 30 g　玄参 30 g　知母 30 g　连翘 25 g　桔梗 25 g　竹叶 30 g　甘草 10 g

【功能】泻火解毒，凉血养阴。

【主治】一切火热之证。证见气血两燔，大热烦躁，渴饮干呕，昏狂，发斑，舌绛，脉沉细数或浮大而数。

【方解】本方为疫毒火邪充斥内外、气血两燔之证而设。由白虎汤、黄连解毒汤及清营汤三方去粳米、黄柏、银花、丹参、麦冬，加丹皮、赤芍、桔梗组合而成。方中重用石膏，配伍大量的清热解毒和凉血养阴药，以达气血同治。此外，桔梗开肺，竹叶清心利尿，导热从下而去。各药配合，共奏泻火解毒、凉血养阴之功。

【用法】共为末，开水冲调或煎汤，候温灌服。

【应用】对乙型脑炎或其他高热而有脑炎症状者，以及败血症等急性重症热病均可使用。痉厥抽搐者，加僵蚕、石菖蒲、钩藤等；热毒炽盛发斑紫暗者，加银花、大青叶、紫草等。

五味消毒饮(《医宗金鉴》)

【组成】金银花 90 g　野菊花 60 g　蒲公英 90 g　紫花地丁 90 g　紫背天葵 30 g

【功能】清热解毒，消散疮痈。

【主治】各种痈疮肿毒。证见局部红肿热痛，身热，口色红，脉数。

【方解】本方是治疗疮痈肿毒的常用方剂。疮痈肿毒多由于感受湿热火毒，或内生积热，气血壅滞，热毒侵淫肌肤而成。方中金银花清热解毒，消散痈肿为主药；紫花地丁、紫背天葵、蒲公英、野菊花清热解毒，消散疮痈肿毒，均为辅佐药，各药合用清热解毒之力甚强。加酒以助药势，行血脉，可增强消散痈疮的作用，为使药。诸药合用，可使疔疮肿毒消散。

【用法】水煎取汁，候温加黄酒 120 mL 灌服。

【应用】用于疮痈肿毒初起、红肿热痛、坚硬根深、舌红脉数证候。热重，加连翘、黄芩等；肿甚，加防风、蝉蜕；血热毒盛，加赤芍、丹皮、生地；用于乳痈，加瓜蒌皮、贝母、丹皮。本方还可外用调敷患部，鲜品效果更好。

真人活命饮(《医方集解》)

【组成】金银花 90 g　当归 25 g　陈皮 25 g　防风 20 g　白芷 20 g　甘草 15 g　浙贝母

20 g　天花粉 20 g　乳香 15 g　没药 15 g　皂角刺 15 g　穿山甲(蛤粉炒)30 g

【功能】清热解毒,消肿排脓,活血止痛。

【主治】阳证痈疮肿毒。证见局部红肿热痛,或见发热恶寒,脉数而有力。

【方解】本方为治阳证痈疮肿毒初起的要方。方中金银花清热解毒,是治疮疡要药,为主药;防风、白芷除湿祛风并能排脓消肿,当归、乳香、没药活血散瘀消肿定痛,为辅药;花粉、贝母清痰散结消肿,陈皮理气行滞以助消肿,均为佐药;使以穿山甲、皂刺善走能散,贯穿经络,直达病所,溃痈破坚,甘草清热解毒,加酒助药势,增强活血通络作用,使药力速达病所。

【用法】水煎取汁,候温加黄酒 120 mL 灌服。

【应用】用于疮痈肿毒、局部红肿热痛。脓未成者,服之能消;脓已成,可速使外溃(疮已破溃或阴证者,不能服用)。毒热盛,加蒲公英、紫花地丁、野菊花、连翘、黄连等。痛不甚,可减乳香、没药;脓未成,可减少穿山甲及皂刺的用量。

消黄散(《元亨疗马集》)

【组成】黄药子 25 g　白药子 25 g　知母 25 g　栀子 20 g　黄芩 20 g　大黄 30 g　浙贝母 30 g　连翘 25 g　郁金 20 g　朴硝 90 g　甘草 15 g　防风 20 g　蝉蜕 15 g　黄芪 20 g

【功能】清热凉血,泻火解毒。

【主治】三焦热盛、热毒、黄肿或马遍身黄。

【方解】热盛、热毒、黄肿治宜疏风清热解毒。方中黄药子、白药子、黄芪、栀子清热解毒为主药;大黄、芒硝清胃肠之料毒,连翘清热解毒,均能增强主药之清热解毒效力,为辅药;郁金凉血散瘀,贝母清热散结,二药合用功善消肿;防风、蝉蜕疏风消肿,知母滋阴降火,黄芪固表止汗,均为佐药;甘草清热解毒,调和诸药,为使药。各药相合,具有清热凉血,泻火解毒之功。

【用法】研末,开水冲调,或煎汤,候温加蜂蜜、蛋清适量灌服。

【应用】凡属火热内实,疮黄肿毒、肺热气喘等均可酌情应用。心热舌疮,加薄荷、花粉等;咽喉肿痛,加玄参、马勃、射干、山豆根等。

犀角地黄汤(《千金方》)

【组成】犀角(用 10 倍量水牛角代替)9 g　生地 150 g　芍药 60 g　丹皮 45 g

【功能】清热解毒,凉血散瘀。

【主治】热入血分。证见热甚动血,热扰心营。

【方解】本方为治热入血分之各种出血症的重要方剂。血分热毒炽盛,则可出现动血伤阴及热扰心神等证。方中犀角清心凉血解毒为主药;辅以生地养阴清热,凉血止血,助主药解血分热毒,以治热甚伤阴,并增强止血作用;芍药和营泄热(伤阴较甚者用白芍,瘀血严重则用赤芍),丹皮泄血中伏热,凉血散瘀,共为佐使药。四药合用,共奏清热解毒、凉血散瘀之功。

【用法】水牛角锉细与其他药共为末,开水冲调或煎汤,候温灌服。

【应用】本方为治血分热毒证的主方,用于败血症,血热妄行所致的出血、热病发斑或紫斑。热扰心神所出现神昏、体热、舌绛、脉细数者，加石菖蒲、胆南星、人工牛黄等。鼻衄者，加白茅根、侧柏叶；便血者，加地榆、槐花；尿血者加白茅根、小蓟；心火甚者，加黄连、黑栀子。

香薷散(《元亨疗马集》)

【组成】香薷 60 g　黄芩 30 g　黄连 25 g　甘草 20 g　柴胡 30 g　当归 30 g　连翘 45 g　天花粉 60 g　栀子 30 g

【功能】清心解暑，养血生津。

【主治】马、牛伤暑。证见发热气促，精神倦怠，四肢无力，眼闭不睁，口干，舌红，粪干，尿短赤，脉数。

【方解】方中香薷辛温发散，能解表祛暑化湿，为主药；辅以黄芩、黄连、栀子、连翘、柴胡通泻诸经之火；热盛心肺壅极，上扰神明，故用当归和血以治风；暑热最易耗气伤津，故以花粉养血生津，同为佐药；甘草和中解毒，蜂蜜清心肺而润肠，皆为使药。诸药相合，成为清热解暑，养血生津之剂。

【用法】共为末，开水冲调，候温加蜂蜜适量灌服，或煎汤服。

【应用】用于家畜中暑。高热不退，加石膏、知母、薄荷、菊花等；昏迷抽搐，加石菖蒲、钩藤等；津液大伤，加生地、玄参、麦冬、五味子等。

青蒿鳖甲汤(《温病条辨》)

【组成】青蒿 45 g　鳖甲 90 g　生地 60 g　知母 45 g　丹皮 60 g

【功能】养阴透热。

【主治】温热病后期，阴液耗伤，邪留于阴分。证见低热不退，夜热早凉，口干舌红少苔，脉细数。

【方解】本方为治虚热的代表方，方中鳖甲直入阴分，咸寒以滋阴退虚热，青蒿芳香透热邪外出，皆为主药；生地、知母养阴，助鳖甲退虚热，丹皮助青蒿以透泄阴分之伏热，共为佐使药。诸药相合，有养阴透热之功。

【用法】共为末，开水冲调，候温灌服。

【应用】用于久热不退属阴虚者。凡老龄、久病体虚的患畜，或母畜产后血虚所致的阴虚发热，或温热病后期阴液已伤、邪留阴分者，均可酌情加减使用。阴虚火旺、低热不退者，加地骨皮、石斛等；低热日久不退、体瘦毛焦、舌红少苔、脉细数或盗汗者，加银柴胡、胡黄连、秦艽等。

项目 2.3　常用泻下方药

问题一：下列药物不属于泻下药的是(　　)。

A. 大黄　　B. 巴豆　　C. 火麻仁

D. 芒硝　　E. 石膏

问题二：下列除哪项外均为大黄的功效（　　）。

A. 泻下攻积　　B. 清热泻火　　C. 凉血解毒

D. 逐瘀通经　　E. 利尿通淋

问题三：具有泻下软坚、清热功效的药物是（　　）。

A. 大黄　　B. 芦荟　　C. 芒硝

D. 番泻叶　　E. 郁李仁

问题四：甘遂、京大戟、芫花均有毒，内服时宜（　　）。

A. 久煎　　B. 醋制　　C. 酒制

D. 后下　　E. 姜汁制

问题五：下列除哪项外，均为巴豆的功效（　　）。

A. 峻下冷积　　B. 逐水退肿　　C. 祛痰利咽

D. 破血消瘀　　E. 外用蚀疮

问题六：（1～2 题共用下列备选答案）

A. 热结便秘　　B. 阳虚便秘　　C. 大便燥结

D. 血虚便秘　　E. 津亏便秘

1. 大黄尤善治（　　）。

2. 芒硝尤善治（　　）。

问题七：增液承气汤的功用是（　　）。

A. 清热生津　　B. 辛凉解表，止咳平喘　　C. 滋阴、清热、通便

D. 清营解毒，透热养阴　　E. 清热解毒

问题八：当归苁蓉汤主要用于（　　）。

A. 湿热黄疸证　　B. 结症、便秘　　C. 马中结

D. 牛百叶干　　E. 老弱、久病、体虚患畜之便秘

问题九：（1～3 题共用下列备选答案）

A. 大戟散　　B. 当归苁蓉汤　　C. 白虎汤

D. 黄连解毒汤　　E. 大承气汤

1. 老弱体虚病畜便秘选用（　　）。

2. 阳明腑实证选用（　　）。

3. 牛宿草不转选用（　　）。

问题十：病牛，粪便干燥，大热，眼结膜发红，口渴多饮，脉洪数有力。治疗应首选（　　）。

A. 银翘散　　B. 犀角地黄汤　　C. 白虎汤

D. 麻杏石甘汤　　E. 大承气汤

【任务 32】常用泻下药

1. 攻下药

大黄

Radix et rhizoma rhei

为蓼科植物药用大黄 *Rheum officinale* Baill.、掌叶大黄 *Rheum palmatum* L. 或唐古

特大黄 *Rheum tanguticum* Maxim. ex Balf. 的干燥根茎。生用，或酒制、蒸熟、炒黑用。主产于四川、甘肃、青海、湖北、云南、贵州等地。

唐古特大黄

药用大黄

掌叶大黄

大黄根茎

【性味归经】苦，寒。入脾、胃、大肠、肝、心包经。

【功能主治】攻积导滞，泻火凉血，活血祛瘀。主治热结便秘，热毒疮肿，瘀血阻滞，烧伤烫伤。

【用量】马、牛 30～120 g；猪、羊 6～12 g；犬、猫 3～5 g；兔、禽 1.5～3 g。

【应用】①热结便秘所致的腹痛起卧等，多与芒硝、枳实、厚朴同用，如大承气汤。

②血热妄行的出血以及目赤肿痛、热毒疮肿等，常与黄芩、黄连、丹皮等同用。

③瘀血阻滞诸证，常与黄芩、黄连、丹皮等同用，用治跌打损伤，瘀阻作痛，可与桃仁、红花等配伍。

④湿热黄疸，常与茵陈、栀子同用，如茵陈蒿汤。

【禁忌】孕畜慎用。

【药理】含大黄素、大黄酚、芦荟大黄素等，具有抗菌、抗炎、致泻、解热、镇痛等作用。

芒硝
Natrii sulfas

为硫酸盐类矿物芒硝族芒硝，经精制而成的结晶体。主含含水硫酸钠（$Na_2SO_4 \cdot 10H_2O$）。主产于河北、河南、山东、江西、江苏及安徽等地。

【性味归经】苦、咸，大寒。入胃、大肠经。

【功能主治】泻热通便，润燥软坚，清热消肿。主治实热便秘，粪便燥结，热毒疮肿。

【用量】马 200～500 g；牛 300～800 g；羊 40～100 g；猪 25～50 g；犬、猫 5～15 g；兔、禽 2～4 g。

【应用】①胃肠实热、粪便燥结、便秘腹痛等，常与大黄相须为用，配枳实与厚朴，如大承气汤。

②热毒所致的痈肿疮毒、目赤肿痛、口舌生疮等，用元明粉配硼砂、冰片、朱砂等，共研细末，混匀，吹撒患部。

【禁忌】孕畜禁用。

【药理】含硫酸钠以及少量的氯化钠、硫酸镁等，经口服后，在肠中不易吸收，形成高渗盐溶液，使肠道保持大量水分，肠内容积增大，刺激肠黏膜，反射性地引起肠蠕动亢进而致泻。

番泻叶
Folium sennae

为豆科植物狭叶番泻 *Cassia angustifolia* Vahl. 及尖叶番泻 *Cassia acutifolia* Delile. 的干燥小叶。生用。狭叶番泻叶主产于印度、埃及、苏丹。尖叶番泻叶主产于埃及。

狭叶番泻叶

尖叶番泻叶

【性味归经】甘、苦，寒。入大肠经。

【功能主治】泻热导滞，通便利水。主治热结便秘、腹痛起卧、水肿。

【用量】马、牛 30～60 g；猪、羊 5～10 g；犬 3～5 g；兔、禽 1～2 g。

【应用】①热结便秘，腹痛起卧等，单用或与大黄、枳实、厚朴等同用。

②腹水臌胀，常与牵牛子、大腹皮等同用。

【药理】含番泻苷、芦荟大黄素双蒽酮苷、大黄酸葡萄糖苷、芦荟大黄素、大黄酸等，具有泻下和抗菌等作用。

巴豆
Fructus crotonis

为大戟科植物巴豆 *Croton tiglium* L. 的成熟种子。生用、炒焦用或制霜用。主产于四川、广东、福建、广西、云南等地。

巴豆

1.果实

2.种子

巴豆

【性味归经】辛，热。有大毒。入胃、大肠、肺经。

【功能主治】峻下积滞，逐水消肿，外用蚀疮。主治寒食积滞，粪便秘结，水肿，疮痈。

【用量】马、牛 3～9 g；猪、羊 0.5～3 g；犬 0.2～0.5 g。内服一般制霜，外用适量。

【应用】①里寒冷积所致的便秘、腹痛起卧等，常与干姜、大黄、杏仁等同用。

②水肿胀满、尿不利等，常与甘遂、杏仁同用。

③疮疡成脓而未溃破者，常与乳香、没药、木鳖子等炼成膏药，外贴患处。

【禁忌】孕畜禁用。不宜与牵牛子同用。

【药理】含巴豆油、毒性蛋白、巴豆树脂、生物碱、巴豆苷等，具有明显的增强胃肠蠕动的作用。巴豆油对皮肤黏膜有强烈的刺激作用，可使局部发泡。

2. 润下药

火麻仁
Fructus cannabis

为大麻科植物大麻 *Cannabis sativa* L. 的干燥成熟果实。去壳生用。主产于东北、华北、西南等地。

【性味归经】甘，平。入脾、胃、大肠经。

【功能主治】润肠通便，滋养益津。主治肠燥便秘，血虚便秘。

【用量】马、牛 120～180 g；猪、羊 10～30 g；犬、猫 2～6 g。

【应用】邪热伤阴，津枯肠燥而致粪便燥结，常与大黄、杏仁、白芍等同用；病后津亏及产后血虚所致的肠燥便秘，常与当归、生地等同用。

【药理】含挥发油、菜油甾醇、大麻酚、大麻酰胺等，具有泻下、抗炎和促进胆汁分泌的作用。

大麻

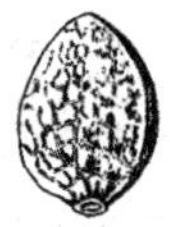

火麻仁果实

郁李仁
Semen pruni

为蔷薇科植物欧李 *Prunus humilis* Bge. 及郁李 *Prunus japonica* Thunb. 的干燥成熟种子。去皮捣碎用。主产于河北、辽宁、内蒙古等地。

郁李

欧李

郁李仁种子

【性味归经】辛、甘，平。入大肠、小肠经。

【功能主治】润肠通便，利水消肿。主治肠燥便秘，水肿。

【用量】马、牛 15～60 g，猪、羊 5～10 g；犬 3～6 g；兔、禽 1～2 g。

【应用】①老弱病畜或因久病津亏所致的肠燥便秘，常与杏仁、桃仁、柏子仁等同用。

②尿不利的水肿胀满，常与白术、茯苓、槟榔等同用。

【药理】含郁李仁苷、苦杏仁苷、脂肪油等，具有泻下、抗炎和镇痛作用。

蜂蜜
Mel

为蜜蜂科昆虫中华蜜蜂 *Apis cerana* Fabr. 和意大利蜂 *Apis mellifera* L. 所酿的蜜。各地均产。

【性味归经】甘，平。入肺、脾、大肠经。

【功能主治】补中，润燥，解毒，止痛，外用生肌敛疮。主治肠燥便秘，肺燥咳嗽，外治疮疡不敛、烫火伤。

中华蜜蜂

【用量】马、牛 120～240 g，猪、羊 30～90 g；犬 5～15 g；兔、禽 3～10 g。

【应用】①肠燥便秘等，常与食用油、姜汁、葱白等同用。

②肺燥干咳，肺虚久咳等，单用或与芝麻、香油、明矾等同用。

③缓解乌头、附子等的毒性。

【药理】含转化糖（葡萄糖和果糖的混合物），具有祛痰、缓泻和杀菌作用，对创面有收敛、营养和促进愈合的作用。

食用油
Edible oil

为植物油和动物油，如菜籽油、芝麻油、花生油、豆油及猪脂等。

【性味归经】甘，寒。入大肠经。

【功能主治】润燥滑肠。主治肠津枯燥，粪便秘结。

【用量】马、牛 250～500 mL；猪、羊 90～120 mL；犬 45～60 mL。

【应用】肠津枯燥，粪便秘结，单用或与其他泻下药同用。

【药理】含棕榈酸、油酸、亚麻酸、二十碳烯酸和芥酸等脂肪酸，菜籽油、芝麻油、大豆油均能降低大鼠血清中的总胆固醇、甘油三酯含量。

3. 峻下逐水药

牵牛子
Semen pharbitidis

为旋花科植物裂叶牵牛 *Pharbitis nil*（L.）Choisy. 或圆叶牵牛 *Pharbitis purpurea*

(L.) Voigt. 的干燥成熟种子，又称二丑或黑白丑。生用。各地均产。

牵牛

圆叶牵牛

牵牛子种子

【性味归经】苦，寒。有毒。入肺、肾、大肠经。

【功能主治】泻下攻积，逐水杀虫。主治水肿，粪便秘结，虫积腹痛。

【用量】马、牛 15～35 g；猪、羊 3～10 g；犬 2～4 g；兔、禽 0.5～1.5 g。

【应用】①大肠实热壅滞，粪便秘结，肚腹胀满等，常与大黄、厚朴、枳实、芒硝等同用。

②水肿胀满等，常与甘遂、大戟、芫花等同用。

③蛔虫、绦虫等肠道寄生虫，常与槟榔等同用。

【禁忌】孕畜禁用。不宜与巴豆同用。

【药理】含牵牛子苷、大黄素甲醚、大黄素、大黄酚等，具有刺激肠黏膜，增进肠蠕动，导致泻下的作用。

续随子
Semen euphorbiae lathyridis

为大戟科植物续随子 *Euphorbia lathyris* L. 的干燥成熟种子，又称千金子。打碎生用或制霜用。主产于浙江、河北、河南等地。

续随子

千金子种子

【性味归经】辛，温。有毒。入肝、肾经。

【功能主治】峻下逐水，破血散瘀。主治粪便秘结、水肿、血瘀证。

【用量】马、牛 15～30 g；猪、羊 3～6 g；犬 1～3 g。

【应用】①治大肠燥热便秘实证，常与木通、牵牛子、滑石等同用。

②治二便不利的水肿实证，常与大黄、大戟、牵牛子等同用。

③治血瘀证，常与桃仁、红花等同用。

【药理】含黄酮苷、大戟双香豆素、白瑞香素、脂肪油、大戟醇、大戟甲烯醇、挥发油等，具有泻下和抑制癌细胞等作用。

大戟
Radix knoxiae

为大戟科植物大戟 *Euphorbia pekinensis* Rupr. 或茜草科植物红芽大戟 *Knoxia valerianoides* Thorel. 的干燥根，前者习称京大戟，后者习称红大戟。切片生用、醋炒或与豆腐同煮后用。主产于广西、云南、广东等地。

【性味归经】苦，寒。有毒。入肺、大肠、肾经。

【功能主治】峻下逐水，消肿散结。主治宿草不转，水肿胀满，痰饮积聚，疮黄肿毒。

【用量】马、牛 10～15 g；猪、羊 2～6 g；犬 1～3 g。

【应用】①水草肚胀或宿草不转等，京大戟与甘遂、牵牛子、滑石、大黄等配合，如大戟散。

②水肿喘满、胸腹积水，红大戟与甘遂、芫花、牵牛子等同用。

③热毒壅滞所致的疮黄肿毒等，常与慈菇、雄黄等同用，内服或外敷。

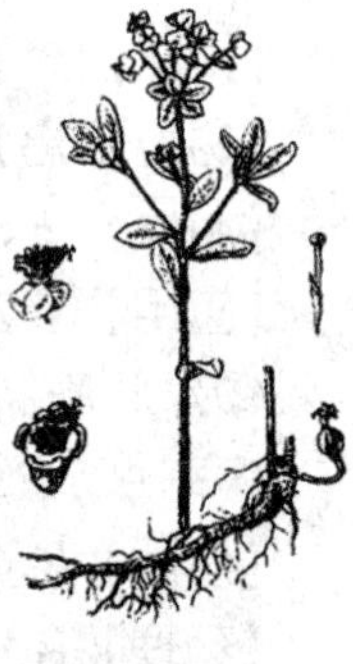
大戟

【禁忌】孕畜禁用。不宜与甘草同用。

【药理】含蒽醌类化合物、大戟素、大戟苷等，具有泻下、抗菌作用。本品毒性大，中毒后引起腹痛、腹泻，重者可因呼吸麻痹致死。

甘遂
Radix kansui

为大戟科植物甘遂 *Euphorbia kansui* T. N. Liou ex T. P. Wang 的干燥块根。切片生用、醋炒用、甘草汤炒用或煨用。主产于陕西、山西、河南等地。

甘遂

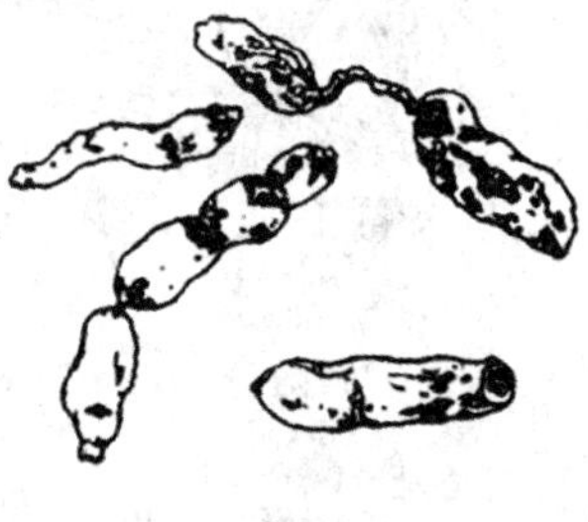
甘遂块根

【性味归经】苦，寒。有毒。入肺、肾、大肠经。

【功能主治】泻下逐饮，消肿散结。主治胸腹积水，痈肿疮毒。

【用量】马 6～15 g；牛 10～20 g；猪、羊 0.5～1.5 g；犬 0.1～0.5 g。

【应用】①水湿壅盛所致的胸腹积水、宿水停脐、二便不利等，常与大戟、芫花等同用。

②痈肿疮毒等，常单味药适量外敷。

【禁忌】孕畜禁用，不宜与甘草同用。

【药理】含甘遂萜酯 A、甘遂大戟帖酯 A 等，具有抗病毒、泻下、利尿及镇痛作用。

芫花
Flos genkwa

为瑞香科植物芫花 *Daphne genkwa* Sieb. et Zucc. 的干燥花蕾。生用或醋炒、醋煮用。主产于陕西、安徽、江苏、浙江、四川、山东等地。

【性味归经】苦，寒。有毒。入肺、大肠、肾经。

【功能主治】峻下逐水，通利二便，杀虫解毒。主治胸腹积水，水草肚胀，外用杀虫治疥癣。

【用量】马、牛 15～25 g；猪、羊 2～6 g；犬 1～3 g。

【应用】①胸腹积水、水草肚胀等，常与大戟、甘遂、大枣等同用。

②疥癣，常单味药适量外用。

【禁忌】孕畜禁用。不宜与甘草同用。

【药理】含芫花素、芫花酯、芫花烯、伞形花内酯、谷甾醇、苯甲酸等，具有利尿、兴奋肠蠕动、镇咳、祛痰和抑菌作用。

芫花

商陆
Radix phytolaccae

为商陆科植物商陆 *Phytolacca acinosa* Roxb. 或垂序商陆 *Phytolacca amerizcana* L. 的干燥根。生用或醋炒用。主产于河南、安徽、湖北等地。

商陆

垂序商陆

商陆根

【性味归经】苦，寒。入肺、大肠、肾经。

【功能主治】峻下逐水，消痈散结。主治水肿，宿水停脐，疮痈肿毒。

【用量】马、牛 15～30 g；猪、羊 2～5 g。

【应用】①水肿胀满、粪便秘结、尿不利等实证，常与甘遂、大戟等同用。

②疮痈肿毒，常以鲜商陆捣烂外敷。

【禁忌】孕畜忌用。

【药理】含商陆酸、商陆苷、商陆多糖、微量元素及氨基酸等，具有利尿和抗炎等作用。

【相关知识】

凡能攻积、逐水，引起腹泻，或润肠通便的药物（方剂），称为泻下药（方）。

泻下药用于里实证，其主要功能有以下三个方面：

①清除肠道内的宿物、燥粪以及其他有害物质。

②清热泻火，使实热壅滞通过泻下而得到缓解或消除。

③逐水退肿，使水邪从粪尿排出，以达到祛除停饮、消退水肿的目的。

根据泻下药的强度和应用范围不同，一般可分为攻下药、润下药和峻下逐水药三类。

（1）攻下药：具有较强的泻下作用，适用于宿食停积，粪便燥结所引起的里实证，尤以实热壅滞，燥粪坚积者为宜。常辅以行气药，以加强泻下的力量，并消除腹满证候。

（2）润下药：多为植物种子或果仁，富含油脂，具有润燥滑肠的作用，故能缓下通便。适用于津枯，产后血亏，病后津液未复的肠燥津枯便秘等。

（3）峻下逐水药：本类药物作用猛烈，能引起剧烈腹泻而使大量水分从粪便排出，其中有的药物还兼有利尿作用。适用于水肿、胸腔积水及痰饮积聚、喘满壅实等。

使用泻下药应注意以下几点：

①泻下药的使用，以表邪已解，里实已成为原则，如表证未解，当先解表，然后攻里，若表邪未解而里实已成，则应表里双解，以防表邪陷里。

②攻下药、逐水药攻逐力较猛，易伤正气，凡虚证及孕畜不宜使用，如必要时可适当配伍补益药，攻补兼施。此外，这类药物多具有毒性，注意剂量防止中毒。

③泻下药的作用与剂量有关，量小则力缓，量大则力峻。与配伍也有关，如大黄配厚朴、枳实则力峻；大黄配甘草则力缓。因此，应根据病情掌握用药的剂量与配伍。

【任务33】常用泻下方

大承气汤（《伤寒论》）

【组成】大黄 60～90 g（后下）　厚朴 30 g　枳实 30 g　芒硝 150～300 g（冲）

【功能】泻热攻下，消积通肠。

【主治】阳明腑实结症。证见热结胃肠，粪便秘结，腹部胀满，二便不通，口干舌燥，苔厚而干，脉沉实。

【方解】本方为攻下的基础方。由于大肠气机阻滞，则肠道胀满燥实，引起粪便燥结不通，所以采用行气破结，急下存阴之法，以驱除有形实邪。方中大黄苦寒泄热通便为主药；辅以芒硝咸寒软坚润燥，加速积滞排泄；厚朴、枳实宽中破气，消积导滞，行气散结共为佐使药。四药相合，有峻下热结之功。由于本方能峻下热结，承顺胃气下行，使塞者通，闭者畅，故名“承气”。

【用法】水煎服或为末内服。

【应用】本方应用时，可根据病情加槟榔、油类。加酒曲、麻仁、青木香、香附、木通，名酒曲承气汤（《中兽医治疗学》）。

当归苁蓉汤(《中兽医诊疗经验·第二集》)

【组成】当归 200 g　肉苁蓉 100 g　番泻叶 60 g　广木香 15 g　厚朴 30 g　炒枳壳 30 g　醋香附 30 g　瞿麦 15 g　通草 10 g　六曲 60 g

【功能】润燥滑肠,理气通便。

【主治】老弱、久病、体虚患畜之结症。

【方解】方中以当归补血润肠,肉苁蓉补肾润肠为主药;辅以番泻叶泻热通便,麻油润肠通下;木香、香附、厚朴、枳壳通行滞气,助主药理气通便,瞿麦、通草利尿以清燥粪所化之热,皆为佐药。

【用法】共为末,开水冲调,稍煎,加入麻油,同调候温灌服。或煎汤候温加麻油灌服。

【应用】用于大结肠便秘和小结肠便秘,尤其适合老弱家畜和久病、胎前产后家畜的结症。体瘦气虚者,加黄芪;孕畜,去瞿麦、通草,加白芍。

猪膏散(《元亨疗马集》)

【组成】猪脂 250 g　滑石 30 g　牵牛子 30 g　大黄 60 g　官桂 15 g　甘遂 15 g　大戟 15 g　续随子 20 g　白芷 10 g　地榆皮 12 g　甘草 25 g

【功能】润燥滑肠,消积导滞。

【主治】牛百叶干。证见身瘦毛枯,食欲反刍停止,腹缩粪紧,鼻镜无汗,口色淡红,脉象沉涩等。

【方解】本方证因饲喂粗硬干饲料过多,饮水不足,而使百叶干枯。方中猪油润肠通便为主药;大黄涤荡胃肠,大戟、甘遂、续随子、牵牛子、滑石破坚消积,通利二便,蜂蜜润燥滑肠,皆为辅药;佐以白芷、官桂理气,地榆止痛,且官桂尚能温阳补土,以防攻逐太过;甘草协调药性为使。诸药相合,共成润燥攻下之功。

【用法】共为末,开水冲调或稍煎,热调猪油 250 g、蜂蜜 100 g,一次灌服。

【应用】百叶干为本虚标实之证,本方服后能润燥攻下,积滞解除后可根据病情,再施以补法。

大戟散(《牛经大全》)

【组成】京大戟 30 g　滑石 90 g　甘遂 30 g　牵牛子 60 g　黄芪 45 g　玄明粉 200 g　大黄 60 g

【功能】峻逐通肠,逐水泻下。

【主治】牛水草肚胀,宿草不转。

【方解】方中大戟、甘遂、牵牛子峻泻逐水为主药,辅以大黄、元明粉、猪油、滑石助主药攻下逐水,佐以黄芪扶正祛邪,以防上药攻逐太过,损伤正气。诸药相合,能峻逐通肠,逐水泻下。

【用法】为末,猪脂 250 g 为引,水调灌。

【应用】用于牛过食水草肚胀，或因脾胃虚弱造成的宿草不转。脾胃虚弱之宿草不转，加党参、草果等。

项目 2.4　常用消导方药

问题一：下列药物不属于消导药的是（　　）。

A. 神曲　　B. 山楂　　C. 鸡内金
D. 苍术　　E. 麦芽

问题二：曲蘖散主要用于（　　）。

A. 料伤　　B. 结症、便秘　　C. 湿热下痢
D. 大肠湿热　　E. 湿热黄疸

问题三：（1～3 题共用下列备选答案）

A. 知母　　B. 丹皮　　C. 秦皮
D. 诃子　　E. 六曲

1. 上述药物属于白虎汤组方药物的是（　　）。
2. 上述药物属于郁金散组方药物的是（　　）。
3. 上述药物属于曲蘖散组方药物的是（　　）。

问题四：处方炒三仙、焦三仙中，"三仙"的组成是（　　）。

A. 山楂、稻芽、神曲　　B. 槟榔、麦芽、神曲　　C. 麦芽、稻芽、谷芽
D. 山楂、麦芽、神曲　　E. 仙茅、仙灵脾、仙鹤草

【任务 34】常用消导药

神曲
Mass medicata fermentata

为面粉和其他药物混合后经发酵而成的加工品。主产于福建，以大量麦粉、麸皮与杏仁泥、赤豆粉，以及鲜青蒿、鲜苍耳、鲜辣蓼自然汁，混合拌匀，使不干不湿，做成小块，放入筐内，覆以麻叶，保温发酵 1 周，长出菌丝（生黄衣）后，取出晒干即成。生用或炒至略具有焦香气味入药（名焦六曲）。

神曲

【性味归经】甘、辛，温。入脾、胃经。

【功能主治】消食化积，健脾和胃。主治草料积滞，肚腹胀满。

【用量】马、牛 20～60 g，猪、羊 10～15 g；犬 5～8 g。

【应用】草料积滞、肚腹胀满、脾虚泄泻等，常与山楂、麦芽等同用，如曲麦散。

【药理】本品为酵母制剂，含有维生素 B 复合体、酶类、麦角固醇、蛋白质、脂肪等，具有促进消化液分泌和增强食欲的作用。

山楂
Fructus crataegi

为蔷薇科植物山楂 *Crataegus pinnatifida* Bge. 或山里红 *Crataegus pinnatifida* Bge. var *major* N. E. Brown 的成熟干燥果实。生用或炒用。主产于河北、江苏、浙江、安徽、湖北、贵州、广东等地。

山楂

山里红

【性味归经】酸、甘，微温。入脾、胃、肝经。

【功能主治】消食化积，行气散瘀。主治食积腹胀，伤食泄泻，产后恶露不尽。

【用量】马、牛 20～60 g；猪、羊 10～15 g；犬、猫 3～6 g；兔、禽 1～2 g。

【应用】①食积腹胀，常与麦芽、神曲、莱菔子、木香、青皮、枳实等同用。

②伤食泄泻等，单用或与神曲、莱菔子、茯苓、半夏、陈皮、连翘等同用，如保和丸。

③产后瘀阻腹痛、恶露不尽等，常与当归、川芎、益母草等同用。

【药理】含牡荆素、山柰酚、槲皮素、花青素、熊果酸、山楂酸等，具有增进食欲、促进消化、降压、强心和抗菌等作用。

麦芽
Fructus hordei germinatus

为禾本科植物大麦 *Hordeum vulgare* L. 的成熟果实经发芽干燥而成。生用或炒用。各地均产。

大麦

【性味归经】甘，平。入脾、胃经。

【功能主治】行气消食，健脾开胃，回乳。主治草料停滞，脾胃虚弱，乳房胀痛。

【用量】马、牛 20～60 g；猪、羊 10～15 g；犬 5～8 g；兔、禽 1.5～5 g。

【应用】①草料停滞，肚腹胀满等，常与炒山楂、神曲、莱菔子、大黄、芒硝等同用，如消滞汤。

②脾胃虚弱，食欲不振等，常与白术、党参、砂仁、甘草等同用。

③乳房肿胀，单用或与其他消胀止痛药同用。

【禁忌】哺乳期母畜禁用。

【药理】含麦芽糖、异聚麦芽糖、麦黄酮、谷甾醇、淀粉酶等，具有维持肠道正常菌群平衡、增强免疫功能、提高抗病能力的作用。

鸡内金
Endothelium corneum gigeriae galli

为雉科动物鸡 *Gallus gallus domesticus* Brisson. 的砂囊角质内壁。剥离后，洗净晒干。研末生用或炒用。

【性味归经】甘，平。入脾、胃、小肠、膀胱经。

鸡内金

【功能主治】消食健脾，化石通淋。主治草料停滞，脾虚泄泻，砂石淋。

【用量】马、牛 15～30 g；猪、羊 3～9 g；兔、禽 1～2 g。

【应用】①草料停滞，肚腹胀满等，常与山楂、麦芽等同用。

②脾虚腹泻，食欲不振等，常与白术、干姜、茯苓等同用。

③砂石淋，常与金钱草、海金沙、牛膝等同用。

【药理】含胃激素、胆汁三烯、胆绿素、蛋白质及多种氨基酸等，具有促进胃肠蠕动和降糖、降脂等作用。

莱菔子
Semen raphani

为十字花科植物萝卜 *Raphanus sativus* L. 的干燥成熟种子。生用或炒用。各地均产。

萝卜

莱菔子种子

【性味归经】辛、甘，平。入肺、脾经。

【功能主治】消食导滞，降气化痰。主治食积气滞，痰饮咳喘。

【用量】马、牛 20～60 g；猪、羊 5～15 g；犬 3～6 g；兔、禽 1.5～2 g。

【应用】①食积气滞所致的肚腹胀满、嗳气酸臭、腹痛泄泻等，生莱菔子与神曲、山楂、厚朴等同用。

②痰涎壅盛，气喘咳嗽等，炒莱菔子与苏子、白芥子等同用。

【药理】含脂肪油（芥酸、亚麻酸、芥子甘油酯）、挥发油（甲硫醇、乙烯醛、乙烯醇）及莱菔子素、谷甾醇和氨基酸等，具有促进血浆胃动素的分泌、抗菌、平喘、镇咳和祛痰等作用。

【相关知识】

凡能健运脾胃，促进消化，具有消积导滞作用的药物（方剂），称为消导药（方）。

消导药适用于消化不良、草料停滞、肚腹胀满、肚痛腹泻等。在临床应用时，常根据不同病情而配伍其他药物。因食滞多与气滞有关，故常与理气药同用；便秘，则常与泻下药同用；脾胃虚弱，可配健胃补脾药；脾胃有寒，可配温中散寒药；湿浊内阻，可配芳香化湿药；食积化热，可配合苦寒清热药。

【任务 35】常用消导方

曲麦散（《元亨疗马集》）

【组成】六曲 60 g　麦芽 45 g　山楂 45 g　厚朴 30 g　枳壳 30 g　陈皮 30 g　青皮 30 g　苍术 30 g　甘草 15 g

【功能】消积化谷，宽肠理气。

【主治】马牛料伤。证见精神倦怠，眼闭头低，拘行束步，四足如攒，口色鲜红，脉洪大。

【方解】方中六曲健脾消食，山楂化积散瘀，麦芽化谷宽肠，三药合用，消积导滞，共为主药；辅以青皮、厚朴、枳壳疏理气机，行气宽肠，除满化气，助主药消胀；陈皮、苍术理气健脾，助运化，使脾气能升，胃气得降，运化复常，皆为佐药；甘草和中协调诸药，为使药。

【用法】共为末，开水冲，候温加生油（麻油）60 g，白萝卜一个，捣烂，开水同调灌服。

【应用】用于马、牛料伤，常加槟榔、牵牛子、大黄、芒硝等攻下药，以增强消导之功；脾胃虚弱之草谷不消，去青皮、生油、苍术，加白术、茯苓、木香、党参、山药、砂仁等；用于料伤五攒痛时，加当归、红花、没药、大黄、黄药子、白药子等增强活血清热之功。

保和丸（《丹溪心法》）

【组成】山楂 60 g　神曲 60 g　半夏 30 g　茯苓 30 g　陈皮 30 g　连翘 30 g　莱菔子 30 g

【功能】和胃消食，清热利湿。

【主治】食积停滞。证见肚腹胀满，食欲不振，嗳气酸臭，或大便失常，舌苔厚腻，脉滑等。

【方解】本方为消食和胃之剂。由于饲养管理不当，影响肠胃的转化功能，水谷停积于胃肠。宜用平和之品，消而化之。方中山楂、神曲消食导滞为主药；辅以莱菔子消食下气，宽胸利隔，以增强主药消导作用；积滞往往化热生湿，用陈皮、半夏、茯苓化湿和胃，连翘清热散结，共为佐使药。诸药相合，而成为和胃消食之剂。

【用法】共为末，开水冲调，候温灌服。

【应用】用于食积停滞。食积甚者，加麦芽、枳实、槟榔等。本方加白术，名大安丸，功能消食补脾，主治脾虚食滞不化，粪便清薄等症，是消中兼补之剂。

木香导滞丸(《松崖医经》)

【组成】木香 20 g　槟榔 20 g　枳实 45 g　大黄 60 g　神曲 45 g　茯苓 30 g　黄芩 20 g　黄连 15 g　白术 20 g　泽泻 15 g

【功能】行气导滞,清热利湿。

【主治】湿热、食积所致的下痢后重。

【方解】本方证因食积阻于中焦、日久化生湿热、气机受阻酿成的湿热积滞。故以枳实破气消积导滞,大黄荡涤实积为主药;辅以木香、槟榔下气导滞,黄芩、黄连清热燥湿;茯苓、白术、泽泻、神曲渗湿和中为佐使药。各药配合,积滞可去,湿热能清。

【用法】共为末,开水冲调,候温灌服。

【应用】用于湿热积滞所致的下痢后重、腹胀、泄泻等证。

项目 2.5　常用止咳化痰平喘方药

问题一:下列药物属于温化寒痰药的是(　　)。

A. 贝母　B. 桔梗　C. 瓜蒌　D. 半夏　E. 百部

问题二:下列药物不属于止咳平喘药的是(　　)。

A. 杏仁　B. 百部　C. 款冬花　D. 枇杷叶　E. 旋覆花

问题三:功效燥湿化痰、祛风解痉、消肿散结的药物是(　　)。

A. 贝母　B. 白前　C. 天南星　D. 制半夏　E. 冬花

问题四:半夏的功效是(　　)。

A. 燥湿化痰,降逆止呕,消痞散结,消肿止痛　B. 清热化痰,软坚散结　C. 宣肺化痰,清热散结　D. 燥湿化痰,解毒散结　E. 燥湿化痰,消肿散结

问题五:麻杏石甘汤主要用于(　　)。

A. 外感咳嗽　B. 湿痰咳嗽　C. 肺寒吐沫　D. 肺热气喘　E. 上实下虚喘证

问题六:款冬花散主要用于(　　)。

A. 外感咳嗽　B. 湿痰咳嗽　C. 肺寒吐沫　D. 肺热气喘　E. 肺阴虚咳嗽

问题七:二陈汤主要用于(　　)。

A. 外感咳嗽　B. 湿痰咳嗽　C. 肺寒吐沫　D. 肺热气喘　E. 上实下虚喘证

问题八:百合固金汤功效为(　　)。

A. 养阴清热、润肺化燥　B. 补血滋阴　C. 止咳定喘　D. 健脾养血　E. 补气托毒

【任务 36】常用止咳化痰平喘药

1. 温化寒痰药

半夏
Rhizoma pinelliae

为天南星科植物半夏 *Pinellia ternata*（Thunb.）Breit. 的干燥块茎。原药为生半夏，如用凉水浸泡至口尝无麻辣感，晒干加白矾共煮透，取出切片晾干者为清半夏；如与姜、矾共煮透，晾干切片入药者为姜半夏；以浸泡至口尝无麻辣感的半夏，与甘草煎汤泡石灰块的水混合液同浸泡至内无白心者称法半夏。主产于四川、湖北、安徽、江苏、山东、福建等地。

半夏

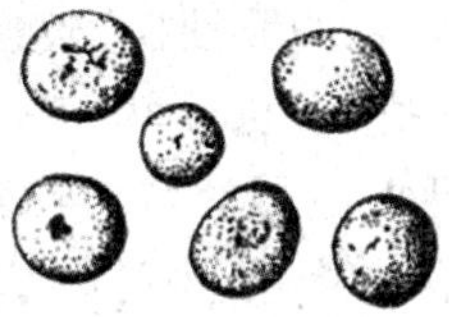

半夏块茎

【性味归经】辛，温。有毒。入脾、胃、肺经。

【功能主治】燥湿化痰，降逆止呕，消食散结。主治湿痰咳喘，反胃呕吐，肚腹胀满。外用治痈肿。

【用量】马、牛 15～45 g；猪、羊 3～10 g；犬、猫 1～5 g。

【应用】①湿邪阻滞所致的呕吐，常与生姜同用；胃热呕吐，常与黄连、竹茹等同用。

②脾不化湿的湿痰咳喘，常与陈皮、茯苓等同用，如二陈汤。

③肚腹胀满，常与黄芩、黄连、干姜等同用。

④疮黄肿毒，鲜半夏适量和生姜等少许捣烂，米醋调敷。

【禁忌】孕畜禁用。不宜与乌头同用。

【药理】含半夏淀粉、生物碱、β-谷甾醇、葡萄糖苷、胡萝卜苷等，具有镇咳、镇吐、祛痰、解除支气管平滑肌痉挛等作用。

天南星
Rhizoma arisaematis

为天南星科植物天南星 *Artsaema erubescens*（Wall.）Schott.、异叶天南星 *Artsaema heterophyllum* Bl. 和东北天南星 *Artsaema amarense* Maxim. 的干燥块茎。生用或炙用。主产于四川、河南、河北、云南、辽宁、江西、浙江、江苏、山东等地。

天南星

异叶天南星

东北天南星

【性味归经】苦、辛，温。有毒。入肺、肝、脾经。

【功能主治】燥湿祛痰，祛风解痉，消肿散结。主治湿痰咳嗽，口眼歪斜，四肢抽搐，破伤风。生用外治痈肿。

【用量】马、牛 15～30 g；猪、羊 3～10 g；犬、猫 1～2 g。

【应用】①痰湿壅滞所致的咳嗽，常与陈皮、半夏、茯苓、白术等同用。

②口眼歪斜、四肢抽搐、破伤风等，常与防风、白芷、蝉蜕、僵蚕等同用。

③痈肿疔疽，常与大黄、黄柏、姜黄、陈皮、苍术等同用。

【禁忌】生品内服宜慎，孕畜禁用。

【药理】含生物碱、甾醇、氨基酸及苷类等，有祛痰、抗惊厥和抗菌等作用。

旋覆花
Flos inulae

为菊科植物旋覆花 *Inula japonica* Thunb. 或欧亚旋覆花 *Inula britannica* L. 的干燥头状花序。原药生用。主产于广西、广东、江苏、浙江等地。

旋覆花

欧亚旋覆花

【性味归经】苦、辛、咸，微温。入肺、大肠经。

【功能主治】降气止呕，消痰行水。主治风寒咳嗽，痰饮蓄积，呕吐。

【用量】马、牛 15～45 g；猪、羊 5～10 g；犬 3～6 g。

【应用】①寒痰嗽喘兼有表证者，常与前胡、荆芥、生姜、半夏、细辛等同用，如金沸草散；热痰咳喘的实热证，常与桔梗、桑白皮、大黄、槟榔等同用，如旋覆花汤。

②脾胃虚寒、痰湿内阻所致的呕吐，常与代赭石、半夏、生姜、党参等同用，如旋覆代

赭汤。

【药理】含旋覆花次内酯、天人菊内酯、槲皮素、槲皮黄苷、异槲皮苷和槲皮万寿菊苷，具有缓解支气管痉挛、止咳、抑菌、抗炎等作用。

白前
Rhizoma cynanchi stauntonii et radix

为萝藦科植物柳叶白前 *Cynanchum stauntoni*（Decne.）Schltr. ex Lévl. 或芫花叶白前 *Cynanchum glaucescens*（Decne.）Hand-Mazz. 的干燥根茎及须根。切段生用。主产于浙江、山东、安徽、河南、广东、江苏等地。

柳叶白前

芫花叶白前

【性味归经】辛、甘，微温。入肺经。

【功能主治】祛痰止咳，降气平喘。主治肺气壅滞、痰多咳喘。

【用量】马、牛 15～45 g，猪、羊 5～15 g；兔、禽 1～2 g。

【应用】肺气壅滞或痰多咳喘均可用。偏寒者，常与紫菀、半夏等同用；偏热者，常与桑白皮、地骨皮等同用；外感风寒咳嗽，常与荆芥、桔梗、陈皮等同用；风热咳嗽，常与牛蒡子、桑叶等同用。

【药理】柳叶白前含 β-谷甾醇、脂肪酸和华北白前醇等，具有镇咳、祛痰、抗炎等作用。

2. 清化热痰药

贝母
Bulbus fritillariae cirrhosae; Bulbus fritillariae thunbergii

为百合科植物川贝母 *Fritillaria cirrhosa* D. Don.、浙贝母 *Fritillaria thunbergii* Miq. 的干燥鳞茎。生用。主产于四川、浙江、青海、甘肃、云南、江苏、河北等地。

【性味归经】川贝：苦、甘，微寒；浙贝：苦，寒。均入心、肺经。

【功能主治】止咳化痰，清热散结。主治肺热咳喘，疮痈肿毒。

【用量】马、牛 15～30 g；猪、羊 3～10 g；犬、猫 1～2 g；兔、禽 0.5～1 g。

【应用】①痰热咳嗽，常用浙贝，可与栀子、桔梗、杏仁、紫菀、牛蒡子、百部等同用；肺虚久咳，常用川贝，可与沙参、麦冬、天冬等同用；肺痈鼻脓，常用浙贝，可与百合、大黄、天花粉等同用，如百合散。

②疮痈肿毒未溃者，常用浙贝与连翘、蒲公英等同用。

川贝母

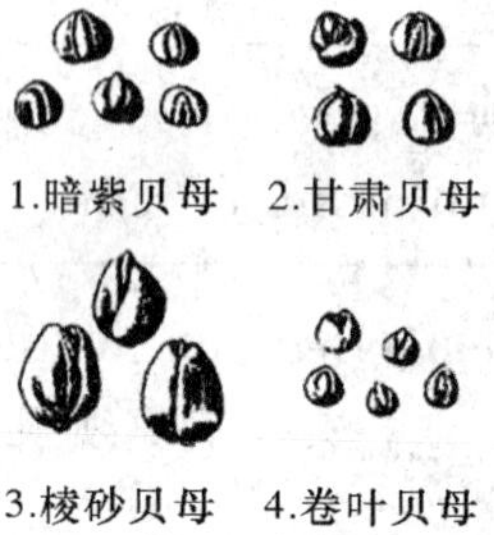

川贝母鳞茎

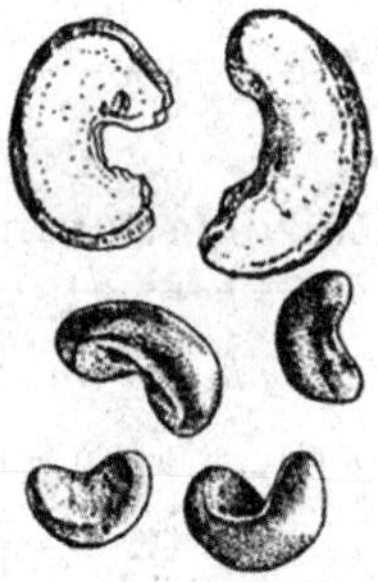

浙贝母鳞茎及饮片

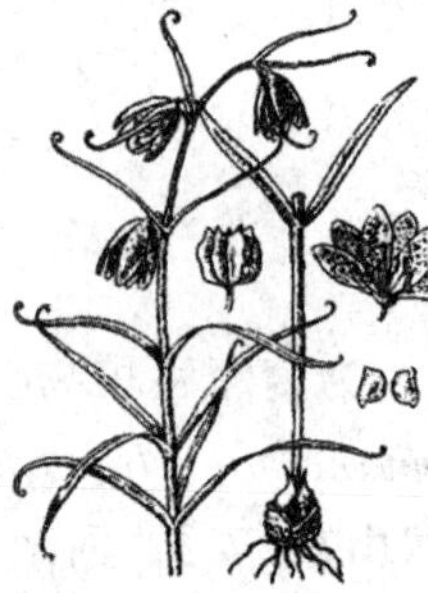

浙贝母

【禁忌】不宜与乌头同用。

【药理】川贝含川贝碱、炉贝碱、青贝碱等；浙贝含浙贝甲素、浙贝乙素、贝母辛、贝母芬等，具有镇咳和祛痰作用。

瓜蒌

Fructus trichosanthis

为葫芦科植物栝楼 *Trichosanthes kirilowii* Mexim. 或双边栝楼 *Trichosanthes rosthornii* Harms. 的干燥成熟果实。主产于山东、安徽、河南、四川、浙江、江西等地。

栝楼

双边栝楼

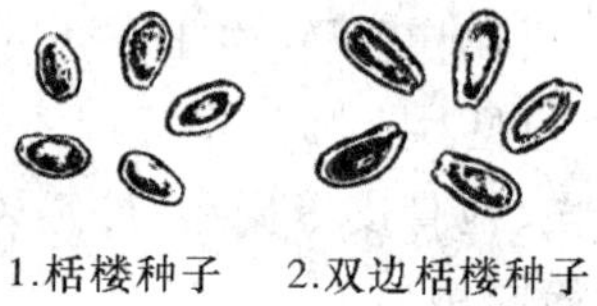

栝楼种子

【性味归经】甘，寒。入肺、胃、大肠经。

【功能主治】清热化痰，利气散结，润肠通便。主治痰热咳嗽，胸膈疼痛，粪便干燥，乳痈。

【用量】马、牛 30～60 g；猪、羊 10～20 g；犬 6～8 g；兔、禽 0.5～1.5 g。

【应用】①肺热痰壅咳嗽等，常与知母、浙贝、栀子等同用。痰热互结的胸膈疼痛，常与半夏、黄连等同用。粪便干燥，常与火麻仁、郁李仁、枳壳等同用。

②乳痈初起，肿痛未成脓者，常与乳香、没药、当归、川芎、连翘等同用。

【禁忌】不宜与乌头同用。

【药理】含三萜皂苷、有机酸、树脂、糖类和色素等，具有抗菌、抗炎、泻下、祛痰等作用。

天花粉

Radix trichosantihis

为葫芦科植物栝楼 *Trichosanthes kirilowii* Mexim. 或双边栝楼 *Trichosanthes rosthornii* Harms. 的干燥根。切片生用。主产于山东、安徽、河南、四川、浙江、江西等地。

【性味归经】苦、酸，寒。入肺、胃经。

【功能主治】清热生津，排脓消肿。主治肺热燥咳，热毒痈肿。

【用量】马、牛 15～45 g；猪、羊 5～15 g；犬、猫 3～5 g；兔、禽 1～2 g。

天花粉

【应用】①肺热燥咳，常与山豆根、知母、贝母、桔梗、紫菀、玄参等同用。

②热毒痈肿，常与金银花、赤芍、连翘、黄芩、紫花地丁等同用。

【禁忌】孕畜慎用。

【药理】含天花粉蛋白质和天花粉凝集素等，具有抗肿瘤、引产等作用。

桔梗

Radix platycodonis

为桔梗科植物桔梗 *Platycodon grandiflorum* (Jacq.) A. DC. 的干燥根。切片生用。主产于安徽、江苏、浙江、湖北、河南等地。

【性味归经】苦、辛，平。入肺经。

【功能主治】宣肺祛痰，利咽排脓。主治咳嗽痰多，咽喉肿痛，肺痈。

【用量】马、牛 15～45 g；猪、羊 3～10 g；犬 2～5 g；兔、禽 1～1.5 g。

桔梗

【应用】①外感风寒或风热所致的咳嗽，常与杏仁、苏叶、陈皮等同用。

②肺痈咳嗽喘急，鼻脓腥臭，常与鱼腥草、冬瓜子等同用。

【药理】含桔梗皂苷、菊糖、甾醇、脂肪油、脂肪酸、维生素和氨基酸等，具有消炎、抗菌、止咳、祛痰等作用。

前胡

Radix peucedani

为伞形科植物白花前胡 *Peucedanum praeruptorum* Dunn. 和紫花前胡 *Peucedanum decursivum* (Miq.) Maxim. 的干燥根。切片生用。主产于江苏、浙江、江西、广西、安徽等地。

【性味归经】苦、辛，微寒。入肺经。

【功能主治】降气祛痰，宣散风热。主治气喘痰多，风热咳嗽。

【用量】马、牛 15～45 g；猪、羊 5～10 g；兔、禽 1～3 g。

白花前胡

紫花前胡

【应用】①肺热壅盛所致的气喘痰多，常与知母、贝母、桑白皮、杏仁等同用。

②外感风热所致的咳嗽气急、咽喉肿痛或肺热咳嗽，常与薄荷、牛蒡子、桔梗等同用。

【药理】白花前胡含多种香豆精类；紫花前胡含佛手柑内酯、丁二酸、甘露醇、二十五烷酸、β-谷甾醇和β-胡萝卜苷等，具有增加呼吸道分泌、祛痰、解热、镇痛、抗炎和抗菌等作用。

筋骨草
Herba Ajugae

为唇形科植物金疮小草 *Ajuga decumbens* Thunb. 的干燥全草。切段生用。主产于江苏、安徽、浙江、上海、四川、福建等地。

【性味归经】苦，寒。入肺经。

【功能主治】祛痰止咳，平喘，清热解毒，散瘀消肿。主治肺热咳喘，目赤肿痛。

筋骨草

【用量】马、牛 30～90 g；猪、羊 10～20 g。外用适量。

【应用】①肺热咳喘，常与金银花、大青叶等同用。

②目赤肿痛，常与鱼腥草、蒲公英、桔梗等同用。

【药理】含杯苋甾酮、筋骨草甾酮、筋骨草内酯、筋骨草糖、羟基促脱皮甾酮等，具有止咳、祛痰、平喘和抑菌等作用。

3. 止咳平喘药

杏仁
Semen armeniacae amarum

为蔷薇科植物杏 *Prunus armeniaca* L.、山杏 *Prunus armeniaca* L. var *ansu* Maxim. 及西伯利亚杏 *Prunus sibirica* L. 的干燥成熟种子。生用或炒用。主产于我国北方各地。

【性味归经】苦，温。有小毒。入肺、大肠经。

【功能主治】止咳平喘，润肠通便。主治咳嗽气喘，肠燥便秘。

【用量】马、牛 15～30 g；猪、羊 3～10 g。

【应用】①风寒咳嗽，常与麻黄、甘草等同用；燥热咳嗽，常与桑叶、贝母、沙参等同用；肺热气喘，常与麻黄、石膏、甘草等同用。

杏

山杏

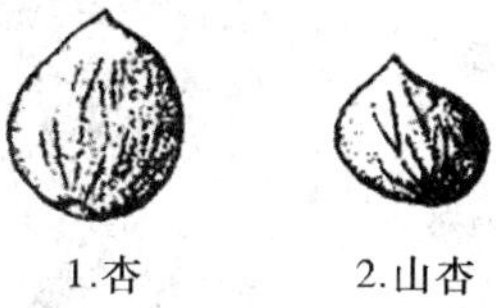

杏仁

②老弱肠燥便秘和产后便秘，常与火麻仁、当归、生地、枳壳等同用。

【药理】含苦杏仁苷、蛋白质、氨基酸、微量元素等，具有镇咳、平喘作用。大量服用后会严重中毒，甚至导致死亡。

紫菀
Radix asteris

为菊科植物紫菀 *Aster tataricus* L. f. 的干燥根及根茎。生用或蜜炙用。主产于河北、安徽、河南、东北等地。

紫菀

紫菀根及根茎

【性味归经】辛、苦，温。入肺经。

【功能主治】化痰止咳，润肺下气。主治咳嗽，喘急，痰多。

【用量】马、牛 15～45 g；猪、羊 3～6 g；犬 2～5 g。

【应用】风寒咳嗽，常与款冬花、苏子、麻黄、半夏、杏仁等同用；肺热咳喘，常与栀子、黄芩、葶苈子、天花粉等同用；阴虚咳嗽，常与知母、贝母、桔梗、阿胶、党参、茯苓、甘草等同用。

【药理】含紫菀酮、木栓酮、豆甾醇、槲皮素、大黄素等，具有祛痰、止咳、利尿及抑菌等作用。

款冬花
Flos farfarae

为菊科植物款冬花 *Tussilago farfara* L. 的干燥花蕾。生用或蜜炙用。主产于河南、陕西、甘肃、浙江等地。

款冬

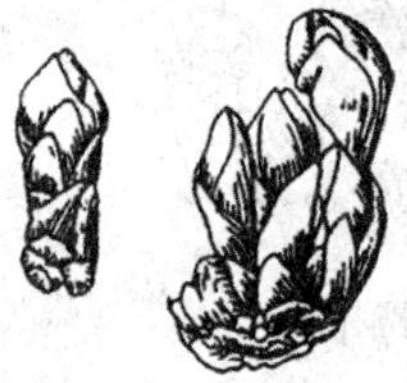

款冬花未开放的头状花序

【性味归经】辛，温。入肺经。

【功能主治】润肺下气、止咳化痰。主治咳嗽气喘。

【用量】马、牛 15～45 g；猪、羊 3～10 g；犬 2～5 g；兔、禽 0.5～1.5 g。

【应用】肺热咳嗽，常与贝母、马兜铃、半夏、陈皮、杏仁等同用；风寒咳嗽，常与麻黄、桂枝、桑白皮、苏子等同用；肺燥咳嗽，常与黄药子、僵蚕、郁金、白芍、玄参同用。

【药理】含款冬花酮、新款冬花内酯、金丝桃苷等，具有止咳、抗炎、止泻等作用。

百部
Radix stemonae

为百部科植物蔓生百部 *Stemona japonica*（Blume.）Miq.、直立百部 *Stemona sessilifolia*（Miq.）Franch. et Sav. 或对叶百部 *Stemona tuberosa* Lour. 等的干燥块根。生用或蜜炙用。主产于江苏、安徽、山东、河南、浙江、福建、湖北、江西等地。

蔓生百部

直立百部

对叶百部

百部根

【性味归经】甘、苦，微温。有小毒。入肺经。

【功能主治】润肺止咳，杀虫。主治咳嗽，体虱，蛲虫病。

【用量】马、牛 15～30 g；猪、羊 6～12 g；犬、猫 3～5 g。外用适量。

【应用】①风寒咳喘，常与麻黄、杏仁等同用；阴虚久咳，常与百合、麦冬、桑白皮、茯苓、沙参、地骨皮等同用；肺热咳嗽，常与知母、贝母、黄芩、栀子等同用；劳伤咳嗽，常与百合、补骨脂、紫菀、枸杞子等同用。

②畜禽体虱，百部适量白酒浸泡，涂擦患部；蛲虫病，单味外用内服均有效。

【药理】含百部碱、脱氢百部碱、原百部碱等，具有镇咳、抗菌、杀虫等作用。本品过量可引起中毒，重者导致呼吸中枢麻痹。

葶苈子
Semen lepidii; Semen descurainiae

为十字花科植物独行菜 *Lepidium apetalum* Willd. 或播娘蒿 *Descurainia sophia*（L.）Webb. 的干燥成熟种子。前者习称北葶苈子，后者习称南葶苈子。微炒，蜜炙或隔纸焙用。主产于陕西、河北、河南、山东、安徽、江苏等地。

独行菜

播娘蒿

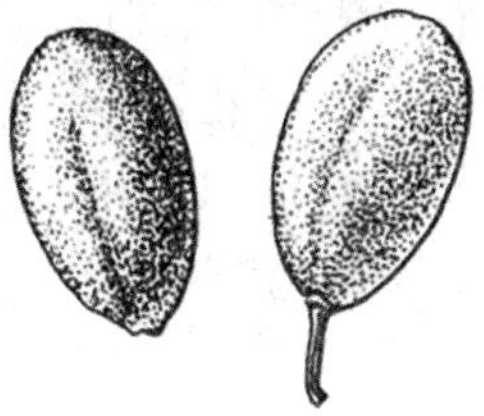
独行菜种子

【性味归经】辛、苦，大寒。入肺、膀胱、大肠经。

【功能主治】泻肺平喘，利水消肿。主治痰涎壅肺，喘咳痰多，胸腹积水，尿不利。

【用量】马、牛 15～30 g；猪、羊 6～12 g；犬 3～5 g；兔、禽 1～2 g。

【应用】①痰涎壅肺所致的咳嗽喘急，常与玄参、牛蒡子、马兜铃、知母、贝母等同用。

②胸腹积水、尿不利等，常与苏子、车前子、防己等同用。

【药理】含芥子苷、芥子酸、异硫氰酸苄酯、异硫氰酸丙酯等，具有止咳、强心、利尿等作用。

枇杷叶
Folium eriobotryae

为蔷薇科植物枇杷 *Eriobotrya japonica*（Thunb.）Lindl. 的干燥叶。刷去绒毛，生用或蜜炙用。南方各地均产。

【性味归经】苦，平。入肺、胃经。

【功能主治】清肺化痰，和胃降逆。主治肺热咳喘，胃热呕吐。

【用量】马、牛 30～60 g；猪、羊 10～20 g；兔、禽 1～2 g。

【应用】①风热咳嗽，常与前胡、桑叶等同用；燥热咳喘，常与桑白皮、沙参等同用。

②胃热呕吐等，常与沙参、石斛、玉竹、竹茹等同用。

【药理】含乌索酸、齐墩果酸、熊果酸等，具有抗炎、止咳、抑菌等作用。

枇杷

白果

Semen ginkgo

为银杏科植物银杏树 *Ginkgo biloba* L. 的成熟种子。去壳，剥去黄色假种皮，捶碎使用。全国各地均产。

【性味归经】甘、苦、涩，平。有小毒。入肺经。

【功能主治】敛肺定喘，收涩除湿。主治劳伤肺虚，喘咳痰多，尿浊。

【用量】马、牛 15～45 g；猪、羊 5～10 g；犬、猫 1～5 g。

【应用】①久病或肺虚引起的咳喘，常与麻黄、杏仁、黄芩、桑白皮、苏子、冬花、半夏、甘草等同用，如白果定喘汤。

②湿热尿浊等，常与芡实、黄柏等同用。

【药理】含白果酸、白果醇、氢氰酸等，具有平喘、降压、抑菌等作用。

银杏

马兜铃

Fructus aristolochiae

为马兜铃科植物北马兜铃 *Aristolochla contorta* Bge. 或马兜铃 *Aristolochla debilis* Sieb. et Zucc. 的干燥成熟果实。生用或蜜炙用。主产于河北、山东、陕西、辽宁、江西、湖南、湖北等地。

北马兜铃

马兜铃

【性味归经】苦、微辛，寒。入肺、大肠经。

【功能主治】清肺降气，止咳平喘。主治肺热咳喘，阴虚久咳。

【用量】马、牛 15～30 g；猪、羊 3～10 g；犬 2～5 g。

【应用】①肺热咳嗽、痰多喘促等，单用有效，也可与桑白皮、黄芩、知母、贝母、杏仁等同用。

②阴虚久咳、干咳无力等，常与阿胶、牛蒡子、杏仁、炙甘草等同用。

【药理】北马兜铃含马兜铃酸、7-甲氧基马兜铃酸、马兜铃内酚胺、马兜铃酮、马兜铃内酰胺-N-六碳糖苷、松醇和胡萝卜苷等，具有祛痰、抑菌、镇痛、抗炎等作用。

紫苏子
Fructus perillae

为唇形科植物紫苏 *Perilla frutescens* (L.) Britt. 的干燥成熟果实。生用或炒用。主产于湖北、江苏、河南等地。

【性味归经】辛，温。入肺经。

【功能主治】降气祛痰，止咳平喘，润肠通便。主治痰壅咳喘，肠燥便秘。

【用量】马、牛 15～60 g；猪、羊 5～10 g；犬 3～8 g；兔、禽 0.5～1.5 g。

【应用】①痰壅气滞所致的鼻脓白滑、喘咳气急等，常与莱菔子、白芥子等同用。

②肠燥便秘，常与火麻仁、瓜蒌仁、杏仁等同用。

【药理】含大量脂肪油，具有镇咳、祛痰、平喘和抗氧化等作用，炒紫苏子醇提取物能显著提高小鼠抗不良应激的能力。

洋金花
Flos daturae

为茄科植物白曼陀罗 *Datura metel* L. 的干燥花。切成丝或研末生用。主产于华北、华南各地。

白曼陀罗

洋金花

【性味归经】辛，温。有毒。入肺经。

【功能主治】止咳平喘，止痛解痉。主治咳嗽喘急，寒湿痹痛。

【用量】马、牛 15～30 g；猪、羊 1.5～3 g。

【应用】①老弱久病所致的肺虚久咳，常与桑白皮、桔梗等同用。

②风湿痹痛、跌打损伤等，可与其他祛风湿药或活血化瘀药同用。

【药理】含东莨菪碱及阿托品等多种生物碱，具有抗惊厥、抗氧化等作用。

【相关知识】

凡能消除痰涎，制止或减轻咳嗽和气喘的药物（方剂），称为止咳化痰平喘药（方）。

此类药物味多辛、苦，入肺经。辛能散能通，故具有宣通肺气之功，肺气宣通，则咳止而痰化。苦能泄能降，故具有降泄肺气之效，肺气肃降，则喘息自平。

临床上，咳嗽每多挟痰，而痰多亦可导致咳嗽。因此，在治疗上往往配合应用。如应用化痰药时常与止咳药同用，止咳药也常与化痰药同用。

引起咳嗽的原因很多，临证时，必须辨明引起发病的原因，根据不同的病情，适当地配合其他药物。如外感风寒引起的咳嗽，应配合辛温解表药；如外感风热引起的咳嗽，应配合辛凉解表药，如因虚劳引起的咳嗽，应配合补养药，才可收到较好的效果。

由于咳、喘症状不同，治疗原则也不同，如喘急宜平，气逆咳宜降，燥咳宜润，热咳宜清。因此，根据化痰止咳平喘药的不同性味和功能，将其分为温化寒痰药、清化热痰药和止咳平喘药三类。

(1)温化寒痰药：凡药性温燥，具有温肺祛寒、燥湿化痰作用的药物，称为温化寒痰药。适用于寒痰、湿痰所致的呛咳气喘、鼻液稀薄等，应用时常与燥湿健脾药物配伍。因其性躁烈，阴虚燥咳、热痰壅肺等慎用。

(2)清化热痰药：凡药性偏于寒凉，以清化热痰为主要作用的药物，称为清化热痰药。适用于热痰郁肺所引起的呛咳气喘，鼻液黏稠等。

(3)止咳平喘药：凡以止咳、平喘为主要作用的药物，称为止咳平喘药。由于咳喘有寒热虚实等的不同，应用时须选用适宜配伍药物。

【任务 37】常用止咳化痰平喘方

止嗽散(《医学心悟》)

【组成】荆芥 30 g　桔梗 30 g　紫菀 30 g　百部 30 g　白前 30 g　陈皮 25 g　甘草 15 g

【功能】止咳化痰，疏风解表。

【主治】外感咳嗽。证见咳嗽痰多，日久不愈，舌苔白，脉浮缓。

【方解】本方为治风邪犯肺、外感咳嗽的常用方。全方以止咳为主，化痰、解表为辅，故名止嗽散。方中百部、紫菀润肺止咳，桔梗、陈皮宣肺祛痰；白前降气祛痰止咳，为主药；荆芥疏风解表，清表证余邪，为辅药；甘草和中化痰，协调诸药；各药相合，宣肺止咳。

【用法】共为末，开水冲，候温灌服。

【应用】用于外感风寒咳嗽，以咳嗽不畅痰多为主证。恶寒发热、偏重表证者，加防风、苏叶、生姜等以发散风寒；外邪已去、见有热候者，去荆芥，加黄芩、栀子、连翘等以清热。

二陈汤(《和剂局方》)

【组成】制半夏 45 g　陈皮 45 g　茯苓 60 g　炙甘草 25 g

【功能】燥湿化痰，理气和中。

【主治】湿痰咳嗽。证见咳嗽痰多、色白，舌苔白润。

【方解】本方是治疗湿痰的基础方。湿痰的形成多因脾胃不和，脾失健运，湿聚而成；痰饮犯肺，则咳嗽痰多；胃失和降，胃气上逆，则呕吐。方中半夏燥湿化痰、降逆止呕为主药；陈皮理气化痰为辅药；痰由湿生，脾复健运则湿可化，故加茯苓健脾利湿，使湿邪由尿而出，为佐药；使以甘草和中健脾，协调诸药。四药合用，具有燥湿化痰，理气和中的功效。

【用法】共为末，开水冲服。

【应用】用于各种家畜急性和慢性气管炎及支气管炎所引起的咳嗽、痰证，还可用于脾胃失和、湿浊内停所致的消化不良。有热象者，加马兜铃、黄芩；阴虚咳嗽，加沙参、麦冬；风寒咳嗽，加紫苏、杏仁、前胡、桔梗、枳壳；脾胃虚弱、食少便溏、湿咳，加党参、白芍。

半夏散(《元亨疗马集》)

【组成】半夏 30 g　升麻 45 g　防风 25 g　枯矾 45 g　生姜 30 g

【功能】燥湿化痰，平胃止呕。

【主治】马肺寒吐沫。证见频频锉齿，吐沫垂涎，口鼻俱凉，精神倦怠，口色淡白，脉象沉迟。

【方解】肺寒吐沫，虽名肺寒，实属脾胃升降失常所致。方中半夏温化寒痰，枯矾燥湿利痰，二药相配，和胃降逆，治寒湿痰饮，为主药；防风、升麻理脾助阳，能增强脾运化水湿的功能，为辅药；生姜温中和胃止呕，并助半夏降逆，还可制半夏之毒，为佐药；蜂蜜协调诸药，为使药。方中半夏、升麻一升一降，防风、枯矾一散一收，诸药相配，气机通畅，津液输布，则痰沫自消。

【用法】共为末，开水冲，候温加蜂蜜 60 g，同调灌服。

【应用】用于马肺寒吐沫。寒重腹胀者，加木香、草蔻。

苏子降气汤(《和剂局方》)

【组成】苏子 60 g　制半夏 30 g　前胡 45 g　厚朴 30 g　陈皮 45 g　肉桂 15 g　当归 45 g　生姜 10 g　炙甘草 15 g

【功能】降气平喘，温化寒痰。

【主治】主治痰涎壅盛属上实下虚的喘咳证。证见咳喘气短，舌苔白滑等。

【方解】本方是治疗上实下虚而咳喘的方剂。上实，指痰涎壅盛于肺，肺气不得宣畅，升降失常，气逆于上；下虚，指肾阳虚，肾不纳气，上下不相接续。治宜降气，化痰，平喘，以治上实为主，下虚为辅。方中用苏子降气平喘为主药；辅以陈皮、半夏、前胡、厚朴、生姜，化痰止咳，理气降逆，疏通上实，肉桂温肾以助纳气，而治下虚；咳喘患畜，久病多虚，配当归养血润燥补虚，且缓和其他药的温燥之性，为佐药；甘草和中，协调诸药，为使药。综观本方，是肺肾同治，而以治肺为主；上实下虚同治，而以降气化痰治上实为主。

【用法】共为末，开水冲服，或水煎服。

【应用】用于肺有痰壅、肾不纳气的喘咳证，见于慢性支气管炎、肺气肿等。兼有气虚者，加党参、五味子以补气润肺；兼有风寒表证者，去肉桂、当归，加麻黄、杏仁等，以疏散风寒。本方用药偏于温燥，故肺肾阴虚咳喘或肺热痰喘，均不宜用。

麻杏石甘汤(《伤寒论》)

【组成】麻黄 30 g　杏仁 30 g　炙甘草 30 g　石膏(打碎先煎)150 g

【功能】宣肺，清热，平喘。

【主治】肺热气喘。证见咳嗽喘急，发热有汗或无汗，口干渴，舌红，苔薄白或黄，脉浮滑而数。

【方解】本方证之形成，多为外感风邪，化热犯肺所致。方中麻黄辛苦宣肺解表平喘，为主药；辅以大量石膏，辛凉宣泄，二药配合，发散肺经郁热而平喘；杏仁宣降肺气，助麻黄止咳平喘，为佐药；甘草协调诸药，为使药。四药合用，则有宣肺，清热，平喘之效。

【用法】为末，开水冲调，候温灌服，或煎汤服。

【应用】本方是治疗肺热气喘的常用方剂，使用时以喘急身热为依据。若热甚加黄芩、栀子、连翘、银花；若兼有咳嗽者，加贝母、桔梗等。

百合散(《元亨疗马集》)

【组成】百合 60 g　贝母 30 g　大黄 45 g　甘草 30 g　天花粉 45 g

【功能】滋阴清热，润肺化痰。

【主治】肺壅鼻脓。证见喘粗鼻乍，连声咳嗽，鼻孔流脓，肷吊毛焦，口色红，脉洪数。

【方解】本方证因草饱负重太过，奔走太急，损伤肺经，前焦积热，痞气填塞心胸所致。方中百合、贝母滋阴清热，润肺化痰为主药；辅以天花粉、萝卜润肺理气化痰；荞面降气，大黄清热，均为佐药；甘草、蜂蜜和中润肺止咳为使药。诸药相合，使肺气清肃，痰涎消散，咳嗽自止。

【用法】共为末，加蜂蜜 120 g、荞面 60 g、萝卜汤一碗，水适量同调，草后灌服。

【应用】用于急性气管炎伴有脓性鼻漏，也适用于原发性的脓性鼻炎。上焦热盛者，加黄芩、栀子、黄连、柴胡以清热解毒；咽喉敏感者，加玄参以养阴生津；有咳嗽症状，配伍止咳化痰药。

清燥救肺汤(《医门法律》)

【组成】石膏(先煎)100 g　桑叶 30 g　麦冬 30 g　阿胶(烊化)25 g　胡麻仁 30 g　杏仁 30 g　枇杷叶(去毛蜜炙)25 g　党参 25 g　甘草 15 g

【功能】清肺润燥。

【主治】温燥伤肺。证见发热，干咳无痰，咽干口燥，无舌苔。

【方解】本方为轻宣润燥之剂。针对外感温燥，燥伤肺津，以致气阴两伤，以甘寒之品清肺燥、滋肺阴。方中石膏清肺之燥热，桑叶宣肺止咳为主药；燥热盛，必耗损阴液，故以麦冬、胡麻仁、阿胶润肺滋阴，皆为辅药；又以党参益气培土生津，杏仁、枇杷叶降逆化痰止咳，共为佐药；甘草协调诸药，为使药。诸药相合，清肺润燥。

【用法】共为末，开水冲调或煎汤，候温灌服。

【应用】用于燥热咳嗽，见于急性支气管炎、咳嗽无痰或痰黏稠者。阴虚血热者，加生地以养阴清热；痰多者，加贝母、瓜蒌以清肺化痰。

款冬花散(《元亨疗马集》)

【组成】款冬花 60 g　黄药子 60 g　僵蚕 30 g　郁金 30 g　白芍 60 g　玄参 60 g

【功能】滋阴降火,止咳平喘。

【主治】阴虚肺热。证见咳嗽气急,咽喉肿痛。

【方解】本方证因阴虚肺热,津液耗伤,燥痰阻肺所致。方中款冬花润肺化痰,止咳平喘,玄参养阴润肺,清热祛痰为主药;辅以白芍养阴清热,助主药滋阴降火;肺火上炎而致咽喉肿痛,故佐以黄药子、郁金、僵蚕清利咽喉且消肿痛;蜂蜜润肺清热,协调诸药,为使药。

【用法】水煎服,或共为末,开水冲调,候温灌服。

【应用】用于阴虚火旺引起的咳嗽气急,咽喉肿痛。见有表证者,加桑叶、薄荷等;火盛咳剧者,加桑白皮、枇杷叶等。

辛夷散(《中兽医治疗学》)

【组成】辛夷 60 g　酒知母 30 g　酒黄柏 30 g　沙参 20 g　木香 10 g　郁金 15 g　明矾 10 g

【功能】清热滋阴,疏风通窍。

【主治】脑颡鼻脓。

【方解】本方证因肺热上蒸所致,额窦鼻腔受外伤或六淫之邪侵袭,邪毒郁积,化而成脓。方中辛夷上通额窦鼻腔,疏散邪毒为主药;辅以知母、黄柏酒浸上行而清热解毒;沙参养阴润肺,郁金活血化瘀,木香调理气机,明矾收敛固涩,均为佐药。诸药相合,清热滋阴,疏风通窍。

【用法】共为末,开水冲调,候温灌服。

【应用】用于马属动物及牛的原发性鼻窦炎、副鼻窦炎、上额窦蓄脓属于肺热上攻之证。病初有热者,加荆芥、薄荷、桑叶等以疏散风热;热盛者,加银花,连翘、蒲公英等以清热解毒;脓多而腥臭者,加桔梗、贝母等以排脓散结;鼻骨肿痛者,加乳香、没药,或骨碎补、姜黄、红花、土鳖虫等以活血散瘀消肿。

项目 2.6　常用和解方

问题一:保和丸主要用于(　　)。

A. 心经积热证　　B. 结症、便秘　　C. 肠黄

D. 热毒血痢　　E. 食积停滞

问题二:(1～3 题共用下列备选答案)

A. 小柴胡汤　　B. 大承气汤　　C. 银翘汤

D. 麻黄汤　　E. 黄连解毒汤

1. 少阳病选用(　　)。

2. 结症、便秘选用（　　）。

3. 三焦热盛选用（　　）。

问题三：小柴胡汤中柴胡与黄芩的配伍意义是（　　）。

A. 调和营卫　　B. 和解少阳　　C. 疏肝泄热

D. 理气疏肝　　E. 解表燥湿

问题四：具有透邪解郁，疏肝理脾功效的方剂是（　　）。

A. 逍遥散　　B. 四逆散　　C. 小柴胡汤

D. 银翘散　　E. 蒿芩清胆汤

问题五：汗、下、清三法合于一方的方剂是（　　）。

A. 大柴胡汤　　B. 防风通圣散　　C. 九味羌活汤

D. 葛根芩连汤　　E. 调胃承气汤

【任务 38】常用和解方

小柴胡汤（《伤寒论》）

【组成】柴胡 45 g　黄芩 45 g　党参 30 g　制半夏 25 g　炙甘草 15 g　生姜 20 g　大枣 60 g

【功能】和解少阳，扶正祛邪。

【主治】少阳病。证见寒热往来，精神不振，饥不饮食，口干色淡红，脉弦。

【方解】本方为治伤寒之邪传入少阳的代表方。由于少阳位于半表半里，在治疗上既不宜发汗，又不宜泻下，唯用和解少阳之法。方中柴胡透达少阳之邪，疏解气机壅滞，为主药；黄芩清泄少阳之郁热，为辅药，若寒重于热，可加大柴胡用量，热重于寒，则加大黄芩用量，二药合用，能解除寒热往来；党参、甘草、大枣扶正和中，防止邪气内侵，半夏、生姜和胃止呕，且生姜还能助柴胡散表邪，同时姜枣配合既能调和营卫，输布津液，又能助半夏和胃止呕，共为佐使药。各药相合，和解少阳，扶正祛邪。

【用法】共为末，开水冲调，候温灌服或水煎服。

【应用】本方去党参、甘草，加大黄、枳实、白芍、生姜，名大柴胡汤，能和解少阳，内泻热结，主治少阳阳明合病。

逍遥散（《和剂局方》）

【组成】柴胡 30 g　当归 30 g　白芍 30 g　白术 30 g　茯苓 30 g　炙甘草 20 g　煨生姜 20 g　薄荷 15 g

【功能】疏肝解郁，健脾养血。

【主治】肝脾不和。证见口干食少，神疲力乏，或见寒热往来，舌淡红，脉弦虚。

【方解】本方是疏肝理脾的常用方剂。方中柴胡疏肝解郁，开通郁遏之气，为主药；辅以当归、白芍补血和营以养肝；佐以茯苓、白术、炙甘草、煨生姜健脾补中；薄荷疏肝消风，为使药。诸药相合，疏肝解郁，健脾养血。

【用法】共为末，开水冲调或煎汤，候温灌服。

【应用】用于治疗家畜肝脾不和引起的肚腹疼痛。肝郁血虚发热，加栀子、丹皮以增加疏肝解热作用，名丹栀逍遥散。

痛泻要方《景岳全书》

【组成】白术（土炒）60 g　白芍（炒）45 g　防风 45 g　陈皮 30 g

【功能】疏肝补脾。

【主治】肝旺脾虚所致的痛泻。证见肠鸣腹痛，大便泄泻、泻必腹痛，舌苔薄白，脉弦而缓。

【方解】本方证因肝旺脾虚所致。《医方考》云："泻责之脾，痛责之肝，肝责之实，脾责之虚，脾虚肝实，故令痛泻"。方中白术健脾补中为主药；辅以白芍平肝缓急止痛；佐以陈皮理气醒脾；使以防风散肝舒脾。四药相合，泻肝补脾，调和气机。

【用法】共为末，开水冲调或煎汤，候温灌服。

【应用】用于肝旺脾虚的痛泻或慢肠黄。泄泻如水，加炒升麻、车前子、茯苓；便带脓血，加白头翁、黄芩；腹痛甚，倍白芍，加青皮、香附；发热，加黄连、黄芩。

半夏泻心汤（《伤寒论》）

【组成】半夏 30 g　黄芩 30 g　干姜 20 g　党参 30 g　甘草（炙）15 g　黄连 15 g　大枣 10 枚

【功能】和胃降逆，开结除痞。

【主治】胃气不和。证见痞满不痛，或干呕，或呕吐、肠鸣下利、舌苔薄黄而腻、脉弦数。

【方解】本方主治小柴胡汤证因误下伤中而形成的痞证。邪在少阳，当宜和解，误用攻下，乃伤其中气，少阳之邪，内犯肠胃，致寒热互结，阻于心下，遂成心下痞硬之证。中气既伤，失其升降，故上则呕逆不止，下则肠鸣下利。法当辛开苦降，消痞补中，调和寒热。方用味辛苦之半夏入胃为主，辛开散结，苦降止呕，以除痞满呕逆之证；辅以干姜辛温祛寒，黄芩、黄连苦寒泄热；佐以党参、大枣补益中气；使以甘草补脾胃而调诸药。诸药相配，寒热并用，辛苦并进，补泻同施，共成泻心消痞、补中扶正、调和寒热之功。

【用法】共为末，开水冲调或煎汤，候温灌服。

【应用】本方为误下伤中，邪犯于胃，胃失和降，寒热互结，心下痞硬者而立。凡属中虚寒热失调所致的心下痞硬或满闷不舒之证，皆可用之。一般用于治疗急性肠胃炎和脾胃虚弱等证。湿热内蕴中焦，去干姜、党参、大枣、甘草，加枳壳、生姜，以加强消痞止呕作用。

【相关知识】

凡是具有和解表里、调畅气机作用，用于治疗少阳病或肝脾不和、肠胃不和等病证的方剂，称为和解方。

和解方主要是针对少阳胆经病证而设，然肝胆相表里，肝和胆发病常互相影响，且极易影响到脾胃，常出现肝脾不和、肠胃不和等证候。

使用和解方时应注意，凡邪在肌表，或已入里、阳明热盛者，或虚劳内伤，气血虚弱，证见寒热者，皆不宜使用。

项目 2.7 常用温里方药

问题一：下列药物不属于温里药的是（　）。

A. 附子　B. 桂枝　C. 肉桂　D. 小茴香　E. 艾叶

问题二：理中汤主要用于（　）。

A. 肝胃虚寒证　B. 脾胃阴寒证　C. 少阴病　D. 风寒湿邪伤腰胯　E. 脾胃虚寒证

问题三：四逆汤的主要功效为（　）。

A. 温中散寒、健脾　B. 行气降逆　C. 温肾壮阳　D. 温肾散寒　E. 回阳救逆

问题四：下列药物属于四逆汤组方药物的是（　）。

A. 熟附子　B. 当归　C. 豆蔻　D. 厚朴　E. 芍药

问题五：羊，5 月龄。证见体瘦毛焦，慢草不食，腹痛泄泻，完谷不化，口色淡白，脉象沉细。若选用中药治疗，应以下述哪个方剂为主进行加减（　）。

A. 四逆散　B. 参附汤　C. 郁金散　D. 理中汤　E. 五苓散

【任务 39】常用温里药

附子

Radix aconiti lateralis praeparata

为毛茛科植物乌头 *Aconitum carmichaeli* Deb. 的子根加工品。经炮制成盐附子、黑顺片、白附片后使用。主产于广西、广东、云南、贵州、四川等地。

乌头

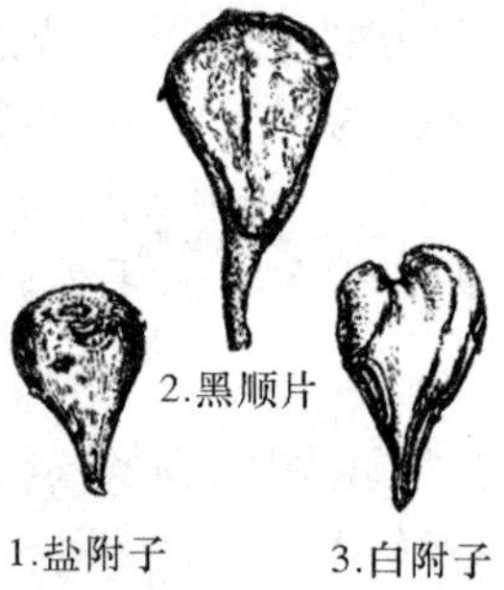

附子

【性味归经】大辛，大热。有毒。入心、脾、肾经。

【功能主治】温中散寒，回阳救逆，除湿止痛。主治大汗亡阳，四肢厥冷，伤水冷痛，风寒湿痹。

【用量】马、牛 15～30 g；猪、羊 3～10 g；犬、猫 1～3 g；兔、禽 0.5～1 g。

【应用】①寒伤脾胃所致的草料减少，或腹痛起卧、冷肠泄泻等，常与干姜、党参、白术、甘草等同用，如附子理中汤。

②大汗、大吐或大泻所致的四肢厥冷、脉微欲绝等，常与干姜、甘草等同用，如四逆汤。

③风寒湿痹所致的腰胯冷痛、束步难行、卧地不起等，常与桂枝、生姜、大枣、甘草等同用，如桂附汤。

【禁忌】孕畜禁用。不宜与半夏、瓜蒌、贝母、白及同用。

【药理】含乌头碱、次乌头碱、新乌头碱、去氧乌头碱和卡乌头碱等，具有强心、消炎、镇痛等作用。

干姜
Rhizoma zingiberis

为姜科植物姜 *Zingiber officinale* Rosc. 的干燥根状茎。切片生用。炒黑后称炮姜。主产于四川、陕西、河南、安徽、山东等地。

【性味归经】辛，热。入心、脾、胃、肾、肺、大肠经。

【功能主治】温中散寒，回阳通脉。主治脾胃虚寒，冷痛泄泻，四肢厥冷。

【用量】马、牛 15～30 g；猪、羊 3～10 g；犬、猫 1～3 g；兔、禽 0.3～1 g。

【应用】①脾胃虚寒所致的草少、泄泻、冷痛等，常与党参、白术、甘草同用，如理中汤；胃冷吐涎，常与桂心、青皮、益智仁、白术、厚朴、砂仁等同用，如桂心散。

②四肢厥冷等，常与附子、甘草等同用，如四逆汤。

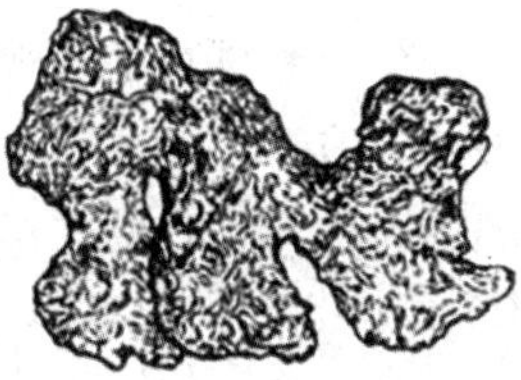

干姜

【禁忌】热证、阴虚及孕畜忌用。

【药理】含姜酚、姜烯、姜黄烯、谷甾醇、棕榈酸等，具有镇痛、镇呕、抗炎、止泻等作用。

肉桂
Cortex cinnamomi

为樟科植物肉桂 *Cinoamomum cassia* Presl. 的干燥树皮。生用。主产于广东、广西、云南、贵州等地。

【性味归经】辛、甘，大热。入脾、心、肾、肝经。

【功能主治】补火助阳，温中除寒，行血止痛。主治肾阳不足，脾胃虚寒，风湿痹痛，产后寒痛。

【用量】马、牛 15～30 g；猪、羊 5～10 g；犬 2～5 g；兔、禽 1～2 g。

肉桂

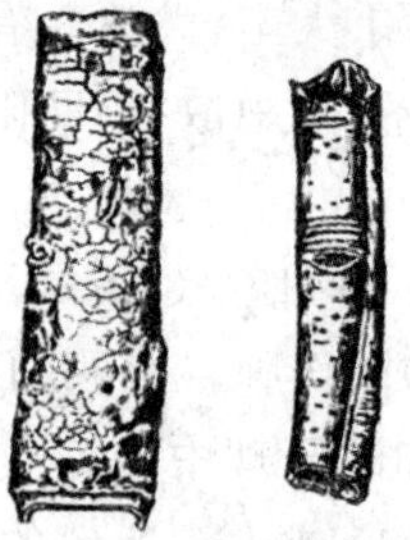

1.企边桂　2.油桂筒

肉桂树皮

【应用】①肾阳不足或命门火衰所致的四肢厥冷、口色淡、脉沉细等，常与熟地、山茱萸等同用，如肾气丸。

②脾胃虚寒所致的鼻寒耳冷、草少、口流清涎，或伤水冷痛、冷肠泄泻等，常与青皮、茯苓、白术、干姜、厚朴、当归、砂仁等同用，如桂心散。

③风湿痹痛、产后寒痛等，常与当归、高良姜等同用。

【禁忌】孕畜禁用。

【药理】含肉桂醛、肉桂醇、苯甲醛等，具有抗菌、抗炎、止痛、增进食欲等作用。

吴茱萸
Fructus evodiae

为芸香科植物吴茱萸 *Evodia rutaecarpa*（Juss.）Benth.、疏毛吴茱萸 *Evodia rutaecarpa*（Juss.）Benth. var *bodinieri*（Dode.）Huang 或石虎 *Evodia rutaecarpa*（Juss.）Benth. var *officinalis*（Dode.）Huang 的干燥未成熟的果实。生用或炙用。主产于广东、湖南、贵州、浙江、陕西等地。

吴茱萸

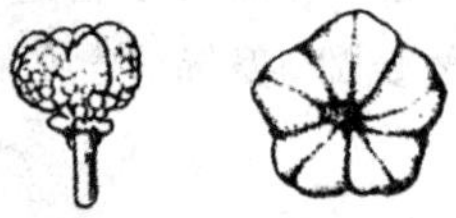

1.侧面观　2.顶面观

吴茱萸果实

【性味归经】辛、苦，热。有小毒。入肝、肾、脾、胃经。

【功能主治】温中止痛，理气止呕。主治脾胃虚寒，阳虚久泻，胃冷吐涎。

【用量】马、牛 10～30 g；猪、羊 3～10 g；犬 2～5 g。

【应用】①脾胃虚寒所致的草少草慢、肚腹冷痛等，常与党参、生姜、大枣等同用。

②阳虚久泻，常与五味子、肉豆蔻、补骨脂等同用，如四神丸。

③胃冷吐涎，常与生姜、半夏等同用。

【禁忌】血虚有热及孕畜慎用。

【药理】含吴茱萸碱、吴茱萸次碱、去氢吴茱萸碱、羟基吴茱萸碱、小檗碱等，具有抗炎、收缩子宫、健胃、镇痛、止呕、抑菌等作用，对猪蛔虫有杀灭作用。

小茴香
Fructus foeniculi

为伞形花科植物小茴香 *Foeniculum vulgare* Mill. 的干燥成熟果实。生用或盐水炒用。主产于山西、陕西、江苏、安徽、四川等地。

【性味归经】辛，温。入肺、肾、脾、胃经。

【功能主治】祛寒止痛，理气和胃。主治脾胃虚寒，寒伤腰胯。

【用量】马、牛 15～60 g；猪、羊 10～15 g；犬、猫 1～3 g；兔、禽 0.5～2 g。

【应用】①脾胃虚寒所致的草少、冷痛、吐涎、寒泻等，常与干姜、木香等同用。

②寒伤腰胯所致的腰脊紧硬、冷拖后脚等，常与肉桂、槟榔、白术、巴戟天、当归、牵牛子、藁本等同用，如茴香散。

【药理】含挥发性小茴香油，具有促进消化机能，增强胃肠蠕动，排除腐败气体及祛痰作用。

小茴香

高良姜
Rhizoma alpiniae officinarum

为姜科植物高良姜 *Alpinia officinarum* Hance. 的干燥根茎。切片生用。主产于广东、广西、浙江、福建和四川等地。

高良姜

高良姜根茎

【性味归经】辛，热。入脾、胃经。

【功能主治】温中散寒，消食止痛。主治胃寒草少，冷肠泄泻，反胃呕吐。

【用量】马、牛 15～30 g，猪、羊 3～10 g，兔、禽 0.3～1 g。

【应用】胃寒草少、冷肠泄泻、反胃呕吐等，常与香附、半夏、厚朴、生姜等配伍。

【禁忌】阴虚火旺病畜禁用。

【药理】含1,8-桉叶醇、β-蒎烯、α-松油醇、莰烯、高良姜素、大黄素和槲皮素等，具有抗炎、镇痛和止呕等作用。

艾叶
Folium artemisiae argyi

为菊科植物艾 *Artemisia argyi* Levl. et Vant. 的干燥叶。生用、炒炭或捣绒。各地均产。

【性味归经】苦、辛，温。入脾、肝、肾经。

【功能主治】散寒止痛，温经止血，安胎。主治肚腹冷痛，宫寒不孕，胎动不安。

艾

【用量】马、牛15～45 g；猪、羊5～15 g；犬、猫1～3 g；兔、禽1～1.5 g。

【应用】①肚腹冷痛、子宫出血等，常与小茴香、熟地、阿胶等同用。

②宫寒不孕、胎动不安，常与香附、当归、肉桂等同用。

【药理】含挥发油，具有扩张支气管、镇咳、祛痰、抗菌等作用。

花椒
Pericarpium zanthoxyli

为芸香科植物花椒 *Zanthoxylum bungeanum* Maxim. 或青椒 *Zanthoxylum schinifolium* Sieb. et Zucc. 的果实。生用或炒用。主产于四川、陕西、江苏、河南、山东、江西、福建、广东等地。

花椒

青椒

【性味归经】辛，温。入肺、脾、肾经。

【功能主治】温中散寒，杀虫止痛。主治冷肠泄泻，虫积，湿疹，疥癣。

【用量】马、牛10～20 g；猪、羊6～10 g。

【应用】①冷肠泄泻等，常与厚朴、陈皮、苍术等同用；脾胃虚寒等，常与干姜、党参等同用。

②绦虫病和蛔虫病等，常与乌梅等配伍。

③皮肤湿疹、疥癣等，常与黄柏、苦参等同用。

【药理】含挥发油，具有抗菌、抗炎、镇痛、止泻、杀虫等作用。

白扁豆
Semen lablab album

为豆科植物扁豆 *Dolichos lablab* L. 的干燥成熟种子。生用或炒用。主产于浙江、江苏、陕西、山西、河南、安徽等地。

扁豆

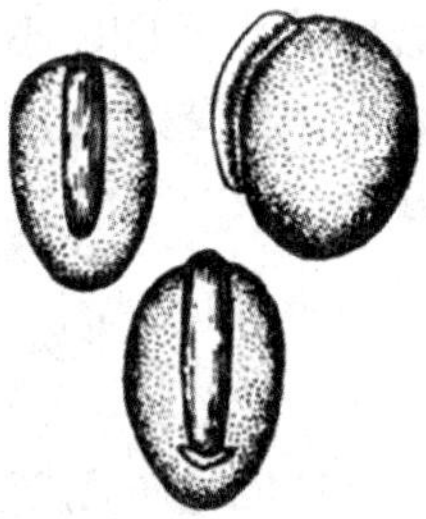

白扁豆种子

【性味归经】甘，微温。入脾、胃经。

【功能主治】健脾和中，消暑化湿。主治脾胃虚弱，暑湿泄泻。

【用量】马、牛 15～45 g；猪、羊 5～15 g；兔、禽 1.5～3 g。

【应用】①脾胃虚弱所致的泄泻等，常与白术、木香、茯苓等同用。

②暑湿泄泻，常与荷叶、藿香等同用。

【药理】含蛋白质、脂肪、泛酸、植物钙、胰蛋白酶抑制物、淀粉酶抑制物、氨基酸、生物碱、维生素 A、维生素 B、维生素 C、血球凝集素 A、血球凝集素 B 等，对痢疾杆菌有抑制作用。

凝集素 A 是有毒成分，与食物混喂可抑制大鼠的生长，甚至引起肝脏区域性坏死，但加热后毒性大减。

荜澄茄
Fructus Litseae

为樟科植物山鸡椒 *Litsea cubeba*（Lour.）Pers. 的干燥成熟果实。生用。主产广西、浙江、江苏、安徽等地。

【性味归经】辛，温。入脾、肾、胃、膀胱经。

【功能主治】温中止痛，行气消食。主治寒伤腰胯，尿浊。

【用量】马、牛 15～30 g；猪、羊 3～6 g；兔、禽 0.3～0.9 g。

荜澄茄

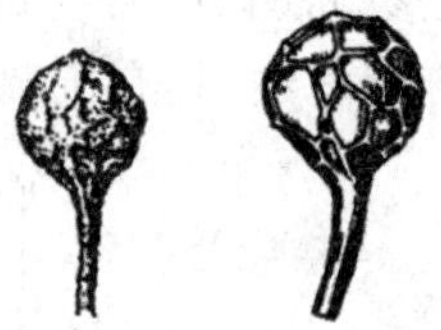

荜澄茄果实

【应用】①寒伤腰胯，常与五加皮、牛膝、巴戟天、小茴香等同用。

②淋浊，常与茯苓、白术、小茴香、牡蛎、木通等同用。

【药理】含挥发油(香桧烯、桉叶素、松油醇挥发油、杜松油烯)、荜澄茄素、树脂、荜澄茄酸、脂肪油等，具有镇痛作用，挥发油能降低氯仿所致大鼠心律失常的持续时间，抑制心肌收缩力和减慢心律。

【相关知识】

凡是药性温热，能够祛除寒邪的药物(方剂)，称为温里药(方)或祛寒药(方)。

温里药(方)具有温中散寒，回阳救逆的功效，适用于因寒邪而引起的肠鸣泄泻、肚腹冷痛、大汗、口鼻俱凉、四肢厥冷、脉微欲绝等阴证。

本类药物多属于辛热之品，还具有行气止痛的作用，凡是寒凝气滞、肚腹胀满疼痛等都可选用。此外，温里药中一部分还有健运脾胃之功能，应用温里药时当按实际情况配伍，如里寒而兼表证者，则与解表药配伍；若脾胃虚寒，呕吐下利者，当选用健运脾胃作用的温里药物。

此类药物温热燥烈，易伤阴液，故热证及阴虚的患畜应忌用或少用。

【任务 40】常用温里方

理中汤(《伤寒论》)

【组成】党参 60 g　干姜 60 g　炙甘草 60 g　白术 60 g

【功能】健脾补气，温中散寒。

【主治】脾胃虚寒证。证见草料减少，口色淡白，体瘦毛焦，完谷不化。

【方解】本方是治疗中焦虚寒的要方。脾虚有寒，则运化失调，升清降浊之机受阻，泄泻腹痛随之而起，理当温运中焦，补益脾胃。方中干姜温中散寒为主药；辅以党参补气益脾；白术健脾燥湿为佐；使以甘草和中健脾，调和诸药。各药合用有健脾补气，温中散寒之功。

【用法】水煎服。

【应用】用于脾胃虚寒引起的慢草不食，腹痛泄泻等证，如慢性胃肠炎、胃及十二指肠溃疡等属脾胃虚寒者。寒甚者，重用干姜；虚甚者，重用党参；呕吐者，加生姜、吴茱萸；泄泻甚者，加肉豆蔻、诃子。本方加附子，名附子理中汤，适用于脾肾阳虚之阴寒重证。再加肉桂，名桂附理中汤，其回阳祛寒之力更大。

茴香散(《元亨疗马集》)

【组成】茴香 30 g　肉桂 20 g　槟榔 10 g　白术 25 g　巴戟天 25 g　当归 30 g　牵牛子 10 g　藁本 25 g　白附子 15 g　川楝子 25 g　肉豆蔻 15 g　荜澄茄 20 g　木通 20 g

【功能】温肾散寒，暖脾祛湿。

【主治】风寒湿邪引起的腰胯疼痛。

【方解】本方为治疗寒伤腰胯之剂。腰为肾之腑，寒湿凝于腰胯，治宜暖腰肾、祛风湿。方中茴香散寒理气，善入腰肾祛风寒邪气，为主药；肉桂、肉豆蔻、荜澄茄温肾除寒，暖脾和中，行气止痛，巴戟天补肾壮阳，强筋骨，祛风湿，白术健脾燥湿，藁本、牵牛子、槟榔、木通祛风利湿，均为辅药；白附子、川楝子祛风止痛，当归活血止痛，同为佐药，童便为引，入肾经而活络，为使药。诸药合用，温肾散寒，暖脾祛湿。

【用法】以上诸药碾碎混合均匀，用开水冲后加童便 250 mL，灌服。

【应用】本方主要主要用于治疗风寒湿邪引起的腰胯疼痛。在冬春季节天气寒冷时，用此方调理，可增强家畜防寒抗病能力。

参附汤(《妇人良方》)

【组成】人参 30 g　制附子 45 g

【功能】回阳，益气，救脱。

【主治】元气大亏、阳气暴脱。证见汗出肢冷，呼吸微弱，脉微等。

【方解】本方为阳气欲脱急救之方，用于回阳救脱。由于阳气暴脱，一则不能温通四肢，故四肢厥冷；二则不能鼓动血流，故脉微；因元气大伤，则阴液亦随之外脱，故见冷汗自出，气息微弱。当急用大温大补之品，以回阳救脱。方中人参大补元气为主药；附子壮肾阳，兼温脾阳，为辅佐药。二药合用，具有大温大补，回阳救脱之效。

【用法】共为末，开水冲服，或水煎服。

【应用】本方为大温大补之剂，临床上遇有心力衰竭时，可用本方抢救；也可用于血脱阳亡之证。病情严重时，可加大剂量。

四逆汤(《伤寒论》)

【组成】熟附子 45 g　干姜 45 g　炙甘草 30 g

【功能】回阳救逆。

【主治】少阴病和亡阳证。证见四肢厥冷，恶寒蜷卧，神疲力乏，腹痛泄泻，不渴，舌淡苔白，脉沉微。

【方解】本方是回阳救逆的主要方剂，四肢为诸阳之末，阳气不足，阴寒内盛，则阳气不能敷布，以致四肢厥冷；阳气衰微，不能温运全身，所以恶寒蜷卧；阳气虚衰，不能鼓动血液运行，则见脉象沉微。方中附子大辛大热，能振奋阳气，驱散寒邪为主药；附子无姜不热，姜附合用，功效倍增，故辅以干姜温中散寒，以助附子回阳之力；甘草和中益气并缓和姜附燥烈之性，为佐使药。三药相合，有回阳救逆之功。

【用法】共为末，开水冲服，或水煎取汁候温服。

【应用】凡大汗、大泻、阴盛阳衰之四肢厥冷，皆可应用。方中皆为纯阳之品，若为阳热郁闭、邪热内陷之四肢厥逆，则不宜应用。

阳和汤(《外科证治全生集》)

【组成】熟地 90 g　鹿角胶 25 g　肉桂 15 g　炮姜 10 g　麻黄 19 g　白芥子 15 g　甘草 20 g

【功能】温阳补血，通脉散寒。

【主治】阴证疮疽。证见局部漫肿无头，皮色不变，不热，舌淡苔白，不渴，脉沉细或迟细。

【方解】本证常因畜体阳虚，阴寒之邪乘虚侵袭，阻于筋骨血脉之中，致血虚寒凝痰滞而成。方中熟地、鹿角胶大补精血为主药；辅以炮姜、肉桂温散寒邪兼通血脉；麻黄达卫散寒，协同姜、桂宣通气血，使鹿角胶、熟地补而不滞，白芥子祛肌肤之痰结，且能协同姜、桂散寒凝而化痰滞，均为佐药；甘草解毒化痰，协调诸药为使。各药合用，能补益精血，散寒通脉，排疮解毒。

【用法】共为末，开水冲调或煎汤，候温灌服。

【应用】阴证疮疡有气虚、血虚之分，本方主要针对血虚寒凝。凡慢性淋巴腺炎、肌肉深部脓疡等属血虚寒凝者，均可酌情应用。若兼气虚，加黄芪、党参以补气。阴虚有热、阳证疮疡已破溃者不宜应用。

项目 2.8　常用祛湿方药

问题一：下列药物不属于祛风湿药的是(　　)。

A. 肉桂　　B. 羌活　　C. 独活
D. 威灵仙　　E. 木瓜

问题二：下列药物属于利湿药的是(　　)。

A. 五加皮　　B. 苍术　　C. 独活
D. 木通　　E. 佩兰

问题三：下列药物不属于化湿药的是(　　)。

A. 藿香　　B. 佩兰　　C. 苍术
D. 茵陈　　E. 白豆蔻

问题四：独活寄生汤主要用于(　　)。

A. 风湿痹痛　　B. 肝肾虚寒　　C. 风寒痹痛

D. 小便不利　　E. 肌表风湿

问题五：五苓散主治(　　)。

A. 风湿痹痛　　B. 湿热下注　　C. 外感风寒

D. 中暑　　E. 外有表证，内停水湿

问题六：藿香正气散主要用于(　　)。

A. 湿热下注　　B. 外感风寒、内伤湿滞、中暑　　C. 寒湿痹痛证

D. 胃寒少食　　E. 肾虚水泛

问题七：(1～3 题共用下列备选答案)

A. 桃仁　　B. 苍术　　C. 大黄

D. 泽泻　　E. 白头翁

1. 上述药物属于五苓散组方药物的是(　　)。

2. 上述药物属于白头翁汤组方药物的是(　　)。

3. 上述药物属于生化汤组方药物的是(　　)。

问题八：犬，雄性，5 岁，体温 39.6℃。精神不振，不食，时而小便，但每次小便量不多，色黄。证见腹部膨胀，触诊腹壁紧张；不停作排便姿势，尿呈滴水状；口色红赤，舌苔黄腻，脉象滑数。若选用中药治疗，应以下述哪个方剂为主进行加减。(　　)。

A. 八正散　　B. 藿香正气散　　C. 五苓散

D. 平胃散　　E. 健脾散

【任务 41】常用祛湿药

1. 祛风湿药

羌活

Rhizoma et radix notopterygii

为伞形花科植物羌活 *Notopterygium incisum* Ting. ex H. T. Chang 和宽叶羌活 *Notopterygium forbesii* Boiss. 的干燥根茎及根。切片生用。主产于陕西、四川、甘肃等地。

羌胡

宽叶羌活

羌活根茎

【性味归经】辛，温。入膀胱、肾经。

【功能主治】解表散寒，祛风除湿，止痛。主治外感风寒，风湿痹痛。

【用量】马、牛 15～45 g；猪、羊 3～10 g；犬 2～5 g；兔、禽 0.5～1.5 g。

【应用】①外感风寒所致的发热恶寒等，常与防风、白芷、细辛、川芎等同用。

②风寒湿邪阻络所致的腰背肢节疼痛、束步拘挛，尤其适用于前躯风湿痹痛，常与独活、防风、藁本、秦艽等同用。

【药理】含羌活酚、羌活醇、镰叶芹二醇等，具有抗炎、止痛、抗菌、抗病毒等作用。

独活
Radix angelicae pubescentis

为伞形花科植物重齿毛当归 *Angelica pubescens* Maxim. f. *biserrata* Shan et Yuan 的干燥根。切片生用。主产于四川、陕西、云南、甘肃、内蒙古等地。

重齿毛当归

独活根

【性味归经】辛，温。入肝、肾经。

【功能主治】祛风除湿，散寒止痛。主治风寒湿痹，腰肢疼痛。

【用量】马、牛 30～45 g，猪、羊 3～10 g；犬 2～5 g；兔、禽 0.5～1.5 g。

【应用】①风寒湿邪阻络所致的四肢拘挛、腰肢疼痛等，常与桑寄生、秦艽、防风、细辛、党参、杜仲等同用，如独活寄生汤。

②外感风寒挟湿所致的发热恶寒、肌肉紧硬等，常与羌活、防风、连翘、柴胡等同用。

【药理】含香豆素、萜类和挥发油等，具有镇静、催眠、镇痛、抗炎等作用。

威灵仙
Radix clematidis

为毛茛科植物威灵仙 *Clematis chinensis* Osbeck.、棉团铁线莲 *Clematis hexapetala* Pall. 或东北铁线莲 *Clematis manshurica* Rupr. 的干燥根及根茎。切碎生用、炒用。主产于安徽、江苏等地。

威灵仙根及根茎

威灵仙

棉团铁线莲

东北铁线莲

【性味归经】辛、咸，温。入膀胱经。

【功能主治】祛风除湿，通经止痛。主治风湿痹痛，跌打损伤。

【用量】马、牛 15～60 g；猪、羊 3～10 g；犬、猫 3～5 g；兔、禽 0.5～1.5 g。

【应用】①风寒湿邪阻络或破伤风所致的四肢拘挛等，常与羌活、独活、秦艽、当归等同用。

②跌打损伤所致的瘀血肿痛等，常与桃仁、红花、赤芍等同用。

【药理】含白头翁素、白头翁醇、甾醇以及挥发油、皂苷和糖类等，具有抗炎、镇痛、抗菌等作用。

木瓜
Fructus chaenomelis

为蔷薇科植物贴梗海棠 *Chaenomeles speciosa* (Sweet) Nakai. 的干燥近成熟果实。蒸煮后切片用或炒用。主产于安徽、浙江、四川、湖北等地。

贴梗海棠

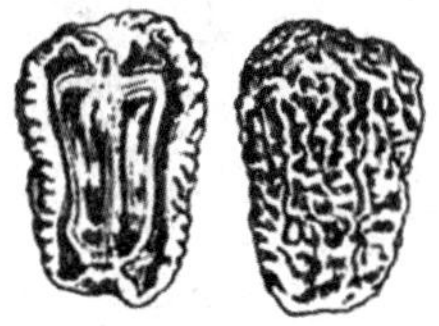

木瓜果实

【性味归经】酸，温。入肝、脾、胃经。

【功能主治】舒筋通络，化湿和胃。主治风湿痹痛，呕吐，泄泻。

【用量】马、牛 15～45 g；猪、羊 6～12 g；犬、猫 2～5 g；兔、禽 1～2 g。

【应用】①风湿痹痛、腰胯紧硬、筋脉拘挛等，常与牛膝、威灵仙、川芎、当归等同用。

②感受暑湿或湿困脾阳所致的呕吐、腹痛、泄泻等，常与吴茱萸、小茴香、生姜、紫苏叶等

同用。

【药理】含苹果酸、苯甲酸、对甲氧基苯甲酸等，具有抗炎、镇痛、抗肿瘤和抗菌等作用。

桑寄生

Herba taxilli

为桑寄生科植物桑寄生 *Taxillus chinensis*（DC.）Danser 的干燥带叶茎枝。切段，干后生用。主产于河北、河南、广东、广西、浙江、江西、台湾等地。

【性味归经】苦，平。入肝、肾经。

【功能主治】补肝肾，强筋骨，祛风湿，安胎。主治风湿痹痛，腰胯无力，胎动不安。

【用量】马、牛 30～60 g；猪、羊 5～15 g；犬 3～6 g。

【应用】①肝肾不足、气血亏虚兼风湿的腰胯无力等，常与杜仲、牛膝、独活、当归等同用，如独活寄生汤。

②肝肾虚损所致的胎动不安，常与阿胶、续断、艾叶等同用。

【药理】含萹蓄苷、槲皮素、齐墩果酸等，具有抗炎、利尿、降压、抗菌和抗病毒等作用。

桑寄生

五加皮

Cortex acanthopanacis

为五加科植物细柱五加 *Acanthopanax gracilistylua* W. W. Smith 的干燥根皮。切片生用或炒用。主产于四川、湖北、河南、安徽等地。

细柱五加

五加皮

【性味归经】辛、苦，温。入肝、肾经。

【功能主治】祛风湿，强筋骨，补肝肾。主治风寒湿痹，腰肢痿软，水肿。

【用量】马、牛 15～45 g；猪、羊 6～12 g；犬、猫 2～5 g；兔、禽 1.5～3 g。

【应用】①风寒湿邪所致的腰肢痿软、关节肿痛，单用或与木瓜、牛膝等同用。

②水肿、尿不利等，常与茯苓皮、大腹皮、陈皮、生姜皮等同用，如五皮饮。

【药理】含 4-甲基水杨醛、苯丙烯酸糖苷、丁香苷等，具有增强抵抗力、抗炎、镇痛、利尿等作用。

秦艽
Radix gentianae macrophyllae

为龙胆科植物秦艽 *Gentiana macrophylla* Pall.、麻花秦艽 *Gentiana straminea* Maxim.、粗茎秦艽 *Gentiana crassicaulis* Duthio ex Burkill. 或小叶秦艽 *Gentiana dahurica* Fisch. 的干燥根。切片生用。主产于四川、陕西、甘肃等地。

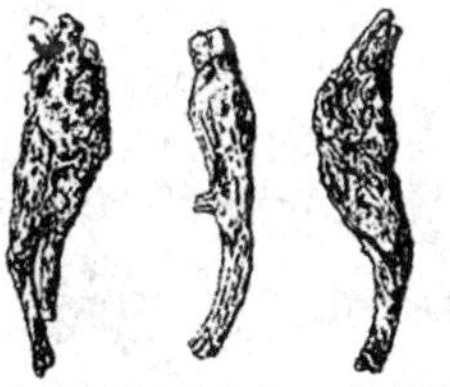

1.秦艽 2.粗茎秦艽 3.麻秦艽

秦艽

秦艽

粗茎秦艽

麻花秦艽

【性味归经】苦、辛，平。入肝、胆、胃、大肠经。

【功能主治】祛风湿，退虚热，止痹痛。主治风湿痹痛，阴虚发热。

【用量】马、牛 15～45 g；猪、羊 3～10 g；犬 2～6 g；兔、禽 1～1.5 g。

【应用】①风湿痹痛，常与羌活、独活、桂枝等同用。

②阴虚发热，常与知母、地骨皮等同用。

【药理】含龙胆苦苷、秦艽酰胺、红百金花酸、红百金花内酯、栎瘿酸和齐墩果酸等，具有抗炎、抗休克、止喘、镇痛、镇静和解热等作用。

乌蛇
Zaocys

为游蛇科动物乌梢蛇 *Zaocys dhumnades*（Cantor.）去内脏的干燥尸体。砍去头，以黄酒闷透去骨用或炙用。主产于浙江、安徽、贵州、湖北、四川等地。

【性味归经】甘，平。入肝经。

【功能主治】祛风除湿，活络止厥。主治风寒湿痹，惊痫抽搐，破伤风。

乌梢蛇

【用量】马、牛 15～30 g；猪、羊 3～6 g；犬 2～3 g。

【应用】①风寒湿痹等，常与羌活、防风等同用。

②惊痫抽搐，常与蜈蚣、全蝎等同用；破伤风，常与天麻、蔓荆子、羌活、独活、细辛等同用，如千金散。

【药理】含蛋白质及脂类等，具有抗炎、镇痛等作用。

防己

Radix stephaniae tetrandrae

为防己科植物粉防己 *Stephania tetrandra* S. Mbore. 的干燥根。切片生用或炒用。主产于浙江、安徽、湖北、广东等地。

【性味归经】苦、辛,寒。入膀胱、肺经。

粉防己

【功能主治】祛风止痛,利水消肿。主治风湿痹痛,尿不利,水肿。

【用量】马、牛 15～45 g;猪、羊 5～10 g;犬 3～6 g;兔、禽 1～2 g。

【应用】①风湿阻络所致的关节肿痛等,常与乌头、肉桂、生姜、白术等同用,如防己汤。

②排尿不利或水湿停滞所致的水肿、胀满等,常与黄芪、白术、茯苓、甘草等同用。

【药理】含生物碱等,具有利尿、镇痛、抗炎、抗过敏、降压、解热、抗阿米巴原虫和清除自由基等作用。

藁本

Rhizoma ligustici

为伞形科植物藁本 *Li gusticum sinense* Oliv. 和辽藁本 *Ligusticum jeholense* Nakai. Kitagawa. 的干燥根茎。切片生用。主产于四川、江苏、陕西、辽宁等地。

藁本

辽藁本

1.藁本 2.辽藁本

藁本根及根茎

【性味归经】辛,温。入膀胱经。

【功能主治】祛风散寒,胜湿止痛。主治外感风寒,颈项强直,风寒湿痹。

【用量】马、牛 15～30 g;猪、羊 3～10 g;兔、禽 0.5～1.5 g。

【应用】①外感风寒所致的颈项强直、肢节疼痛或发热等,常与白芷、川芎等同用。

②风寒湿邪所致的痹痛、肢节疼痛等,常与羌活、防风、威灵仙、苍术等同用。

【药理】含藁本内酯、新藁本内酯、佛手柑内酯、阿魏酸、β-谷甾醇、孕甾烯醇酮和棕榈甘油酯等,具有抗炎、止痛、镇静、催眠等作用。

马钱子

Semen strychni

为马钱科植物马钱 *Strychnos nux-vomica* L. 的干燥成熟种子。砂炒至膨胀，去毛压粉用；或泡后去毛，油炒制用。主产于云南、广东等地。

马钱

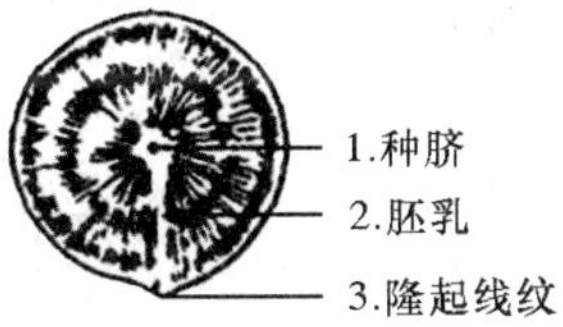

马钱子

【性味归经】苦，寒。大毒。入肝、脾经。

【功能主治】通络止痛，散结消肿。主治风湿痹痛，跌打损伤，疮黄肿毒。

【用量】马、牛 3～6 g；猪、羊 0.3～0.6 g；犬 0.1～0.2 g。

【应用】①风湿痹痛，常与羌活、独活、川乌、乳香、没药等同用。

②跌打骨折、瘀滞肿痛等，可与自然铜、土鳖虫、骨碎补、乳香、没药同用。

③疮黄肿毒等，单用或与雄黄、乳香、皂角刺等同用。

【禁忌】孕畜禁用。

【药理】含士的宁、马钱子碱、马钱子苷、番木鳖次碱、熊果酸、豆甾醇糖苷等，具有镇痛、抗肿瘤作用。士的宁对整个中枢系统均有兴奋作用，小剂量能加强皮质的兴奋过程，大剂量在短暂的提高兴奋过程后即发生超限抑制现象。

豨莶草

Herba siegesbeckiae

为菊科植物豨莶 *Siegesbeckia orientalis* L.、毛梗豨莶 *Siegesbeckia glabrescens* Makino. 和腺梗豨莶 *Siegesbeckia pubescens* Makino. 的干燥地上茎叶。切片生用或酒制用。主产于安徽、江苏等地。

【性味归经】苦，寒。有小毒。入肝、肾经。

【功能主治】祛风湿，通经络。主治风湿痹痛、骨节疼痛。

【用量】马、牛 20～60 g；猪、羊 10～15 g；犬 5～8 g。

【应用】风湿痹痛、骨节疼痛、腰胯无力，单用或与海桐皮等同用。

【药理】含 9β-羟基-8β-异丁酰氧基木香烯内酯、9β-羟基-8β-异丁烯酰氧基木香烯内酯、豨莶酯酸、豨莶醚酸、阿魏酸、槲皮素、丁香醛、腺梗豨莶醇、奇壬醇和 β-谷甾醇等，能阻断刺激神经引起的收缩血管反应，抑制血栓形成。对小鼠的免疫功能有明显抑制作用，可使小鼠脾脏重量减轻，血清抗体滴度降低。

豨莶

毛梗豨莶

腺梗豨莶

路路通
Fructus liquidambaris

为金缕梅科植物枫香树 *Liquidambar formosana* Hance. 的干燥成熟果序。生用。主产江苏、浙江、安徽、福建、湖北、湖南、陕西等地。

【性味归经】苦,平。入肝、肾经。

【功能主治】祛风活络,利水通经。主治风湿痹痛,乳汁不通,乳痈。

路路通果序

【用量】马、牛 30～60 g;猪、羊 15～30 g;兔 1～3 g。

【应用】①风湿痹痛,常与独活、桑寄生、杜仲、牛膝、豨莶草等同用。

②乳汁不通等,单用或与王不留行、黄芪、皂角刺、当归、党参、川芎、漏芦等同用。

③乳痈,常与赤芍、蒲公英、当归等同用。

【药理】含路路通内酯、齐墩果烷、齐墩果酸、熊果酸、桦木酮酸、没食子酸、β-谷甾醇、正二十九烷、正三十烷酸和胡萝卜苷等,具有镇痛、抗炎、抗血栓形成作用,注射液能显著地降低血液黏度、红细胞比容及纤维蛋白原含量,降低心肌耗氧量,改善微循环。

丝瓜络
Retinervus luffae fructus

为葫芦科植物丝瓜 *Luffa cylindrica* (L.) Roem. 的干燥成熟果实的维管束。生用。全国各地均产。

【性味归经】甘,平。入肝、肺、胃经。

【功能主治】通络,活血,祛风。主治风湿痹痛,乳汁不通。

【用量】马、牛 30～120 g;猪、羊 15～30 g。

【应用】①风湿痹痛,常与薏苡仁、滑石、防己、白鲜皮、白术、茯苓等同用。

②乳汁不通,常与猪脚蹄同用,或与瓜蒌、青皮、香附、通草、当归等同用。

【药理】含木聚糖、甘露聚糖、半乳聚糖、丝氨酸、精氨酸、谷氨酸等,具有降血脂和减轻体重的作用。

丝瓜

丝瓜络

透骨草

Herba Speranskiae tuberculatae

为大戟科植物地构叶 *Speranskia tuberculata* (Bunge.) Baill-Euphorbiaceae. 的干燥地上部分。生用。主产于山东、河南、江苏、山西、陕西、甘肃等地。

【性味归经】辛,温。入肝、肺、胃经。

【功能主治】祛风除湿,活血止痛。主治风湿痹痛,跌打损伤,疮疡肿毒。

【用量】马、牛 30～60 g;猪、羊 15～30 g。

【应用】①风湿痹痛,常与羌活、独活、防风、桑寄生、牛膝、续断、威灵仙等同用。

②跌打损伤,常与当归、红花、乳香、没药等同用。

③疮疡肿毒,常与刘寄奴等同用。

【药理】含软脂酸、三十烷醇、香草酸、阿魏酸、β-谷甾醇、泪杉醇、对香豆酸、胸腺嘧啶和尿嘧啶等,具有镇痛、抗炎等作用。

地构叶

伸筋草

Herba lycopodii

为石松科植物石松 *Lycopodium japonicum* Thunb. 的干燥全草。生用。主产于湖北、浙江、贵州、四川、江苏、福建等地。

【性味归经】辛、苦,温。入肝、肾经。

【功能主治】祛风除湿,舒筋活络。主治风寒湿痹,跌打损伤。

【用量】马、牛 25～40 g;猪、羊 5～10 g;兔 0.5～1.5 g。

【应用】①风湿痹痛,常与羌活、续断、秦艽、防己等同用。

②跌打损伤,常与当归、川芎、红花等同用。

【药理】含石松碱、石松宁碱、石松毒碱、伸筋草碱、石松定碱、松

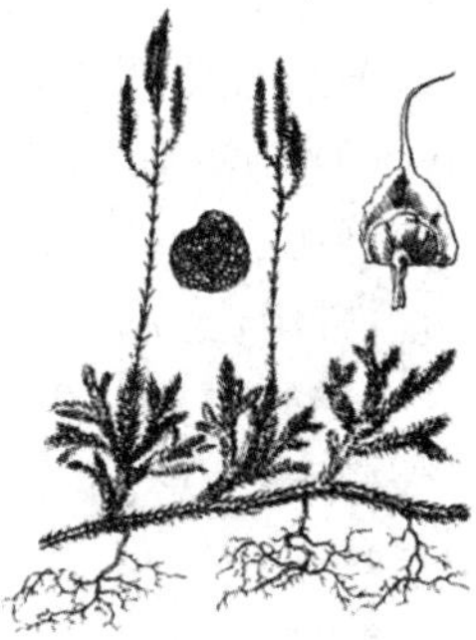

石松

醇等，具有抗炎和镇痛作用，煎剂对小鼠亢进的体液免疫有抑制作用，对小鼠 T 细胞介导的细胞免疫具有双向调节作用。

青风藤

Caulis sinomenii

为防己科植物青藤 *Sinomenium actutum*（Thunb.）Rehd. et Wils. 及毛青藤 *Sinomenium actum*（Thunb.）Rehd. et Wils. var *cinereum* Rehd. et Wils. 的干燥茎髓。生用。主产于浙江、安徽、河南、湖北等地。

青藤

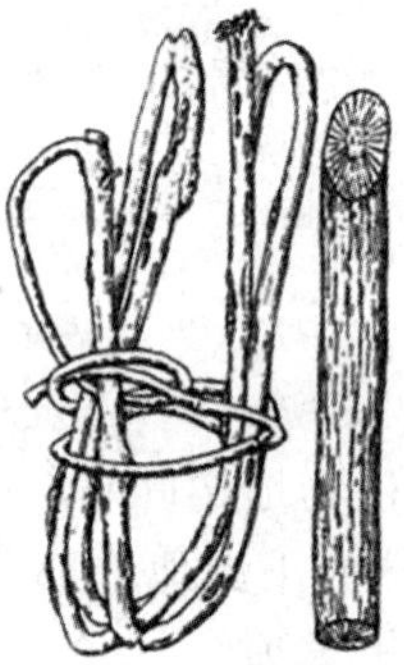

青藤药材

【性味归经】苦、辛，平。入肝、脾经。

【功能主治】祛风湿，通经络，利尿。主治风湿痹痛，腰胯疼痛。

【用量】马、牛 60～120 g；猪、羊 15～30 g。

【应用】①风湿痹痛，常与五加皮、牛膝、车前子、当归、川芎、羌活、独活等同用。

②腰胯疼痛，常与海风藤、当归、羌活、牛膝等同用。

【药理】含青藤碱、青风藤碱、乙基青藤碱、四氢表小檗碱、尖防己碱、土藤碱、木兰碱、异青藤碱、尖防己定碱、白兰花碱、光千金藤碱、β-谷甾醇、豆甾醇和十六烷酸酯等，青藤碱对局灶性脑缺血再灌注损伤有保护作用，减轻肾小球免疫性炎症，改善肾功能。

海桐皮

Cortex erythrinae

为豆科植物刺桐 *Erythrina variegata* L. var *orientalis*（L.）Merr. 或刺木通 *Erythrine arborescens* Roxb. 的干燥树皮。切断生用或鲜用。主产于广东、广西、云南等地。

刺桐

【性味归经】苦，平。入肝、肾经。

【功能主治】祛风除湿，舒筋通络。主治风湿痹痛，跌打损伤。

【用量】马、牛 20～60 g；猪、羊 5～10 g；兔、禽 1.5～2.5 g。外用适量。

【应用】①风湿痹痛，常与透骨草、续断、乳香等同用。

②跌打损伤，常与当归、川芎、延胡索、乌药等同用。

【药理】刺桐含艾索文碱和豆甾醇等，刺木通含高山金链花素、大豆素、染料木素、维太菊苷和豆甾醇等，复方海桐皮袋泡剂能促进家兔膝关节功能障碍恢复。

2. 利湿药

茯苓
Poria

为多孔菌科真菌茯苓 *Poria cocos*（Schw.）Wolf. 的干燥菌核。寄生于松树根。其傍附松根而生者，称为茯苓；抱附松根而生者，谓之茯神；内部色白者，称白茯苓；色淡红者，称赤茯苓；外皮称茯苓皮，均可供药用。晒干切片生用。主产于云南、安徽、江苏等地。

【性味归经】甘、淡，平。入脾、胃、心、肺、肾经。

【功能主治】渗湿利水，健脾安神。主治脾虚泄泻，痰湿水肿，躁动不安。

【用量】马、牛 20～60 g；猪、羊 5～10 g；犬 3～6 g；兔、禽 1.5～3 g。

【应用】①脾虚草少、泄泻等，常与党参、白术等同用，如参苓白术散。

②水湿停滞、尿不利或水肿等，常与猪苓、白术、泽泻、桂枝等同用，如五苓散。

③躁动不安，常与朱砂等同用。

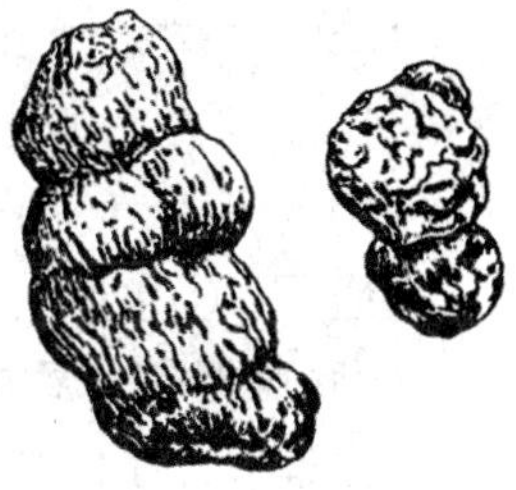

茯苓菌核

【药理】含茯苓多糖、茯苓素、茯苓酸等，具有利尿、镇静、抗肿瘤、增强免疫等作用。

猪苓
Polyporus

为多孔菌科真菌猪苓 *Polyporus umbellatus*（Pers.）Fr. 的干燥菌核。切片生用。主产于山西、陕西、河北等地。

【性味归经】甘、淡，平。入肾、膀胱经。

【功能主治】渗湿利水。主治泄泻水肿，尿不利。

【用量】马、牛 25～60 g；猪、羊 10～20 g；犬 3～6 g。

【应用】泄泻水肿、尿不利等，常与茯苓、白术、泽泻等同用，如五苓散。

【药理】含有猪苓多糖、麦角甾醇、生物素和蛋白质等，具有抗肿瘤、增强免疫、利尿、抗菌等作用。

猪苓

泽泻
Rhizoma alismatis

为泽泻科植物泽泻 *Alisma orientalis*（Sam.）Juzep. 的干燥块茎。切片生用。主产于福建、广东、江西、四川等地。

泽泻

泽泻块茎

【性味归经】甘、淡、寒。入肾、膀胱经。

【功能主治】利水渗湿，清热泻火。主治水肿，尿不利，泄泻，淋浊。

【用量】马、牛 20～45 g；猪、羊 10～15 g；犬 5～8 g；兔、禽 0.5～1 g。

【应用】①水肿、泄泻等，常与茯苓、猪苓、白术等同用，如五苓散。

②膀胱湿热所致的尿涩、尿血、尿浊等，常与茯苓、薏苡仁等同用。

【药理】含泽泻萜醇、泽泻二萜醇、泽泻二萜苷等，具有抗菌、抗炎、降血脂、利尿等作用。

车前子

Semen plantaginis

为车前科植物车前草 *Plantago asiatica* L. 或平车前 *Plantago depressa* Wtilld. 的干燥成熟种子。生用或炒用。主产于浙江、安徽、江西等地。

【性味归经】甘、淡，寒。入肝、肾、小肠经。

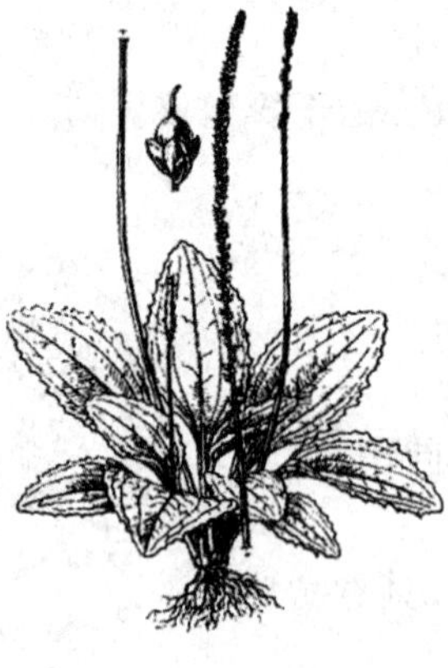

车前

平车前

【功能主治】清热利尿，渗湿通淋，明目。主治湿热淋浊，泄泻，目赤肿痛。

【用量】马、牛 20～30 g；猪、羊 10～15 g；犬、猫 3～6 g；兔、禽 1～3 g。

【应用】①热结膀胱所致的尿少、尿涩、尿血，常与滑石、木通、瞿麦等同用。

②泄泻，常与白术、茯苓、泽泻、薏苡仁等同用。

③肝经风热所致的目赤、翳障等，常与菊花、夏枯草、青葙子等同用。

【药理】含车前子酸、车前子胶、车前子糖等，具有抗菌、抗炎、利尿、镇咳、平喘、祛痰和降血脂等作用。

滑石
Talcum

为硅酸盐类矿物滑石族滑石。主含含水硅酸镁[$Mg_3(Si_4O_{10})_2 \cdot (OH)_2$]。打碎成小块，水飞或研细生用。主产于广东、广西、云南、山东、四川等地。

【性味归经】甘，寒。入胃、膀胱经。

【功能主治】利尿通淋，清热解暑，祛湿敛疮。主治热淋，石淋，暑热，湿热泄泻，湿疹。

【用量】马、牛 25～45 g；猪、羊 10～20 g；犬 3～9 g；兔、禽 1.5～3 g。

【应用】①湿热下注膀胱所致的尿赤涩疼痛或尿闭等，单用或与木通、车前草、瞿麦等同用。

②暑热烦渴、尿少或泄泻等，常与黄芩、通草、甘草等同用。

③湿疹、湿疮等，常与石膏、枯矾、炉甘石、黄柏等同用。

【药理】含硅酸镁、氧化铝、氧化镍等，具有吸附和收敛作用，内服能保护肠壁，止泻而不引起臌胀；滑石粉撒布有保护创面、吸收分泌物、促进结痂的作用。

木通
Caulis akebiae

为马兜铃科植物东北马兜铃 *Aristolochia manshuriensis* Kom.、毛茛科植物小木通 *Clematis armandi* Franch. 或其同属的绣球藤 *Clematis montana* Buch-Ham. 的干燥藤茎。切片生用。主产于湖南、贵州、四川、吉林、辽宁等地。

小木通

绣球藤

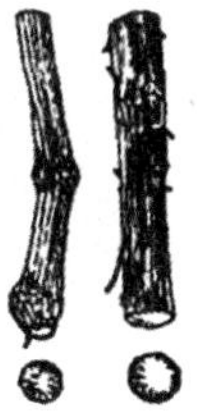
小木通根茎

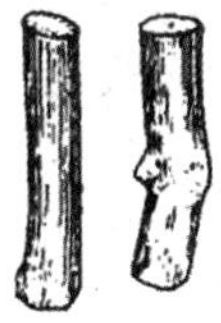
绣球藤根茎

【性味归经】苦，寒。入心、小肠、膀胱经。

【功能主治】清热利尿，通经下乳。主治口舌生疮，膀胱湿热，乳汁不通。

【用量】马、牛 10～30 g；猪、羊 3～6 g；犬 1～2 g。

【应用】①心火上炎所致的口舌生疮、尿短赤等，常与生地、竹叶、甘草等同用。

②湿热下注所致的尿少、尿频、尿血、尿涩痛等，常与瞿麦、车前子、滑石、栀子等同用，如八正散。

③乳汁不通，常与王不留行、穿山甲同用。

【禁忌】孕畜慎用。

【药理】含马兜铃酸、马兜铃酸 BII 甲酯、对羟基桂皮酸等，具有利尿、强心、抑菌、抗肿瘤等作用。

通草
Medulla tetrapanacis

为五加科植物通脱木 *Tetrapanax papyriferus*（Hook.）K. Koch. 的干燥茎髓。切碎生用。主产于江西、四川等地。

通脱木

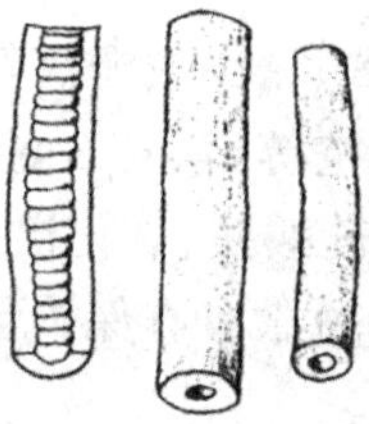

通草茎髓

【性味归经】甘、淡，寒。入肺、胃经。

【功能主治】清热利尿，通气下乳。主治膀胱湿热，乳汁不通。

【用量】马、牛 15～30 g；猪、羊 3～10 g；犬 2～5 g；兔、禽 0.5～2 g。

【应用】①膀胱湿热所致的排尿不利、水肿、湿热淋浊等，可与滑石、生地、淡竹叶等同用。

②乳汁不通，常与木通、王不留行、穿山甲、赤芍、当归等同用。

【药理】含通脱木多糖、肌醇、葡萄糖、果糖及半乳糖醛酸等，具有抗炎、解热、利尿、调节免疫和抗氧化等作用。

茵陈
Herba artemisiae scopariae

为菊科植物茵陈蒿 *Artemisia capillaris* Thunb. 或滨蒿 *Artemisia scoparia* Waldst. et Kit. 的干燥幼嫩茎叶。晒干生用。主产于安徽、山西、陕西等地。

茵陈蒿

【性味归经】苦，微寒。入脾、胃、肝、胆经。

【功能主治】清热，利湿，退黄。主治黄疸，尿不利。

【用量】马、牛 20～45 g；猪、羊 5～15 g；犬 3～6 g；兔、禽 1～2 g。

【应用】湿热黄疸，单用或与栀子、大黄等同用，如茵陈蒿汤；黄疸兼尿不利，常与猪苓、泽泻等同用，如茵陈五苓散；寒湿阴黄，常与附子、干姜、甘草等同用，如茵陈四逆汤。

【药理】含茵陈色原酮、7-甲氧基香豆素等，具有抑菌、利胆、抗肝损伤等作用。

瞿麦
Herba dianthi

为石竹科植物瞿麦 *Dianthus superbus* L. 或石竹 *Dianthus chinensis* L. 的地上部分。切段生用。主产于湖北、吉林、江苏、安徽等地。

瞿麦

石竹

【性味归经】苦，寒。入心、小肠经。

【功能主治】清热利尿，行血祛瘀。主治膀胱湿热。

【用量】马、牛 20～45 g；猪、羊 10～15 g；犬 3～6 g；兔、禽 0.5～1.5 g。

【应用】膀胱湿热所致的尿不利、水肿、热淋、尿血、石淋等，常与木通、萹蓄、车前子、滑石、栀子等同用，如八正散。

【禁忌】孕畜慎用。

【药理】含皂苷、黄酮类化合物等，具有利尿和抗氧化等作用。

薏苡仁
Semen coicis

为禾本科植物薏苡 *Coix lacryma-jobi* L. var *ma-yuen*（Boman.）Stapf. 的干燥成熟的种仁。生用或炒用。主产于山东、福建、河北、辽宁、江苏等地。

薏苡

薏苡仁

【性味归经】甘、淡，微寒。入脾、肺、肾经。

【功能主治】健脾益肺，渗湿止泻。主治脾虚泄泻，风热湿痹，肺痈。

【用量】马、牛 30～60 g；猪、羊 10～25 g；犬 3～12 g；兔、禽 3～6 g。

【应用】①脾虚泄泻，常与茯苓、白术等同用。

②风湿热痹、四肢拘挛等，常与石膏、知母、桂枝等同用。

【药理】含薏苡仁多糖、薏苡素、薏苡酯、蛋白质、脂肪油、碳水化合物、维生素 B_1 及氨基酸等，薏苡仁油对离体的心脏、肠管、子宫、骨骼肌及运动神经末梢等，低浓度兴奋，高浓度则呈现麻痹作用。薏苡仁酯和薏苡仁油及总提取物均具有显著的抗肿瘤活性。薏苡仁多糖对四氧嘧啶糖尿病模型小鼠及肾上腺素高血糖模型小鼠有显著降血糖作用。

金钱草
Herba lysimachiae

为报春花科植物过路黄 *Lygimachia christinae* Hance. 的新鲜或干燥全草。鲜用或晒干生用。主产于江南各地。

过路黄

【性味归经】微咸，平。入肝、胆、肾、膀胱经。

【功能主治】清热利湿，通淋消肿，排石止痛。主治湿热黄疸，湿热淋浊，砂石淋，跌打损伤。

【用量】马、牛 30～120 g；猪、羊 6～25 g；犬 3～12 g。

【应用】①湿热黄疸，常与栀子、茵陈等同用。

②湿热淋浊、砂石淋，常与石苇、鸡内金、海金沙等同用。

③跌打损伤，可用鲜品捣汁内服或外敷患处。

【药理】含槲皮素、异槲皮素、山萘酚、三叶豆苷、对羟基苯甲酸和尿嘧啶等，具有利胆排石、利尿排石、抗炎和止痛等作用。

海金沙
Spora lygodii

为海金沙科植物海金沙 *Lygodium japonicum* (Thunb.) Sweet. 的干燥成熟孢子。生用。主产于广东、湖南、安徽、江苏等地。

海金沙

【性味归经】甘，寒。入小肠、膀胱经。

【功能主治】清热利湿，通淋止痛。主治膀胱湿热、尿淋、尿石。

【用量】马、牛 30～45 g；猪、羊 10～20 g；兔、禽 1～2 g。

【应用】膀胱湿热、热淋涩痛、砂石淋等，常与萹蓄、瞿麦、金钱草等同用。

【药理】孢子含对-香豆酸和咖啡酸等，全草含挥发油，具有抑菌、利胆作用。

地肤子
Fructus kochiae

为藜科植物地肤 *Kochia scoparia*（L.）Schrad. 的干燥成熟果实。生用。主产于河北、江苏、福建等地。

【性味归经】甘、苦，寒。入膀胱经。

地肤

【功能主治】清热利湿，祛风止痒。主治膀胱湿热，皮肤瘙痒。

【用量】马、牛 15～45 g；猪、羊 5～10 g；兔、禽 1～3 g。

【应用】①膀胱湿热所致的排尿不利、热淋涩痛等，常与黄柏、瞿麦、车前子等同用。

②皮肤瘙痒、湿疹等，常与荆芥、防风、黄芩、苦参等同用。

【药理】含齐墩果酸型皂苷和挥发油（9，12-十八碳二烯酸、十八碳烯酸、十六碳烯酸乙酯）等，总皂苷灌胃可降低四氧嘧啶所致的高血糖小鼠的血糖水平，抑制灌胃葡萄糖引起的小鼠血糖升高；超临界萃取的地肤子油对金黄色葡萄球菌、表皮葡萄球菌、石膏样毛癣菌、红色毛癣菌、毛小孢子菌有抑菌活性，乙醚部分提取物对串珠镰菌、茄病镰孢菌、黄曲霉菌等有抗菌作用。

石韦
Folium pyrrosiae

为水龙骨科植物庐山石韦 *Pyrrosia sheareri*（Bak.）Ching.、石韦 *Pyrrosia lingua*（Thunb.）Farw. 和有柄石韦 *Pyrrosia petiolosa*（Christ.）Ching. 的干燥叶或全草。切片生用或炙用。主产于湖北、四川、江西等地。

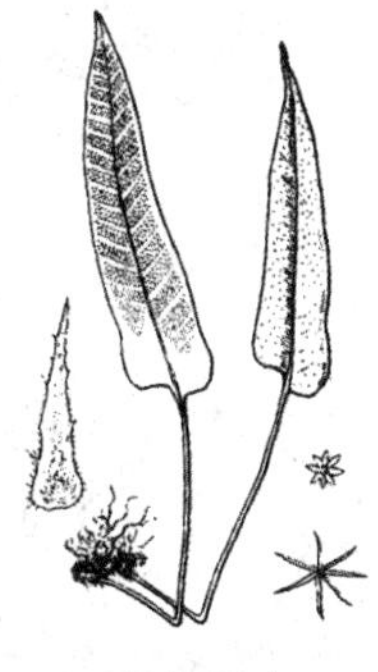
庐山石韦

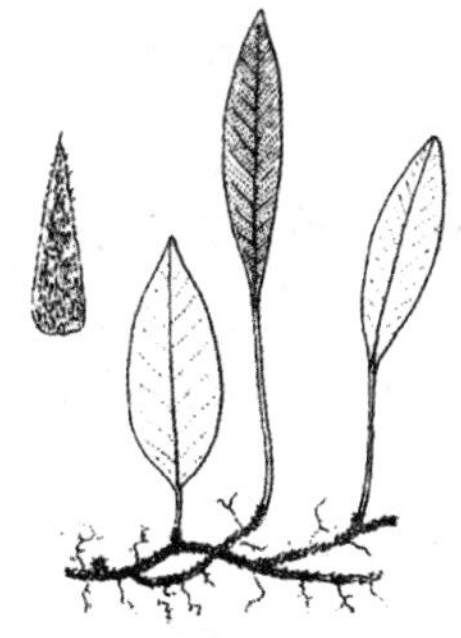
石韦

有柄石韦

【性味归经】苦，微寒。入肺、膀胱经。

【功能主治】清热通淋，凉血止血。主治热淋、血淋，肺热咳喘。

【用量】马、牛 15～45 g；猪、羊 6～12 g；犬、猫 1～5 g。

【应用】①热淋、血淋等，常与车前子、滑石、木通、瞿麦等同用。

②肺热咳喘，常与生地、白茅根、金钱草等同用。

【药理】含 α-生育酚、里白烯、β-谷甾醇、胡萝卜苷、香草酸、原儿茶醛、3,4-二羟基苯丙酸、咖啡酸、绿原酸及黄酮类化合物等，对大肠杆菌、金黄色葡萄球菌、流感病毒等有抑制作用，能活跃体内网状内皮系统，促进局部细胞的吞噬能力。

萹蓄

Herba polygoni avicularis

为蓼科植物萹蓄 *Polygonum aviculare* L. 的干燥地上部分。切碎生用。主产于山东、安徽、江苏、吉林等地。

【性味归经】苦、辛，寒。入胃、膀胱经。

【功能主治】利尿通淋，杀虫止痒。主治膀胱湿热，皮肤湿疹。

【用量】马、牛 20～60 g；猪、羊 5～10 g；兔、禽0.5～1.5 g。

【应用】①膀胱湿热所致的尿淋、尿血等，常与瞿麦、滑石、木通、车前、甘草梢、栀子、大黄等同用。

②皮肤湿疹，可用鲜品煎液外洗。

【药理】含萹蓄苷、槲皮苷、槲皮素、没食子酸、咖啡酸、绿原酸、山柰酚、杨梅树皮素、胡桃宁、黄芪苷、梅树皮苷、谷甾醇和 β-胡萝卜苷等，对金黄色葡萄球菌、痢疾杆菌、绿脓杆菌和伤寒杆菌有抑制作用，水提取物及醇提取物能加速血液凝固，使子宫张力增加。

萹蓄

萆薢

Rhizoma dioscoreae collettii

为薯蓣科植物绵萆薢 *Dioscorea septemloba* Tunb. 和粉萆薢 *Dioscorea hypoglauca* Palib. 的干燥根茎。切片生用。主产于四川、浙江等地。

【性味归经】苦，平。入肝、胃经。

【功能主治】利湿祛浊，祛风通痹。主治尿淋尿浊，风湿痹痛。

【用量】马、牛 25～45 g；猪、羊 5～15 g；犬 3～8 g。

【应用】①尿淋尿浊，常与益智仁、乌药、茯苓、甘草等同用，如萆薢分清饮。

②风寒湿痹，常与白术、牛膝、薏苡仁、防己等同用。

【药理】绵萆薢含薯蓣皂苷、纤细薯蓣皂苷和川萆薢皂苷、薯蓣皂苷元、薯蓣皂苷元棕榈酸酯、β-谷甾醇等，粉萆薢含薯蓣皂苷元、亚莫皂苷元、原粉背皂苷 A、粉背皂苷 A 等，对引起尿路感染的致病菌大肠杆菌和变形杆菌具有抗菌作用，促进单核巨噬系统的功能，薯蓣皂苷元、β-谷甾醇能抑制小鼠胆固醇的吸收、降低肝胆固醇浓度，减少胆汁酸的合成。

粉萆薢

灯心草
Medulla junci

为灯心草科植物灯心草 *Juncus effusus* L. 的干燥茎髓。生用。主产于江苏、四川、福建、贵州等地。

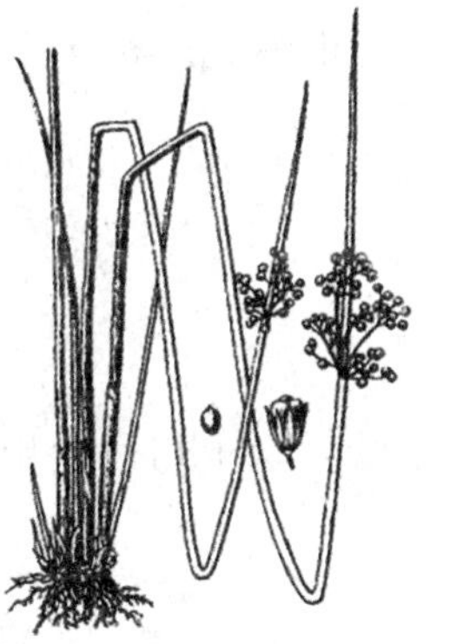
灯心草

灯心草茎髓

【性味归经】甘、淡，微寒。入心、肺、小肠经。
【功能主治】清心火，利尿。主治尿不利，口舌生疮，中暑。
【用量】马、牛 25～45 g；猪、羊 5～15 g；犬 3～8 g。
【应用】尿不利、口舌生疮、中暑等，常与淡竹叶、滑石、木通、车前草等同用。
【药理】含 9,10-二氢菲类化合物等，具有细胞毒、抗菌和抗氧化的活性。

3. 化湿药

藿香
Herba agastachis/Herba pogostemonis

为唇形科植物藿香 *Agastache rugosa*（Fisch. et Mey.）O. Ktze. 或广藿香 *Pogostemon cablin*（Blanco.）Benth. 的干燥茎叶。晒干切碎生用。主产于广东、吉林、贵州等地。

藿香

广藿香

【性味归经】辛，微温。入脾、胃、肺经。

【功能主治】化湿和中，祛暑解表，行气化滞。主治夏伤暑湿，脾受湿困。

【用量】马、牛 15～45 g；猪、羊 5～10 g；犬 3～5 g；兔、禽 1～2 g。

【应用】①夏伤暑湿所致的恶寒发热、呕吐或泄泻等，常与香薷、苍术、砂仁等同用，如藿香正气散。

②湿困脾土所致的草少、腹胀、泄泻等，常与厚朴、苍术、半夏等同用。

【药理】含广藿香醇、甲基胡椒酚、薄荷酮等，具有发汗、止呕、止痉、抗菌、助消化等作用。

佩兰
Herba eupatorii

为菊科植物佩兰 *Eupatorium fortunei* Turcz. 的干燥茎叶。晒干切段生用。主产于江苏、浙江、安徽、山东等地。

【性味归经】辛，平。入脾经。

【功能主治】化湿开胃，发表解暑。主治外感暑湿，暑湿内阻。

【用量】马、牛 15～45 g；猪、羊 9～15 g。

【应用】①外感暑湿所致的恶寒发热、倦怠等，常与藿香、青蒿、荷叶等同用。

②暑湿内阻所致的草少、腹胀、呕吐或泄泻，常与藿香、厚朴、白豆蔻等同用。

【药理】含挥发油，其中含石竹烯、β-红没药烯、γ-榄香烯、β-荜澄茄烯、α-石竹烯、γ-杜松烯和十六酸等，超临界二氧化碳萃取物对金黄色葡萄球菌、沙门氏菌、蜡状芽孢杆菌、枯草芽孢杆菌、霉菌等有抑制作用。

佩兰

苍术
Rhizoma atractylodis

为菊科植物茅苍术 *Atractylodes lancea*（Thunb.）DC. 和北苍术 *Atractylodes chinensis*（DC.）Koidz. 的干燥根茎。晒干，烧去毛，切片生用或炒用。主产于江苏、安徽、浙江、河北、内蒙古等地。

【性味归经】辛、苦，温。入脾、胃经。

【功能主治】燥湿健脾，祛风散寒，明目。主治湿阻脾胃，风寒湿痹，夜盲。

【用量】马、牛 15～60 g；猪、羊 9～15 g；犬 5～8 g；兔、禽 1～3 g。

【应用】①湿阻脾胃所致的草少、腹痛泄泻，常与厚朴、陈皮、甘草等同用，如平胃散。

②风寒湿邪所致的腰胯关节疼痛等，常与独活、秦艽、牛膝、薏苡仁、黄柏等同用。

③夜盲症，单用或与石决明同用。

【药理】含挥发油，具有抗菌、抗炎、止痛等作用。

茅苍术

北苍术

白豆蔻
Fructus amomi rotundus

为姜科植物白豆蔻 *Amomum cardamomum* L. 的干燥果实。研碎生用或炒用。主产于广东、广西等地。

白豆蔻

1.果实　2.果实横切面

白豆蔻果实

【性味归经】辛，温。芳香。入肺、脾、胃经。

【功能主治】化湿和胃，行气温中。主治腹痛下痢，肚腹胀满，胃寒呕吐。

【用量】马、牛 15～30 g；猪、羊 3～10 g；犬 2～5 g；兔、禽 0.5～1.5 g。

【应用】① 暑湿或寒湿气滞所致的草少、肚腹胀满等，常与苍术、厚朴、陈皮、半夏等同用。

②脾胃气滞所致的食积不消等，常与砂仁、神曲等同用。

【药理】含挥发油，其中含 1,8-桉叶油素、α,β-蒎烯、α-松油醇、萜烯-4、β-月桂烯、松油醇-4、芳樟醇等，能促进胃液分泌，增强肠管蠕动；制止肠内异常发酵，驱除胃肠内积气，并有止呕作用。

草豆蔻

Semen alpiniae katsumadai

为姜科植物草豆蔻 *Alpinia katgumadai* Hay. 的干燥成熟种子。打碎生用。主产于广东、广西等地。

草豆蔻

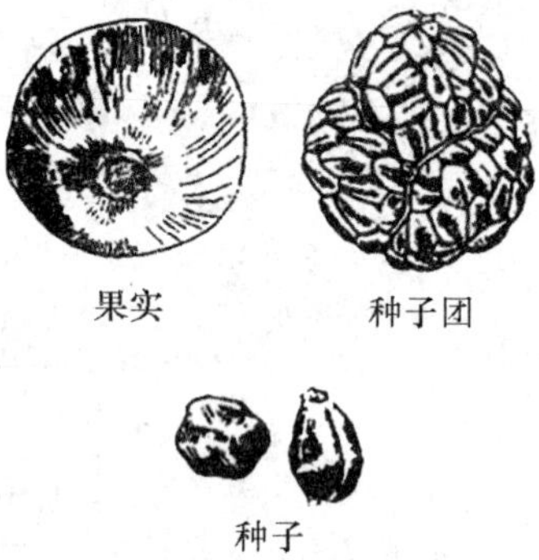

草豆蔻果实及种子

【性味归经】辛,温。气芳香。入脾、胃经。

【功能主治】燥湿健脾,温中和胃。主治脾胃虚寒,冷痛泄泻,气逆呕吐。

【用量】马、牛 15～30 g;猪、羊 3～10 g;犬 2～5 g。

【应用】①脾胃虚寒所致的草少、腹胀、冷肠泄泻等,常与砂仁、陈皮、神曲等同用。

②寒湿瘀滞中焦所致的气逆呕吐,常与高良姜、生姜、吴茱萸等同用。

【药理】含挥发油(法尼醇、桉叶油素、3-苯基-2-丁酮、β-蒎烯、3-蒈烯和 4-苯基-3-丁烯-2 酮等),小剂量对豚鼠离体肠管有兴奋作用,大剂量则抑制。醇提取物具有抗氧化活性。

【相关知识】

凡能祛除湿邪,治疗湿证的药物(方剂),称为祛湿药(方)。

湿是一种阴寒、重浊、黏腻的邪气,有内湿、外湿之分,湿邪又可与风、寒、暑、热等外邪共同致病,并有寒化、热化的转机,所以湿邪致病的临床表现也有所不同,因而将祛湿药分为祛风湿药、利湿药和化湿药三类。

(1)祛风湿药:能祛风胜湿,治疗风湿痹证的药物,称为祛风湿药。这类药物大多味辛性温,具有祛风除湿、散寒止痛、通气血、补肝肾、壮筋骨之效。适用于风湿在表而出现的皮紧腰硬、肢节疼痛、颈项强直、拘行束步、卧地难起、筋络拘急、风寒湿痹等。其性多燥烈,凡阳虚、血虚的患畜应慎用。

(2)利湿药:本类药多味淡性平,以利湿为主,作用比较缓和,有利尿通淋、消水肿、除水饮、止水泻的功能,还能引导湿热下行。常用于尿赤涩、淋浊、水肿、水泻、黄疸和风湿性关节疼痛等。

(3)化湿药:本类药物多辛温香燥。芳香可助脾运,燥可祛湿,用于湿浊内阻、脾为湿困、运化失调等所致的肚腹胀满或呕吐草少、粪稀泄泻、精神短少、四肢无力、舌苔白腻等。阴虚血燥及气虚者慎用。

【任务42】常用祛湿方

独活寄生汤(《备急千金要方》)

【组成】独活30 g　桑寄生45 g　秦艽30 g　防风25 g　细辛6 g　当归30 g　白芍25 g　川芎15 g　熟地45 g　杜仲30 g　牛膝30 g　党参30 g　茯苓30 g　桂心15 g　甘草20 g

【功能】祛风湿，止痹痛，益肝肾，补气血。

【主治】痹证日久，肝肾两亏引起的风寒湿痹，腰胯疼痛或肢节屈伸不利等证。

【方解】风寒湿痹，经久不愈，入里滞留于筋骨肌肉之间，使得家畜肝肾两虚，气血不足，畏寒喜温，腰胯疼痛或肢节屈伸不利。方中重用独活、桑寄生祛风除湿、通经活络为主药；当归、白芍、川芎养血和营，熟地、杜仲、牛膝强肝肾、壮筋骨，党参、茯苓、甘草补气健脾，同为辅助药，可使气血旺盛，兼扶正祛邪、祛风除湿功能；细辛、桂心暖肾经搜风散寒，再配伍防风、秦艽解除肌肤周身风寒湿邪为佐药，共奏祛风湿，止痹痛，益肝肾，补气血之功效。

【用法】水煎服，或共为末，开水冲调，候温灌服。

【应用】对于慢性风湿症以及腰胯、肌肉、四肢、关节等处风湿，皆可酌情加减应用。

活络丹(《和剂局方》)

【组成】制川乌180 g　制草乌180 g　地龙180 g　制南星180 g　乳香60 g　没药60 g

【功能】驱风活络，祛湿止痛。

【主治】寒湿痹痛及湿痰留滞经络，肢体疼痛，关节屈伸不利等证。

【方解】风寒湿邪或湿痰留阻经络，致使气血不能宣通，营卫不得流畅，故见肢体麻木疼痛等证。方中川乌、草乌祛风驱寒，温经通络为主药；辅以南星燥湿化痰，并能祛风活络，乳香、没药行气活络止痛为佐药，使以地龙、川乌、草乌通经活络，陈酒助药势。诸药相合，可祛风活络，祛湿止痛。

【用法】共为细末，酒面糊为丸，每丸3 g，马、牛服15～20丸，加陈酒100 mL空腹灌服。

【禁忌】本方燥烈的药物较多，药力峻猛，宜用于体质壮实者；阴虚有热及孕畜忌用。

【应用】用于湿痰瘀血滞留经络、日久不愈的病证。

五苓散(《伤寒论》)

【组成】猪苓30 g　茯苓30 g　泽泻45 g　白术30 g　桂枝25 g

【功能】化气利水，健脾除湿。

【主治】水湿内停所致的尿不利、水肿、泄泻等。

【方解】方中猪苓、茯苓渗湿利水，通利小便为主药；泽泻善利肾水，白术健脾燥湿，皆为辅药；桂枝通阳化气、疏散表邪为佐药。诸药相合，共奏化气利水，健脾除湿之效。

【用法】共为末，开水冲调或煎汤，候温灌服。

【应用】本方是利水消肿的常用方剂。若无表证，将方中桂枝改为肉桂，以增强化气利水的作用。本方合平胃散(陈皮、苍术、厚朴、甘草)，名为胃苓汤，治寒湿作泻，尿不利。本方加茵陈，名为茵陈五苓散，治疗湿热性黄疸。

八正散(《和剂局方》)

【组成】木通 30 g　瞿麦 30 g　萹蓄 30 g　车前子 45 g　滑石 10 g　甘草梢 25 g　栀子 25 g　大黄 15 g　灯心草 10 g

【功能】清热泻火，利水通淋。

【主治】湿热下注而引起的热淋、石淋。证见尿频涩痛或闭而不通、口干舌红、苔黄、脉数。

【方解】湿热下注膀胱，则水道不利，尿频涩痛，甚则闭而不通。方中木通利水降火、瞿麦利水通淋、清热凉血为主药；辅以萹蓄、车前子、滑石、灯心草清热除湿，利尿通淋；佐以栀子泻三焦湿热、大黄清热泻火，泻热下行；甘草梢止尿痛，协调诸药为使药。合而用之，成为清热通淋之剂。

【用法】共为末，开水冲调或煎汤，候温灌服。

【应用】用于湿热下注所致的膀胱炎、尿道炎等证，也可用于泌尿系结石和急性肾炎。血淋者，加小蓟、白茅根以凉血止血；内热甚者，加蒲公英、金银花等清热解毒；结石出现涩痛者，加金钱草、海金砂、石韦、鸡内金等通淋化石。

滑石散(《元亨疗马集》)

【组成】滑石 60 g　泽泻 25 g　灯心草 15 g　茵陈 25 g　知母 25 g　酒黄柏 20 g　猪苓 20 g

【功能】清热、化湿、利尿。

【主治】马胞转。证见肚腹胀痛，踏地蹲腰，欲卧不卧，打尾刨蹄等。

【方解】本方证因湿热积滞、膀胱气化功能受阻所致。方中滑石性寒而滑，寒能泻热，滑能利窍，渗湿利水兼清热利尿为主药；辅以猪苓、泽泻、茵陈清利湿热，助主药通淋利水；知母、黄柏清热泻火为佐药，灯心草引湿热从小便而出为使药。诸药相合，共奏通调水道，清热利湿之功。

【用法】共为末，开水冲调或煎汤，候温灌服。

【应用】用于湿热尿闭。凡膀胱炎、尿道炎、膀胱麻痹、膀胱括约肌痉挛所引起的尿闭属于湿热证者，均可应用。湿热较重出现黄疸者，加栀子、黄芩、大黄等，以增加清热除湿作用。

防己散(《中兽医治疗学》)

【组成】防己 30 g　黄芪 39 g　茯苓 30 g　桂心 20 g　胡芦巴 30 g　厚朴 25 g　补骨脂 30 g　泽泻 30 g　猪苓 30 g　川楝子 30 g　巴戟天 30 g　牵牛子 20 g

【功能】补肾健脾，利尿除湿。

【主治】肾虚腿肿。

【方解】本方证因肾虚火衰，水湿不能蒸化，导致水湿流注肢体，形成水肿。方中桂心、芦巴子、巴戟天、补骨脂温补肾阳，蒸化水湿，为主药；川楝子善行后焦，协同防己、猪苓、泽泻、牵牛子等利水药，导水湿外出，皆为辅药；黄芪补中益气，厚朴、茯苓健脾利水消肿，均为佐药。合而用之，共奏补肾健脾，利水除湿之功。

【用法】共为末，开水冲调或煎汤，候温灌服。

【应用】用于肾虚火衰、水湿流注肢体的水肿证。

藿香正气散(《和剂局方》)

【组成】藿香 30 g　紫苏 30 g　白芷 30 g　大腹皮 30 g　茯苓 30 g　白术 60 g　半夏曲 60 g　陈皮(去白)60 g　厚朴(姜汁炙)60 g　桔梗 60 g　炙甘草 75 g

【功能】解表化湿、理气和中。

【主治】外感风寒，内伤湿滞。

【方解】外感风寒，内伤湿滞，治宜外散风寒，内化湿浊，兼以和中理气。方中藿香辛散风寒，化浊和中为主药；半夏曲燥湿降气，和胃止呕，厚朴行气化湿，宽胸除满，紫苏和白芷助藿香外散风寒，兼可芳香化湿为辅药；陈皮理气燥湿，并能和中，茯苓、白术健脾运湿，大腹皮行气利湿，桔梗宣肺利膈为佐药；甘草、生姜、大枣调脾胃而和诸药，共为使药。

【用法】共为末，生姜、大枣煎水冲调，候温灌服，亦可水煎灌服。

【应用】适用于内伤湿滞、复感风寒，以湿滞脾胃为主之证。凡夏季感冒、胃肠型流感、急性胃肠炎、消化不良等，均可应用。表邪偏重者，加香薷以助其解表；兼有食积者，加三仙、莱菔子以消食导滞；泄泻重者，加猪苓、泽泻、车前以利水止泻。

平胃散(《元亨疗马集》)

【组成】苍术 60 g　厚朴 45 g　陈皮 45 g　甘草 20 g　生姜 20 g　大枣 90 g

【功能】祛湿健脾，消胀散满。

【主治】胃寒草少、寒湿困脾等证。

【方解】湿邪困脾，气机阻滞，故生诸症。方中苍术燥湿健脾为主药；辅以厚朴除湿行气，宽中散满；佐以陈皮理气健胃，使以甘草、生姜、大枣调和脾胃。合而用之，祛湿健脾，消胀散满。

【用法】共为末，开水冲调，候温灌服。

【应用】凡湿困中焦，郁阻气机而出现的宿食不消、脾虚慢草、肚腹胀满、大便溏泻等，均可化裁应用。兼食积不化者，加三仙；食滞重者，加槟榔、莱菔子；便秘者，加芒硝、大黄；兼有热象者，加黄连、黄芩；兼寒者，加干姜、肉桂；兼脾虚者，加党参、黄芪等。本方以白术易苍术，加山楂、香附、砂仁等，名为“消积平胃散”，主治马伤料不食。

项目 2.9 常用理气方药

问题一:下列药物不属于理气药的是(　　)。

A. 陈皮　　B. 青皮　　C. 厚朴

D. 枳实　　E. 川芎

问题二:橘皮散主要用于(　　)。

A. 胃肠臌气　　B. 脾气痛　　C. 马伤水起卧

D. 六郁证　　E. 肠气胀

问题三:越鞠丸主要用于(　　)。

A. 胃肠臌气　　B. 脾气痛　　C. 马伤水起卧

D. 六郁证　　E. 肠气胀

问题四:(1～3 题共用下列备选答案)

A. 越鞠丸　　B. 健脾散　　C. 理中汤

D. 四逆汤　　E. 橘皮散

1. 用于治疗脾胃虚寒、胃肠寒湿性的腹痛、泄泻等证的是(　　)。
2. 用于治疗马伤水腹痛起卧的是(　　)。
3. 用于行气解郁的是(　　)。

【任务 43】常用理气药

陈皮
Pericarpium citri reticulatae

为芸香科植物柑橘 *Citrus reticulata* Blanco. 的干燥成熟果皮。生用或炒用。主产于长江以南各省区。

柑橘

陈皮

广陈皮

陈皮

【性味归经】辛、苦,温。入脾、肺经。

【功能主治】理气健脾，燥湿化痰。主治食欲减少，肚腹胀满，泄泻，痰湿咳嗽。

【用量】马、牛 15～45 g；猪、羊 5～10 g；犬、猫 2～5 g；兔、禽 1～3 g。

【应用】①脾胃气滞所致的食欲减少、肚腹胀满、泄泻等，常与党参、白术、茯苓、木香等同用。

②痰湿壅滞所致的气逆喘咳等，常与半夏、茯苓、甘草等同用，如二陈汤。

【药理】含挥发油（*D*-柠檬烯、*β*-松油烯、*β*-月桂烯、间-伞花烯和 *β*-蒎烯），以及橙皮苷，川皮酮、肌醇、维生素 B_1、维生素 C 等，具有助消化、祛痰、抗氧化、利胆、强心等作用。

青皮
Pericarpium citri reticulatae viride

为芸香科植物柑橘 *Citrus reticulata* Blanco. 及其栽培变种的干燥幼果或未成熟果实的果皮。切片生用或炒用。主产于长江以南各省区。

【性味归经】苦、辛、温。入肝、胆经。

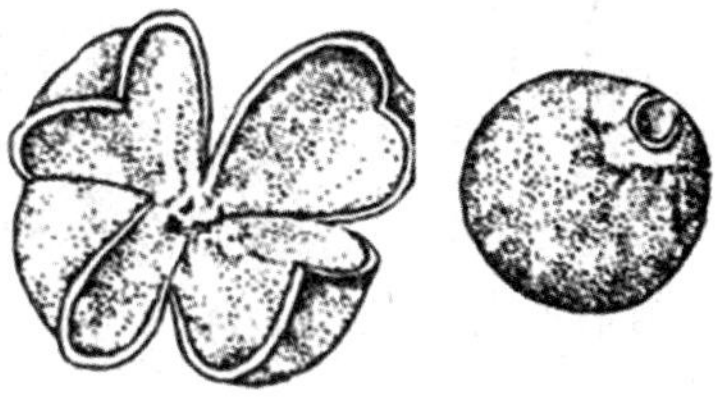

青皮

【功能主治】疏肝止痛，破气消积。主治胸腹胀痛，食积不化，乳痈。

【用量】马、牛 15～30 g，猪、羊 5～10 g；犬 3～5 g；兔、禽 1.5～3 g。

【应用】①肝郁气滞所致的胸腹胀痛，常与郁金、香附、柴胡等同用。

②食积肚腹胀痛、草少、呕吐或泄泻等，常与神曲、山楂、麦芽等同用。

③气血郁结疼痛，常与枳实、三棱、莪术等同用；乳痈，常与金银花、瓜蒌、香附等同用。

【药理】含挥发油[*D*-1-8-萜二烯、P-薄荷-1,4(8)-二烯、1,4-二甲基-7-(1-甲基亚乙基)-1-十氢化萘醇]、橙皮苷、辛福林和 *N*-甲基络胺等，具有祛痰和调整胃肠功能的作用。

枳实
Fructus aurantii immaturus

为芸香科植物酸橙 *Citrus aurantium* L. 及其栽培变种或甜橙 *Citrus sinensis* (L.) Osbeck. 的干燥幼果。切片晒干生用、清炒、麸炒及酒炒用。主产于浙江、福建、广东、江苏、湖南等地。

酸橙

枳实

【性味归经】苦，微寒。入脾、胃经。

【功能主治】破气消积，通便除满。主治肚腹胀满，热结便秘。

【用量】马、牛 15～45 g；猪、羊 5～10 g；犬 2～4 g；兔、禽 1～3 g。

【应用】①脾胃气滞所致的食少、肚腹胀满等，常与陈皮、厚朴、木香等同用。

②热结便秘，常与大黄、芒硝等同用，如大承气汤。

【禁忌】孕畜慎服。

【药理】含挥发油，能增强胃肠节律性运动有利于粪便和气体排出。对子宫有显著的兴奋作用，使子宫收缩有力，子宫平滑肌张力增大，并有缩血管作用，可使血压升高。

[附]枳壳：为芸香科植物酸橙及其栽培变种或甜橙的干燥未成熟果实(枳实为 5～6 月收集未成熟幼果，枳壳为 7 月果皮尚绿时采收)。枳壳性缓而枳实性速，枳壳偏于破胸膈之浊气，治胸腹胀满、呼吸喘急等症，枳实偏于破肠中之气，治肚腹胀大、粪便秘结之症。

香附
Rhizoma cyperi

为莎草科植物香附 *Cyperus rotundus* L. 的干燥根茎。去毛打碎用，或醋制、酒制后用。我国沿海各地均产。

莎草

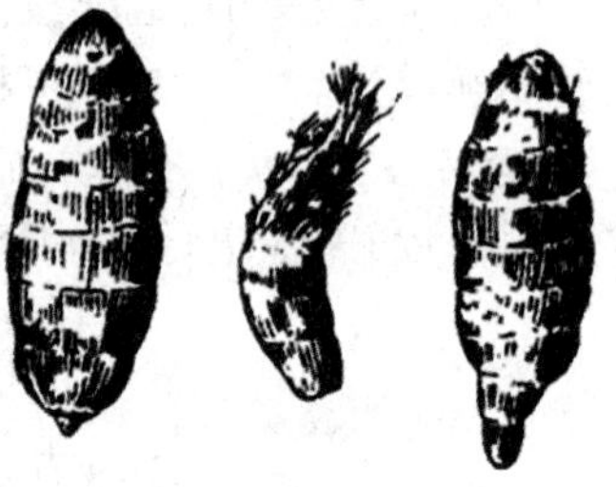

香附根茎

【性味归经】辛、微苦，平。入肝、胆、脾经。

【功能主治】理气解郁，活血止痛。主治气血郁滞，肚腹疼痛，产后腹痛。

【用量】马、牛 15～45 g；猪、羊 10～15 g；犬 4～8 g；兔、禽 1～3 g。

【应用】①气血郁滞所致的草少、食积不消、肚腹胀满、呕吐等，常与川芎、神曲、栀子等同用，如越鞠丸。

②寒凝气滞所致的肚腹疼痛，常与吴茱萸、高良姜等同用。

③产后腹痛，常与当归、艾叶等同用。

【药理】含挥发油(香附子烯、香附酮、异香附醇、莎草醇)等，具有抗炎、抗菌、解热、镇痛和抑制子宫平滑肌收缩等作用。

木香
Radix aucklandiae

为菊科植物云木香 *Aucklandla lappa* Decne. 的干燥根。切片生用。主产于云南、四川等地。

木香

木香根

【性味归经】辛、微苦，温。入脾、胃、大肠、胆经。

【功能主治】行气止痛，健脾和胃。主治脾胃气滞，食积不化，湿热泻痢。

【用量】马、牛 30～60 g；猪、羊 9～15 g；犬、猫 2～5 g；兔、禽 0.3～1 g。

【应用】①脾胃气滞所致的肚腹胀满，常与厚朴、枳实、槟榔、神曲等同用。

②胃失和降所致的食积不化、肠鸣腹痛等，常与党参、白术、砂仁等同用。

③湿热泻痢，常与黄连等同用。

【药理】含挥发油（异土木香内酯、土木香内酯、β-榄香烯、芹子烯、愈创木烯、同-顺-β-香柠檬烯 1,3-环辛二烯、桉叶-4(14),11-二烯和 7-十四碳烯等），具有抗炎、抗菌、降压和促进胃肠蠕动等作用。

厚朴
Cortex magnoliae officinalis

为木兰科植物厚朴 *Magnolia officinalis* Rehd. et Wils. 或凹叶厚朴 *Magnolia officinalis* Rehd. et Wils. var *biloba* Rehd. et Wils. 的干燥根皮或枝皮。切片生用或制用。主产于四川、云南、福建、贵州、湖北等地。

【性味归经】苦、辛，温。入脾、胃、大肠经。

【功能主治】化湿导滞，消胀下气。主治宿食不消，肚腹胀满，气逆咳喘。

【用量】马、牛 15～45 g；猪、羊 5～15 g；犬 3～5 g；兔、禽 1.5～2 g。

【应用】①湿阻中焦、气滞不利所致的肚腹胀满、腹痛或反胃呕吐等，常与苍术、陈皮、甘草等配伍，如平胃散。

②肚腹胀痛兼见便秘，常与枳实、芒硝、大黄等同用。

厚朴

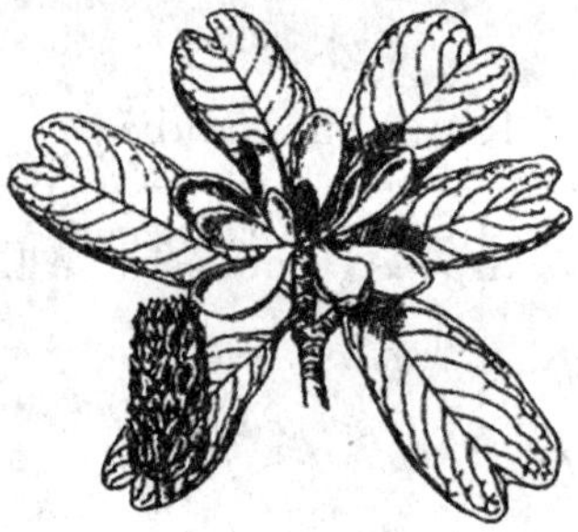

凹叶厚朴

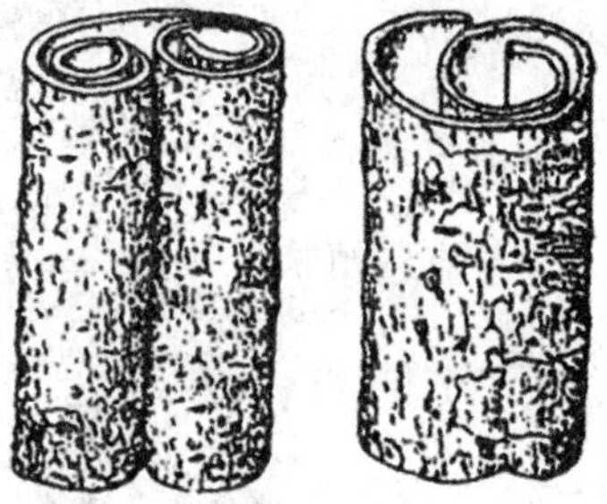

厚朴干皮

③外感风寒、气逆咳喘，常与麻黄、半夏、杏仁等同用。

【药理】含厚朴酚、挥发油和生物碱等，具有健胃、抗菌、解痉、平喘等作用。

砂仁
Fructus amomi

为姜科植物阳春砂 *Amomum villosum* Lour.、绿壳砂 *Amomum villosum* Lour. var *xanthioides* T. L. Wuet. Senjen.或海南砂 *Amomum longiligulare* T. L. Wu.的干燥成熟果实。生用或炒用。主产于云南、广东、广西等地。

阳春砂

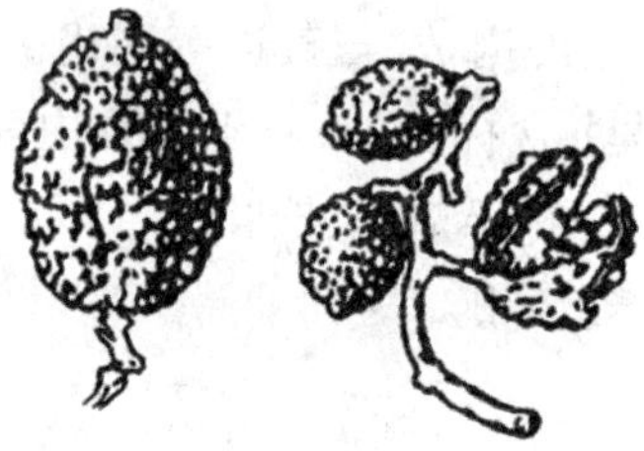

阳春砂果实

【性味归经】辛，温。入胃、脾、肾经。

【功能主治】行气和中，温脾止泻，安胎。主治脾胃气滞，脾胃气虚，脾胃虚寒及胎动不安。

【用量】马、牛 15～30 g；猪、羊 3～10 g；犬 1～3 g；兔、禽 1～2 g。

【应用】①脾胃气滞、湿阻中焦、食少便溏、肚腹胀满等，常与枳实、陈皮等同用。

②脾胃虚寒、泄泻等，常与木香、党参、白术、茯苓等同用。

③胎动不安，常与白术、桑寄生、续断等同用。

【药理】含挥发油(乙酸龙脑酯、樟烯、樟脑、龙脑等)，具有健胃、抑制肠痉挛、抗炎、镇痛等作用。

乌药
Radix linderae

为樟科植物乌药 *Lindera aggregata* (Sims.) Kosterm. 的干燥块根。切片生用。主产于浙江天台者习称台乌;安徽、湖北、江苏、广东、广西等地也有出产。

乌药

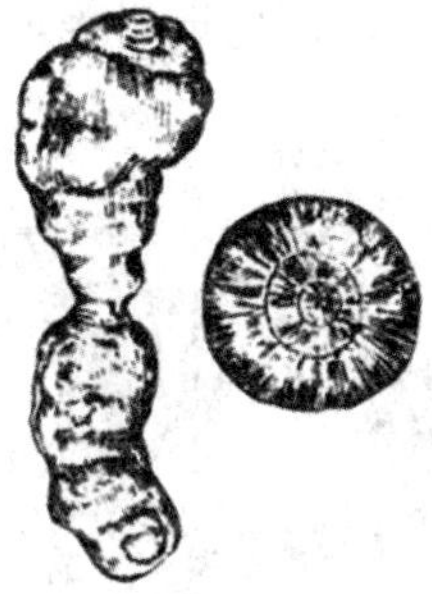

乌药根及饮片

【性味归经】辛,温。入脾、胃、肺、肾经。

【功能主治】行气止痛,温肾散寒。主治胸腹胀痛,尿频数。

【用量】马、牛 30～60 g;猪、羊 10～15 g;犬、猫 3～6 g;兔、禽 1.5～3 g。

【应用】①寒郁气滞所致的胸腹胀痛等,常与香附、木香等同用。

②尿频数,常与益智仁、山药等同用。

【药理】含挥发油(乌药烯、乌药醇、醋酸乌药酯、醋酸龙脑酯、樟脑、莰烯和萜烯,以及新木姜子碱、波尔定碱、牛心果碱等),具有抗炎、镇痛作用,对大鼠离体胃底条具有兴奋作用,且与给药剂量之间有明显的量效关系,其兴奋作用可被异丙嗪和酚妥拉明拮抗,而不受阿托品的影响。

丁香
Flos caryophylli

为桃金娘科植物丁香 *Eugenia caryophyllata* Thunb. 的干燥花蕾。捣碎生用。主产于广东和热带地区。

【性味归经】辛,温。入肺、胃、脾、肾经。

【功能主治】温中降逆,暖肾助阳。主治胃寒呕吐,阳痿,宫寒。

【用量】马、牛 10～30 g;猪、羊 3～6 g;犬、猫 1～2 g;兔、禽 0.3～0.6 g。

【禁忌】畏郁金。

【应用】①胃寒呕吐、食少等,常与砂仁、白术等同用。

丁香

②阳痿、宫寒等，常与附子、肉桂、茴香、巴戟天等同用。

【药理】含挥发油（丁香酚、β-石竹烯、乙酰基丁香酚和α-石竹烯），以及甲基正庚基甲酮、山柰酚、鼠李素和齐墩果酸等，具有抑菌、抗炎、止泻等作用。

草果
Fructus tsaoko

为姜科植物草果 *Amomum tsao-ko* Crevost. et Lemaire. 的干燥果皮。生用或炒用。主产于广东、广西、云南、贵州等地。

草果

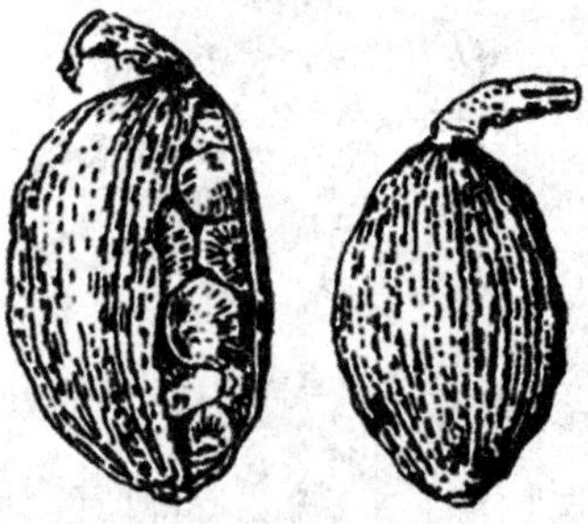
草果果实

【性味归经】辛，温。入脾、胃经。

【功能主治】温中燥湿，祛寒除痰。主治痰浊内阻，肚腹胀满，冷痛。

【用量】马、牛 20～45 g；猪、羊 3～6 g。

【应用】①痰浊内阻、苔白厚腻等，常与槟榔、厚朴、黄芩等同用。

②寒湿阻滞中焦所致的食少冷痛、肚腹胀满、食积不消、反胃呕吐等，常与草豆蔻、厚朴、苍术等同用。

【药理】含挥发油，油中主要成分为桉叶油素、3，7-二甲基-1，6-辛二烯-3-醇、香叶基乙酸酯、香茅醛、α-水芹烯及4-松油醇等，具有促进胃液分泌的作用。

槟榔
Semen arecae

为棕榈科植物槟榔 *Areca catechu* L. 的成熟种子。切片生用或炒用。主产于广东、台湾、云南等地。

【性味归经】辛、苦，温。入胃、大肠经。

【功能主治】杀虫消积，行气利水。主治食积腹痛，脾虚水肿，绦虫病，姜片吸虫病。

【用量】马 5～15 g；牛 12～60 g；猪、羊 6～12 g；兔、禽 1～3 g。鱼每 1 kg 体重 2～4 g，混于饲料中投服。

【应用】①绦虫、姜片吸虫等寄生虫病，单用或与南瓜子、贯众、木香等同用，尤以猪、鹅、鸭绦虫最有效，对于蛔虫、蛲虫、血吸虫等也有驱杀作用。

槟榔

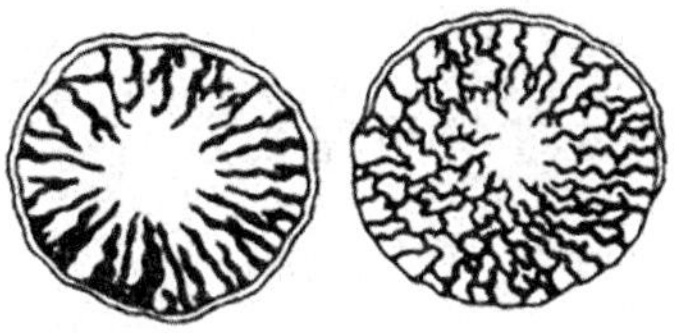

槟榔饮片

②食积气滞，常与青皮、枳壳、神曲、厚朴等同用；腹胀便秘，可与大黄、枳实等同用；里急后重，常与木香、黄芩等同用。

③脾虚水肿，常与白术、黄芪、桂枝、茯苓等同用。

【药理】含槟榔碱、槟榔次碱、去甲槟榔碱等，具有抗菌、抗病毒、杀虫、泻下、促进腺体分泌和缩瞳等作用。

代赭石
Haematitum

为氧化物类矿物刚玉族赤铁矿石，主含三氧化二铁（Fe_2O_3）。生用或煅用。主产于河北、山西、山东、广东、江苏、四川、河南、湖南等地。

【性味归经】苦，寒。入肝、心包经。

【功能主治】平肝降逆，凉血止血。主治肝阳上亢，气逆咳喘，反胃呕吐，血热出血。

【用量】马、牛 15～60 g；猪、羊 6～15 g；犬 6～10 g。

【禁忌】孕畜慎用。

【应用】①肝阳上亢所致的眼目红肿，常与龙骨、牡蛎、白芍等同用。

②肺气上逆的咳喘，单用或与党参、山萸肉等同用；胃气上逆所致的呕吐等，常与旋覆花、半夏、生姜等同用，如旋覆代赭石汤。

③血热所致的衄血、便血等，常与地黄、芍药、栀子等同用。

【药理】生、煅赭石除含有铁元素外，还含有丰富的钙、铜、锌、锰、钴、镍等，对胃肠黏膜有收敛和保护作用，能促进红细胞和血红素的新生，中枢镇静、抗炎和缩短止、凝血时间等作用。长期小量饲养动物，可引起砷中毒。

【相关知识】

凡能疏通气机，调理气分疾病的一类药物（方剂），称理气药（方）。

本类药物大部分辛温芳香，具有行气消胀、解郁、止痛、降气等作用，主要用于脾胃气滞所表现的肚腹胀满、疼痛不安、嗳气酸臭、食欲不振、粪便失常，以及肺气壅滞所致咳喘等。此外，有些理气药还分别兼有健胃、祛痰、散结等功能。

应用本类药物时，应针对病情，并根据药物的特长作适宜的选择和配伍。如湿邪困脾而兼见脾胃气滞证，应根据病情的偏寒或偏热，将理气药同燥湿、温中或清热药配伍使用。草料停积，为脾胃气滞中最常见者，每将理气药同消食药或泻下药同用；而脾胃虚弱，运化无力所致的气滞，则应与健脾、助消化的药物配伍，方能标本兼顾。至于痰饮，瘀血而兼有气滞者，则应分别与祛痰药或活血祛瘀药配伍。

理气药多辛温香燥，易耗气伤阴，气虚、阴虚的病畜慎用，必要时可配伍补气、养阴药。

【任务 44】常用理气方

橘皮散(《元亨疗马集》)

【组成】青皮 25 g　陈皮 30 g　厚朴 30 g　桂心 15 g　细辛 5 g　茴香 30 g　当归 25 g　白芷 15 g　槟榔 15 g

【功能】理气散寒，和血止痛。

【主治】马伤水起卧。证见腹痛起卧，肠鸣如雷，口色淡青，脉沉涩。

【方解】伤水冷痛证，伤水为本，腹痛为标。方中青皮、陈皮、当归理气活血为主药；水为阴邪，阴盛则寒，故以桂心、茴香、厚朴、大葱等辛温散寒之品以驱在里之寒，均为辅药；佐以白芷、细辛、槟榔等散寒止痛、温经行气；加盐、醋引经以助药力为使药。诸药合用共奏理气散寒，活血止痛之功。

【用法】共为末，开水冲，候温加葱白 3 支、炒盐 10 g、醋 120 mL，同调灌服。

【应用】用于马伤水腹痛起卧。若大肠痛，加苍术、木通，减白术；小肠痛，加吴茱萸、苍术；胞经痛尿不利，加木通、滑石、枳壳、茵陈，减茴香；冷气痛，加皂角、艾叶；脾经痛，加白术、甘草，减茴香；肠鸣如雷，加苍术。

越鞠丸(《丹溪心法》)

【组成】香附 30 g　苍术 30 g　川芎 30 g　六曲 30 g　栀子 30 g

【功能】行气解郁。

【主治】六郁证。证见肚腹胀满、嗳气呕吐、水谷不消等属于实证者。

【方解】六郁证，即气、血、痰、火、湿、食郁结所致。六郁之中，以气郁为主，气行则郁散，治疗重在行气解郁。气行则血行，气机通畅则湿、食、痰、火诸郁自解。方中香附行气解郁，为主药；苍术燥湿健脾，治湿郁，六曲消食和胃，治食郁，川芎行气活血，治血郁诸痛，栀子清热除烦，治火郁，皆为辅佐药。火煎津液成痰，火消痰自灭，故不另用化痰药。

【用法】水煎服。马、牛常作为散剂，开水冲服。

【应用】本方为通治六郁之剂，应用时，可按六郁的偏甚适当加味增强效果。气郁偏重者，加厚朴、枳壳、木香等以增强行气作用；湿郁偏重，加茯苓、泽泻增强利湿作用；食郁偏重，加山楂、麦芽增强消导作用，甚者加大黄、朴硝、槟榔增强通肠作用；血郁偏重，加桃仁、红花等增强活血作用；火郁偏重，加黄芩、黄连等增强清热作用，或加大黄以泻火；痰郁偏重者，加半夏、胆南星、瓜蒌等增强化痰作用；挟寒者，加吴茱萸以祛除寒邪。

三香散(《中华人民共和国兽药典》二〇一五年版二部)

【组成】丁香 25 g　木香 45 g　藿香 45 g　青皮 45 g　陈皮 45 g　槟榔 15 g　炒牵牛子 45 g

【功能】破气消胀，宽肠通便。

【主治】胃肠臌气。

【方解】本方为治疗马属动物原发性胃肠臌气的常用方剂。方中丁香温胃散寒，下气消胀为主药。木香、藿香理气和中止痛；青皮、陈皮理气解郁，疏肝和脾，共为辅药。槟榔、牵牛子宽肠导滞，为佐使药。诸药相合，共同发挥破气消胀，宽肠通便的功能。

【用法】共为末，开水冲调或煎汤，候温灌服。

【应用】主要适用于马属动物原发性肠臌气。若为继发性肠臌气，则不适用。

项目 2.10　常用理血方药

问题一：下列药物属于活血祛瘀药的是(　　)。

A. 仙鹤草　B. 白及　C. 蒲黄

D. 地榆　E. 红花

问题二：红花散主要用于(　　)。

A. 胃肠臌气　B. 跌打损伤、腰胯疼痛　C. 血瘀、气瘀

D. 六郁证　E. 料伤五攒痛

问题三：通乳散主要用于(　　)。

A. 产后血虚受寒　B. 养血安胎　C. 胸膊痛

D. 气血不足之缺乳症　E. 乳痈

问题四：下列药物不属于桃红四物汤组方药物的是(　　)。

A. 桃仁　B. 白芍　C. 当归

D. 红花　E. 阿胶

问题五：秦艽散主要功效是(　　)。

A. 清热通淋、祛瘀止血　B. 养血安胎　C. 清热疏风

D. 凉血止血　E. 通经下乳

问题六：槐花散主治(　　)。

A. 产后血虚受寒　B. 肠风下血或粪中带血　C. 膀胱湿热

D. 尿血　E. 乳痈

问题七：(1～3 题共用下列备选答案)

A. 白术散　B. 十黑散　C. 生化汤

D. 桃红四物汤　E. 定痛散

1. 主治产后血虚受寒，恶露不行，肚腹疼痛的是(　　)。

2. 具有养血安胎功效的是(　　)。

3. 主治膀胱积热所致尿血的是(　　)。

【任务45】常用理血药

1. 活血祛瘀药

川芎
Rhizoma chuanxiong

为伞形科植物川芎 *Ligusticum chuanxiong* Hort. 的干燥根茎。切片生用或炒用。主产于四川。

川芎

川芎根茎及饮片

【性味归经】辛，温。入肝、胆、心包经。

【功能主治】活血行气，祛风止痛。主治气血瘀滞，跌打损伤，胎衣不下，产后血瘀，风湿痹痛。

【用量】马、牛 15～45 g；猪、羊 3～10 g；犬、猫 1～3 g；兔、禽 0.5～1.5 g。

【应用】①气血瘀滞所致的难产、胎衣不下、恶露不行，常与当归、赤芍、桃仁等同用，如桃红四物汤。

②风湿痹痛，常与羌活、独活、当归等同用。

【药理】含挥发油，其中含藁本内酯、丁基-4,5-二苯酞、亚油酸乙酯、十六烷酸乙酯，以及藁本内酯二聚体、阿魏酸和川芎三萜等，具有抗炎、解痉、解热、降低血压、改善血微循环等作用。本品少量能刺激子宫的平滑肌使之收缩，大量则使子宫麻痹。

丹参
Radix salviae miltiorrhizae

为唇形科植物丹参 *Salvia miltiorrhiza* Bge. 的干燥根及根茎。切片生用。主产于四川、安徽、湖北等地。

【性味归经】苦，微寒。入心、心包、肝经。

【功能主治】活血祛瘀，通经止痛。主治气血瘀滞，跌打损伤，疮痈肿毒。

【用量】马、牛 15～45 g；猪、羊 5～10 g；犬、猫 3～5 g；兔、禽 0.5～1.5 g。

【应用】①产后恶露不尽、瘀滞腹痛等，常与桃仁、红花、当归、丹皮、益母草等同用。

②跌打损伤，常与当归、桃仁、红花、乳香、没药等同用，如跛行镇痛散。

③疮痈肿毒，常与金银花、乳香、穿山甲等同用。

【禁忌】不宜与藜芦同用。

【药理】含丹参酮、丹参酚等，具有镇静、抑菌、降压、改善微循环等作用。

丹参

益母草
Herba leonuri

为唇形科植物益母草 *Leonurus japonicus* Houtt. 的新鲜或干燥地上部分。切碎生用。各地均产。

【性味归经】辛、苦，微寒。入肝、心、膀胱经。

【功能主治】活血祛瘀，利尿消肿。主治产后瘀血腹痛，胎衣不下，水肿尿少。

【用量】马、牛 30～60 g；猪、羊 10～30 g；犬 5～10 g；兔、禽 0.5～1.5 g。

【禁忌】孕畜慎用。

【应用】①产后血瘀腹痛、胎衣不下，常与当归、川芎、桃仁、炮姜、甘草等同用，如益母生化汤。

②水肿尿少，常与茯苓、猪苓等同用。

【药理】含益母草碱甲、益母草碱乙和水苏碱、氯化钾、有机酸等，具有兴奋子宫、利尿、抗真菌等作用。

益母草

桃仁
Semen persicae

为蔷薇科植物桃 *Prunus persica*（L.）Batsch. 或山桃 Prumus davidiana（Carr.）Franch. 的干燥成熟种子。去果肉及核壳，生用或捣碎用。主产于四川、陕西、河北、山东、贵州等地。

【性味归经】甘、苦，平。入肝、肺、大肠经。

【功能主治】活血祛瘀，润肠通便。主治产后瘀血，跌打损伤，肠燥便秘。

【用量】马、牛 15～30 g；猪、羊 3～10 g。

【应用】①产后瘀血疼痛或跌打损伤、气滞血瘀所致的瘀血肿痛，常与红花、当归、川芎等同用。

桃

山桃

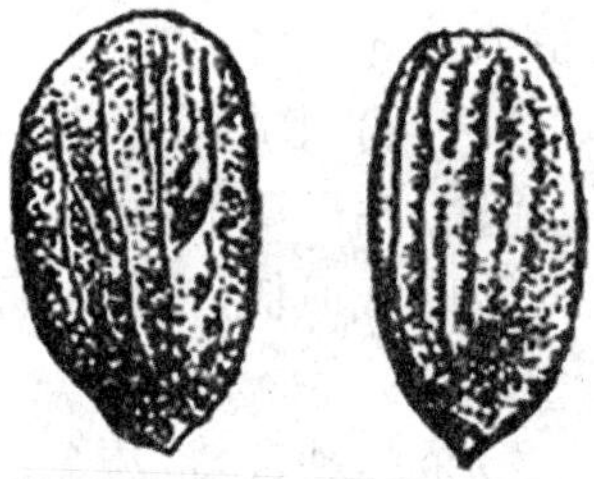

桃仁

②肠燥便秘，常与柏子仁、火麻仁、杏仁等同用。

【禁忌】孕畜慎用。

【药理】含苦杏仁苷和苦杏仁酶、脂肪油、挥发油、维生素 B_1 等，具有抗血栓、止咳、通便的作用。苦杏仁苷能分解产生氢氰酸，大量可使呼吸中枢麻痹而中毒。

红花
Flos carthami

为菊科植物红花 *Carthamus tinctorius* L. 的干燥花。生用。主产于四川、河南、云南、河北等地。

红花

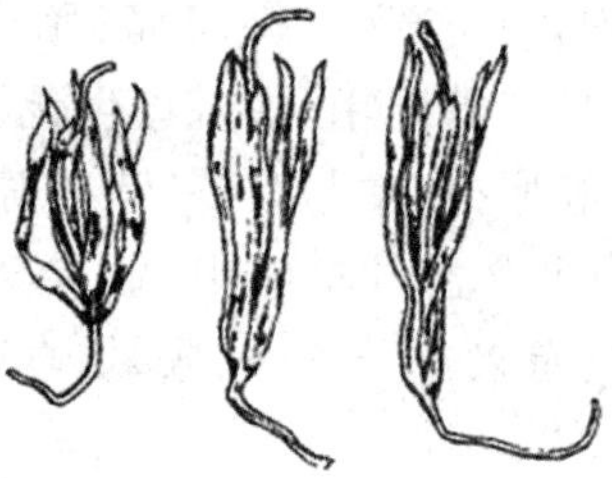

红花饮片

【性味归经】辛，温。入心、肝经。

【功能主治】活血，散瘀，止痛。主治跌打损伤，瘀血疼痛，胎衣不下，痈肿疮疡。

【用量】马、牛 15～30 g；猪、羊 3～10 g；犬 3～5 g。

【禁忌】孕畜慎用。

【应用】①产后瘀血疼痛、胎衣不下等，常与桃仁、川芎、当归、赤芍等同用，如桃红四物汤。

②跌打损伤、瘀血疼痛等，常与桃仁、川芎、乳香、草乌等同用。

③痈肿疮疡，常与赤芍、生地、蒲公英等同用。

【药理】含红花苷、红花黄色素、红花油等，具有兴奋子宫、肠道、血管和支气管平滑肌，促进血液循环，增加冠脉流量等作用。小剂量对心肌有轻度兴奋作用，大剂量则抑制，并能使血压下降。

牛膝
Radix achyranthis bidentatae/Radix cyathulae

为苋科植物牛膝 *Achyranthes bidentat* Blume. 或川牛膝 *Cyathula officinalis* Kuan. 的干燥根。前者习称怀牛膝，后者习称川牛膝。切片生用。怀牛膝主产于河南、河北等地；川牛膝主产于四川、云南、贵州等地。

牛膝

川牛膝

【性味归经】苦、酸，平。入肝、肾经。

【功能主治】活血祛瘀，引血下行，补肝肾，强筋骨。主治产后瘀血，胎衣不下，跌打损伤，风湿痹痛，腰胯痿弱。

【用量】马、牛 15～45 g；猪、羊 5～10 g；犬、猫 1～3 g；兔、禽 0.5～1.5 g。

【禁忌】孕畜慎用。

【应用】①产后瘀血、胎衣不下等，常与红花、川芎、当归等同用。

②跌打损伤，尤以四肢下部肿痛为佳，常与当归、赤芍、乳香、没药等同用。

③风湿痹痛，常与桑寄生、独活、杜仲等同用，如独活寄生汤。

④肝肾不足、腰膝痿弱等，常与熟地、杜仲、菟丝子、当归等同用。

【药理】含 β-蜕皮甾酮、β-谷甾醇、豆甾醇、齐墩果酸和胡萝卜苷等，具有降压、增强子宫收缩及轻度利尿作用，并能降低全血黏度、改善血液循环。

王不留行
Semen vaccariae

为石竹科植物麦篮菜 *Vaccaria segetalis* (Neck) Garcke. 的种子。生用或炒用。主产于东北、华北、西北等地。

麦蓝菜

王不留行

【性味归经】苦，平。入肝、胃经。

【功能主治】通络下乳，活血消瘀。主治乳汁不通，乳痈肿痛。

【用量】马、牛 30～100 g；猪、羊 15～30 g；犬、猫 3～5 g。

【应用】①产后乳少或乳汁不通，常与穿山甲、通草等同用。

②乳痈肿痛，常与瓜蒌、蒲公英、夏枯草等同用。

【禁忌】孕畜慎用。

【药理】含王不留行黄酮苷、异肥皂草苷、刺桐碱等，具有收缩子宫、促进子宫复旧、催乳、镇痛、改善血液循环等作用。

赤芍

Radix paeoniae rubra

为毛茛科植物芍药 *Paeonia lactiflora* Pall. 或川赤芍 *Paeonia veitchii* Lynch. 的干燥根。切段生用。主产于内蒙古、甘肃、山西、贵州、四川、湖南等地。

【性味归经】苦，凉。入肝经。

【功能主治】清热凉血，活血散瘀。主治热入营血，瘀血肿痛，疮黄肿毒，目赤肿痛，赤白痢疾。

【用量】马、牛 15～45 g；猪、羊 3～10 g；犬 2～5 g；兔、禽 1～2 g。

【应用】①热入营血，发热、舌绛、斑疹等，常与水牛角、生地、丹皮等同用。

②跌打损伤，瘀血肿痛等，常与桃仁、红花、川芎、当归等同用。

川赤芍

③疮黄肿毒，常与当归、金银花、甘草等同用。

④目赤肿痛，常与菊花、夏枯草、薄荷等同用。

⑤赤白痢疾，常与大黄、木香、黄芩等同用。

【药理】含芍药苷、羟基芍药苷、芍药花苷等，具有抗菌、解痉、抗血栓、抗自由基等作用。

延胡索

Rhizoma corydalis

为罂粟科植物延胡索 *Corydalis yanhusuo* W. T. Wang 的干燥块茎。醋炒捣碎用。主产于浙江、天津、黑龙江等地。

延胡索

延胡索块茎

【性味归经】苦、微辛，温。入肝、脾经。

【功能主治】活血散瘀，行气止痛。主治气滞血瘀，跌打损伤，风湿痹痛。

【用量】马、牛 15～30 g；猪、羊 3～10 g；犬 1～5 g；兔、禽 0.5～1.5 g。

【应用】①气滞血瘀所致的肚腹疼痛等，常与五灵脂、青皮、没药等同用。②跌打损伤、风湿痹痛，常与当归、川芎、桃仁等同用。

【禁忌】孕畜慎用。

【药理】含延胡索甲素、乙素和丙素等，具有镇痛、解痉、抗炎、止吐等作用。

郁金

Radix curcumae

为姜科植物蓬莪术 *Curcuma phaeocaulis* Val.、广西莪术 *Curcuma kwangsiensis* Sg. Leeet C. F. Liang 或温郁金 *Curcuma wenyujin* Y. H. Chen et C. Ling 的干燥块根。切片生用。主产于四川、云南、广东、广西等地。

温郁金

温郁金块根

【性味归经】辛、苦，寒。入肝、心、肺经。

【功能主治】凉血止血，行气解郁，祛瘀止痛，利胆退黄。主治急慢性肠黄，胸腹疼痛，湿热黄疸。

【用量】马、牛 15～45 g；猪、羊 3～10 g；犬 3～6 g；兔、禽 0.3～1.5 g。

【应用】①急慢肠黄，常与黄柏、黄连、黄芩、大黄、白芍、诃子等同用，如郁金散。

②肝郁气滞所致的胸腹疼痛等，常与柴胡、白芍、香附、当归等同用。

③湿热黄疸，常与茵陈、栀子等同用。

【禁忌】不宜与丁香同用。

【药理】含姜黄素和挥发油，具有促进胆汁分泌和排泄的作用，并能抑制血小板聚集、保护胃肠黏膜。

乳香
Olibanum

为橄榄科植物药胶香树 *Boswellia bhaw-dajiana* Birdw.、卡氏乳香树 *Boswellia carterii* Birdw. 及野乳香树 *Boswellia neglecta* M. Moore 切伤皮部所采得的油胶树脂。去油用或制用。主产于地中海沿岸及其岛屿。

乳香树

【性味归经】苦、辛，温。入心、肝、脾经。

【功能主治】活血止痛，托疮生肌。主治跌打损伤，疮疡。

【用量】马、牛 15～30 g；猪、羊 3～6 g；犬 1～3 g。

【应用】①跌打损伤等，常与没药、当归、血竭、红花等同用。

②疮疡，常与没药、黄柏、栀子等同用。

【禁忌】孕畜慎用。

【药理】含挥发油，其中含醋酸辛酯、1-辛醇、醋酸冰片酯、顺式-β-罗勒烯、苯(甲)酸苄酯和橙花醇醋酸酯，以及乳香酸、木糖、阿拉伯糖和鼠李糖等，具有抗炎、镇痛、提高溃疡愈合质量等作用。

没药
Myrrha

为橄榄科植物没药 *Commiphora myrrha* Engl. 或其他同属植物茎干皮部渗出的油胶树脂。炒或炙后打碎用。主产于非洲、阿拉伯及印度等地。

没药树

【性味归经】苦，平。入肝经。

【功能主治】活血祛瘀，生肌止痛。主治跌打损伤，疮疡。

【用量】马、牛 25～45 g；猪、羊 6～10 g；犬 1～3 g。

【应用】①跌打损伤等，常与乳香相须为用。

②疮疡，常与乳香、血竭等同用。

【药理】含挥发油、树胶及树脂，具有止痛、抑制皮肤真菌，以及抑制支气管、子宫分泌物过多的作用。

五灵脂
Faeces trogopteroi

为鼯鼠科动物复齿鼯鼠 *Trogopterus xanthipes* Milne-Edwards 的干燥粪便。主产于河北、山西、四川、西藏、陕西等地。

复齿鼯鼠

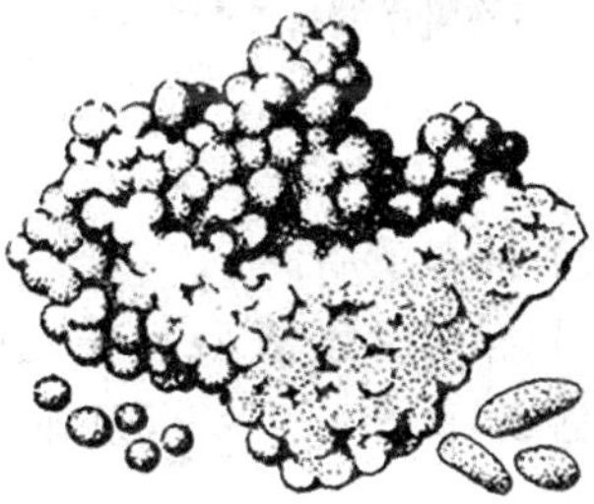
五灵脂

【性味归经】咸,温。入肝经。

【功能主治】活血散瘀,止痛。主治产后血瘀,胎衣不下,跌打损伤。

【用量】马、牛 15～30 g;猪、羊 6～10 g;犬 3～5 g。

【应用】产后血瘀、胎衣不下等,常与蒲黄配伍,如失笑散;跌打损伤,血瘀肿痛,常与当归、川芎、桃仁等同用。

【禁忌】孕畜慎用。畏人参。

【药理】含五灵脂酸、芦丁、苯甲酸、邻苯二酚、原酸儿茶酸、5-甲氧基-7-羟基香豆素、尿嘧啶、尿酸、尿素、三对节酸、树脂、氨基酸及大量微量元素等,水提取物能显著抑制由胶元、ADP 所诱导的家兔血小板聚集。乙酸乙酯提取物腹腔注射能抑制二甲苯所致小鼠耳壳肿胀及对角叉菜胶所致大鼠足跖肿胀,抑制小鼠棉球肉芽组织增生,灌胃能抑制由醋酸引起的小鼠腹腔毛细血管渗出,抑制胃液分泌,具有保护胃黏膜和预防胃溃疡发生的作用。

三棱
Rhizoma sparganii

为黑三棱科植物黑三棱 *Sparganium stoloniferum* Buch-Ham. 的干燥块茎。去皮,切段生用。主产于东北、黄河流域、长江中下游各省区。

【性味归经】苦,平。入肝、脾经。

【功能主治】破血行气,消积止痛。主治产后瘀滞腹痛,宿草不转。

【用量】马、牛 15～60 g;猪、羊 5～10 g;犬、猫 1～3 g。

【应用】①产后瘀滞腹痛、恶露不尽等,常与莪术、当归、红花、桃仁、郁金等同用。

②食积气滞、肚腹胀满等,常与木香、枳实、麦芽、山楂等同用。

黑三棱

黑三棱块茎

【禁忌】孕畜慎用。

【药理】含三棱酸、β-谷甾醇、豆甾醇、丁二酸、胡萝卜苷及挥发油、脂肪酸等，具有镇痛、降低全血黏度、血细胞压积以及血沉速率等作用。

莪术
Rhizoma curcumae

为姜科植物蓬莪术 *Curcuma phaeocaulis* Val.、广西莪术 *Curcuma kwangsiensis* Sg Leeet C. F. Liang 或温郁金 *Curcuma wenyujin* Y. H. Chen et C. Ling 的干燥根茎。切段生用。主产于广东、广西、台湾、四川、福建、云南等地。

莪术

广西莪术

【性味归经】苦、辛，温。入肝、脾经。

【功能主治】破瘀消积，行气止痛。主治产后瘀血疼痛、肚腹胀痛。

【用量】马、牛 15～60 g；猪、羊 5～10 g。

【应用】①气滞血瘀所致的产后瘀血疼痛，常与三棱相须为用，或与当归、红花等同用。

②肚腹胀痛，常与木香、青皮、山楂、麦芽等同用。

【药理】含挥发油，其中含 α-榄香烯、莪术酮、莪术醇、姜黄素、莪术二酮等，莪术醇能延长小鼠血凝时间，莪术油对小鼠 S_{180} 肉瘤及肿瘤血管形成均有抑制作用。

虎杖

Rhizoma polygoni cuspidati

为蓼科植物虎杖 *Polygonum cuspidatum* Sieb. et Zucc. 的干燥根茎和根。切段生用。主产于江苏、浙江、安徽、广东、广西、四川、云南等。

【性味归经】微苦，微寒。入肝、胆、肺经。

【功能主治】活血定痛，祛风利湿，止咳化痰。主治风湿痹痛，跌打损伤，肺热咳嗽。

【用量】马、牛 30～100 g；猪、羊 15～30 g；兔、禽 1～2 g。外用适量。

【应用】①风湿痹痛，常与防己、秦艽、海桐皮、威灵仙等同用。

②跌打损伤等，常与当归、红花等同用。

③肺热咳嗽，常与黄芩、枇杷叶等同用。

【药理】含大黄素、大黄素甲醚、大黄酸、白黎芦醇和白黎芦醇苷等，具有抗菌、止咳、抗氧化和降血压等作用。

虎杖

虎杖根茎

马鞭草

Herba Verbenae

为马鞭草科植物马鞭草 *Verbena officinalis* L. 的干燥地上部分。生用。主产于湖北、江苏、广西、贵州等地。

【性味归经】苦，凉。入肝、脾经。

【功能主治】活血散瘀，利水消肿。主治产后血瘀，跌打损伤，尿淋。

【用量】马、牛 30～120 g；猪、羊 15～30 g。外用适量。

【应用】①产后血瘀，常与益母草、牛膝等同用。

②跌打损伤，常与当归、川芎、赤芍、红花、丹皮等同用。

③尿淋或尿不利，常与车前子、萹蓄等同用。

【药理】含马鞭草苷、5-二氢马鞭草苷、桃叶珊瑚苷、熊果酸、3α，24-二羟基齐墩果酸、十六烷酸、β-谷甾醇、羽扇豆醇、蒿黄素和胡萝卜素等，具有抗菌、抗炎、镇痛和抗早孕作用。

马鞭草

鸡血藤

Caulis Spatholobi

为豆科植物密花豆 *Spatholobus suberectus* Dunn. 的干燥藤茎。切片生用。主产于广西、福建、广东、贵州、云南等地。

密花豆

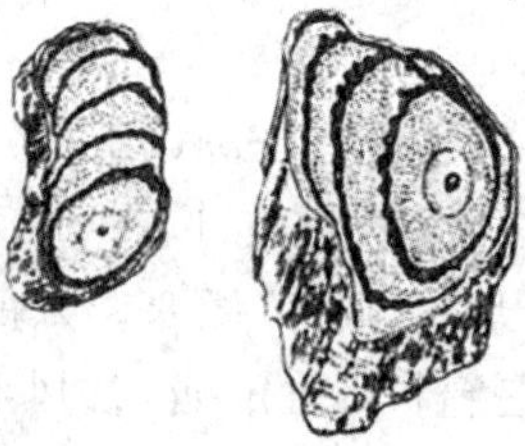

鸡血藤茎

【性味归经】苦、甘，温。入肝、肾经。

【功能主治】补血，活血，通络。主治闪伤，风寒湿痹，产后血虚。

【用量】马、牛 60～120 g；猪、羊 15～30 g。

【应用】①闪伤，常与延胡索、当归、川芎、红花、桃仁等同用。

②风寒湿痹，常与桑寄生、独活、当归、丹参、牛膝、丹皮等同用。

③产后血虚，常与益母草、白茅根等同用。

【药理】含黄酮类化合物，其中主要有芒柄花素、芒柄花苷、樱黄素、阿夫罗摩辛、卡亚宁、大豆苷元、苜蓿内酯、异甘草素、表儿茶素和原儿茶素等，具有抗炎、镇静催眠、抗病毒、调节免疫功能等作用，并能扩张外周血管，增加器官血流量，降低血管阻力和血液黏度的作用。

月季花

Flos Rosae Chinensis

为蔷薇科植物月季 *Rosa chinensis* Jacq. 的干燥花蕾。生用。主产于江苏、湖北、山东、河北等地。

月季

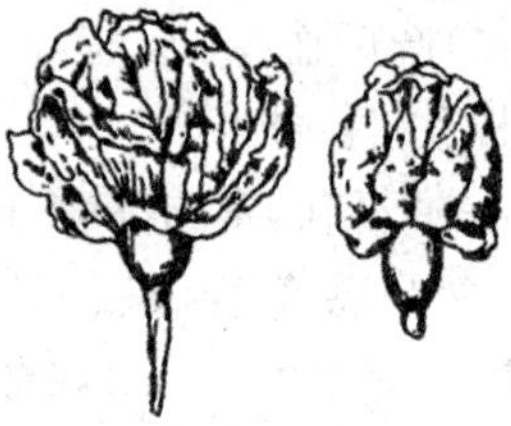

月季花蕾

【性味归经】苦，温。入肝经。

【功能主治】活血通经，解毒消肿。主治产后瘀血腹痛，跌打损伤，痈肿。

【用量】马、牛 15～30 g；猪、羊 5～10 g；犬、猫 1～3 g。

【应用】①产后瘀血腹痛，常与益母草等同用。

②跌打损伤，常与威灵仙同用。

③痈肿，单味研末调涂，或外用鲜品适量，捣敷患处。

【药理】含挥发油和黄酮类化合物。挥发油中含香茅醇、香叶醇、橙花醇、丁香酚和苯乙醇。黄酮类有槲皮素、槲皮苷、山萘黄素和山萘素-3-O-鼠李糖苷等，具有抗血栓形成、利尿、抗菌和抗病毒作用。

土鳖虫
Eupolyphaga seu steleophaga

为蜚蠊科昆虫地鳖 *Eupolyphaga sinensis* Walk. 或冀地鳖 *Steleophaga plancyi* (Boleny.)的干燥雌虫虫体。生用。主产于福建、江苏、北京等地。

【性味归经】咸，寒。有毒。入肝经。

【功能主治】破瘀血，续筋骨。主治跌打损伤，筋骨折伤，瘀血肿痛，产后血瘀。

地鳖

【用量】马、牛 10～15 g；猪、羊 3～6 g；犬、猫 1～3 g。

【应用】①跌打损伤、筋骨折伤、瘀血肿痛等，常与自然铜、乳香、没药等同用。

②产后血瘀，常与当归、桃仁等同用。

【禁忌】孕畜慎用。

【药理】地鳖和冀地鳖均含有脂肪油、脂肪酸以及铁、硒、锌、锰和铜等 22 种无机元素，提取液能明显抑制体外血栓的形成和血小板的聚集，提高心肌和脑对缺氧的耐受力，并能降低组织的耗氧量。

水蛭
Hirudo

为水蛭科动物蚂蟥 *Whitmania pigra* Whitman.、水蛭 *Hirudo nipponica* Whitman. 或柳叶蚂蟥 *Whitmania acranulata* Whitman. 的干燥体。生用。主产于山东、江苏、浙江、安徽、湖南、湖北、四川等地。

【性味归经】咸、苦，平，有毒。入肝经。

【功能主治】破血逐瘀，通经活络。主治跌打损伤，疮黄疔毒。

【用量】马、牛 10～15 g；猪、羊 1.5～3 g。

【应用】①跌打损伤，常与大黄、牵牛子等同用。

②疮黄疔毒，单用或与大黄、芒硝、雄黄等同用。

【禁忌】孕畜慎用。

【药理】含水蛭素、菲牛蛭素、森林山蛭素和溶纤素等，具有抗凝血、降低全血黏度和红细胞聚集指数作用，并能提高荷瘤小鼠的细胞免疫功能，抑制荷瘤小鼠肿瘤的生长，延长荷瘤小鼠的存活时间。

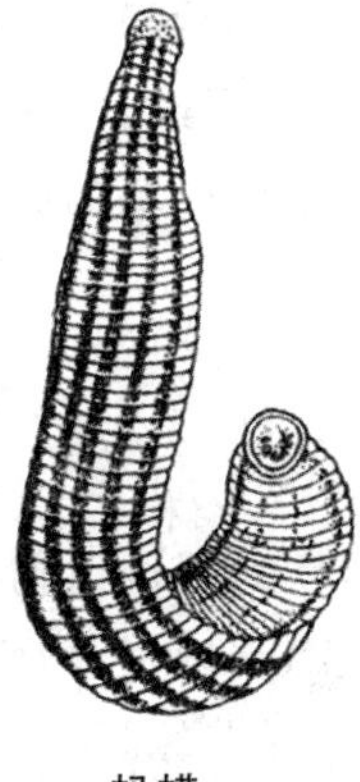

蚂蟥

自然铜
Pyritum

为硫化物类矿物黄铁矿族黄铁矿，主含二硫化铁（FeS_2）。醋淬研细或水飞用。主产于四川、广东、湖南等地。

【性味归经】辛，平。入肝经。

【功能主治】散瘀止痛，续筋接骨。主治跌打损伤，瘀滞肿痛，筋骨折伤。

【用量】马、牛 15～45 g；猪、羊 3～10 g；犬 2～5 g。

【应用】跌打损伤、瘀滞肿痛、筋骨折伤等，常与当归、乳香、没药等同用。

【药理】主成分二硫化铁，伴生元素有钴、镍、砷、硒、锑、铜、金、银及微量的碲、锗、铟、镓、铋、锰、锌和铅等，对供试的多种病原性真菌均有不同程度的抗菌作用，尤其对石膏样毛癣菌、土曲霉菌等丝状真菌作用较强。能提高家兔骨痂中微量元素铁、铜的含量，增加骨痂生长量，从而促进骨修复过程。

2. 止血药

三七
Radix notoginseng

为五加科植物三七 *Panax notoginseng*（Burk.）F. H. Chen 的干燥根。打碎或磨末生用。主产于云南、广西、江西等地。

【性味归经】甘、微苦，温。入肝，胃经。

【功能主治】散瘀止血，消肿止痛。主治便血，衄血，吐血，外伤出血，跌打损伤。

【用量】马、牛 10～30 g；猪、羊 3～6 g；犬、猫 1～3 g。

【应用】①便血、衄血、吐血、外伤出血等，均可单用内服或外用，或配花蕊石、血余炭等同用。

②跌打损伤，可单用内服或外敷，或与乳香、没药、血竭、土鳖虫等同用。

三七

【禁忌】孕畜慎用。

【药理】含三萜类皂苷、黄酮苷及生物碱，能缩短血凝时间，并使血小板增加而止血。

白及
Rhizoma bletillae

为兰科植物白及 *Bletilla striata*（Thunb.）Reichb. f. 的干燥块茎。打碎或切片生用。主产于华东、华南及陕西、四川、云南等地。

【性味归经】苦、甘、涩，微寒。入肺、胃、肝经。

【功能主治】收敛止血，消肿生肌。主治肺胃出血，外伤出血，痈肿疮毒。

白及

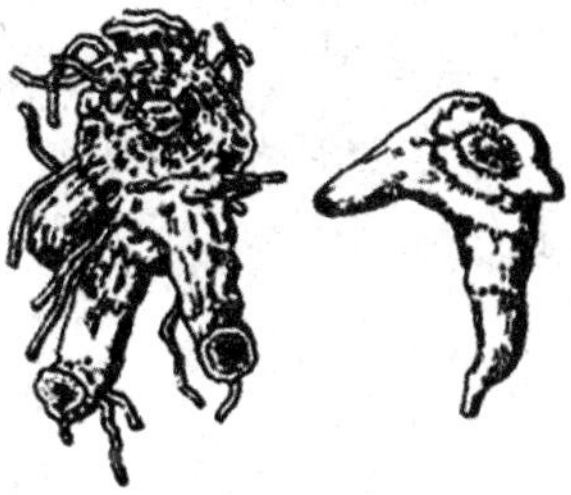

白及根茎

【用量】马、牛 25～60 g；猪、羊 6～12 g；犬、猫 1～5 g；兔、禽 0.5～1.5 g。

【应用】①肺胃出血，单用或与阿胶、藕节、生地等同用；外伤出血，单味研末外敷。

②疮痈初起未溃者，常与金银花、天花粉、乳香等同用；疮疡已溃而久不收口，研末外用。

【禁忌】不宜与乌头同用。

【药理】含苄类、联苄类、菲类、联菲类等，具有止血、保护胃黏膜及抗菌等作用。

仙鹤草
Herba agrimoniae

为蔷薇科植物龙芽草 *Agrimonia pilosa* Ledeb. 的干燥地上部分。切段生用。全国大部分地区均有分布。

【性味归经】苦、涩，凉。入肝、肺、脾经。

【功能主治】收敛止血，疗疮解毒。主治出血证，痈肿疮毒，血痢。

龙芽草

【用量】马、牛 15～60 g；猪、羊 6～15 g；犬、猫 2～5 g；兔、禽 1～1.5 g。

【应用】①衄血、便血、尿血等各种出血证，单用或与侧柏叶、白及、大蓟、当归等同用。

②痈肿疮毒，单味外用或内服。

③血痢经久不愈，单用或与地榆、槐花、白头翁等同用。

【药理】含仙鹤草酚、伪绵马素、仙鹤草内酯等，具有抗菌、止血、抗血栓、抗炎和止痛等作用。

棕榈
Petiolus trachycarpi

为棕榈科植物棕榈 *Trachycarpus fortunei*（Hook.）H. Wendl 的干燥叶柄。除去纤维状棕毛，炒炭或生用。主产于广东、福建等地。

【性味归经】苦、涩，平。入肝、肺、大肠经。

【功能主治】收敛止血。主治出血证。

【用量】马、牛 15～45 g；猪、羊 5～15 g。

【应用】衄血、咯血、便血、尿血、子宫出血等出血证，常与侧柏叶、血余炭、蒲黄等同用，如十黑散。

【药理】含对羟基苯甲酸、原儿茶酸、原儿茶醛、没食子酸等，具有止血作用。

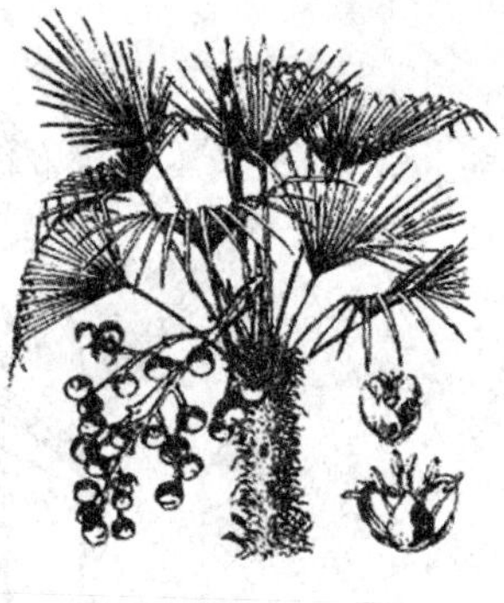
棕榈

蒲黄
Pollen typhae

为香蒲科植物水烛香蒲 *Typha angustifolia* L.、东方香蒲 *Typha orientalis* Presl. 或同属植物的干燥花粉。炒用或生用。主产于浙江、山东、安徽等地。

【性味归经】甘，平。入肝、脾、心包经。

【功能主治】活血祛瘀，收敛止血。主治出血证，产后血瘀。

【用量】马、牛 15～45 g；猪、羊 5～10 g；犬 3～5 g；兔、禽 0.5～1.5 g。

【应用】①子宫出血，常与益母草、艾叶、阿胶等同用；尿血，常与白茅根、大蓟、小蓟等同用；咯血，常与白及、血余炭等同用。

②产后血瘀所致的腹痛、胎衣不下、恶露不尽等，常与五灵脂、桃仁、红花、赤芍等同用。

【药理】含 β-谷甾醇、槲皮素、山柰素、异鼠李苷、棕榈酸等，具有止血、止痛和收缩子宫的作用。

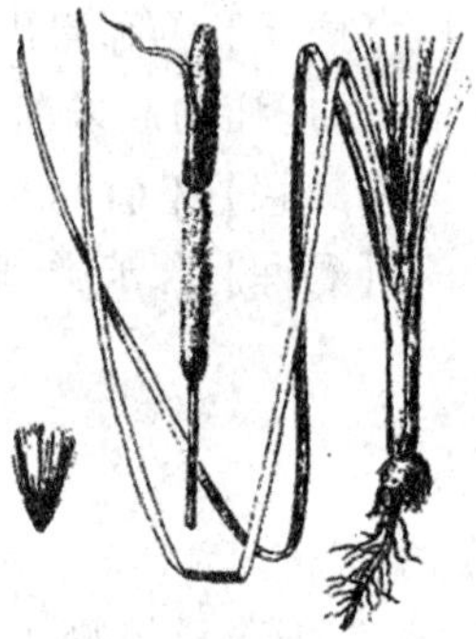
东方香蒲

侧柏叶
Cacumen platycladi

为柏科植物侧柏 *Platycladus orientalis*（L.）Franco 的干燥枝叶。生用或炒炭用。主产于辽宁和山东。

【性味归经】苦、涩，微寒。入肝、肺、大肠经。

【功能主治】凉血止血，清肺止咳。主治出血证，肺热咳嗽。

【用量】马、牛 15～60 g；猪、羊 5～15 g；兔、禽 0.5～1.5 g。

【应用】①血热妄行所致的便血、尿血、子宫出血等均可应用。便血，常与槐花等同用，如槐花散；尿血，常与知母、栀子等同用，如十黑散；衄血，常与仙鹤草、阿胶、白及等同用，如仙鹤草散。

②肺热咳嗽，单味研末内服，或与大枣等同用。

【药理】含挥发油，其中含 β-雪松醇、2,6-叔丁基对甲酚、α-石竹烯、氧化石竹烯等，具有止血、止咳、祛痰、平喘作用。

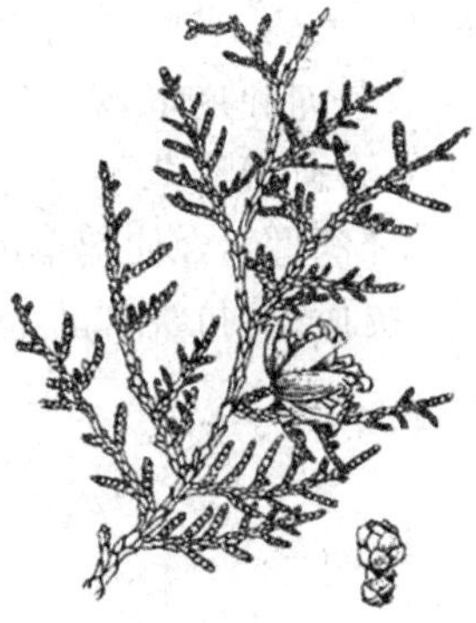
侧柏

地榆
Radix sanguisorbae

为蔷薇科植物地榆 *Sanguisorba officinalis* L. 或长叶地榆 *Sanguisorba officinalis* L. var *longifolia* (Bert.) Yu. et Li. 的干燥根。生用或炒炭用。主产于浙江、安徽、湖北、湖南、山东、贵州等地。

地榆

长叶地榆

地榆根

【性味归经】苦、酸，微寒。入肝、胃、大肠经。

【功能主治】凉血解毒，止血敛疮。主治出血证，烫火伤。

【用量】马、牛 15～60 g；猪、羊 6～12 g；兔、禽 1～2 g。

【应用】①便血、血痢、衄血、子宫出血等，常与槐花、侧柏等同用，或与黄连、木香、诃子等同用。

②烫火伤，生地榆研末，麻油调敷，或地榆炭与大黄、黄柏等共研细末，植物油调敷。

【药理】含地榆苷、没食子酸、熊果酸、β-胡萝卜苷等，具有止血、收敛、抑菌、抗炎等作用。

槐花
Flos sophorae

为豆科植物槐 *Sophora japonica* L. 的干燥花及花蕾。生用或炒用。主产于辽宁、湖北、安徽、北京等地。

槐

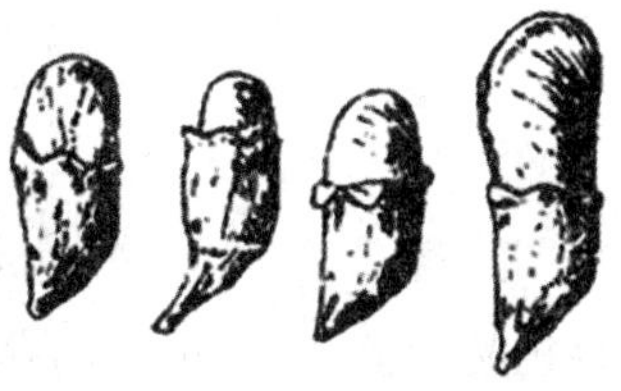
槐花花蕾

【性味归经】苦，微寒。入肝、大肠经。

【功能主治】清肝泻火，凉血止血。主治肠风便血，赤白痢疾，目赤肿痛。

【用量】马、牛 30～45 g；猪、羊 5～15 g；犬 5～8 g。

【应用】①肠风便血等，常与地榆同用，也可与侧柏叶、荆芥炭、枳壳等配伍，如槐花散。

②肝火上炎所致的目赤肿痛，常与夏枯草、菊花、黄芩、草决明等同用。

【药理】含芦丁、槲皮素、槐花米甲素、槐花米乙素、槐花米丙素等，具有止血、抗炎、抗氧化、抗真菌等作用。

血竭
Sanguis draconis

为棕榈科植物麒麟竭 *Daemonorops draco* Bl. 果实和藤茎中的树脂。捣碎研末用。主产于广东、广西、云南等地。

麒麟竭

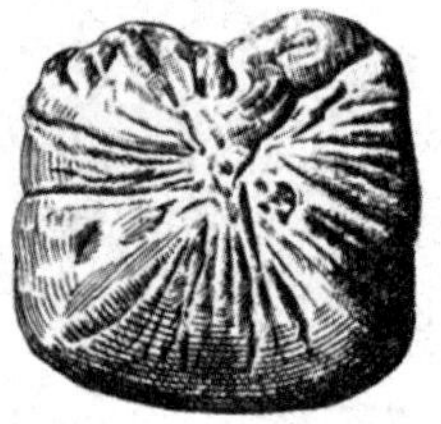

血竭

【性味归经】甘、咸，平。入心、肝经。

【功能主治】散瘀止血，敛疮生肌。主治跌打损伤，出血证，疮口不敛。

【用量】马、牛 15～25 g；猪、羊 3～6 g；犬 1～3 g。外用研末撒布或入膏药用。

【应用】①跌打损伤、产后瘀阻疼痛等，常与乳香、没药、红花等同用。

②外伤出血，单味敷出血处，或与蒲黄等同用；鼻衄，与血余炭研末吹鼻。

③疮口不敛，常与乳香、没药、儿茶等同用，如生肌散。

【药理】含血竭红素、血竭素、去甲血竭红素等，具有止血、镇痛、抗炎和抗真菌等作用。

大蓟
Herba cirsii japonici

为菊科植物大蓟 *Cirsium japonicum* DC. 的干燥地上部分或根。生用或炒炭用。主产于江苏、安徽，我国南北各地均有分布。

【性味归经】甘，凉。入肝、心经。

【功能主治】凉血止血，散瘀消肿。主治出血证，痈肿疮毒。

【用量】马、牛 30～60 g；猪、羊 10～20 g。

【应用】①血热妄行所致的衄血、尿血、便血、子宫出血等，常与生地、蒲黄、侧柏、丹皮同用。

②痈肿疮毒，鲜品捣烂外敷或煎服。

【药理】含柳穿鱼苷、谷甾醇、豆甾醇、蒲公英甾醇、香树脂醇、乙酰香树脂醇、紫杉烯、香附子烯、石竹烯、罗汉柏烯、烯蒙花苷、丁香苷和绿原酸等，具有降血压、抑菌、抗病毒、抗肿瘤、杀线虫和止血等作用。

大蓟

小蓟

Herba cirsii

为菊科植物小蓟 *Cirsium setosum*（Willd.）MB. 的干燥地上部分。生用或炒炭用。我国各地均产。

【性味归经】甘，凉。入心、肝经。

【功能主治】凉血止血，祛瘀消肿。主治出血证，痈肿疮毒。

【用量】马、牛 30～90 g，猪、羊 20～40 g；犬 5～10 g。

【应用】①血热妄行所致的尿血、鼻衄、子宫出血、便血等，常与蒲黄、木通、滑石等同用。

②痈肿疮毒，单味外敷或内服。

【药理】含柳穿鱼苷、刺槐苷、蒙花苷、芦丁、原儿茶酸、绿原酸、咖啡酸、谷甾醇、豆甾醇、伪-乙酰蒲公英甾醇、蒲公英甾醇、酪胺和氯化钾等，具有抑菌、止血和升压等作用。

小蓟

血余炭

Crinis carbonisatus

为人发煅制成的碳化物。

【性味归经】苦，平。入肝、胃经。

【功能主治】收敛止血。主治出血证。

【用量】马、牛 15～30 g；猪、羊 6～12 g；犬 3～5 g。

【应用】①衄血、便血、尿血、子宫出血等，单用或与侧柏叶、藕节、棕榈炭等同用，如十黑散。

②疮疡溃后久不收口，单味研末外敷。

【药理】含钙、铜、锌、硒及氯等无机离子，对金黄色葡萄球菌、伤寒杆菌及福氏痢疾杆菌均有抑制作用。

茜草

Radix rubiae

为茜草科植物茜草 *Rubla cordifolla* L. 的干燥根及根茎。生用或炒用。全国各地均产。

茜草

【性味归经】苦，寒。入肝经。

【功能主治】凉血止血，活血祛瘀。主治出血证，跌打损伤。

【用量】牛、马 30～60 g；猪、羊 10～20 g。

【应用】①血热妄行所致衄血、便血、子宫出血、尿血等，常与地榆、仙鹤草、侧柏叶、丹皮、大黄等同用。

②跌打损伤、疮疡等，常与川芎、赤芍、丹皮等同用。

【药理】含蒽醌及其苷、萘醌、环己肽和多糖等，具有抑菌、止血作用，煎剂能对抗乙酰胆碱所致的离体肠痉挛，水提物对离体豚鼠子宫有兴奋作用，产后口服有加强子宫收缩作用。

马勃

Lasiosphaera Seu Calvatia

为灰包科真菌脱皮马勃 *Lasiosphaera fenzlii* Reich.、大马勃 *Calvatia gigantea*（Batsch. ex Pers.）Lloyd. 或紫色马勃 *Calvatia lilachina*（Mont. et Berk.）Lloyd. 的干燥子实体。生用。主产于安徽、江苏、湖北、广东、广西、甘肃、内蒙古、青海、河北等地。

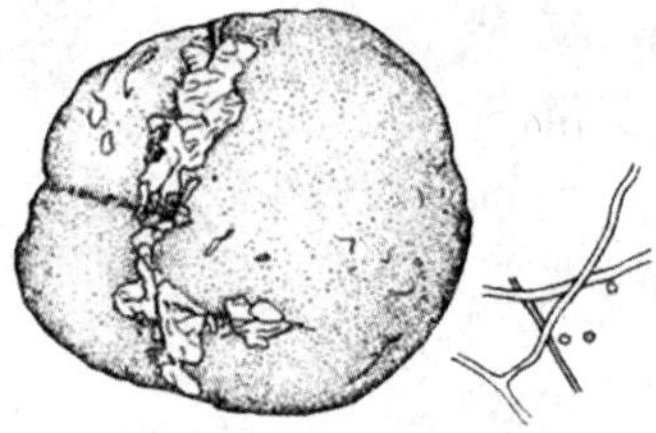

脱皮马勃

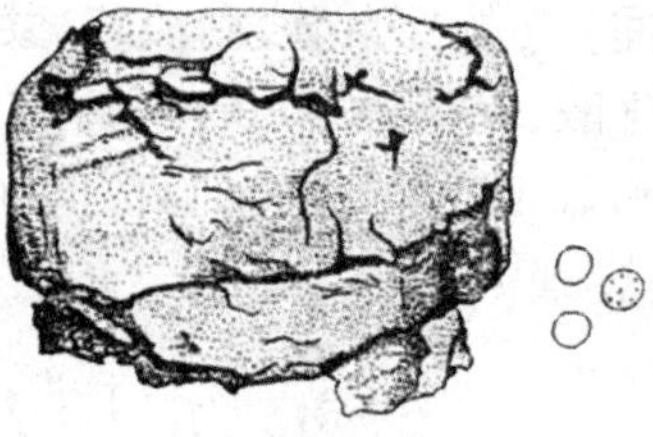

大马勃

【性味归经】辛，平。入肺经。

【功能主治】清肺利咽，解毒止血。主治咽喉肿痛，肺热咳嗽，创伤出血。

【用量】马、牛 15～25 g；猪、羊 3～6 g；犬、猫 0.5～1 g。外用适量。

【应用】①咽喉肿痛，单味吹入喉部，或与诃子同用。

②肺热咳嗽，单味水煎服，或与木耳、草菇等同用。

③创伤出血，单味敷患处，或与蒲黄同用。

【药理】含马勃素、马勃酸、麦角甾-7,22-二烯-3-酮、氨基酸及磷酸盐等，脱皮马勃所含的磷酸钠有机械性止血作用。煎剂对金黄色葡萄球菌、肺炎球菌、绿脓杆菌、变形杆菌等有抑制作用。悬液能显著抑制二甲苯所致小鼠耳壳肿胀，能延长机械性刺激豚鼠所致咳的咳嗽潜伏期。

瓦松

Herba orostachyos

为景天科植物瓦松 *Orostachys fimbriatus*（Turcz.）Berg. 的干燥地上部分。生用。全国各地均产。

【性味归经】酸，平。入肺经。

【功能主治】止血，敛疮。主治肠黄便血，疮疡不敛。

【用量】马、牛 15～60 g；猪、羊 3～10 g。外用适量。

【应用】①肠黄便血，常与仙鹤草、侧柏叶等同用。

②疮疡不敛，单味捣烂外敷，或与马齿苋同用。

【药理】含山柰素、槲皮素、山柰素-7-鼠李糖苷、山柰素-3-葡萄糖基-7-鼠李糖苷、异槲皮苷、景天庚酮糖苷及异丙叉景天庚酮糖苷等，具有抗菌、抗炎、镇痛作用。

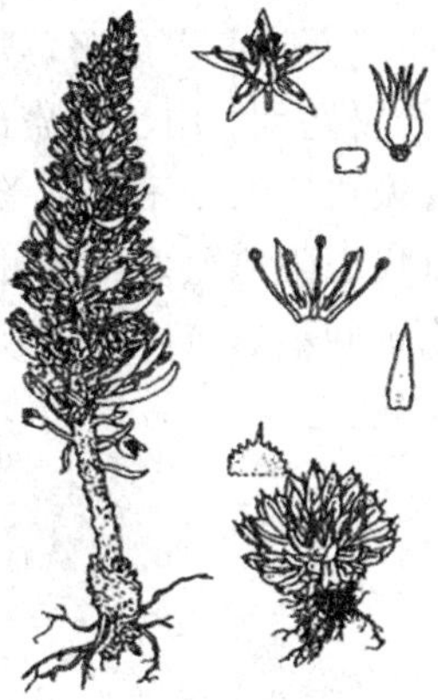

瓦松

【相关知识】

凡能调理和治疗血分病证的药物(方剂)，称为理血药(方)。

血分疾病一般分为血虚、血溢、血热和血瘀四种。血虚宜补血，血溢宜止血，血热宜凉血，血瘀宜活血。故理血药有补血、活血、凉血和止血四类。清热凉血药已在清热药中叙述，补血药将在补益药中叙述，本节只介绍活血祛瘀药和止血药两类。

(1)活血祛瘀药：具有活血祛瘀、疏通血脉的作用，适用于瘀血疼痛，痈肿初起，跌打损伤，产后血瘀腹痛，肿块及胎衣不下等病证。由于气与血关系密切，气滞则血瘀，血瘀则气滞，故使用本类药物时，常与行气药同用，可增强活血功能。

(2)止血药：具有制止内外出血的作用，适用于各种出血证，如咯血、吐血、便血、衄血、尿血、子宫出血及创伤出血等。治疗出血，必须根据出血的原因和不同的症状，选择适当药物进行配伍，增强疗效。如属血热妄行之出血，应与清热凉血药同用；属阴虚阳亢的，应与滋阴潜阳药同用；属于气虚不能摄血的，应与补气药同用；属于瘀血内阻的，应与活血祛瘀药同用。

使用理血药时应注意：

①活血祛瘀药兼有催产下胎作用，对孕畜要禁用或慎用。

②在使用止血药时，除大出血应急救止血外，还须注意有无瘀血，若瘀血未尽(如出血暗紫)，应酌加活血祛瘀药，以免留瘀之弊；若出血过多，虚极欲脱时，可加用补气药以固脱。

【任务 46】常用理血方

桃红四物汤(《医宗金鉴》)

【组成】桃仁 45 g　当归 45 g　赤芍 45 g　红花 30 g　川芎 20 g　生地 60 g

【功能】活血祛瘀。

【主治】血瘀所致的四肢疼痛，产后腹痛，不孕症等。

【方解】本方为治疗瘀血阻滞的基础方，由“四物汤”加桃仁、红花组成。原四物汤中的白芍以活血祛瘀的赤芍替代，熟地以凉血消瘀的生地替代，使补血调血变为活血凉血，再加入活血祛瘀的桃仁、红花为主药，突出活血化瘀的作用。

【用法】水煎服，或共为末，开水冲调，候温灌服。

【应用】用于血瘀诸证。因跌打损伤所致的四肢瘀血疼痛、血虚有瘀、产后血瘀腹痛以及瘀血所致的不孕症等，均可在本方的基础上加减运用。治疗跌打损伤，以行血散瘀的丹皮取代滋阴凉血之生地并适当加减；关节、肌肉肿胀、渗出，加防己、木通以除湿消肿；炎症消除或不肿不热者，去丹皮，加苏木、香附、生地以理气、养阴、生新；热盛，加柴胡、沙参以滋阴退热。

定痛散(《元亨疗马集》)

【组成】全当归 60 g　鹤虱 30 g　红花 30 g　乳香 30 g　没药 30 g　血竭 30 g

【功能】活血祛瘀，消肿止痛。

【主治】跌打损伤筋骨，血瘀气滞疼痛。

【方解】本方证因跌打损伤、瘀血凝滞而致疼痛。方中用当归、红花养血活血、行血祛瘀止痛为主药；乳香、没药、血竭行气通络、散瘀定痛为辅药；鹤虱味辛能散能行，借行散走窜之力，以达祛瘀活血，增强止痛作用为佐药；加入白酒活血消肿，助主药止痛，以行药势，直达病位；童便消瘀降火，助通经脉为使药。诸药相合，具有活血散瘀止痛之效。

【用法】共为末，开水冲调，候温，加白酒 100 mL，再入童便 100 mL 灌服，或水煎服。

【应用】用于各种跌打损伤。如四肢闪伤、捻挫等，均可加减应用。《良方集腋》中治疗跌打损伤的七厘散(血竭、乳香、没药、红花、儿茶、朱砂、麝香、冰片)、《医学衷中参西录》中的活络效灵丹(当归、丹参、生乳香、生没药)和《全国中兽医经验选编》中的血竭散(血竭、自然铜、地鳖虫、儿茶、乳香、没药)，功效与本方相近。

红花散(《元亨疗马集》)

【组成】红花 20 g　没药 20 g　桔梗 20 g　六曲 30 g　枳壳 20 g　当归 30 g　山楂 30 g　厚朴 20 g　陈皮 20 g　甘草 15 g　白药子 20 g　黄药子 20 g　麦芽 30 g

【功能】活血理气，清热散瘀，消食化积。

【主治】料伤五攒痛。证见站立时腰曲头低，四肢攒于腹下，食欲大减，吃草不吃料，粪稀带水，口色红，呼吸促迫，脉洪大等。

【方解】本方证因喂饲精料过多，饮水过少，运动不足，脾胃运化失职，致使谷料毒气凝于肠胃，吸入血液，流注肢蹄所致。方中红花、没药、当归活血祛瘀为主药；枳壳、厚朴、陈皮行气宽中，六曲、山楂、麦芽消食化积为辅药；桔梗宣肺利膈，黄药子、白药子清热散瘀为佐药；甘草和中缓急，协调诸药为使药。诸药相合，活血行气，理气止痛。

【用法】共为末，开水冲，候温灌服。

【应用】用于因喂养过剩、运动不足或过食精料所致马属动物料伤五攒痛，即现代兽医学中的蹄叶炎，也可用于治疗负重上坡，拐弯过急，损伤腰膀肌肉或筋骨所致的瘀血气滞疼痛。《元亨疗马集》中另一红花散(红花、当归、没药、茴香、川楝子、巴戟天、枳壳、血竭、木通、乌药、藁本)，主治闪伤腰胯。

十黑散(《中兽医诊疗经验第二集》)

【组成】知母 30 g　黄柏 30 g　地榆 30 g　蒲黄 30 g　栀子 20 g　槐花 20 g　侧柏叶 20 g　血余炭 20 g　杜仲 20 g　棕榈 15 g

【功能】清热泻火，凉血止血。

【主治】膀胱积热所致的尿血，证见精神倦怠，食欲减少，畜体发热，排尿困难，尿色鲜红，口色淡红，脉象细数等。

【方解】方中黄柏、知母、栀子清降肾火，治热淋尿血，导热下行由小便而出，为主药；地榆、槐花、侧柏叶凉血止血，蒲黄、血余炭、棕榈收敛止血，以治尿血为辅药；杜仲补益肝肾，以治劳伤，为佐药；童便清热降火，引药归经为使药。诸药合用，能清热泻火，凉血止血。

【用法】除血余炭外，以上各药均炒黑为度，共为细末，开水冲调，候温加童便 200 mL，灌服。

【应用】本方为治劳伤过度，热积膀胱之尿血证，以尿中混血或有血块，舌红苔黄，脉象数为应用要点。凡泌尿系统出血、去势出血、创伤出血等均可用本方加减。

槐花散(《普济本事方》)

【组成】炒槐花 100 g　炒侧柏叶 50 g　荆芥炭 30 g　炒枳壳 30 g

【功能】清肠止血，疏风理气。

【主治】肠风下血，血色鲜红，或粪中带血。

【方解】肠风下血系因风热或湿热壅遏于肠胃血分，肠络受损，血溢肠道所致。方中用槐花专清大肠湿热，凉血止血为主药；侧柏叶助槐花凉血止血，荆芥炒用理气疏风并入血分而止血，共为辅药；枳壳理气宽肠为佐使药。各药合用，既能凉血止血，又能清肠疏风，风热湿毒既清，便血自止。

【用法】共为末，开水冲，候温灌服。

【应用】用于治疗大肠湿热所致的便血。凡慢性肠炎、慢性痢疾、大肠出血等病症伴有便血鲜红者，均可用本方加减治疗。若大肠热盛，加黄连、黄芩以清肠热；下血多者，加地榆以清肠止血；大便下血不止者，加生地、当归、川芎；便血已久而血虚者，加熟地黄、当归、川芎；大便秘结者加大黄、知母。本方药性寒凉，不宜久服。

黄土汤(《金匮要略》)

【组成】甘草 45 g　干地黄 45 g　白术 45 g　炮附子 45 g　阿胶 45 g　黄芩 45 g　灶心黄土 500 g

【功能】温阳健脾，养血止血。

【主治】脾阳虚便血。证见便血，血色暗淡，四肢不温，口色淡，脉沉细无力。

【方解】本方证因脾阳虚不能摄血。方中灶心黄土，温阳健脾，收涩止血为主药；白术、附子助主药温阳健脾，以回复统摄之权，为辅药；地黄、阿胶养血止血，黄芩苦寒坚阴，三药合用共同制约白术、附子温燥之性，为佐药；甘草调中为使药。诸药合用，既能温阳健脾，又能养血止血，无伤阴损阳之弊端，共奏温脾止血之功。

【用法】水煎取汁，候温灌服，或研末，用灶心黄土煎汤调灌。

【应用】用于脾阳虚便血。慢性肠炎、慢性痢疾、消化不良、慢性胃肠道出血、功能性子宫出血等病症，可酌情加减应用。

白术散(《元亨疗马集》)

【组成】白术 30 g　当归 30 g　熟地 30 g　党参 30 g　阿胶 60 g　陈皮 30 g　苏叶 20 g　黄芩 20 g　砂仁 20 g　川芎 20 g　生姜 15 g　甘草 15 g　白芍 20 g

【功能】养血安胎。

【主治】胎动不安。证见患畜站立不安，回头顾腹，蹲腰努责，阴门频频外翻，排出少量尿液，或流出带血水的浊液，间有起卧或腹痛剧烈，口色青黄，脉象浮紧。

【方解】安胎应以养血为本。方中熟地、白芍、当归、川芎、阿胶养血为主药；营出中焦，血因气行，用党参、白术、甘草健脾益气为辅药；砂仁、陈皮理气安胎，紫苏升举胎元，黄芩配白术清热安胎，均为佐药；生姜、甘草协调诸药为使药。诸药相合，共奏养血安胎之效。

【用法】水煎服，或共为末，开水冲调，候温灌服。

【应用】用于马、牛气血虚衰所致的胎动不安、习惯性流产、先兆流产等。若为外伤引起之胎动不安，可加川断、杜仲、炙乳香、炙没药；腹痛甚者，加延胡索。

生化汤(《傅青主女科》)

【组成】当归 120 g　川芎 45 g　桃仁 45 g　炮姜 10 g　炙甘草 10 g

【功能】活血化瘀，温经止痛。

【主治】产后血虚受寒，恶露不行，肚腹疼痛。

【方解】方中重用当归活血补血，化瘀生新为主药；川芎活血行气，桃仁活血祛瘀，均为辅药；炮姜温经散寒，止痛为佐药；炙甘草调和诸药，黄酒、童便温通血脉，并助药力直达病所引败血下行，均为使药。诸药合用，有活血化瘀，温经止痛之功。

【用法】加黄酒 250 mL、童便 250 mL 共煮，候温灌服；亦可水煎服。

【应用】本方为治疗产后瘀血阻滞的基础方。如产后腹痛，恶露不尽且带有较多血块者，加蒲黄、五灵脂；腹痛寒甚者，加肉桂、吴茱萸等；产后恶露已去，仅有腹痛者，去桃仁，加元胡、益母草；产后发热者，去炮姜，加黄芩、柴胡等；宫缩腹痛，乳汁分泌不足，加穿山甲、山楂、党参等；胎衣不下者，加党参、黄芪、益母草、丹皮等。本方加益母草名益母生化汤，具有活血化瘀，温经止痛的功能，亦主治产后恶露不行。

通乳散(江西省中兽医研究所方)

【组成】黄芪 60 g　党参 40 g　通草 30 g　川芎 30 g　白术 30 g　川断 30 g　山甲珠 30 g　当归 60 g　王不留行 60 g　木通 20 g　杜仲 20 g　甘草 20 g　阿胶 60 g

【功能】补益气血，通经下乳。

【主治】气血不足，经络不通所致的缺乳症。

【方解】乳乃血液化生，血由水谷精微气化而成；气衰则血亏，血虚则乳少。方中黄芪、党参、白术、甘草、当归、阿胶气血双补以培其本，为主药；杜仲、川断、川芎补肝益肾，通利肝脉，木通、山甲、通草、王不留行通经下乳，以治其标为辅佐药；黄酒助药势为使药。诸药相合，补益气血，通经下乳。

【用法】共为末，开水冲调，加黄酒 100 mL，候温灌服，亦可水煎服。

【应用】用于母畜体质瘦弱，气血不足之缺乳症。可用于产后无乳或乳汁少。对于气机不畅，经脉阻滞，阻碍乳汁通行的缺乳症，宜用当归、王不留行、路路通、山甲珠、木香、瓜蒌、生元胡、通草、川芎组成的通乳散(《中兽医治疗学》)，以调畅气机，疏通经脉。

项目 2.11　常用收涩方药

问题一：下列药物不属于敛汗涩精药的是(　　)。

A. 五味子　　B. 浮小麦　　C. 五倍子

D. 金樱子　　E. 牡蛎

问题二：下列药物属于涩肠止泻药的是(　　)。

A. 芡实　　B. 五味子　　C. 山药

D. 牡蛎　　E. 诃子

问题三：具有敛汗、除热作用的药物是(　　)。

A. 麻黄根　　B. 五味子　　C. 浮小麦

D. 山茱萸　　E. 金樱子

问题四：既能敛肺滋肾，又能宁心安神的药物是(　　)。

A. 山茱萸　　B. 酸枣仁　　C. 远志

D. 乌梅　　E. 五味子

问题五：上能敛肺气，下能滋肾阴的药物是(　　)。

A. 诃子　　B. 五味子　　C. 乌梅

D. 五倍子　　E. 覆盆子

问题六：善治蛔厥腹痛的药物是(　　)。

A. 金樱子　　B. 五倍子　　C. 五味子

D. 乌梅　　E. 诃子

问题七：既能敛肺止咳，又能涩肠止泻的药物是(　　)。

A. 乌梅　　B. 金樱子　　C. 白果

D. 肉豆蔻　　　　E. 赤石脂

问题八：乌梅散主治(　　)。

A. 幼畜奶泻或湿热下痢　　　　B. 脾肾虚寒泄泻　　　　C. 体虚自汗

D. 脾虚少食　　　　E. 表虚自汗

问题九：玉屏风散主要用于(　　)。

A. 表虚自汗　　　　B. 肾虚不固　　　　C. 脾肾虚寒

D. 脾虚少食　　　　E. 肺虚咳嗽

【任务 47】常用收涩药

1. 涩肠止泻药

乌梅
Fructus mume

为蔷薇科植物梅 *Prunus mume* (Sieb.) Sieb. et Zucc. 的未成熟果实的加工熏制品。打碎生用。主产于浙江、福建、广东、湖南、四川等地。

【性味归经】酸、涩，平。入肝、脾、肺、大肠经。

【功能主治】敛肺涩肠，生津止渴，安驱止痛。主治肺虚久咳，久泻久痢，蛔虫病。

【用量】马、牛 15～60 g；猪、羊 3～10 g；犬、猫 2～5 g；兔、禽 0.6～1.5 g。

【应用】①肺虚久咳，常与款冬花、半夏、杏仁等同用。

②久泻久痢，常与诃子、肉豆蔻等同用；新驹奶泻，常与黄连、姜黄、诃子等同用，如乌梅散。

③虚热所致的口渴贪饮，常与天花粉、麦门冬、葛根等同用。

④蛔虫所致的腹痛、呕吐等，常与干姜、细辛、黄柏等同用。

梅

【药理】含柠檬酸、苹果酸、草酸、酒石酸、挥发油等，具有抗菌、抗休克作用，对离体肠管收缩有抑制作用。

诃子
Fructus chebulae

为使君子科植物诃子 *Terminalia chebula* Retz. 或绒毛诃子 *Terminalia chebula* Retz. var *tomentella* Kurt. 的干燥成熟果实。煨用或生用。主产于广东、广西、云南等地。

【性味归经】苦、酸、涩，温。入肺、大肠经。

【功能主治】涩肠止泻，敛肺止咳。主治久泻久痢，便血，脱肛，肺虚咳喘。

【用量】牛、马 15～60 g；猪、羊 6～10 g；犬、猫 1～3 g；兔、禽 0.5～1.5 g。

诃子

绒毛诃子

诃子果实

【应用】①久泻久痢、脱肛，常与肉豆蔻、干姜、陈皮等同用；泻痢日久，气阴两伤时，常与党参、白术、山药等同用。

②肺虚咳喘，常与党参、麦冬、五味子等同用；肺热咳嗽，可与瓜蒌、百部、贝母、玄参、桔梗等同用。

【药理】含鞣质、番泻苷A、并没食子酸、没食子酸、没食子酸二甲酯、莽草酸等，具有抑菌、强心、解痉等作用。

肉豆蔻
Semen myristicae

为肉豆蔻科植物肉豆蔻 *Myristica fragrans* Houtt. 的干燥种仁。煨用。主产于印度尼西亚、西印度洋群岛和马来半岛等地，我国广东有栽培。

肉豆蔻

【性味归经】辛，温。入脾、胃、大肠经。

【功能主治】涩肠止泻，温中行气。主治久泻不止，脾胃虚寒。

【用量】马、牛15～30 g；猪、羊5～10 g；犬3～5 g。

【应用】①久泻不止等，常与补骨脂、吴茱萸、五味子等同用，如四神丸。

②脾胃虚寒所致的食少、呕吐、肚腹胀满等，常与木香、陈皮、半夏等同用。

【药理】含挥发油，其中含有肉豆蔻醚、α-蒎烯、γ-松油烯、黄樟醚、甲基丁香酚、榄香脂素和1-萜品烯-4-醇等，具有抗炎、抗菌作用。生肉豆蔻有滑肠作用，经煨去油后则有涩肠止泻作用。

石榴皮
Pericarpiumgranati

为石榴科植物石榴 *Punica granatum* L. 的干燥果皮。切碎生用。我国南方各地均有。

【性味归经】酸、涩，温。入大肠经。

【功能主治】涩肠止泻，杀虫。主治久泻久痢，虫积。

【用量】马、牛 15～30 g；猪、羊 3～15 g；犬、猫 1～5 g；兔、禽 1～2 g。

【应用】①脾胃虚寒所致的久泻久痢、便血、脱肛等，单用或与诃子、肉豆蔻、干姜、黄连等同用。

②蛔虫病、蛲虫病，单用或与使君子、槟榔等同用。

【药理】含鞣质、石榴皮碱、异槲皮苷等，具有抗病毒、抗菌和止泻作用。

石榴

五倍子
Galla chinensis

为漆树科植物盐肤木 *Rhus chinensis* Mill.、青麸杨 *Rhus potaninii* Maxim. 或红麸杨 *Rhus punjabensis* Stew. var *sinica* (Diels.) Rehd. et Wils. 叶上的虫瘿，主要由五倍子蚜 *Melaphis chinensis* (Bell.) Baker. 寄生而形成。研末用。主产于四川、贵州、广东、广西、河北、安徽、浙江及西北各地。

【性味归经】酸、涩，寒。入肺、肾、大肠经。

【功能主治】涩肠止泻，敛肺止咳，收敛止血。主治久泻久痢，肺虚久咳，虚汗，出血证，疮黄肿毒。

【用量】马、牛 10～35 g；猪、羊 3～10 g；犬、猫 0.5～2 g；兔、禽 0.2～0.6 g。鱼每 1 m^3 水体 2～4 g 泼洒鱼池。

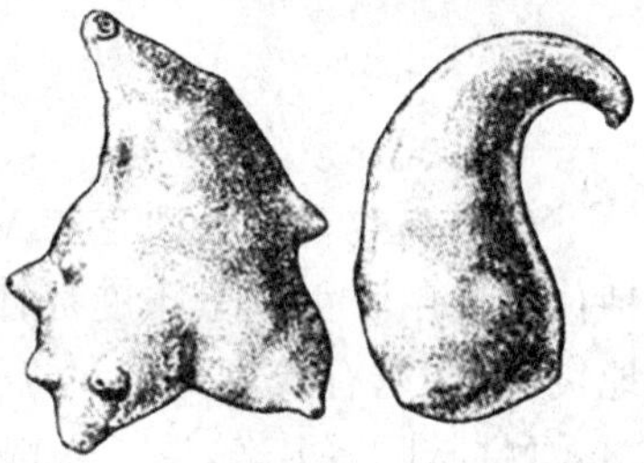

五倍子早瘿

【应用】①久泻久痢，常与诃子、五味子等同用。

②肺虚久咳，常与党参、五味子、紫菀等同用。

③盗汗、自汗，常与诃子同用。

④外伤出血、便血、衄血等，单用或与五味子、诃子等同用。

⑤疮黄肿毒，皮肤湿疹等，可研末外敷或煎汤外洗。

【药理】含五倍子鞣质、没食子酸、脂肪、树脂、蜡质、淀粉等，具有抑菌、止血和止泻作用。

罂粟壳
Pericarpium papaveris

为罂粟科植物罂粟 *Papaver somniferum* L. 的干燥成熟果壳。晒干醋炒或蜜炙用。主产于云南省。

【性味归经】涩，平。有毒。入肺、肾、大肠经。

【功能主治】涩肠敛肺，止痛。主治久咳不止，久泻久痢。

【用量】马、牛 30～60 g；猪、羊 5～15 g；犬 3～5 g。

【应用】①肺气不收所致的久咳不止，常与乌梅同用。

②久泻久痢或兼腹痛，单用或与木香、黄连、生姜等同用。

【药理】含罂粟碱、吗啡、可待因、蒂巴因和那可丁等，具有镇咳、止喘、止痛、止泻等作用，用量大时可引起中枢性的呕吐、缩瞳、抽搐等。

罂粟

赤石脂

Halloysitum Rubrum

为硅酸盐类矿物多水高岭石族多水高岭石，主含含水硅酸铝[$Al_4(Si_4O_{10})(OH)_8 \cdot 4H_2O$]。火煅用。主产于福建、河南、江苏、陕西、湖北、山东、安徽、山西等地。

【性味归经】甘、酸、涩，温。入胃、大肠经。

【功能主治】涩肠止泻，止血，生肌敛疮。主治久泻不止，便血，脱肛，疮疡不敛。

【用量】马、牛 15～45 g；猪、羊 10～15 g；兔、禽 1～2 g。外用适量。

【应用】①久泻不止，常与干姜、粳米等同用。

②便血、脱肛，常与侧柏叶、大黄、五味子等同用。

③疮疡不敛，常与炉甘石、樟脑、轻粉等同用。

【药理】含含水硅酸铝及氧化铁等，具有抗炎、镇痛、止血等作用。

禹余粮

Limonitum

为氢氧化物类矿物褐铁矿，主含碱式氧化铁[FeO(OH)]。火煅用。主产于河南、江苏、浙江、四川等地。

【性味归经】甘、涩，微寒。入胃、大肠经。

【功能主治】涩肠止泻，止血。主治泻痢不止，便血。

【用量】马、牛 20～45 g；猪、羊 10～20 g；兔、禽 0.5～1.5 g。

【应用】①泻痢不止，常与赤石脂、牡蛎、赤芍、当归、苍术、泽泻等同用。

②便血，常与仙鹤草、党参、白术、白芍等同用。

【药理】含碱式氧化铁等，在胃肠中能收敛管壁黏膜，保护创面，制止黏液分泌。吸收入血，能促进红血细胞的生成。

2. 敛汗涩精药

五味子

Fructus schisandrae chinensis

为木兰科植物五味子 *Schisandra chinensis* (Turcz.) Baill. 和南五味子 *Schisandra sphenanthera* Rehd. et Wils. 的干燥成熟果实。生用或经醋、蜜等拌蒸晒干。主产于东北、内蒙古、河北、山西等地。

五味子

南五味子

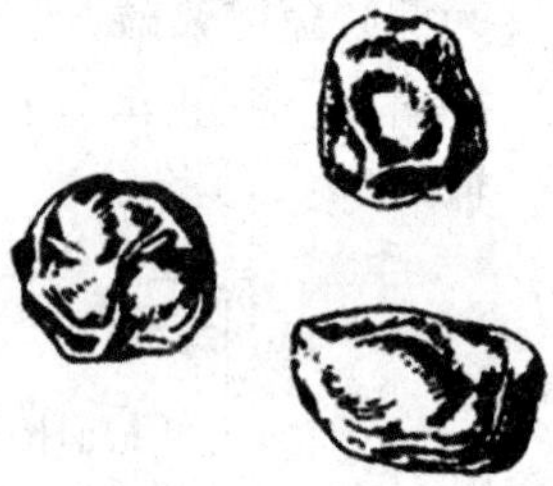
五味子果实

【性味归经】酸，温。入肺、心、肾经。

【功能主治】敛肺涩肠，生津止汗。主治久咳虚喘，久泻，自汗，盗汗。

【用量】马、牛 15～30 g；猪、羊 3～10 g；犬、猫 1～2 g；兔、禽 0.5～1.5 g。

【应用】①肺虚或肾虚不能纳气所致的久咳虚喘，常与党参、麦冬、熟地、山萸肉等同用。

②津少口渴，常与麦冬、生地、天花粉等同用；体虚多汗，常与党参、麦冬、浮小麦等配伍。

③脾肾阳虚泄泻，常与补骨脂、吴茱萸、肉豆蔻等同用，如四神丸；滑精及尿频数等，可与桑螵蛸、菟丝子同用。

【药理】含木脂素类、挥发油类、多糖类及氨基酸等，具有降低血清转氨酶、促进胆汁分泌、抗惊厥、催产作用，并能调节心血管系统从而改善血液循环。

牡蛎
Concha ostreae

为牡蛎科动物长牡蛎 *Ostrea gigas* Thunb.、近江牡蛎 *Ostrea rivularis* Gould. 或大连湾牡蛎 *Ostrea talienwhanensis* Crosse. 的贝壳。生用或煅用。主产于沿海地区。

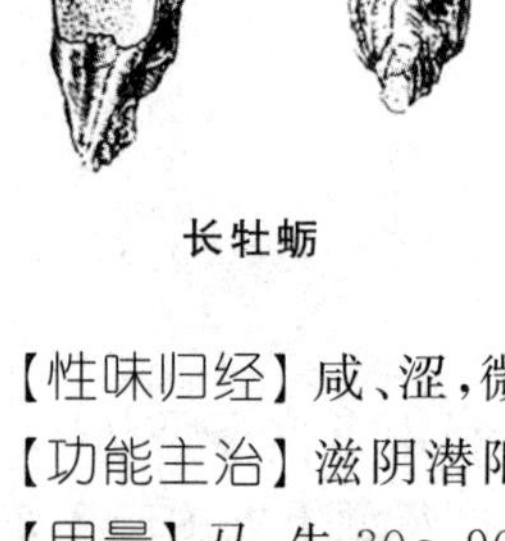
长牡蛎

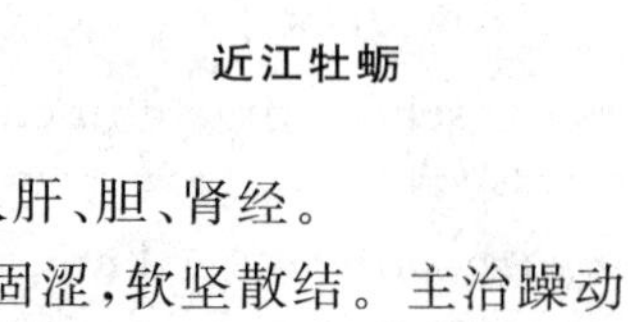
近江牡蛎

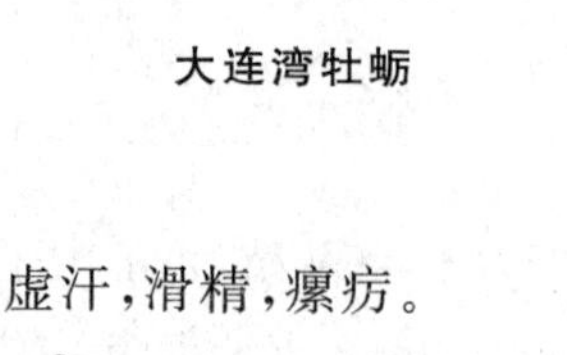
大连湾牡蛎

【性味归经】咸、涩，微寒。入肝、胆、肾经。

【功能主治】滋阴潜阳，敛汗固涩，软坚散结。主治躁动不安，虚汗，滑精，瘰疬。

【用量】马、牛 30～90 g；猪、羊 10～30 g；犬 5～10 g；兔、禽 1～3 g。

【应用】①阴虚阳亢引起的躁动不安、易惊等，常与龟板、白芍等同用。

②瘰疬、肿块等，常与玄参、丹参、贝母等同用。

③自汗、盗汗，常与浮小麦、麻黄根、黄芪等同用，如牡蛎散。

④滑精，常与金樱子、芡实等同用。

【药理】含碳酸钙、磷酸钙和硫酸钙等，酸性提取物对脊髓类病毒有抑制作用，使感染鼠的死亡率降低。

金樱子
Fructus rosae laevigatae

为蔷薇科植物金樱子 *Rosa laevigata* Michx. 的干燥成熟果实。擦去刺，剥去核，洗净晒干，备用。主产于江苏、湖南、广东、广西、江西、浙江、安徽等地。

金樱子

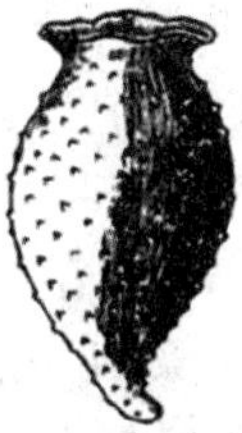
金樱子果实

【性味归经】酸、涩、平。入肾、膀胱、大肠经。

【功能主治】固精缩尿，涩肠止泻。主治滑精，脾虚久泻，脱肛，子宫脱垂。

【用量】马、牛 15～45 g；猪、羊 5～10 g。

【应用】①肾虚所致的滑精，尿频等，常与芡实、莲子、菟丝子、补骨脂等同用。

②脾虚久泻，常与党参、白术、山药、茯苓等同用。

③脱肛、子宫脱垂，单用或与党参、罂粟壳、白术等同用。

【药理】含金樱子多糖、金樱子皂苷 A、β-谷甾醇等，具有抑菌、抗病毒、抗炎、抗氧化、止泻等作用。

桑螵蛸
Ootheca mantidis

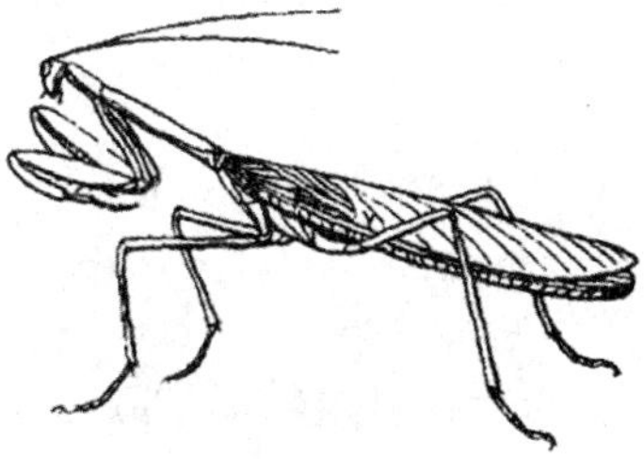
大刀螂

为螳螂科昆虫大刀螂 *Tenodera sinensis* Saussure.、小刀螂 *Statilia maculata*（Thunb.）或巨斧螳螂 *Hierodula patellifera*（Serville.）的干燥卵鞘。生用或炙用。主产于各地桑蚕区。

【性味归经】甘、咸、涩，平。入肝、肾经。

【功能主治】益肾，固精，缩尿。主治阳痿，滑精，尿频数。

【用量】马、牛 15～30 g；猪、羊 5～15 g；兔、禽 0.5～1 g。

【应用】①肾虚阳痿、滑精等，常与益智仁、菟丝子、黄芪等同用。

②肾虚不固所致的尿频数，常与巴戟天、肉苁蓉、枸杞子、黄芪、山药等同用。

【药理】含苏氨酸、缬氨酸、蛋氨酸、异亮氨酸、亮氨酸、苯丙氨酸、赖氨酸、色氨酸，以及常量元素钾、磷、钙、钠、镁和微量元素铁、铜、锌、锰、镍等，具有增强免疫、提高耐力、抗利尿及降血脂等作用。

麻黄根
Radix ephedrae

为麻黄科植物草麻黄 *Ephedra sinica* Stapf. 或中麻黄 *Ephedra intermedia* Schrenket. C. A. Mey. 的干燥根及根茎。生用。主产于内蒙古、辽宁、山西、河北、陕西、甘肃等地。

【性味归经】甘，平。入心、肺经。

【功能主治】止汗。主治自汗，盗汗。

【用量】马、牛 15～30 g；猪、羊 5～10 g。

【应用】①自汗，常与黄芪、牡蛎、浮小麦等同用，如牡蛎散。

②盗汗，常与黄芪、浮小麦、地黄、白芍等同用。

【药理】含麻黄新碱 A、麻黄新碱 B、麻黄新碱 C、麻黄宁等，具有降低血压、兴奋呼吸、止汗和促进平滑肌收缩等作用。

浮小麦
Fructus tritici levis

为禾本科植物小麦 *Triticum aestivum* L. 瘪壳轻浮未成熟颖果或带稃的颖果。生用或炒用。各地均产。

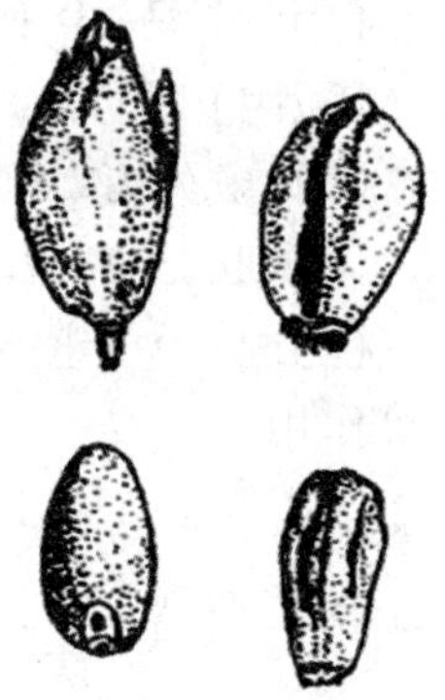
浮小麦干瘪颖果

【性味归经】甘、凉。入心经。

【功能主治】止汗。主治虚汗。

【用量】马、牛 60～90 g；猪、羊 15～30 g；犬 5～8 g。

【应用】自汗、盗汗、产后虚汗不止，可单用，如独圣散。气虚者，可与黄芪、牡蛎、麻黄根配伍；阴虚者则配知母、黄柏、龟板等。阴虚发热、骨蒸劳热等，常与玄参、麦冬、生地、地骨皮等同用。

【药理】含多量淀粉及维生素 B 等，具有止汗作用。

芡实
Semen euryales

为睡莲科植物芡 *Euryale ferox* Salisb. 的干燥成熟种仁。生用或炒用。主产于湖南、江苏、广东、福建等地。

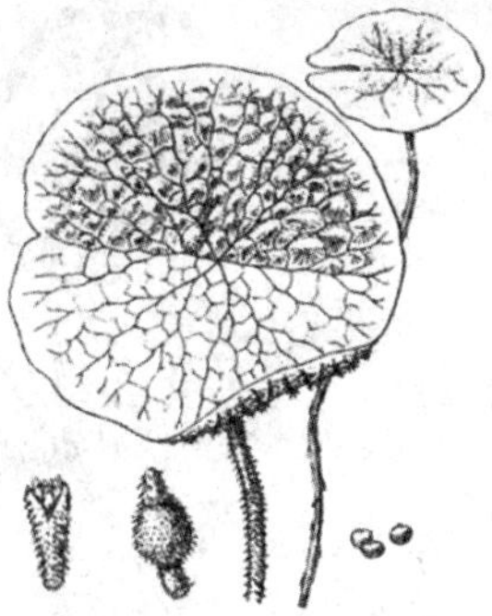

芡

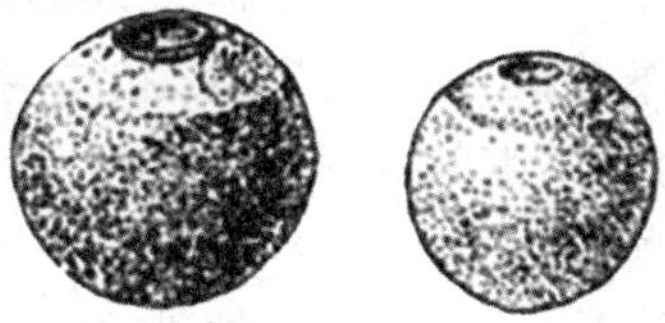

芡实

【性味归经】甘、涩，平。入脾、肾经。

【功能主治】益肾涩精，健脾止泻。主治滑精，尿频数，脾虚泄泻。

【用量】马、牛 30～60 g；猪、羊 10～20 g。

【应用】①肾虚所致的滑精，尿频数等，常与菟丝子、桑螵蛸、金樱子等同用。

②脾虚所致的久泻不止，常与党参、白术、茯苓等同用。

【药理】含甾醇类、黄酮类、环肽类、脂类等成分，具有抗氧化、延缓衰老、抗疲劳、抗心肌缺血、抗癌等作用。

莲须
Stamen nelumbinis

为睡莲科植物莲 *Nelumbo nucifera* Gaertn. 的干燥雄蕊。生用。主产于湖南、湖北、福建、江苏、浙江、江西等地。

莲

【性味归经】甘、涩，平。入心、肾经。

【功能主治】固肾涩精。主治肾虚滑精、尿频数、尿失禁。

【用量】马、牛 15～25 g；猪、羊 5～10 g。

【应用】①肾虚滑精，常与牡蛎、莲子、芡石、桑螵蛸、五味子等同用。

②尿频数、尿失禁，常与覆盆子、金樱子、山药等同用。

【药理】含槲皮素、木樨草素、异槲皮苷、木樨草素葡萄糖苷、莲心碱等，具有止泻、镇痛、抗血栓形成、抑制溃疡形成等作用，水煎剂可使小鼠、大鼠、早孕大鼠离体子宫收缩增加。

沙苑子
Semen astragali complanati

为豆科黄芪属植物背扁黄芪 *Astragalus complanatus* R. Br. ex Bunge. 的干燥成熟种子。生用。主产于陕西、山东等地。

【性味归经】甘，凉。入肝、肾经。

【功能主治】补益肝肾,固精缩尿。主治肝肾不足,腰胯无力,滑精,早泄,尿频数。

【用量】马、牛 20～45 g;猪、羊 10～15 g。

【应用】①肝、肾不足所致的阳痿、遗精等,常与枸杞子、金樱子、桑螵蛸、山茱萸、芡石、山药等同用。

②肾虚不固所致的腰胯无力、滑精、早泄、尿频数等,常与芡石、莲须、牡蛎、莲肉等同用。

【药理】含沙苑子苷、沙苑子新苷、紫石英苷、山柰酚、杨梅树皮素、芒柄花苷、黄芪苷Ⅷ甲脂、大豆皂苷Ⅰ甲脂、棕榈酸、油酸、硬脂酸和亚油酸等,具有抗炎、镇痛、抗肝损伤、降血压、提高免疫功能、抗肿瘤、调节血脂、抑制血小板聚集和改善血液流变学指标等作用。

背扁黄芪

覆盆子

Fructus Rubi

为蔷薇科植物华东覆盆子 *Rubus chingii* Hu. 的干燥果实。生用。主产于浙江、福建、四川、陕西、安徽、江西、贵州等地。

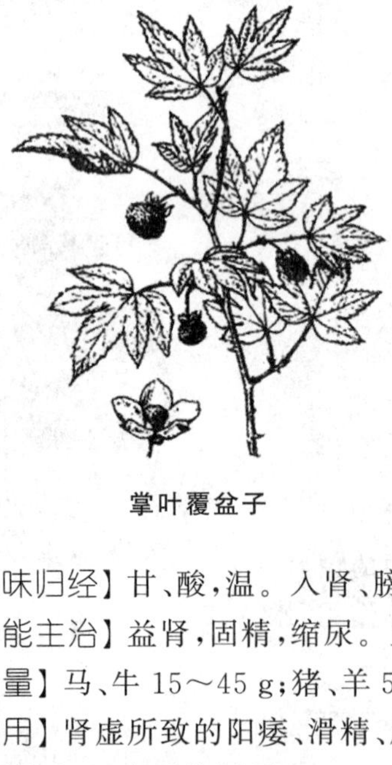

掌叶覆盆子

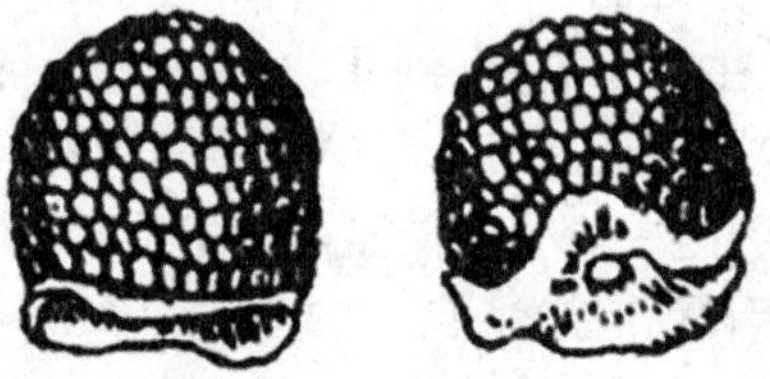

覆盆子聚合果

【性味归经】甘、酸,温。入肾、膀胱经。

【功能主治】益肾,固精,缩尿。主治阳痿,滑精,尿频数。

【用量】马、牛 15～45 g;猪、羊 5～15 g。

【应用】肾虚所致的阳痿、滑精、尿频和不孕等,常与菟丝子、肉苁蓉、女贞子、枸杞子、山茱萸、金樱子、五味子等同用。

【药理】含对羟基间甲氧基苯甲酸、对羟基苯甲酸、没食子酸、椴树苷、鞣花酸等,具有抗肿瘤、抗氧化、降低血糖血脂、抗衰老和抗炎等作用,水提取液、醇提取液及粗多糖均有明显的促进淋巴细胞增殖作用。

【相关知识】

凡具有收敛固涩作用，能治疗各种滑脱证的药物（方剂），称为收涩药（方）。

滑脱病证，主要表现为子宫脱出、滑精、自汗、盗汗、久泻、久痢、粪尿失禁、脱肛、久咳虚喘等。由于脱证的表现各异，故本类药物又分为涩肠止泻和敛汗涩精两类。

(1)涩肠止泻药：适用于脾肾虚寒所致的久泻久痢、二便失禁、脱肛或子宫脱等证。

(2)敛汗涩精药：具有固肾涩精或缩尿的作用，适用于肾虚气弱所致的自汗、盗汗、阳痿、滑精、尿频等证，在应用上常配伍补肾药和补气药。

【任务48】常用收涩方

乌梅散（《蕃牧纂验方》）

【组成】乌梅（去核）15 g　干柿 25 g　诃子肉 6 g　黄连 6 g　郁金 6 g

【功能】涩肠止泻，清热燥湿。

【主治】幼驹奶泻及其他幼畜的湿热下痢。

【方解】幼畜奶泻，多因乳热所伤，湿热病邪积于胃肠。但因幼畜体质娇嫩，不耐克伐，故应固涩与祛邪并用。方中乌梅涩肠止泻，生津止咳为主药；诃子肉、干柿敛涩大肠为辅药；黄连清热燥湿而止泻，郁金行气活血止痛，为佐药。诸药合用，涩肠止泻，清热燥湿。

【用法】共为末，开水冲调，候温灌服，亦可水煎服。

【应用】用于幼驹或其他幼畜奶泻。体热者，减干柿、诃子，加银花、蒲公英、黄柏等；水泻严重者，加猪苓、泽泻等；体虚者，加党参、白术、茯苓、山药等。

四神丸（《证治准绳》）

【组成】补骨脂（炒）120 g　肉豆蔻（煨）60 g　五味子 60 g　吴茱萸 30 g

【功能】温补脾肾，涩肠止泻。

【主治】脾肾虚寒泄泻。证见草谷不消，久泻不止，完谷不化，神疲乏力，四肢发凉，舌淡苔白，脉象沉迟无力等。

【方解】本方证因家畜体弱阳虚，命门火衰，不能上温脾阳，导致脾失健运所致。本方由《普济本事方》中的二神丸（补骨脂、肉豆蔻）和五味子散（五味子、吴茱萸）合方而成，既温补命门又兼补脾阳，为脾肾双补之剂。方中重用补骨脂温补肾阳，暖脾止泻，为主药；肉豆蔻温脾肾而涩肠止泻，吴茱萸暖脾胃而散寒湿，均为辅药；五味子酸敛固涩，涩肠止泻，为佐药；生姜助吴茱萸以温胃散寒，大枣补脾和中，均为使药。诸药合用，使脾肾温，运化复，大肠固，则诸症自愈。

【用法】共为末，另用生姜 120 g、大枣 120 g 煎汤，和药为丸。也可水煎服，或散剂冲服。

【应用】用于脾肾虚寒、久泻不止之证。现代常用本方加减治疗慢性肠炎、慢性结肠炎等属脾肾阳虚者。久泻气陷脱肛者，加党参、柴胡、枳壳、升麻等以益气升陷；泄泻无度、肾阳虚甚、寒重者，加肉桂或附子以温补肾阳。

玉屏风散(《世医得效方》)

【组成】黄芪 90 g　白术 60 g　防风 30 g

【功能】益气健脾,固表止汗。

【主治】表虚自汗及体虚易感风邪者。证见自汗,恶风,苔白,舌淡,脉浮缓。

【方解】方中重用黄芪益气固表,为主药;辅以白术助黄芪益气固表止汗,二药合用使气旺表实,汗不外泄,邪不内侵;防风走表散风祛寒,为佐使药。三药合用,犹如御风屏障,益气固表止汗。

【用法】共为末,开水冲调,候温灌服,或水煎服。

【应用】本方为治表虚自汗以及体虚患畜易感风邪的常用方剂。若表虚自汗不止,酌加牡蛎、浮小麦、五味子等,以增强固表止汗的作用;若表虚外感风邪、汗出不解,合桂枝汤以解肌祛风,固表止汗。

牡蛎散(《和剂局方》)

【组成】麻黄根 45 g　生黄芪 45 g　煅牡蛎 60 g　浮小麦 60 g

【功能】固表敛汗。

【主治】体虚自汗。证见身常汗出,夜晚尤甚,脉虚等。

【方解】汗有自汗、盗汗之分。自汗者以阳虚为主,盗汗者以阴虚为主。本方所治,既有阳虚自汗,复有阴虚盗汗之证。汗为心之液,汗出系由卫气虚不能外固,营阴亏不能内守所致。方中牡蛎益阴潜阳,固涩止汗,为主药;生黄芪益卫气而固表为辅药;麻黄根专于止汗,浮小麦益心气,养心阴,止汗泄,二药助黄芪、牡蛎增强止汗功效,共为佐使药。诸药配合,共同发挥益气固表,敛阴止汗之功能。

【用法】共为末,开水冲调或用浮小麦煎水冲调,候温灌服,或水煎服。

【应用】用于阳虚、气虚、阴虚、血虚之虚汗证。临床常以本方为基础,随证加减使用。阳虚者,加白术、附子;阴虚者,加干地黄、白芍;气虚者,加党参、白术;血虚者,加熟地黄、何首乌。对于大汗不止、阳虚欲脱者,本方不能胜任,应选用参附汤加龙骨、牡蛎回阳固脱止汗。

金锁固精汤(《医方集解》)

【组成】沙苑蒺藜 60 g　芡实 60 g　莲须 30 g　煅龙骨 30 g　煅牡蛎 30 g　莲肉 30 g

【功能】补肾涩精。

【主治】肾虚不固。证见滑精早泄,腰胯四肢无力,尿频,舌淡,脉细弱。

【方解】本方专为肾虚滑精而设。肾主藏精,肾虚则精液不固自泄;腰为肾之府,肾精不足,则见腰胯无力。方中沙苑蒺藜补肾益精,治其不足为主药;莲肉、芡实益肾涩精,健脾宁心,为辅药;莲须、龙骨、牡蛎涩精止滑,安神,共为佐使药。诸药合用,既能涩精之外泄,又可补精之不足,标本兼顾,为补肾固精之良方。

【用法】水煎去渣，候温灌服，或研末，开水冲调，候温灌服。

【应用】用于肾虚滑精，以滑精早泄，腰胯无力为应用要点。现代主要用于性神经功能紊乱，乳糜尿，慢性肠炎及带下等。可随证加减，兼见阳痿者，加淫羊藿、肉苁蓉、菟丝子、锁阳等以壮阳补肾；肾阳偏虚者，加山萸肉、补骨脂、巴戟天、肉桂等以温补肾阳；肾阴偏虚者，加女贞子、枸杞子、龟板等以滋养肾阴；肾阴虚而有火者，加知母、黄柏以滋阴降火。方中药物以收涩之品为主，如下焦湿热所致滑精早泄者禁用。

项目 2.12　常用补虚方药

问题一：下列药物不属于补血药的是（　　）。

A. 当归　　B. 生地　　C. 白芍

D. 阿胶　　E. 熟地

问题二：下列药物不属于滋阴药的是（　　）。

A. 沙参　　B. 大枣　　C. 天冬

D. 麦冬　　E. 百合

问题三：下列药物不属于补气药的是（　　）。

A. 党参　　B. 白芍　　C. 黄芪

D. 白术　　E. 甘草

问题四：具有补血养阴，填精益髓之功效，为补血要药的药物是（　　）。

A. 熟地黄　　B. 白芍　　C. 当归

D. 阿胶　　E. 何首乌

问题五：治疗肾不纳气之虚喘，首选的药物是（　　）。

A. 补骨脂　　B. 蛤蚧　　C. 益智仁

D. 续断　　E. 淫羊藿

问题六：能补肾益精，安胎的药物是（　　）。

A. 枸杞子　　B. 桑葚子　　C. 菟丝子

D. 沙苑子　　E. 五味子

问题七：不具有安胎作用的药物是（　　）。

A. 杜仲　　B. 续断　　C. 桑寄生

D. 菟丝子　　E. 阳起石

问题八：下列药物不属于四物汤组成药物的是（　　）。

A. 熟地　　B. 白芍　　C. 白术

D. 川芎　　E. 当归

问题九：补中益气汤主治（　　）。

A. 气虚下陷　　B. 肾虚不固　　C. 脾肾虚寒

D. 肺虚咳嗽　　E. 血虚

问题十：六味地黄汤主要用于（　　）。

A. 肝肾阴虚　　B. 暑热伤津　　C. 血虚诸证

D. 气虚证　　E. 劳伤咳嗽

问题十一：(1～2 题共用下列备选答案)

A. 四物汤　　B. 四君子汤　　C. 金锁固精丸

D. 玉屏风散　　E. 六味地黄汤

1. 血虚诸证一般选用(　　)。

2. 肝肾阴虚一般选用(　　)。

【任务 49】常用补虚药

1. 补气药

党参
Radix codonopsis

为桔梗科植物党参 *Codonopsis pilosula* (Franch.) Nannf.、素花党参 *Codonopsis pilosula* Nannf. var *modesta* (Nannf.) L. T. Shen 或川党参 *Codonopsis tangshen* Oliv. 的干燥根。生用或蜜炙用。主产于东北、西北、山西及四川等地。

党参

川党参

【性味归经】甘、平。入脾、肺经。

【功能主治】补中益气，养血生津。主治脾胃虚弱，肺虚咳喘，气虚垂脱，津伤口渴。

【用量】马、牛 20～60 g；猪、羊 5～10 g；犬 3～5 g；兔、禽 0.5～1.5 g。

【应用】①脾虚所致的草少、体瘦无力、泄泻等，常与白术、茯苓、炙甘草等同用，如四君子汤。

②肺气亏虚所致的咳喘等，常与五味子、紫菀等同用。

③气虚下陷所致的脱肛、子宫脱垂等，常与黄芪、白术、柴胡、升麻等同用，如补中益气汤。

④津伤口渴，常与麦冬、五味子、生地等同用。

【禁忌】不宜与藜芦同用。

【药理】含多糖、单糖、党参苷、苍术内酯类、烯醇类等，具有降压、增强机体抵抗力、升高血糖、促进凝血、抗惊厥等作用。

人参
Radix ginseng

为五加科植物人参 *Panaxginseng* C. A. Mey. 的干燥根。生用。主产于吉林、辽宁、黑龙江等地。

【性味归经】甘、微苦，微温。入脾、肺、心经。

【功能主治】大补元气，补脾益肺，生津安神。主治体虚欲脱，脾虚胃弱，肺气亏虚，惊悸不安，热病伤津。

【用量】马、牛 15～30 g；羊、猪 5～10 g；犬、猫 0.5～2 g。

【应用】①气血津液耗损所致的气虚欲脱，常与附子同用，如参附汤。

②脾虚胃弱，常与白术、茯苓、甘草等同用；肺气亏虚，常与马兜铃等同用；心气虚，惊悸不安，常与当归、酸枣仁等同用。

③病后津气两亏、汗多口渴，常与麦冬、五味子等同用。

【禁忌】不宜与藜芦同用，畏五灵脂。

【药理】含人参皂苷、脂肪油、有机酸、甾醇、挥发油等，具有抗疲劳、抗休克、抗炎、抗应激、抗肿瘤、降血脂、增强机体免疫力、强心、改善贫血等作用。

人参

黄芪
Radix astragali

为豆科植物膜荚黄芪 *Astragalus membranaceus*（Fisch.）Bge. 或蒙古黄芪 *Astragalus membranaceus*（Fisch.）Bge. var *mongholicus*（Bge.）Hsiao. 的干燥根。生用或蜜炙用。主产于甘肃、内蒙古、陕西、河北及东北、西藏等地。

膜荚黄芪

蒙古黄芪

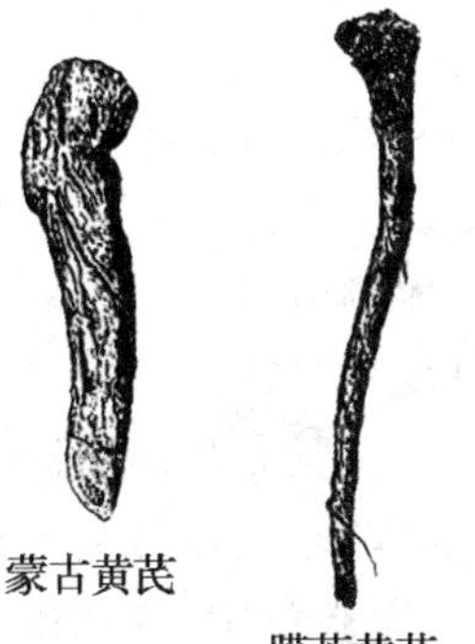

黄芪根

【性味归经】甘，微温。入脾、肺经。

【功能主治】补气固表，托毒生肌，利水退肿。主治脾肺气虚，中气下陷，表虚汗出，疮痈难溃，久溃不敛，气虚水肿。

【用量】马、牛 20～60 g；猪、羊 5～15 g；犬 5～10 g；兔、禽 1～2 g。

【应用】①脾肺气虚、食少倦怠、气短、泄泻等，常与党参、白术、山药、炙甘草等同用；气虚下陷引起的脱肛、子宫脱垂等，常与党参、升麻、柴胡等配伍，如补中益气汤。

②表虚自汗，常与麻黄根、浮小麦、牡蛎等同用；表虚易感风寒，可与防风、白术同用；阴虚盗汗，常与当归、生地、熟地、黄芩、黄连等同用，如当归六黄汤。

③气血不足所致的疮痈脓成不溃，常与白芷、当归、川芎、皂角刺等同用；疮痈内陷或久溃不敛，常与党参、肉桂、当归等同用。

④气虚脾弱所致的尿少、水肿等，常与防己、白术等同用。

【药理】含黄芪多糖、胆碱、甜菜碱等，具有抗炎、增强免疫、提高耐力、强心、降压、利尿、止汗及抗菌、抗病毒等作用。

山药
Rhizoma dioscoreae

为薯蓣科植物薯蓣 *Dioscorea opposita* Thunb. 的块根。切片生用或炒用。主产于河南、湖南、河北、广东等地。

山药

山药根

【性味归经】甘，平。入脾、肺、肾经。

【功能主治】补脾养胃，益肺生津，补肾涩精。主治食欲不振，脾虚泄泻，肺虚久咳，肾虚滑精，尿频数。

【用量】马、牛 30～90 g；猪、羊 10～30 g；犬 5～15 g；兔、禽 1.5～3 g。

【应用】①脾胃虚弱所致的食欲不振、泄泻等，常与党参、白术、茯苓、扁豆等同用。

②肺虚久咳，可与沙参、麦冬、五味子等同用。

③肾虚滑精、尿频数等，常与熟地、山萸肉、五味子、菟丝子等同用。

【药理】含山药多糖、皂苷、黏液质、尿囊素、胆碱等，具有增强免疫、止泻、降血糖等作用。

白术

Rhizoma atractylodis macrocephalae

为菊科植物白术 *Atractylodes macrocephala* Koidz. 的干燥根茎。切片生用或炒用。主产于浙江、安徽、湖南、湖北及福建等地。

【性味归经】甘、苦，温。入脾、胃经。

【功能主治】补脾和胃，燥湿利水，固表止汗，安胎。主治脾虚泄泻，水肿，自汗，胎动不安。

【用量】马、牛 20～60 g；猪、羊 10～15 g；犬、猫 1～5 g；兔、禽 1～2 g。

【应用】①脾胃虚弱所致的食少胀满、倦怠乏力等，常与党参、茯苓等同用，如四君子汤。

②脾虚泄泻，常与党参、干姜、炙甘草等同用，如理中汤。

③水湿内停或水湿外溢之水肿，常与茯苓、猪苓、泽泻等同用，如五苓散。

白术

④表虚自汗，常与黄芪、牡蛎、浮小麦等同用。

⑤气弱脾虚所致的胎动不安，常与当归、白芍、黄芩等配伍。

【药理】含挥发油，油中主要成分为白术内酯（Ⅰ～Ⅲ）、羟基白术内酯、苍术醇、苍术酮、苍术内酯、杜松脑、蓬莪术烯和吉马烯 β 等，具有利尿、降血糖、增强免疫、抗疲劳、抗氧化和抑制子宫兴奋性收缩等作用。

大枣

Fructus jujubae

为鼠李科植物枣 *Ziziphus jujuba* Mill. 的干燥成熟果实。生用。主产于河北、河南、山东等地。

【性味归经】甘、平。入脾、胃经。

【功能主治】补脾和胃，养血安神。主治脾胃虚弱，内伤肝脾，耗伤营血。

【用量】马、牛 30～60 g；猪、羊 10～15 g；犬 5～8 g；兔、禽 1.5～3 g。

【应用】①脾胃虚弱所致的倦怠乏力、食少便溏等，常与党参、白术等同用。

②内伤肝脾、耗伤营血等，常与甘草、浮小麦等同用。

【药理】含多糖、蛋白质、脂肪、碳水化合物，维生素 A、维生素 B_1、维生素 B_2、维生素 C、维生素 E、维生素 P，有机酸和包括硒在内的 36 种微量元素，具有镇静、催眠、降压和抑制变态反应等作用。能降低大脑的兴奋度，减少对外界刺激的反应。调节血清总蛋白与白蛋白水平，提高机体抵抗力和免疫能力。

枣

甘草
Radix glycyrrhizae

为豆科植物甘草 *Glycyrrhiza uralensis* Fisch、胀果甘草 *Glycyrrhiza inflata* Bat 或光果甘草 *Glycyrrhiza glabra* L. 的干燥根及根茎。切片生用或炙用。主产于辽宁、内蒙古、甘肃、新疆、青海等地。

甘草根

甘草

光果甘草

胀果甘草

【性味归经】甘、平。入十二经。

【功能主治】补中益气，祛痰止咳，和中缓急，解毒，调和药性。主治脾胃虚弱，咳喘，疮痈肿痛，咽喉肿痛，中毒。

【用量】马、牛 15～60 g；猪、羊 3～10 g；犬、猫 1～5 g；兔、禽 0.6～3 g。

【应用】①脾胃虚弱，常与党参、白术等同用，如四君子汤、补中益气汤；气虚血少所致的心悸、脉结代等，可用炙甘草与党参、生地、麦冬、阿胶、桂枝、麻仁、大枣、生姜等同用，如炙甘草汤。

②疮痈肿痛，常与金银花、连翘等同用；咽喉肿痛，可与桔梗、牛蒡子等同用；中毒，单味煎汤内服或与绿豆同用。

③风热咳嗽，常与牛蒡子、桔梗等同用；风寒咳嗽，常与麻黄、杏仁等同用；肺热咳嗽，可与黄芩、瓜蒌等同用；寒痰咳喘，常与细辛、干姜等同用。

④临床处方中，多作为使药以缓和药性。

【禁忌】不宜与大戟、甘遂、芫花、海藻同用。

【药理】含甘草酸、甘草次酸、甘草素等，具有解毒、抗炎、抗利尿、抗过敏、镇咳、抗菌等作用。

2. 补血药

当归
Radix angelicae sinensis

为伞形科植物当归 *Angelica sinensis* (Oliv.) Diels. 的干燥根。切片生用或酒炒用。主产于甘肃、宁夏、四川、云南、陕西等地。

当归

当归根

【性味归经】甘、辛、苦，温。入肝、脾、心经。

【功能主治】补血和血，活血止痛，润肠通便。主治血虚劳损，血瘀疼痛，肠燥便秘。

【用量】马、牛 15～60 g；猪、羊 5～15 g；犬、猫 2～5 g；兔、禽 1～2 g。

【应用】①体弱血虚，常与党参、熟地、白芍等同用，如四物汤。

②跌打损伤所致的血瘀疼痛，常与红花、桃仁、乳香等同用，如定痛散；治痈肿疼痛，常与金银花、牡丹皮、赤芍等同用；产后瘀血疼痛，常与益母草、川芎、桃仁等同用；风湿痹痛，可与羌活、独活、秦艽等同用。

③血虚所致的肠燥便秘，常与肉苁蓉、麻仁、杏仁等同用，如当归苁蓉汤。

【药理】含挥发油、糖类和有机酸等，具有刺激骨髓再生细胞、促进血液循环、抗炎、解痉、镇痛及增强免疫等作用，对子宫平滑肌有“双向性”调节作用，但以兴奋为主。

白芍
Radix paeoniae alba

为毛茛科植物白芍 *Paeonia lactiflora* Pall. 的干燥根。切片生用或炒用。主产于东北、河北、内蒙古、陕西、山西、山东、安徽、浙江、四川、贵州等地。

芍药

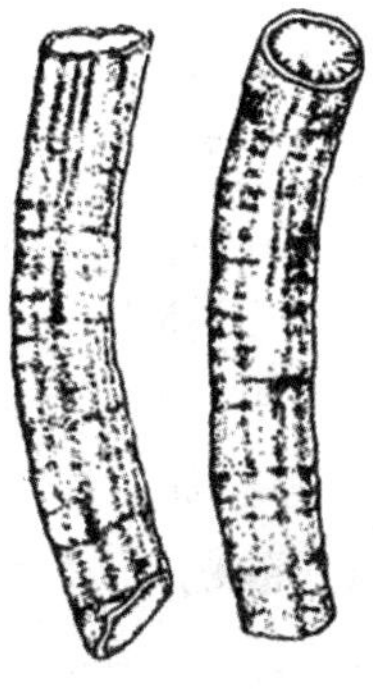

白芍根

【性味归经】苦、酸，微寒。入肝经。

【功能主治】敛阴养血，平肝止痛。主治肝血不足，肝脾不和，泻痢腹痛，自汗，盗汗。

【用量】马、牛 15～60 g；猪、羊 6～15 g；犬、猫 1～5 g；兔、禽 1～2 g。

【应用】①肝血不足所致的四肢抽搐等，常与钩藤、当归、熟地等同用。

②肝脾不和所致的食少、泄泻等，常与柴胡、当归等同用，如逍遥散；热毒下痢所致的腹痛，常与黄连、木香、大黄、槟榔等同用，如通肠芍药汤。

③表虚自汗，常与桂枝配伍，如桂枝汤；阴虚盗汗，常与牡蛎、地黄等同用。

【禁忌】不宜与藜芦同用。

【药理】含芍药苷、氧化芍药苷、苯甲酰芍药苷等，具有解痉、止痛、抗炎、镇静及抗菌等作用。

阿胶
Colla corii asini

为马科动物驴 *Equus asinus* L. 的皮熬煮加工而成的胶块。溶化冲服或炒珠用。主产于山东、浙江。

【性味归经】甘，平。入肺、肾、肝经。

【功能主治】补血止血，滋阴润肺，安胎。主治血虚体弱，出血证，虚劳咳嗽，胎动不安。

【用量】马、牛 15～60 g；猪、羊 10～15 g；犬 5～8 g；兔、禽 1.2～3 g。

【应用】①血虚体弱，常与当归、黄芪、熟地等同用。

②肺出血及肺热所致的鼻衄，常与白及、生地、仙鹤草、白茅根等同用，如仙鹤草散；脾虚所致的便血，常与槐花、地榆、白术等同用；子宫出血，常与艾叶、生地、当归等同用。

③虚劳咳嗽，常与马兜铃、牛蒡子等同用。

④妊娠胎动不安、下血等，常与艾叶、当归、地黄等同用，如胶艾汤。

【药理】含骨胶原，具有抗炎、增强免疫、止血等作用，并能加速血液中红细胞和血红蛋白生成，能促进钙的吸收，改善动物体内钙的平衡。

熟地黄
Radix rehmanniae praeparata

为玄参科植物地黄 *Rehmanniaglutinosa* Libosch. 的根茎，经加工炮制而成。切片用。主产于河南、浙江、北京。

【性味归经】甘，微温。入心、肝、肾经。

【功能主治】滋阴补血，益精填髓。主治血虚证，肝肾阴虚。

【用量】马、牛 30～60 g；猪、羊 5～15 g；犬 3～5 g。

【应用】①血虚体弱、产后血虚等，常与当归、川芎、白芍等同用，如四物汤。

②肝肾阴虚所致的潮热、虚汗、滑精等，常与山茱萸、山药等同用，如六味地黄丸。

【药理】含 5-羟甲基糠醛、梓醇、果糖等，具有强心、利尿、降血糖、增强免疫和抗真菌等作用。

何首乌

Radix polygoni multiflori

为蓼科植物何首乌 *Polygonum multiflorum* Thunb. 的干燥块根。晒干未经炮制的为生首乌，加黑豆汁反复蒸晒而成制首乌。主产于广东、广西、河南、安徽、贵州等地。

何首乌

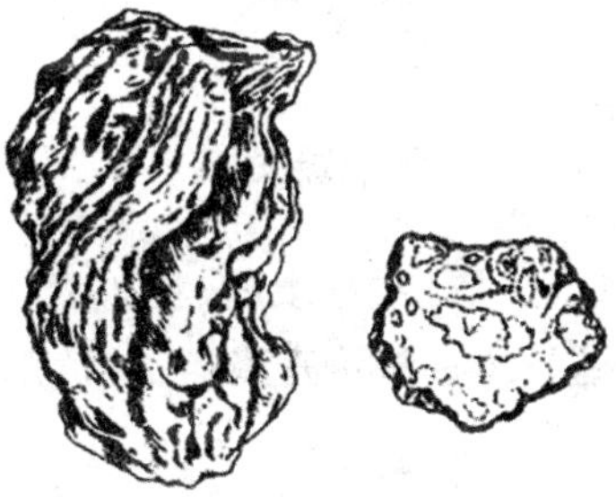

何首乌块根及饮片

【性味归经】甘、苦、涩，微温。入肝、肾经。

【功能主治】制首乌：补肝肾，益精血，壮筋骨；生首乌：润肠通便，解疮毒。制首乌主治肝肾阴虚、血虚；生首乌主治肠燥便秘、疮黄肿毒。

【用量】马、牛 30～90 g；猪、羊 10～15 g；犬、猫 2～6 g；兔、禽 1～3 g。

【应用】①肝肾阴虚、精血不足、腰胯无力等，常与熟地、枸杞子、菟丝子等同用。

②肠燥便秘或血虚便秘，常与当归、肉苁蓉、麻仁等同用。

③疮黄肿毒、皮肤瘙痒等，常与玄参、紫花地丁、天花粉等同用。

【药理】含蒽醌类化合物（大黄素、大黄酚、大黄酸、大黄素甲醚和大黄蒽酮），以及二苯乙烯苷、卵磷脂、氨基酸和微量元素等，具有抗炎、镇痛、保肝、缓泻作用，并能促进细胞的新生和发育。

3. 助阳药

巴戟天

Radix morindae officinalis

为茜草科植物巴戟天 *Morinda officinalis* How. 的干燥根。生用或盐炒用。主产于广东、广西、福建、四川等地。

【性味归经】辛、甘，微温。入肝、肾经。

【功能主治】补肾阳，强筋骨，祛风湿。主治阳痿滑精，腰胯无力，风湿痹痛。

【用量】马、牛 30～50 g；猪、羊 10～15 g；犬、猫 1～5 g；兔、禽 0.5～1.5 g。

【应用】①肾虚阳痿滑精等，常与肉苁蓉、补骨脂、胡芦巴等同用，如巴戟散。

②肾虚腰胯无力所致的运步困难等，常与杜仲、续断、菟丝子等同用。

巴戟天

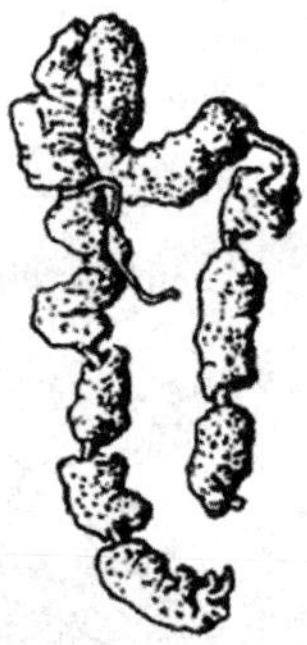

巴戟天根

③风湿痹痛，常与续断、淫羊藿、羌活、独活等同用。

【药理】含甲基异茜草素、大黄素甲醚等，具有降压、抑菌、增强免疫、抗疲劳等作用。

肉苁蓉
Herba cistanches

为列当科植物肉苁蓉 *Cistanche deserticola* Y. C. Ma. 的干燥带鳞叶的肉质茎，用盐水浸渍称“咸苁蓉”，再以清水漂洗，蒸熟晒干，称“淡苁蓉”。切片生用。主产于内蒙古、甘肃、青海、新疆等地。

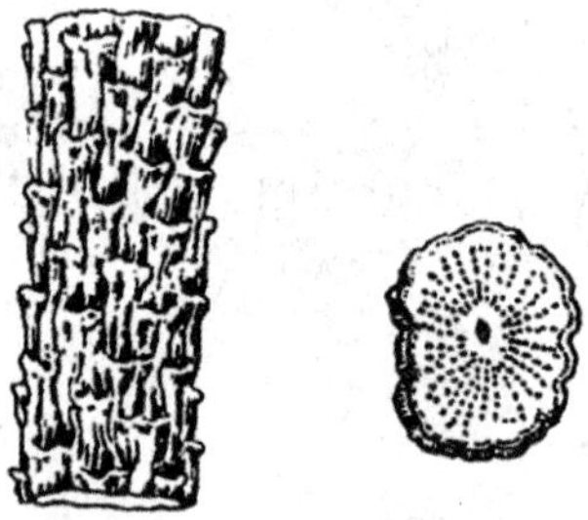

肉苁蓉茎及饮片

肉苁蓉

【性味归经】甘、咸，温。入肾、大肠经。

【功能主治】补肾阳，益精血，润肠通便。主治肾虚阳痿，滑精，垂缕不收，肠燥便秘。

【用量】马、牛 15～45 g；猪、羊 5～10 g；犬 3～5 g；兔、禽 1～2 g。

【应用】①肾虚阳痿，常与巴戟天、熟地等同用；滑精，常与牡蛎、白芍、山茱萸等同用；垂缕不收，常与附子、小茴香、补骨脂等同用。

②老弱血虚及病后、产后津液不足所致的肠燥便秘，常与麻仁、柏子仁、当归等同用。

【药理】含苯乙醇苷类、环烯醚萜类、木脂素类、多糖、生物碱等，具有增强免疫、增重、抗疲劳、泻下、抗氧化等作用。

淫羊藿
Herba epimedii

为小檗科植物淫羊藿 *Epimedium brevicornum* Maxim.、箭叶淫羊藿 *Epimedium sagittatum* (Sieb. et Zucc.) Maxim.、柔毛淫羊藿 *Epimedium pubescens* Maxim.、巫山淫羊藿 *Epimedium wushanense* T. S. Ying.、朝鲜淫羊藿 *Epimedium koreanum* Nakai. 或大花淫羊藿 *Epimedium macranthum* Morr. et Decne. 的干燥茎叶。切段生用。主产于陕西、甘肃、四川、台湾、安徽、浙江、江苏、广东、广西、云南等地。

淫羊藿

箭叶淫羊藿

柔毛淫羊藿

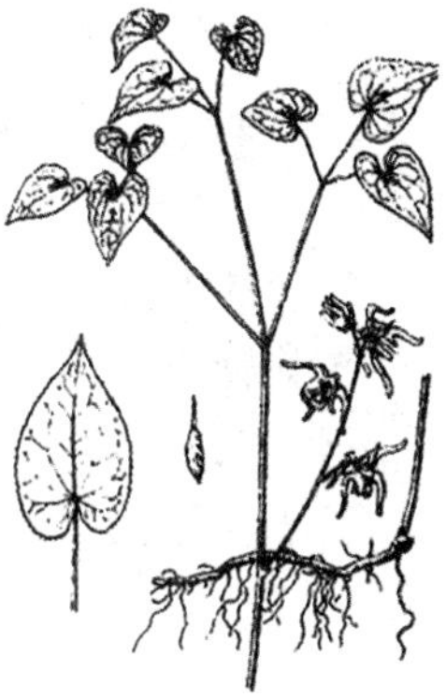
朝鲜淫羊藿

【性味归经】辛，温。入肾经。

【功能主治】补肾阳，强筋骨，祛风湿。主治肾阳不足，风湿痹痛。

【用量】马、牛 15～30 g；猪、羊 10～15 g；犬 3～5 g；兔、禽 0.5～1.5 g。

【应用】①肾阳不足所致的阳痿、滑精、尿频、腰膝冷痛、肢冷恶寒等，常与仙茅、山茱萸、肉苁蓉等同用。

②风湿阻络所致的四肢屈伸不利、筋骨痿弱等，常与威灵仙、独活、肉桂、当归、川芎等同用。

【药理】含多种淫羊藿苷及其衍生物，具有雌性激素、雄性激素样作用，能明显提高性机能，增加性器官重量，提高性激素分泌量，并能增强免疫、促进蛋白质的合成等。

补骨脂
Fructus psoraleae

为豆科植物补骨脂 *Psoralea corylifolia* L. 的干燥成熟种子，又称破故纸。生用或盐水炒用。主产于河南、安徽、山西、陕西、江西、云南、四川、广东等地。

【性味归经】辛、苦，大温。入脾、肾经。

【功能主治】温肾壮阳，止泻。主治阳痿，滑精，尿频数，腰胯寒痛，脾虚冷泻。

补骨脂

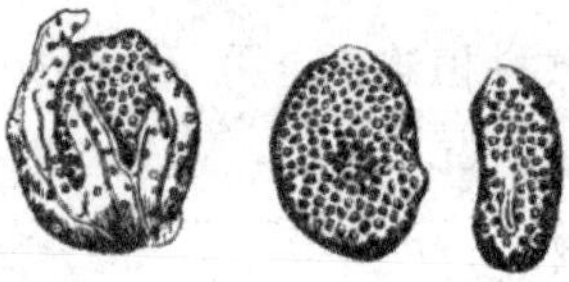

补骨脂种子

【用量】马、牛 15～45 g；猪、羊 5～10 g；犬 2～5 g；兔、禽 1～2 g。

【应用】①肾阳不振所致的阳痿、滑精、尿频数等，常与淫羊藿、菟丝子、熟地、肉桂、小茴香等同用。

②腰胯寒痛，常与牛膝、续断、杜仲、胡芦巴、肉桂等同用。

③脾肾阳虚所致的泄泻，常与肉豆蔻、吴茱萸、五味子等同用，如四神丸。

【药理】含补骨脂素、异补骨脂素、新补骨脂素等，具有抗菌、抗肿瘤、兴奋心脏、促进细胞生长等作用。

杜仲
Cortex eucommiae

为杜仲科植物杜仲 *Eucommia ulmoides* Oliv. 的干燥树皮。切丝生用，或酒炒、盐炒用。主产于四川、贵州、云南、湖北等地。

杜仲

杜仲树皮

【性味归经】甘、微辛，温。入肝、肾经。

【功能主治】补肝肾，强筋骨，安胎。主治肾虚腰痛，风湿痹痛，胎动不安。

【用量】马、牛 15～60 g；猪、羊 6～15 g；犬 3～5 g。

【应用】①肾虚腰痛等，常与补骨脂、菟丝子、枸杞子、熟地、山茱萸、牛膝等同用；风湿痹痛，常与独活、桑寄生等同用。

②孕畜体虚、肝肾亏损所致的胎动不安，常与续断、阿胶、白术、党参、砂仁、艾叶等同用。

【药理】含木质素、苯丙素、环烯醚萜、杜仲胶等，具有降压、降血脂、利尿、利胆、抑制子宫平滑肌收缩、抗菌和抗病毒等作用。

骨碎补
Rhizoma drynariae

为水龙骨科植物槲蕨 *Drynaria fortunei*（Kunze.）J. Sm 或中华槲蕨 *Drynaria baronii*（Christ.）Diels. 的干燥根茎。去毛晒干切片生用。主产于浙江、福建、台湾、广东、广西、云南、四川、江西、湖南、湖北等地。

槲蕨

中华槲蕨

骨碎补

【性味归经】苦，温。入肝、肾经。

【功能主治】补肾壮骨，活血止痛。主治肾虚久泻，筋伤骨折。

【用量】马、牛 15～45 g；猪、羊 5～10 g；犬 3～5 g；兔、禽 1.5～3 g。

【应用】①肾阳不足所致的久泻，常与菟丝子、五味子、肉豆蔻等同用。

②跌打损伤及骨折等，常与续断、自然铜、乳香、没药等同用。

【药理】含柚皮苷、甲基丁香酚、β-谷甾醇等，具有抗炎、促进钙磷沉积和改善软骨细胞的功能、推迟细胞退行性变、降低骨关节病变率的作用。

益智仁
Pructus alpiniae oxyphyllae

为姜科植物益智 *Alpinia oxyphylla* Miq. 的干燥成熟果实。主产于广东、云南、福建、广西等地。

【性味归经】辛，温。入脾、肾经。

【功能主治】温脾止泻、暖肾固精、缩尿、摄涎。主治虚寒泄泻，流涎，滑精，尿频。

【用量】马、牛 15～45 g；猪、羊 5～10 g；犬 3～5 g；兔、禽 1～3 g。

益智

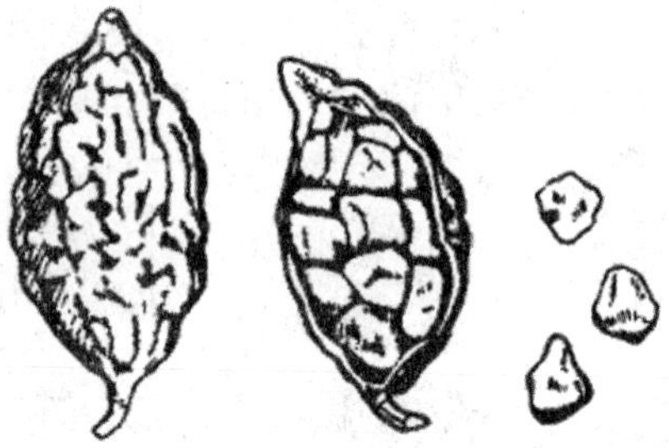

益智果实及种子

【应用】①寒伤脾胃所致的草料减少、腹痛、泄泻，常与桂心、陈皮、白术、干姜等配伍；脾阳不振、运化失常引起的虚寒泄泻、腹部疼痛，常与党参、白术、干姜等同用。

②脾虚胃寒不能摄涎所致的涎多自流，常与党参、茯苓、半夏、山药、陈皮等同用。

③肾阳不足，不能固摄所致的尿频数等，常与山药、桑螵蛸、菟丝子等同用。

【药理】含挥发油、萜类、黄酮类和庚烷类衍生物，其中主要有聚伞花烃香橙烯、香橙烯、芳樟醇、桃金娘醛、圆柚酮、圆柚醇，杨芽黄酮、白杨素，益智酮甲、益智酮乙、益智新醇和益智醇等，具有镇痛、止泻等作用，甲醇提取物对豚鼠左心房具有正性肌力作用，丙酮提取物能抑制盐酸或乙醇引起的大鼠胃损伤。

续断
Radix dipsaci

为川续断科植物川续断 *Dipsacus asperoides* C. Y. Cheng. et T. M. Ai. 或续断 *Dipsacus asper* Wall. 的干燥根。生用、酒炒或盐炒用。主产于四川、贵州、湖北、云南等地。

【性味归经】苦，温。入肝、肾经。

【功能主治】补肝肾，强筋骨，续折伤，安胎。主治风湿痹痛，筋骨折伤，胎动不安。

【用量】马、牛 25～60 g；猪、羊 5～15 g；兔、禽 1～2 g。

【应用】①肝肾不足、血脉不利所致的腰胯疼痛及风湿痹痛，常与杜仲、牛膝、桑寄生等同用。

②跌打损伤所致的筋骨折伤或闪伤，常与骨碎补、当归、赤芍、红花等同用。

③胎动不安，常与阿胶、艾叶、熟地等同用。

【药理】含三萜皂苷、挥发油、生物碱，以及 β-谷甾醇、胡萝卜苷、蔗糖和维生素 E 等，具有抗炎、抑菌、促进骨损伤愈合等作用，浸膏、总生物碱及挥发油对未孕或妊娠小鼠子宫均有抑制收缩作用。

川续断

菟丝子
Semen cuscutae

为旋花科植物菟丝子 *Cuscuta chinensis* Lam. 或大菟丝子 *Cuscuta japonica* Choisy. 的干燥成熟种子。生用或盐水炒用。主产于东北、河南、山东、江苏、四川、贵州、江西等地。

【性味归经】甘、辛，微温。入肝、肾经。

【功能主治】补肝肾，益精髓，明目。主治阳痿，滑精，尿频数，胎动不安，脾肾虚泻。

【用量】马、牛 15～45 g；猪、羊 5～15 g。

【应用】①肾虚所致的阳痿、滑精、尿频数等，常与枸杞子、覆盆子、五味子等同用；胎动不安，常与续断、阿胶等同用。

②肝肾不足所致的目疾等，常与熟地、枸杞子、车前子等同用。

③脾肾虚弱所致的粪便溏泄等，常与茯苓、山药、白术等同用。

菟丝子

【药理】含 β-谷甾醇、芝麻素、棕榈酸、山柰酚、槲皮素、紫元英苷、金丝桃苷、咖啡酸，以及多糖、氨基酸和微量元素等，具有抗衰老、保肝、降血糖、增加心肌冠脉血流量、促进骨缺损修复、增强免疫等作用，能明显提高应激大鼠卵巢内分泌功能降低模型血清雌二醇、黄体酮水平，增加垂体、卵巢和子宫的重量。

锁阳
Herba cynomorii

为锁阳科植物锁阳 *Cynomorium songaricum* Rupr. 的干燥肉质茎。切片生用。主产于内蒙古、青海、甘肃等地。

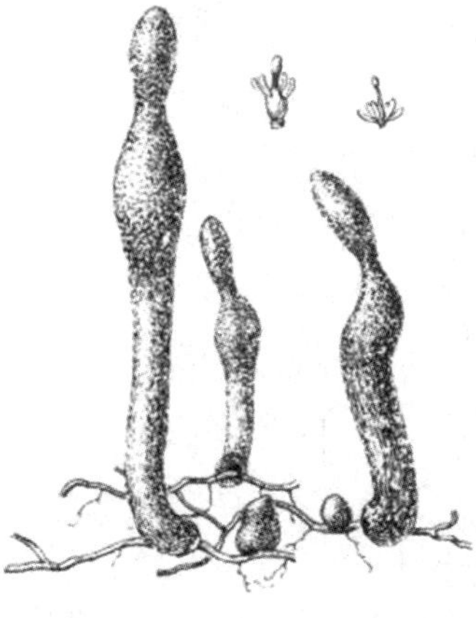

锁阳

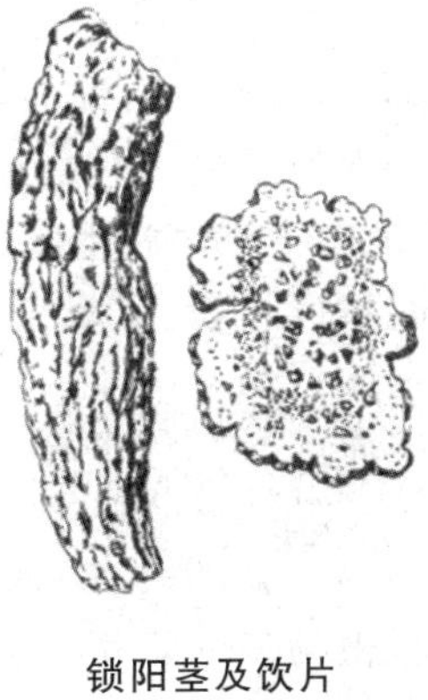

锁阳茎及饮片

【性味归经】甘，温。入肾、肝、大肠经。

【功能主治】补肾阳，益精血，润肠通便。主治阳痿滑精，腰胯无力，肠燥便秘。

【用量】马、牛 25～45 g；猪、羊 5～15 g；犬 3～6 g；兔、禽 1～3 g。

【应用】①肾虚阳痿、滑精等，常与肉苁蓉、菟丝子、补骨脂等同用。

②肝肾虚亏所致的腰胯无力、运步艰难等，常与熟地、牛膝、枸杞子、五味子等同用。

③老龄或产后血虚所致的肠燥便秘，常与肉苁蓉、当归、火麻仁、柏子仁等同用。

【药理】含熊果酸、3β-[h8]-丙二酸单酯、齐墩果酸丙二酸半酯、异槲皮苷、根皮苷、姜油酮葡糖苷、β-谷甾醇、琥珀酸、没食子酸、原儿茶酸和邻羟基肉桂酸以及多糖、氨基酸和鞣质等，具有抗氧化、增强体液免疫、抗疲劳等作用，并有促进动物性成熟及性行为的作用，但未经炮制的锁阳可使睾丸显著萎缩，血浆睾酮浓度显著降低。

胡芦巴

Semen trigonellae

为豆科植物胡芦巴 *Trigonella foenum-graecum* L. 的干燥成熟种子。蒸用或炒用。主产于安徽、河南、四川、甘肃等地。

胡芦巴

胡芦巴种子

【性味归经】苦、温。入肾经。

【功能主治】温肾散寒，止痛。主治阳痿滑精，寒伤腰胯。

【用量】马、牛 15～45 g；猪、羊 5～10 g；犬 3～5 g。

【应用】①肾阳不足所致的阳痿，常与巴戟天、淫羊藿等同用。

②寒气凝滞所致的腰胯疼痛，常与补骨脂、杜仲等同用。

【药理】含皂苷、黄酮、生物碱、香豆素、氨基酸、多糖和酶等，具有降血糖、降血脂、抗胃溃疡、抗肿瘤、抗肝损伤、抗氧化、利尿、抗炎等作用。

羊红膻

Herba Pimpinellae Thellugianae

为伞形科植物缺刻茴芹 *Pimpinella thellugiana* Wolff. 的干燥全草。切段生用。主产于陕西等地。

【性味归经】辛、温。入脾、肾经。

【功能主治】壮阳催情，温中健脾。主治母畜不孕，脾胃虚弱。

【用量】马、牛 60～150 g；猪、羊 10～30 g。

【应用】①脾肾俱虚所致的母畜不孕，单味灌服或拌料服，也可与淫羊藿、阳起石等同用。

②脾胃虚弱所致的泄泻、消瘦等，单用或与党参、白术等同用。

【药理】含羊红膻素 A～H、棕榈酸、4-丙烯基苯酚、松脂酚、2-甲基-2-羟基-5-甲氧基苯并[d]氢化呋喃-3-酮等，能提高正常或病态的耐缺氧能力，改善心、脑组织琥珀酸脱氢酶体系，特别是对实验性心肌梗死模型心肌呼吸酶改善明显。

缺刻茴芹

仙茅
Rhizoma Curculiginis

为石蒜科植物仙茅 *Curculigo orchioides* Gaertn. 的干燥根茎。生用。主产于四川、广西、云南、贵州、广东等地。

仙茅

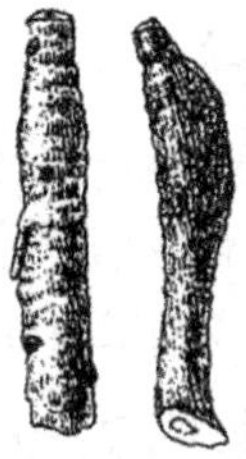

仙茅根茎

【性味归经】辛，热；有毒。入肝、肾、脾经。

【功能主治】补肾阳，强筋骨，祛风湿。主治阳痿滑精，风寒湿痹。

【用量】马、牛 15～45 g；羊、猪 6～15 g；犬、猫 1～5 g。

【应用】①阳痿滑精，常与淫羊藿、枸杞子、金樱子等同用。

②风寒湿痹，常与巴戟天、黄芪、鸡血藤、牛膝、木瓜、路路通等同用。

【药理】含仙茅苷、仙茅苷乙、仙茅素 B、仙茅素 C、苔黑酚葡萄糖苷、石蒜碱、丝兰皂苷元和胡萝卜苷等，具有抗炎、抗惊厥、促进成骨样细胞增殖和增强免疫等作用。

蛤蚧
Gecko

为壁虎科动物蛤蚧 *Gekko gecko* L. 除去内脏的干燥体。主产于广西、云南、广东等地。

蛤蚧

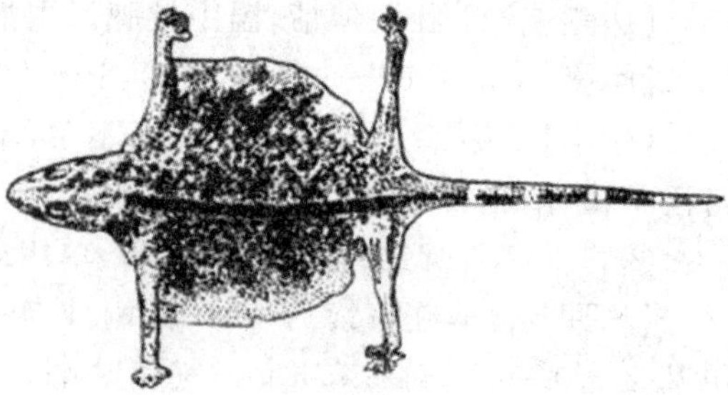

蛤蚧干燥体

【性味归经】咸，平。有小毒。入肺、肾经。

【功能主治】补肺益肾，纳气定喘。主治咳喘。

【用量】马、牛 1～2 对。

【应用】肺、肾两虚所致的咳喘，常与贝母、百合、天冬、麦冬等同用，如蛤蚧散。

【药理】含微量元素铁、铜、锌及氨基酸等，具有平喘、保肝、免疫调节、抗氧化、抗肿瘤及性激素样作用等。

阳起石
Actinolitum

为单斜晶系透闪石或透闪石石棉的矿石，主含含水硅酸钙镁[$Ca_2Mg_5(Si_4O_{11})\cdot 2(OH)_2$]。火煅用。主产于湖北、河南等地。

【性味归经】咸，微温。入肾经。

【功能主治】温补命门，壮阳益精。主治阳痿滑精，宫寒不孕。

【用量】马、牛 30～45 g；猪、羊 10～15 g。

【应用】①阳痿滑精，单味火煅研末，灌服或拌料服，或与淫羊藿同用。

②肾阳虚衰所致的不孕，常与淫羊藿、益母草、蛇床子等同用。

【药理】含钙、镁、锌、铁、铜、铝和锰等无机元素，水煎醇提取液具有雌激素样作用。

4. 滋阴药

沙参
Radix adenophorae

为桔梗科植物轮叶沙参 *Adenophora tetraphylla*（Thunb.）Fisch.、杏叶沙参 *Adenophora stricta* Mig. 或伞形科植物珊瑚菜 *Glehnia littoralis* F. Schm. ex Miq. 等的干燥根。前两种习称南沙参，后者习称北沙参。切片生用。南沙参主产于安徽、江苏、四川等地；北沙参主产于山东、河北等地。

【性味归经】甘，凉。入肺、胃经。

【功能主治】润肺止咳，养胃生津。主治干咳痰少，热病伤津。

轮叶沙参

杏叶沙参

沙参根

【用量】马、牛 15～45 g；猪、羊 5～10 g；犬、猫 2～5 g；兔、禽 1～2 g。

【应用】①肺虚久咳及热伤肺阴所致的干咳痰少等，常与麦冬、天花粉等同用。

②热病伤津所致的口干舌燥、便秘、舌红脉数等，常与生地、麦冬、玉竹等同用。

【禁忌】不宜与藜芦同用。

【药理】南沙参含沙参皂苷、呋喃香豆精；北沙参含挥发油、三萜酸、豆甾醇、β-谷甾醇、生物碱等，具有止咳、祛痰等作用。

天冬
Radix asparagi

为百合科植物天冬 *Asparagus cochinchinensis*（Lour.）Merr. 的干燥块根。生用或酒蒸用。主产于华南、西南、华中及河南、山东等地。

天门冬

天门冬块根

【性味归经】甘、微苦，寒。入肺、肾经。

【功能主治】清热养阴，润肺生津。主治肺热燥咳，热病伤阴，肠燥便秘。

【用量】马、牛 15～40 g；猪、羊 5～10 g；犬、猫 1～3 g；兔、禽 0.5～2 g。

【应用】①肺热阴虚所致的燥咳痰少等，常与麦冬、百部、玄参、川贝等同用。

②热病伤阴所致的阴虚内热、津少口渴等，常与生地、党参、沙参等同用。

③肠燥便秘，常与玄参、生地、火麻仁等同用。

【药理】含皂苷、氨基酸、多糖及维生素和微量元素等，具有镇咳、祛痰、抗菌、抗肿瘤等作用。

麦冬

Radix ophiopogonis

为百合科植物麦冬 *Ophiopogon japonica*（Thunb.）Ker-Gawl. 的干燥块根。生用。主产于江苏、安徽、浙江、福建、四川、广西、云南、贵州等地。

麦冬

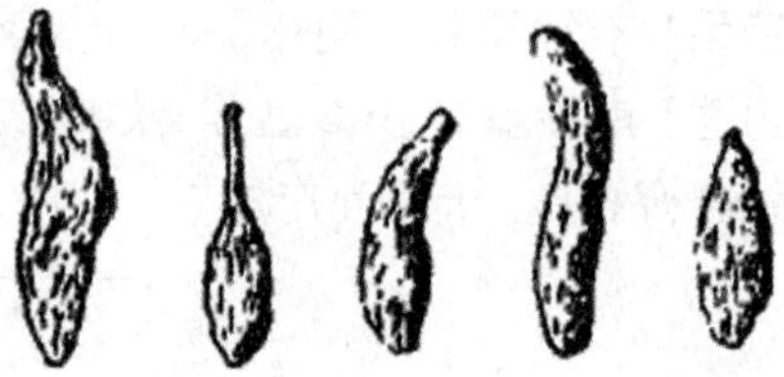

麦冬块根

【性味归经】甘、微苦，凉。入肺、胃、心经。

【功能主治】润肺清心，养阴生津。主治肺热燥咳，热病伤阴，肠燥便秘。

【用量】马、牛 20～60 g；猪、羊 10～15 g；犬 5～8 g；兔、禽 0.6～1.5 g。

【应用】①肺热燥咳，常与天冬、知母、贝母、桔梗等同用。

②热病伤阴所致的口渴贪饮等，常与知母、天花粉等同用。

③肠燥便秘，常与玄参、生地等同用，如增液汤。

④心阴虚所致的心悸、多汗、舌红津少等，常与茯神、远志、丹参等同用。

【药理】含麦冬皂苷、阔叶麦冬皂苷等，具有抗过敏、抗菌和抗心肌缺血等作用。

百合

Bulbus lilii

为百合科植物百合 *Lilium brownii* F. E. Brown. var *viridulum* Baker.、细叶百合 *Lilium pumilum* DC. 或卷丹 *Lilium lancifolium* Thunb. 的干燥肉质鳞叶。生用或蜜炙用。主产于浙江、江苏、湖南、广东、陕西等地。

【性味归经】甘、微苦、微寒。入心、肺经。

【功能主治】养阴润肺，清心安神。主治肺燥咳喘，阴虚久咳，躁动不安。

百合

细叶百合

【用量】马、牛 30～60 g;猪、羊 5～10 g;犬 3～5 g。

【应用】①肺热燥咳或阴虚久咳等,常与生地、熟地、麦冬、玄参、贝母、甘草等同用,如百合固金汤。

②久热病后,余热未清、气阴不足所致的躁动不安等,常与生地、知母等同用。

【药理】含皂苷、生物碱等,具有止咳、祛痰、抗应激、抗疲劳等作用。

石斛
Herba dendrobii

为兰科植物金钗石斛 *Dendrobium nobile* Lindl.、环草石斛 *D. loddi gesii* Rolfe.、铁皮石斛 *D. candidum* Wall. ex Lindl.、黄草石斛 *D. chrysanthum* Wall. ex lindl.、马鞭石斛 *D. fimbriatum* Hook. var. *oculatum* Hook. 的干燥茎。生用或熟用。主产于广西、台湾、四川、贵州、云南、广东等地。

金钗石斛

铁皮石斛

环草石斛

【性味归经】甘,微寒。入肺、胃、肾经。

【功能主治】滋阴生津,清热养胃。主治热病伤津,阴虚久热。

【用量】马、牛 15～60 g;猪、羊 5～15 g;犬、猫 3～5 g;兔、禽 1～2 g。

【应用】①热病伤阴所致的津少口渴、舌红、草料减少等,常与麦冬、沙参、生地、天花粉等同用。

②阴虚久热不退，常与生地、沙参、麦冬等同用。

【药理】含石斛碱、石斛氨碱、石斛醚碱等，具有助消化、抗氧化等作用。

女贞子
Fructus ligustri lucidi

为木樨科植物女贞 *Ligustrum lucidum* Ait. 的干燥成熟果实。生用或蒸用。主产于江苏、湖南、河南、湖北、四川等地。

女贞子

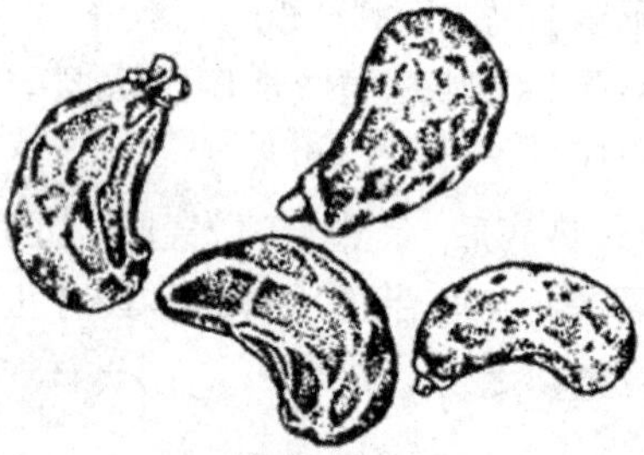
女贞子果实

【性味归经】甘、微苦，平。入肝、肾经。

【功能主治】滋补肝肾，强腰健膝。主治肝肾阴虚，阴虚发热。

【用量】马、牛 15～60 g；猪、羊 6～12 g；犬 3～6 g。

【应用】①肝肾阴虚所致的腰胯无力、眼目不明、滑精等，常与枸杞子、菟丝子、熟地、菊花等同用。

②阴虚内热，常与地骨皮、丹皮、白芍、熟地等同用。

【药理】含齐墩果酸、女贞子酸、熊果酸、油酸、亚麻酸、女贞子苷、女贞子多糖、组氨酸、赖氨酸、天冬氨酸、亮氨酸、磷酯酰乙醇胺、磷酯酰胆碱和磷酯酰肌醇等，具有降脂、抗炎、抗菌和抗氧化等作用。

鳖甲
Carapax trionycis

为鳖科动物鳖 *Trionyx sinensis* Weigmann. 的背甲。生用或炒后浸醋用。主产于安徽、江苏、湖北、浙江等地。

【性味归经】咸，平。入肝、肾经。

【功能主治】滋阴清热，平肝潜阳，软坚散结。主治阴虚发热，痞块肿瘤。

【用量】马、牛 15～60 g；猪、羊 5～10 g；犬 3～5 g。

【应用】①阴虚日久不退所致的消瘦、盗汗等，常与龟板、地骨皮、青蒿、地黄等同用。

②痞块瘤肿，常与三棱、莪术、木香、桃仁、红花、青皮、香附等同用。

中华鳖

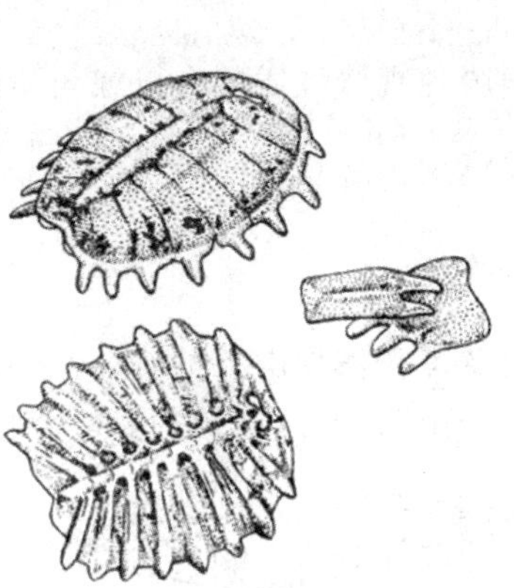

鳖甲

【药理】含甘氨酸、脯氨酸、谷氨酸、钙、锰、磷等，具有抗疲劳、抗肿瘤作用，能抑制结缔组织增生，有软肝脾的作用，故对肝硬化，脾肿大有治疗作用。

枸杞子
Fructus lycii

为茄科植物宁夏枸杞 *Lycium barbarum* L. 的干燥成熟果实。生用。主产于宁夏、甘肃、河北、青海等地。

枸杞

枸杞子

【性味归经】甘，平。入肝、肾经。

【功能主治】补益肝肾，益精明目。主治肝肾阴虚，视力减退。

【用量】马、牛 15～60 g；猪、羊 10～15 g；犬 3～8 g。

【应用】①肝肾阴虚所致的精血不足、腰肢无力等，常与菟丝子、熟地、山萸肉、山药等同用。

②肝肾不足所致的视力减退、眼目昏暗等，常与菊花、熟地、山萸肉等同用，如杞菊地黄丸。

【药理】含枸杞多糖、甜菜碱、玉蜀黍黄素等，具有增强免疫、促进骨髓细胞增殖和分化、促进视网膜内视紫红质的合成或再生等作用。

山茱萸
Fructus corni

为山茱萸科植物山茱萸 *Cornus officinalis* Sieb. et Zucc. 的干燥成熟果肉。生用或熟用。主产于山西、陕西、山东、安徽、河南、四川、贵州等地。

山茱萸

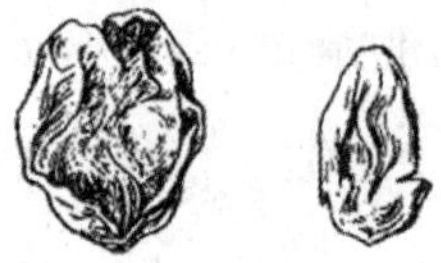

山茱萸果肉

【性味归经】酸、涩，微温。入肝、肾经。

【功能主治】补益肝肾，涩精敛汗。主治肝肾阴亏，阴虚盗汗。

【用量】马、牛 15～30 g；猪、羊 10～15 g；犬、猫 3～6 g；兔、禽 1.5～3 g。

【应用】①肝肾阴虚所致的腰肢无力等，常与熟地、山药、泽泻、茯苓、丹皮等同用，如六味地黄汤；阳痿滑精，常与牡蛎、赤石脂等同用。

②阴虚盗汗等，常与地黄、牡丹皮、知母等同用。

【药理】含山茱萸苷、山茱萸新苷、马钱子苷等，具有抗菌、利尿、降压、降血糖、抗炎等作用。

黄精
Rhizoma polygonati

为百合科植物黄精 *Polygonatum sibiricum* Red.、多花黄精 *Polygonatum cyrtonema* Hua. 或西南黄精 *Polygonatum kingianum* Coll. et Hemsl. 的干燥根茎。生用或熟用。主产于广西、四川、贵州、云南、河南、河北、内蒙古等地。

【性味归经】甘，平。入脾、肺经。

【功能主治】健脾润肺，益肾养阴。主治脾胃虚弱，肺虚燥咳，精血不足。

【用量】马、牛 20～60 g；猪、羊 5～15 g；兔、禽 1～3 g。

【应用】①脾胃虚弱所致的食少便溏、倦怠乏力等，常与党参、茯苓、白术、山药等同用。

②肺虚燥咳，常与知母、贝母、沙参、麦冬、天冬等同用。

③久病体虚、精血不足，常与熟地、枸杞子等同用。

黄精

多花黄精

【药理】含黄精多糖 A、B、C、黄精皂苷 A、B、甘草素、苏氨酸、丙氨酸和微量元素镁等，具有抗炎、增强非特异性免疫、延缓衰老、抗菌等作用。

玉竹
Rhizoma polygonati odorati

为百合科植物玉竹 *Polygonatum odoratum*（Mill.）Druce. 的干燥根茎。生用。主产于华东、华北、东北及西南等地。

玉竹

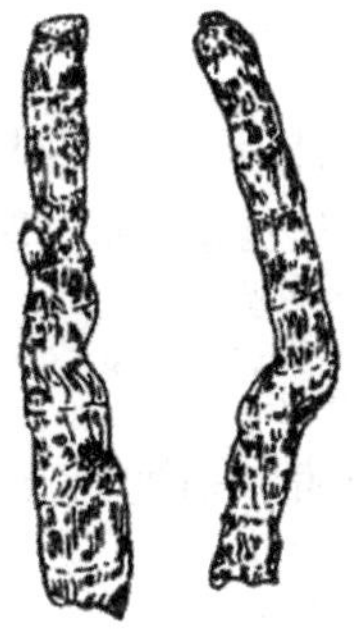

玉竹根茎

【性味归经】甘，平。入肺、胃经。

【功能主治】滋阴润肺，养胃生津。主治口渴贪饮，肺燥干咳。

【用量】马、牛 30～60 g；猪、羊 10～15 g；兔、禽 0.5～2 g。

【应用】肺胃燥热、阴液不足所致的口渴贪饮、肺燥干咳等，常配天冬、麦冬、沙参等同用。

【药理】含多糖、甾体皂苷、黄酮、生物碱、甾醇、鞣质、黏液质、强心苷等，煎剂少量能使蛙心搏动迅速增强，大剂量能引起心跳减弱甚至停止。乙醇提取物具有降血糖作用，能提高烧伤小鼠血清溶血素的水平和腹腔巨噬细胞的吞噬功能，改善脾淋巴细胞对 ConA 的增殖反应。

【相关知识】

凡能补益机体气血阴阳的不足，治疗各种虚证的药物（方剂），称为补虚药（方）。

虚证一般分为气虚、血虚、阴虚、阳虚四种，故补虚药也分为补气、养血、滋阴和助阳四类。

(1)补气药：多味甘，性平或偏温，主入脾、胃、肺经，具有补肺气、益脾气的功能，适用于脾肺气虚证。又因气为血帅，气旺可以生血，故补气药又常用于血虚病证。

(2)补血药：多味甘，性平或偏温，多入心、肝、脾经，有补血的功能，适用于体瘦毛焦、口色淡白、精神萎靡、心悸脉弱等血虚之证。因心主血，肝藏血，脾统血，故血虚证与心、肝、脾密切相关，治疗时以补心、肝药为主，配以健脾药物。如血虚兼气虚者配用补气药，如血虚兼阴虚者配以滋阴药。

(3)助阳药：味甘或咸，性温或热，多入肝、肾经，有补肾助阳，强筋壮骨作用，适于形寒肢冷、腰胯无力、阳痿滑精、肾虚泄泻等。因"肾为先天之本"，故助阳药主要用于温补肾阳。助阳药多属温燥，阴虚发热及实热证等均不宜用。

(4)滋阴药：多味甘，性凉。主入肺、胃、肝、肾经。具有滋肾阴、补肺阴、养胃阴、益肝阴等功能，适用于舌光无苔、口舌干燥、虚热口渴、肺燥咳嗽等阴虚证。滋阴药多甘凉滋腻，凡阳虚阴盛，脾虚泄泻者不宜应用。

但在畜体生命活动中，气、血、阴、阳是密切联系的，一般阳虚多兼气虚，而气虚也常导致阳虚；阴虚多兼血虚，而血虚也常导致阴虚。所以在应用补气药时，常与助阳药配伍，使用补血药时常与滋阴药并用。同时，在临床上又往往数证兼见，如气血两亏、阴阳俱虚等。因此，补气药、养血药、滋阴药、助阳药常常相互配伍应用。此外，脾胃为后天之本，肺主一身之气，故应以补脾、胃、肺为主；又肾既主一身之阳，又主一身之阴，使用助阳药、滋阴药时应以补肾阳及滋肾阴为主。

补虚药虽能扶正，但应用不当会产生留邪的副作用，所以当病畜实邪未尽时，不宜早用。若病邪未解，正气已虚，则以驱邪为主，酌加补虚药以扶正，增强抵抗力，达到既祛邪又扶正的目的。

【任务 50】常用补虚方

四君子汤（《和剂局方》）

【组成】党参 60 g　炒白术 60 g　茯苓 60 g　炙甘草 30 g

【功能】益气健脾。

【主治】脾胃气虚。证见体瘦毛焦，精神倦怠，四肢无力，食少便溏，舌淡苔白，脉细弱等。

【方解】本方主证脾气虚弱。脾胃为后天之本，气血营卫之源，补气必从脾胃着手。方中党参补中益气为主药；白术健脾燥湿为辅药；茯苓健脾渗湿为佐药；炙甘草益气和中，调和诸药为使药。诸药相合，益气健脾。

【用法】共为末，开水冲调，候温灌服，或水煎服。

【应用】用于脾胃虚弱所致的慢性胃肠炎、消化不良、胃肠功能紊乱等证。本方加陈皮，名为异功散，主治脾虚不食；加陈皮、半夏，名为六君子汤，主治嗳气多、食少、咳嗽痰多；加木香、砂仁，名为香砂六君子汤，主治脾胃寒痛；加诃子、肉豆蔻，名加味四君子汤，主治脾虚泄泻。

参苓白术散(《和剂局方》)

【组成】党参 45 g　白术 45 g　茯苓 45 g　炙甘草 45 g　山药 45 g　扁豆 60 g　莲子肉 30 g　桔梗 30 g　薏苡仁 30 g　砂仁 30 g

【功能】补气健脾，益肺气，渗湿止泻。

【主治】脾胃气虚挟湿证。证见精神倦怠，体瘦毛焦，食欲减退，四肢无力，便溏，或泄泻，舌苔白腻，脉缓弱等。

【方解】本方证因脾虚挟湿所致。方中党参、白术、茯苓、炙甘草补气健脾为主药；山药、莲子肉助党参补气健脾，扁豆、薏苡仁助茯苓、白术健脾止泻，共为辅药；佐以砂仁芳香醒脾，理气宽胸；桔梗宣利肺气，载药上行以补肺，为使药。诸药相合，补气健脾，渗湿止泻，为健脾益气之名方。

【用法】共为末，开水冲调，候温灌服，或水煎服。

【应用】本方温而不燥，是补气健脾，渗湿止泻的常用方剂。临床用于脾胃虚弱的慢性病，如慢性消化不良、慢性胃肠炎、久泻以及幼畜脾虚泄泻等。本方兼有益肺气之功，经常用作“培土生金”的代表方，故对肺虚劳损诸证属脾肺气虚者均可应用。

补中益气汤(《脾胃论》)

【组成】炙黄芪 90 g　党参 60 g　白术 60 g　当归 60 g　陈皮 60 g　炙甘草 45 g　升麻 30 g　柴胡 30 g

【功能】升阳益气，调补脾胃。

【主治】脾胃气虚及气虚下陷诸证。证见精神倦怠，草料减少，发热，自汗，口渴喜饮，粪便稀溏，舌质淡，苔薄白，或久泻脱肛、子宫脱垂等。

【方解】本方针对脾胃气虚及气虚下陷诸证。方中黄芪补中益气，升阳固表为主药；党参、白术、甘草温补脾胃为辅药；当归养血，陈皮理气行滞，升麻、柴胡升阳举陷，均为佐药。诸药相合，升阳益气，调补脾胃。

【用法】水煎服。

【应用】本方为补气升阳的代表方。本方去当归，加阿胶、焦艾，名加减补中益气汤，功能补气安胎，升阳举陷。

四物汤(《和剂局方》)

【组成】熟地黄 45 g　白芍 45 g　当归 45 g　川芎 30 g

【功能】补血和血。

【主治】血虚、血瘀诸证，证见舌淡，脉细者，或血虚夹有瘀滞者。

【方解】本方是补血和血的基础方剂。方中熟地滋阴补血，为主药；当归补血养肝，并能活血行滞，为辅药；白芍养血敛阴，为佐药；川芎入血分行气活血，为使药。从药物配伍关系看，熟地黄、白芍是血中之血药，川芎、当归是血中之气药，两相配伍，可使补而不滞，营血调和。因此，不仅血虚之证可用以补血，即使血滞之证，亦可加减运用。

【用法】共为末，开水冲调，候温灌服，或水煎服。

【应用】用于营血虚损、气滞血瘀、胎前产后诸疾，现代常用于治疗血液系统、循环系统等多种疾病，尤其是围产期疾病。血虚有热者，加黄芩、丹皮，改熟地为生地以清热凉血；胎动不安，加艾叶、阿胶以养血安胎；血虚气滞腹痛，加香附、元胡。本方加桃仁、红花，即桃红四物汤，活血祛瘀；合四君子汤，名为八珍汤，气血双补；再加肉桂、附子，名为十全大补汤，主治气血双亏兼阳虚有寒。

泰山磐石散(《景岳全书》)

【组成】熟地黄 45 g　当归 45 g　白芍 45 g　黄芪 45 g　党参 45 g　白术 45 g　川续断 45 g　川芎 45 g　炙甘草 30 g　砂仁 30 g　黄芩 30 g　糯米 120 g

【功能】益气健脾，养血安胎。

【主治】驴、马产前少食或不食证，或气血两虚引起的胎动不安。

【方解】产前不食或胎动不安，多因运动不足，脾胃功能减弱，气血亏虚所致。脾气不足则食少或不食，气血亏损，不能充养胞宫，甚或冲任不固，导致胎动不安。方中以四君子汤去茯苓，加黄芪健脾益气；四物汤加川续断补血固肾以养胎元；砂仁调气安胎；糯米补养脾胃；更以白术、黄芩同用以安胎。各药合用，益气健脾，养血安胎。

【用法】水煎服，或共为末，开水冲调，候温灌服。

【应用】驴、马产前不食或少食和气血两虚的胎动不安等。临床上用于治疗驴怀骡妊娠毒血症之脾胃虚弱、气血两虚，或用于治疗习惯性流产。

归芪益母汤(《牛经备要医方》)

【组成】炙黄芪 120 g　益母草 60 g　当归 30 g

【功能】补气生血，活血祛瘀。

【主治】过力劳伤致气血虚弱及产后血虚、瘀血诸证。证见头低耳耷，四肢无力，怠行喜卧，口色淡，脉细弱等。

【方解】本方由当归补血汤(《内外伤辨惑论》)加益母草组成。方中重用黄芪大补脾肺之气，以资生血之源为主药；当归养血补血，使阴生阳长，气旺血生为辅药；益母草活血祛瘀，疏血中滞气，为佐使药。诸药合用，共奏补气生血，活血祛瘀之功。

【用法】水煎服，或共为末，开水冲调，候温灌服。

【应用】劳役过度所致的气血俱虚以及产后血虚、瘀滞腹痛等，均可加减运用。

炙甘草汤(《伤寒论》)

【组成】炙甘草 60 g　党参 60 g　生姜 30 g　阿胶 30 g　桂枝 30 g　麻仁 30 g　麦冬 30 g　生地 120 g　大枣 30 枚

【功能】益气养血,滋阴复脉。

【主治】气虚血弱。证见毛焦身瘦,脉结代,心悸动,呼吸气短,舌色淡白,口津少等。

【方解】本方为治气虚血少,脉结代,心悸动的常用方,亦称复脉汤。方中炙甘草甘温益气,通经脉,利血气,养心复脉,为主药;党参、大枣补气养脾胃,以助气血生化之源,生地、麦冬、阿胶、麻仁滋阴养血,以充其脉,为辅药;桂枝、生姜温通血脉,振奋心阳,为佐药;白酒助药势,通经脉为使药。诸药相合,补气养血,滋阴复脉。

【用法】水煎,候温加白酒 60 mL 灌服。

【应用】气血不足引起的脉结代、心悸气短等,均可加减应用。对虚劳肺痿、气阴不足之干咳无痰、痰中带血、气短、盗汗、脉虚数等,亦可应用。现代多用于治疗功能性心律不齐、期外收缩和低血压。

归脾汤(《济生方》)

【组成】白术 60 g　党参 60 g　炙黄芪 60 g　龙眼肉 60 g　酸枣仁 60 g　茯神 45 g　当归 60 g　远志 30 g　木香 30 g　炙甘草 15 g　生姜 20 g　大枣 20 g

【功能】健脾养心,益气补血。

【主治】心脾两虚,气血不足所致的倦怠少食、心悸气短、舌淡脉弱等,以及脾不统血引起的各种慢性出血证。

【方解】本方证因心脾两虚,气血不足。方中用党参、黄芪补气健脾,使脾气健旺,生化有源,为主药;当归、龙眼肉补血养心,配合主药以气血双补,为辅药;白术、木香健脾理气,使补而不滞,远志、茯神、酸枣仁补心安神,共为佐药;甘草、生姜、大枣和胃健脾,调和诸药,为使药。诸药相合,健脾养心,益气补血。

【用法】水煎服,或共为末,开水冲调,候温灌服。

【应用】用于心脾两虚证及脾虚不能统血的各种慢性出血。凡久病体虚、自汗、再生障碍性贫血、胃肠道慢性出血、水牛血红蛋白尿病、功能性子宫出血等属于心脾两虚者,均可加减应用。偏于阳气虚弱者,重用党参、黄芪;偏于阴血虚者,重用当归、龙眼肉;偏于心气虚者,重用酸枣仁、伏神;偏于脾虚者,重用白术、党参。贫血严重者,加阿胶、何首乌;出血严重者,加地榆、侧柏叶、仙鹤草。

透脓散(《外科正宗》)

【组成】生黄芪 60 g　炮甲珠 30 g　川芎 30 g　当归 45 g　皂角刺 30 g

【功能】补气养血,托毒溃脓。

【主治】气血虚弱所致的疮疡久不成脓，或内已成脓而不溃者。

【方解】本方主证因正虚不能托毒外透以致脓成不能溃破之疮疡。方中用生黄芪补气扶正，托毒外出；当归、川芎养血活血；山甲、皂角刺解毒软坚，通透溃脓；以酒助药力，增强行血、活血的作用。诸药相合，扶正祛邪，托毒排脓。本方的组成特点是祛邪中兼有扶正，目的在于托毒排脓，使毒随脓泄，腐祛新生。

【用法】共为末，加白酒 100 mL，水调灌服。

【应用】用于气血虚弱所致的疮疡不能成脓，或脓成而不易穿溃，痈肿不消。对脓成难溃者，加白芷、银花；不成脓或将溃之时、紫陷无根、根脚散大者，加党参、白术、炙甘草。

本方加减也可用于各种疮症成脓期表现脓肿坚硬不破，或脓如黄水，舌色红绛等邪盛正气未衰之逆证。

《医学心语》载透脓散，即本方加白芷、牛蒡、银花，功能扶正祛邪、托毒溃脓，主治疮疡内已成脓。《医宗金鉴》载托里透脓汤，由党参、白术、穿山甲、白芷、升麻、甘草、当归、生黄芪、皂角刺、青皮组成，功能扶正祛邪、托里透脓，主治一切痈疽气血亏损。

六味地黄汤(《小儿药证直诀》)

【组成】熟地黄 80 g　山萸肉 40 g　山药 40 g　泽泻 30 g　茯苓 30 g　丹皮 30 g

【功能】滋阴补肾。

【主治】肝肾阴虚，虚火上炎所致的潮热盗汗，腰膝痿软无力，耳鼻四肢温热，舌燥喉痛，滑精早泄，粪干尿少，舌红苔少，脉细数。

【方解】本方证因肾阴亏虚，虚火上炎所致。方中熟地补肾滋阴，养血生津，为主药；山萸肉养肝肾而涩精，山药补脾固精，共为辅药。主辅配合，肾、脾、肝三阴同补，为“三补”，是本方的主体。泽泻清泻肾火、利水，丹皮凉血清肝泻伏火、退骨蒸，茯苓利脾除湿，三药同用为“三泻”，共为佐使药。“三补”、“三泻”合而用之，补中有泻，寓泻于补，相辅相成，共成通补开泻之剂。

【用法】水煎服，亦可制成散剂服用。

【应用】本方是滋阴补肾的代表方，对于肝肾阴虚不足诸证均可加减应用，如慢性肾炎、肺结核、骨软症、贫血消瘦、子宫内膜炎、周期性眼炎、慢性消耗性疾病等属于肝肾阴虚者。本方加知母、黄柏，名为知柏地黄汤，主治阴虚火旺、潮热盗汗；加枸杞子、菊花，名杞菊地黄汤，主治肝肾阴虚之夜盲、弱视；加五味子，名都气汤，主治肾虚气喘；加麦冬、五味子，名麦味地黄汤，主治肺肾阴虚；加桂枝、附子，名肾气丸，主治肾阳不足。

蛤蚧散(《元亨疗马集》)

【组成】蛤蚧 1 对　天冬 30 g　麦冬 30 g　百合 30 g　苏子 30 g　瓜蒌 30 g　马兜铃 30 g　天花粉 20 g　枇杷叶 20 g　知母 20 g　栀子 20 g　汉防己 20 g　秦艽 20 g　升麻 20 g　贝母 20 g　白药子 20 g　没药 20 g

【功能】养阴润肺，止咳定喘。

【主治】劳伤咳喘，四肢浮肿。

【方解】本方主证肺肾两虚之咳喘。方中蛤蚧补肺肾、定咳喘为主药；天冬、麦冬、百合、蜂蜜、瓜蒌养阴清热，润肺止咳，枇杷叶、马兜铃、苏子、贝母化痰止咳，降气平喘，知母、天花粉清肺降火，均为辅药；栀子、白药子凉血解毒，秦艽、升麻退虚热，没药活血行瘀止痛，汉防己行水祛痰，均为佐药。诸药相合，养阴润肺，止咳定喘。

【用法】共为末，开水冲，候温加蜂蜜 120 g 灌服。

【应用】用于肺阴不足，虚火上炎之咳嗽气喘。

百合固金汤(《医方集解》)

【组成】百合 45 g　麦冬 45 g　生地 60 g　熟地 60 g　川贝母 30 g　当归 30 g　白芍 30 g　生甘草 30 g　玄参 20 g　桔梗 20 g

【功能】养阴清热，润肺化痰。

【主治】肺肾阴虚，虚火上炎所致燥咳气喘、痰中带血、咽喉疼痛、舌红少苔、脉细数。

【方解】本方证因肺肾阴亏。方中百合、生地、熟地滋养肺肾之阴，均为主药；麦冬、川贝润肺养阴、化痰止咳，为辅药；玄参滋阴凉血清虚热，当归、白芍养血和阴，桔梗清肺化痰止咳，共为佐药；甘草协调诸药，并配桔梗以清利咽喉，为使药。诸药相合，养阴清热，润肺化痰。

【用法】水煎服，或共为末，开水冲调，候温灌服。

【应用】本方为治肺肾阴虚，咳嗽痰中带血的常用方，以咽喉疼痛、干咳无痰或痰中带血、气喘、舌红少苔、脉细数为主证。现代常用于肺结核、慢性气管炎、支气管扩张咯血、肺炎中后期、慢性肝炎、咽炎等属于肺肾阴虚者。痰多者，加瓜蒌以清肺化痰；痰中带血、气喘甚者，可去桔梗之升提，加茅根、仙鹤草以凉血止血。本方药物多属甘寒滋腻之品，对于脾虚便溏患畜应当慎用。

生脉散(《内外伤辨惑论》)

【组成】党参 90 g　麦门冬 60 g　五味子 30 g

【功能】补气生津，敛阴止汗。

【主治】暑热伤气，气津两伤之证。证见精神倦怠，汗多气短，口渴舌干，或久咳肺虚，干咳少痰，气短自汗，舌红无津，脉象虚弱。

【方解】本方原主证暑热汗多或久咳肺虚致气阴两伤之证。方中党参补肺益气而生津，为主药；麦冬甘寒养阴，清热生津，为辅药；五味子敛肺止汗而生津，为佐药。三药相合，一补、一清、一敛，共奏益气养阴、生津止渴、敛阴止汗之效。

【用法】水煎灌服。

【应用】本方为治气津两伤的基础方。现多用本方加减治疗肺结核、慢性支气管炎、心律不齐、心源性休克、失血性休克等属气津不足者。

巴戟散(《元亨疗马集》)

【组成】巴戟天 45 g　肉苁蓉 45 g　补骨脂 45 g　胡芦巴 45 g　小茴香 30 g　肉豆蔻 30 g　陈皮 30 g　青皮 30 g　肉桂 20 g　木通 20 g　川楝子 20 g　槟榔 15 g

【功能】温补肾阳,通经止痛,散寒除湿。

【主治】肾阳虚衰所致的腰胯疼痛,后腿难移,腰脊僵硬等证。

【方解】命门火衰,不能温暖下焦,寒湿侵犯于腰胯,则腰脊僵硬、疼痛,后肢难移,治宜温补肾阳为主。方中巴戟天、肉苁蓉、补骨脂、胡芦巴、小茴香、肉桂温补肾阳,强筋骨,散寒痛,为主药;辅以陈皮、青皮、槟榔健胃温脾行气,肉豆蔻温中暖脾肾;佐以少量的川楝子止痛;使以木通通经利湿,引药归肾。诸药相合,温补肾阳,通经止痛,散寒除湿。

【用法】共为末,开水冲调,候温灌服,或水煎服。

【应用】寒伤腰胯疼痛,或肾痛后腿难移等证,均可随证加减应用。

《司牧安骥集》载巴戟散,由巴戟天、胡芦巴、破故纸、茴香、苦楝子、滑石、海金沙、槐花、木通、牵牛子组成,功能与本方相似。

项目 2.13　常用平肝方药

问题一:下列药物不属于平肝药的是(　　)。

A. 石决明　B. 决明子　C. 木贼
D. 木鳖子　E. 天麻

问题二:石决明、决明子的共同作用是(　　)。

A. 润肠通便　B. 清肝明目　C. 熄风止痉
D. 止咳平喘　E. 降气化痰

问题三:既能熄风止痉,平抑肝阳,又能祛风通络的药物是(　　)。

A. 夏枯草　B. 僵蚕　C. 天麻
D. 决明子　E. 代赭石

问题四:治疗多种原因所致痉挛抽搐,多与全蝎配伍相须使用的是(　　)。

A. 蜈蚣　B. 僵蚕　C. 钩藤
D. 天麻　E. 地龙

问题五:下列哪组药物具有清热解毒,熄风止痉的功效(　　)。

A. 桑叶、薄荷　B. 柴胡、葛根　C. 牛黄、羚羊角
D. 荆芥、防风　E. 紫花地丁、野菊花

问题六:决明散主治(　　)。

A. 肝经积热　B. 阴虚阳亢　C. 血虚诸证
D. 幼畜癫痫　E. 破伤风

问题七：牵正散主治（　　）。

A. 歪嘴风　　B. 破伤风　　C. 肝经风热

D. 幼畜癫痫　　E. 睛生云翳

问题八：镇肝熄风汤主要用于（　　）。

A. 肝经积热　　B. 阴虚阳亢　　C. 破伤风

D. 癫痫　　E. 气血两虚

【任务 51】常用平肝药

1. 平肝明目药

石决明

Concha haliotidis

为鲍科动物杂色鲍 *Haliotis diversicolor* Reeve.、皱纹盘鲍 *Haliotis discus hannai* Ino. 的贝壳。打碎生用或煅后碾碎用。主产于广东、山东、辽宁等地。

【性味归经】咸，平。入肝经。

【功能主治】平肝潜阳，退翳明目。主治目赤肿痛，睛生翳障。

【用量】马、牛 30～60 g；猪、羊 15～25 g；犬、猫 3～5 g；兔、禽 1～2 g。

【应用】①肝肾阴虚、肝阳上亢所致的目赤肿痛，常与生地、白芍、菊花等同用。

②肝热实证所致的目赤肿痛、羞明流泪、睛生翳障等，常与夏枯草、菊花、钩藤等同用。

【药理】含碳酸钙、胆素等，可治视力障碍及眼内障，为眼科明目退翳的常用药。

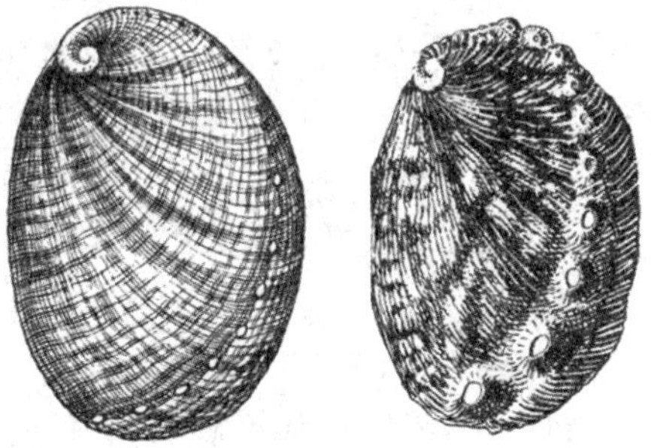

杂色鲍　　皱纹盘鲍

决明子

Semen cassiae

为豆科植物决明 *Cassia obtusifolia* L. 或小决明 *Cassia tora* L. 的干燥成熟种子。生用或炒用。主产于安徽、广西、四川、浙江、广东等地。

【性味归经】甘、苦，微寒。入肝、大肠经。

【功能主治】清肝明目，润肠通便。主治目赤肿痛，粪便燥结。

【用量】马、牛 20～60 g；猪、羊 10～15 g；犬 5～8 g；兔、禽 1.5～3 g。

【应用】①肝火上攻引所致的目赤肿痛、羞明流泪，单用或与龙胆草、夏枯草、菊花、黄芩等同用。

②粪便燥结，单用或与蜂蜜同用。

决明

小决明

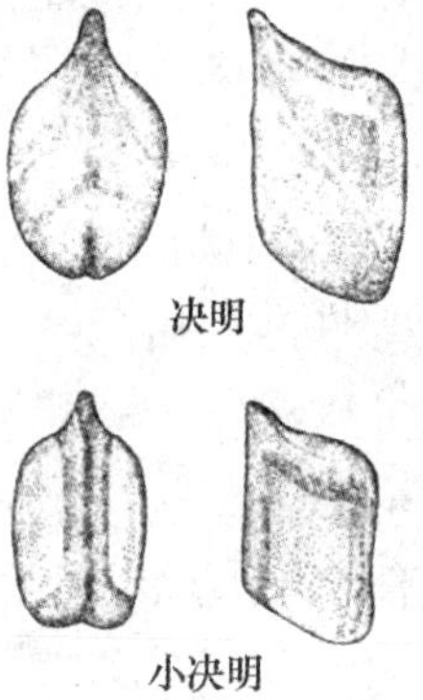

决明子

【药理】含大黄素、芦荟大黄素、大黄酚、大黄素甲醚等，具有泻下、降压、降脂、保肝、增强免疫及抑菌等作用。

木贼
Herba equiseti hiemalis

为木贼科植物木贼 *Equisetum hiemale* L. 的干燥全草，又称锉草。切碎生用。主产于山西、吉林、内蒙古及长江流域各地。

【性味归经】甘、苦，平。入肝、肺经。

【功能主治】散风热，退目翳。主治风热目赤肿痛、羞明流泪、翳膜遮睛。

【用量】马、牛 20～60 g；猪、羊 10～15 g；犬 5～8 g。

【应用】外感风热所致的目赤肿痛、羞明流泪或翳膜遮睛等，常与谷精草、石决明、草决明、白蒺藜、菊花、蝉蜕等同用。

【药理】含山柰酚苷、棉黄苷、草棉苷、芹菜素、木犀草素、槲皮素苷、咖啡酰荠草酸、十五烷等，具有抗氧化和抑制血小板聚集等作用。

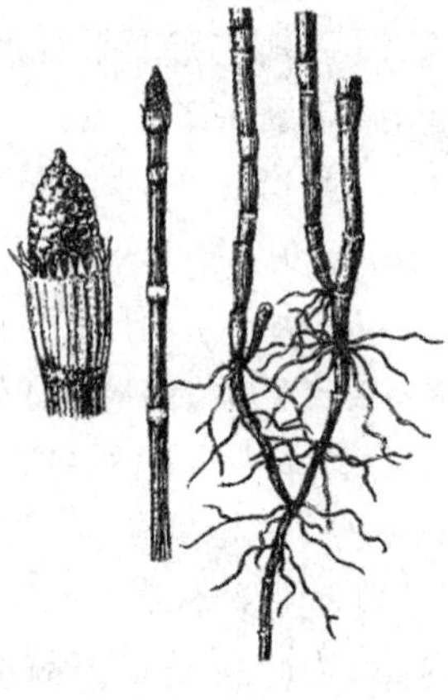
木贼

谷精草
Flos eriocauli

为谷精草科植物谷精草 *Eriocaulon buergerianum* Koern. 的干燥带花茎的头状花序。切碎生用。主产于华东、华南、西南及陕西等地。

【性味归经】辛、甘，微寒。入肝、胃经。

【功能主治】疏散风热，明目退翳。主治风热目赤，翳膜遮睛。

【用量】马、牛 30～60 g；猪、羊 10～15 g；犬 5～8 g；兔、禽

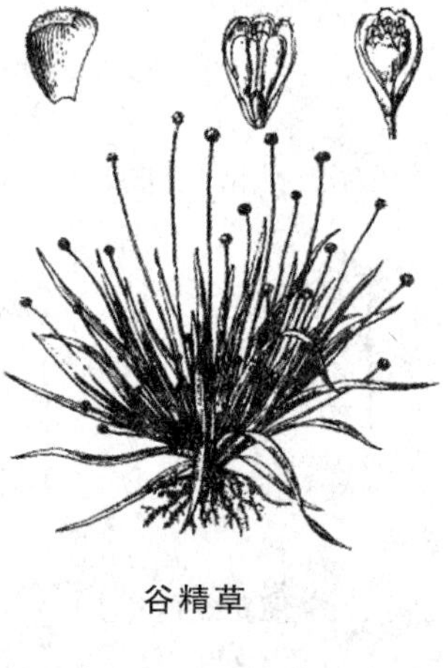
谷精草

1～3 g。

【应用】肝经风热所致的目赤肿痛、羞明流泪、翳膜遮睛等，常与菊花、桑叶、防风、生地、赤芍、木贼、决明子等同用。

【药理】含黄酮类成分，对金黄色葡萄球菌、福氏痢疾杆菌、伤寒杆菌、大肠杆菌，以及奥杜盎氏、锈色小孢癣菌等真菌具有抑制作用。

密蒙花
Flos buddlejae

为马钱科植物密蒙花 *Buddleia officinalis* Maxim. 的干燥花蕾及其花序。生用。主产于湖北、陕西、河南、四川等地。

【性味归经】甘、微寒。入肝经。

【功能主治】清热养肝，明目退翳。主治目赤肿痛，睛生翳膜。

【用量】马、牛 30～60 g；猪、羊 10～15 g。

【应用】①肝火上炎所致的目赤肿痛、羞明流泪、睛生翳障等，常与石决明、青葙子、决明子、木贼等同用。

②肝虚有热所致的内障目盲等，多与枸杞、菊花、熟地、蒺藜等同用。

【药理】含密蒙花苷、刺槐苷、蒙花萜苷、梓果苷、梓醇、芹菜素、木樨草素、洋丁香苷和异洋丁香苷等，具有抗炎、利尿、促进胆汁分泌、松弛胆管平滑肌等作用。

密蒙花

夜明砂
Faeces vespertilionis

为蝙蝠科动物蝙蝠 *Vespertilio superans* Thomas. 或菊头蝠科动物菊头蝠 *Rhinolophus ferrum-equinum* Schreber. 的粪便。生用。主产于我国南方各地。

【性味归经】辛，寒。入肝经。

【功能主治】清肝明目，散瘀消积。主治睛生翳障。

【用量】马、牛 30～45 g；猪、羊 10～15 g；犬 5～8 g。

【应用】肝热所致的目赤肿痛、睛生障翳等，单用或与桑白皮、黄芩、赤芍、丹皮、生地、白茅根等同用。

【禁忌】孕畜慎用。

【药理】含尿素、尿酸、胆甾醇及少量维生素 A 等，具有补充维生素 A 的作用。

青葙子
Semen celosiae

为苋科植物青葙 *Celosia argentea* L. 的干燥成熟种子。生用。全国大部分地区均有分布。

【性味归经】苦，微寒。入肝经。

【功能主治】清肝，明目，退翳。主治目赤肿痛，睛生翳障。

【用量】马、牛 30～60 g；猪、羊 10～15 g；兔、禽 0.5～1.5 g。

【应用】肝火上攻所致的目赤肿痛、睛生翳障等，常与决明子、密蒙花、菊花等同用。

【药理】含棕榈酸、硬脂酸、油酸、亚油酸和亚麻酸等，具有抗炎、降血糖、促进胰岛素分泌、散瞳和降低血压等作用。

青葙

蒺藜

Fructus Tribuli

为蒺藜科植物蒺藜 *Tribulus terrestris* L. 的干燥成熟果实。生用。主产于河南、河北、山东、安徽、四川等地。

【性味归经】辛、苦，微温；有小毒。入肝经。

【功能主治】平肝明目，散风行血。主治目赤翳障，风疹瘙痒，乳闭不通。

【用量】马、牛 25～45 g；猪、羊 10～20 g；兔、禽 0.5～1.5 g。

【应用】①肝经风热所致的目赤翳障、羞明流泪等，常与柴胡、菊花、荆芥等同用。

②风疹瘙痒，常与防风、荆芥、蝉蜕等同用。

③肝瘀气滞所致的乳闭不通，常与柴胡、青皮、王不留行等同用。

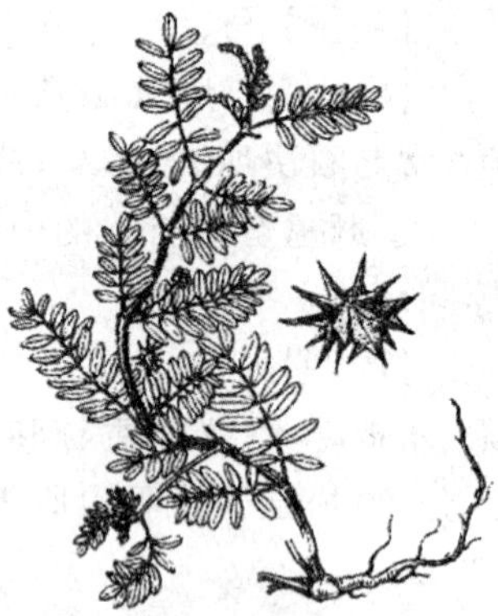

蒺藜

【药理】含蒺藜多糖、哈尔满、哈尔碱、哈尔醇、谷氨酸、谷酰胺、天门冬氨酸、天门冬素，以及黄酮和皂苷等，总皂苷能延长大鼠的游泳时间，增加幼年小鼠的肝及胸腺的重量，总皂苷对缺氧再给氧、缺血再灌注心肌有保护作用。总皂苷能促进精液产生，增加性欲，促进雌性大鼠发情，提高生殖能力。

2. 平肝熄风药

天麻

Rhizoma gastrodiae

为兰科植物天麻 *Gastrodia elata* Bl. 的干燥块茎。生用。主产于四川、贵州、云南、陕西等地。

【性味归经】甘，微温。入肝经。

【功能主治】平肝熄风，解痉止痛。主治惊风抽搐，破伤风，风湿痹痛。

【用量】马、牛 10～40 g；猪、羊 6～10 g；犬、猫 1～3 g。

【应用】①肝风内动所致抽搐拘挛，常与钩藤、全蝎、川芎、白芍等同用；破伤风，常与天南星、僵蚕、全蝎等同用，如千金散。

天麻

天麻块茎

②风湿痹痛，常与秦艽、牛膝、独活、杜仲等同用。

【药理】含天麻素、对羟基苯甲醇、对羟基苯甲醛等，具有抑制癫痫样发作、促进胆汁分泌、镇痛和抗炎等作用。

钩藤
Ramulus uncariae cum uncis

为茜草科植物钩藤 *Uncaria rhynchophylla* (Miq.) Jacks.、大叶钩藤 *Uncaria macrophylla* Wall. 或华钩藤 *Uncaria sinensis* (Oliv.) Havil. 等同属植物的干燥带钩茎枝。生用。不宜久煎。主产于广西、广东、湖南、江西、浙江、福建、台湾等地。

钩藤

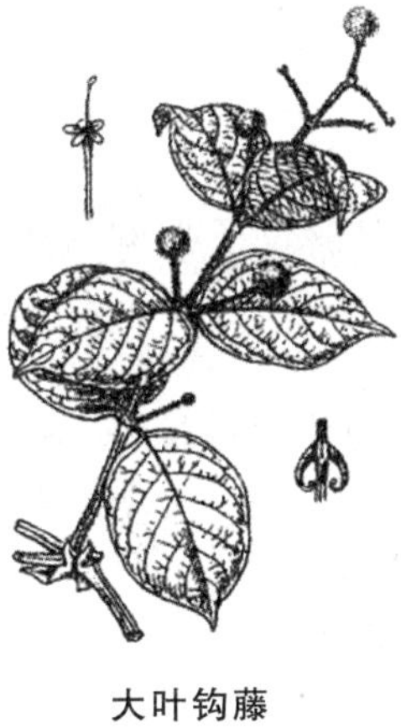

大叶钩藤

华钩藤

【性味归经】甘，微寒。入肝、心包经。

【功能主治】清热平肝，熄风定惊。主治肝经风热，痉挛抽搐。

【用量】马、牛 15～60 g；猪、羊 5～15 g；犬 5～8 g；兔、禽 1.5～2.5 g。

【应用】①肝经风热所致的目赤肿痛等，常与石决明、白芍、菊花、夏枯草等同用。

②肝热化火生风所致的痉挛抽搐等，常与天麻、蝉蜕、全蝎等同用。

【药理】含钩藤碱、异钩藤碱、去氢钩藤碱等，具有镇痛、镇静、抗癫痫等作用。

全蝎
Scorpio

为钳蝎科动物东亚钳蝎 *Buthus martensii* Karsch. 的干燥体，又称全虫。生用、酒洗用或制用。主产于河南、山东等地。

【性味归经】辛、甘，平。有毒。入肝经。

【功能主治】熄风解痉，攻毒散结，通络止痛。主治痉挛抽搐，疮疡肿毒，风湿痹痛。

【用量】马、牛 15～30 g；猪、羊 3～9 g；犬、猫 1～3 g；兔、禽 0.5～1 g。

【应用】①惊痫抽搐、口眼歪斜等，常与白附子、白僵蚕、天麻、当归等同用；破伤风，常与蔓荆子、旋覆花、乌蛇等同用，如千金散。

②疮疡肿毒，常与蜈蚣同用。

③风湿痹痛，常与蜈蚣、僵蚕、川芎、羌活等同用。

【药理】含蝎毒、三甲胺、甜菜碱等，具有镇痛、解痉、镇静和抗惊厥作用，对心脏、血管、小肠、膀胱、骨骼肌等有兴奋作用。

东亚钳蝎

蜈蚣
Scolopendra

为蜈蚣科少棘巨蜈蚣 *Scolopendra subspinipes multilans* L. Koch. 的干燥体。生用或微炒用。主产于江苏、浙江、安徽、湖北、湖南、四川、广东、广西等地。

【性味归经】辛，温。有毒。入肝经。

【功能主治】熄风解痉，攻毒疗疮，通络止痛。主治痉挛抽搐，疮疡肿毒，风湿痹痛。

【用量】马、牛 5～10 g；猪、羊 1～1.5 g；犬 0.5～1 g。

【应用】①癫痫或破伤风等引起的痉挛抽搐等，单用或与全蝎、钩藤、防风等同用。

②疮疡肿毒，常与雄黄配伍外用，或与连翘、当归、栀子等同用。

③风湿痹痛，常与天麻、川芎等同用。

【禁忌】孕畜禁用。

【药理】含脂肪酸、蛋白质、氨基酸、酶和胆甾醇等，具有抗惊厥、镇静、抑菌等作用。

少棘蜈蚣

僵蚕
Bombyx batryticatus

为蚕蛾科昆虫家蚕 *Bombyx mori* L. 的幼虫，感染或人工接种白僵蚕而致死的干燥体。

生用或炒用。主产于浙江、江苏、安徽等地。

【性味归经】辛、咸，平。入肝、肺经。

【功能主治】祛风解痉，化痰散结。主治痉挛抽搐，咽喉肿痛，皮肤瘙痒。

【用量】马、牛 30～60 g；猪、羊 10～15 g；犬 5～8 g。

【应用】①肝风内动所致的痉挛抽搐等，常与天麻、全蝎、蝉蜕、天南星等同用，如五虎追风散。

白僵蚕幼虫

②外感风热所致的咽喉肿痛，可与桂枝、荆芥、薄荷等同用。

③皮肤瘙痒，常与黄药子、白药子、金银花等同用。

【药理】含蛋白、脂肪、麦角甾醇、棕榈酸等，具有抗凝血、抗惊厥等作用。

蔓荆子
Fructus viticis

为马鞭草科植物蔓荆 *Vitex trifolia* L. 或单叶蔓荆 *Vitex trifolia* L. var *simplicifolia* Cha. 的干燥成熟果实。生用、炒用或蒸用。主产于山东、江西、福建等地。

蔓荆

单叶蔓荆

【性味归经】辛、苦，微寒。入肺、膀胱、肝经。

【功能主治】疏散风热，清利头目。主治外感风热，风湿痹痛。

【用量】马、牛 15～45 g；猪、羊 5～10 g；兔、禽 0.5～2.5 g。

【应用】①外感风热所致的目赤多泪等，常与防风、菊花、草决明等同用。

②风湿痹痛、肢体拘挛等，常与秦艽、防风、木瓜等同用。

【药理】含挥发油，其中主要成分为△3-蒈烯、1,8-桉树脑、β-水芹烯、桧烯和异萜品油烯，醇提取物具有明显镇静作用，且生品作用明显强于炒制品。水煎液和醇浸液有明显降压效果，且维持时间较长。

地龙
Pheretima

为钜蚓科动物参环毛蚓 *Pheretima aspergillum*（E. Perrier.）、通俗环毛蚓 *Pheretima vulgaris* Chen. 或威廉环毛蚓 *Pheretima guillelmi*（Michaelsen.）等的干燥体。生用，制用或炒用。全国均产，以广东、山东、江苏等地较多。

【性味归经】咸，寒。入脾、胃、肝、肾经。

【功能主治】清热定惊，活络，平喘，利尿。主治痉挛抽搐，风湿痹痛、肺热气喘、尿不利。

【用量】马、牛 30～60 g；猪、羊 10～15 g；犬、猫 1～3 g；兔、禽 0.5～1 g。

【应用】①痉挛抽搐等，常与全蝎、钩藤、僵蚕等同用。

②风湿痹痛，常与天南星、川乌、草乌等同用。

③肺热气喘，常与麻黄、杏仁、桑白皮等同用。

④热结膀胱所致的尿不利等，常与车前子、冬瓜等同用。

【药理】含蚯蚓解热碱、蚯蚓素、蚯蚓毒素、蚯蚓磷脂、N-磷酰蚯蚓磷脂、透明质酸、胆碱和胍等，对胎儿宫内发育迟缓有明显的促进作用，能显著地增加肌肉组织中肌动蛋白数量，有利于伤口的收缩；地龙粉针有明显的解热镇痛作用，但和扑热息痛没有协同作用。

参环毛蚓

天竺黄
Concretio silicea bambusae

为禾本科植物青皮竹 *Bambusa textilis* Mcclure. 或华思劳竹 *Schizostachyum chinense* Rendle. 等的秆内的分泌液干燥后的块状物。生用。主产于云南、广西、广东等地。

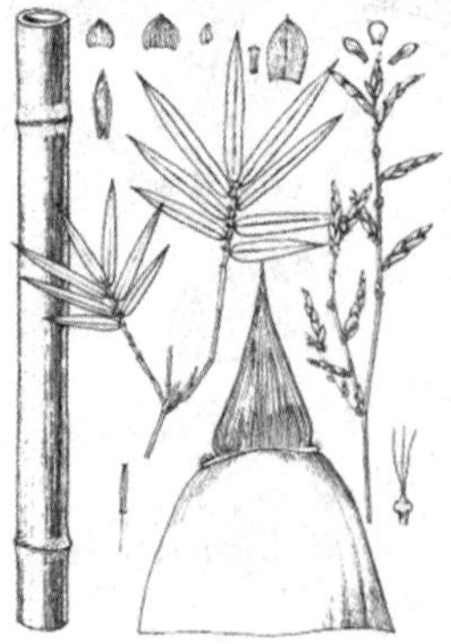

青皮竹

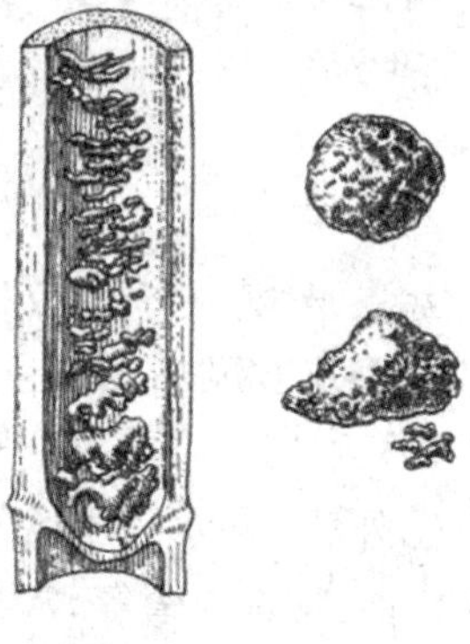

天竺黄

【性味归经】甘，寒。入肝、心经。

【功能主治】清化热痰，凉心定惊。主治痰热惊搐，中风痰壅，咳嗽痰多。

【用量】马、牛 20～45 g；猪、羊 6～10 g；犬 3～5 g。

【应用】①痰热惊搐、中风痰壅等，常与朱砂、僵蚕、牛黄、郁金、黄连等同用。

②肺热咳嗽痰多，常与瓜蒌、贝母等同用。

【药理】含氢氧化钾、硅土、三氧化二铝、三氧化二铁等，对常见化脓性球菌和肠道致病菌均有抑制作用。

白附子
Rhizoma typhonii

为天南星科植物独角莲 *Typhonium giganteum* Engl. 的干燥块茎。切片生用。主产于河南、湖北、山西、四川、陕西等地。

【性味归经】辛、甘，温。有毒。入脾、胃经。

【功能主治】燥湿化痰，祛风解痉，散瘀消肿。主治口眼歪斜，破伤风，风湿痹痛。

【用量】马、牛 15～30 g；猪、羊 5～10 g；犬、猫 0.5～3 g。

【应用】①中风痰壅所致的口眼歪斜等，常与僵蚕、全蝎同用，如牵正散；治破伤风，常与半夏、南星、全蝎、僵蚕等同用。

②风湿痹痛，常与天麻、白芷、川乌等同用。

【药理】含天师酸、尿嘧啶、桂皮酸、棕榈酸、β-谷甾醇和β-谷甾醇-3-O-葡萄糖苷等，有与链霉素相似的抗结核杆菌的作用。

独角莲

【相关知识】

凡能清肝热、熄肝风的药物（方剂），称为平肝药（方）。

肝藏血，主筋，外应于目。故当肝受风热外邪侵袭时，表现目赤肿痛，羞明流泪，甚至云翳遮睛等症状；当肝风内动时，可引起四肢抽搐，角弓反张，甚至猝然倒地。根据本类药物疗效，可分为平肝明目和平肝熄风两类。

（1）平肝明目药：具有清肝火、退目翳的功能，适用于肝火亢盛、目赤肿痛、睛生翳膜等。

（2）平肝熄风药：具有潜降肝阳、止熄肝风的作用，适用于肝阳上亢，肝风内动，惊痫癫狂，痉挛抽搐等。

【任务 52】常用平肝方

决明散（《元亨疗马集》）

【组成】煅石决明 45 g　草决明 45 g　栀子 30 g　大黄 30 g　白药子 30 g　黄药子 30 g　黄芪 30 g　黄芩 20 g　黄连 20 g　没药 20 g　郁金 20 g

【功能】清肝明目，退翳消瘀。

【主治】肝经积热外传于眼所致的目赤肿痛、云翳遮睛等。

【方解】本方为明目退翳之剂。方中石决明、草决明清肝热，消肿痛，退云翳为主药，黄连、黄芩、栀子、鸡蛋清清热泻火，黄药子、白药子凉血解毒，加强清肝解毒作用为辅药，大黄、郁金、没药散瘀消肿止痛，黄芪补脾气，均为佐药；使以蜂蜜为引。诸药相合，清肝明目，退翳消瘀。

【用法】煎汤候温加蜂蜜 60 g、鸡蛋清 2 个，同调灌服。

【应用】用于外障眼及外伤所致的眼目赤肿、睛生云翳、眵盛难睁、羞明畏光等症。

洗肝散(《和剂局方》)

【组成】羌活 30 g　防风 30 g　薄荷 30 g　当归 20 g　大黄 20 g　栀子 20 g　甘草 15 g　川芎 15 g

【功能】疏散风热，清肝解毒。

【主治】肝经风热。证见目赤肿痛，羞明流泪，四肢关节肿痛等。

【方解】本方主证风热上攻、目赤肿痛。方中薄荷、羌活、防风宣散内郁之风热为主药；川芎香窜上行，宣散风热，当归和肝养血，大黄清热泻火，栀子泻心利尿导下以清上，均为辅佐药；甘草泻火解毒，调和诸药为使药。诸药相合，疏散风热，清肝解毒。

【用法】共为末，开水冲，候温灌服。

【应用】用于风热上攻所致的目赤肿痛，眵盛难睁，羞明流泪等证。

天麻散(《司牧安骥集》)

【组成】天麻 30 g　党参(原用人参)30 g　川芎 25 g　蝉蜕 20 g　防风 30 g　荆芥 25 g　甘草 15 g　薄荷 20 g　何首乌 30 g　茯苓 30 g

【功能】益气和血，祛湿解表。

【主治】气血虚弱偏风病(或称脾虚湿邪证、脾虚风邪证)。证见偏头直项，眼目歪斜，神昏似醉，站立如痴，口色青紫，脉象迟细。

【方解】本方证因气血虚弱或脾虚湿盛，方中天麻甘温镇定，平肝养阴，解痉熄风，为主药。防风、薄荷、荆芥解表散风，清利头目；蝉蜕祛风解痉，共为辅药。茯苓健脾渗湿；党参补气健脾；川芎行气活血；何首乌滋肝养血，均为佐药。甘草调和诸药为使药。各药合用，疏散风邪，益气活血。

【用法】水煎服，或共为末，加蜂蜜，开水冲调，候温灌服。

【应用】用于马、骡脾虚湿邪挟风证，相当于某些脑病或中毒性疾病过程中出现的慢性脑水肿。若神志迷乱，加远志、郁金；血虚明显，加当归、白芍；湿邪重，加苍术、石菖蒲。

牵正散(《杨氏家藏方》)

【组成】白附子 20 g　白僵蚕 20 g　全蝎 20 g

【功能】祛风化痰，通络止痉。

【主治】歪嘴风。证见口眼歪斜，或一侧耳下垂，或口唇麻痹下垂等。

【方解】本方证因风痰阻滞头面经络所致。方中白附子辛散，祛头目之风，为主药；僵蚕驱络中之风，兼能化痰，全蝎祛风止痉，共为辅佐药；黄酒助药力，宣通血脉，引诸药入络，直达病所，增强祛风通络作用，为使药。诸药相合，祛风化痰，通络止痉。

【用法】共为末，开水冲，加黄酒 100 mL，候温灌服。

【应用】本方为治疗风中经络、口眼歪斜的基础方。应用时可酌加防风、白芷、红花等加强疏风活血的作用；用于风湿性或神经炎性颜面神经麻痹，可酌加蜈蚣、天麻、川芎、地龙等祛风通络止痉药以加强疗效。

方中白附子、全蝎有毒，用量不宜过大。

镇肝熄风汤（《医学衷中参西录》）

【组成】怀牛膝 90 g　生赭石 90 g　生龙骨 45 g　生牡蛎 45 g　生龟板 45 g　生杭芍 45 g　玄参 45 g　天冬 45 g　川楝子 15 g　生麦芽 15 g　茵陈 15 g　甘草 15 g

【功能】镇肝熄风，滋阴潜阳。

【主治】阴虚阳亢，肝风内动。证见口眼歪斜，转圈运动或四肢活动不利，痉挛抽搐，脉弦有力。

【方解】方中重用牛膝滋养肝肾，引血下行，为主药；重用赭石，合龙骨、牡蛎降逆气，镇肝熄风为辅药；龟板、玄参、杭芍、天冬滋阴清热，茵陈、川楝子、生麦芽清泄肝热，疏肝理气，共为佐药；甘草和中缓急，为使药。诸药相合，镇肝熄风，滋阴潜阳。

【用法】水煎服，或共为末，开水冲调，候温灌服。

【应用】用于肝肾阴虚，肝阳上亢，肝风内动所致的拘挛抽搐、口眼歪斜、转圈运动等证。

补阳还五汤（《医林改错》）

【组成】黄芪 200～400 g　当归 40 g　赤芍 30 g　地龙 30 g　川芎 30 g　桃仁 30 g　红花 30 g

【功能】补气活血，祛瘀通络。

【主治】中风证。证见腰瘫腿痪，四肢软弱无力，口角流涎，口眼歪斜，小便频数或遗尿等。

【方解】本方证因气虚血滞瘀阻所致。方中重用黄芪大补元气，使气旺血行，为主药。当归活血祛瘀而不伤正，为辅药。赤芍、川芎、桃仁、红花协同当归活血祛瘀，共为佐药。地龙力专性走，通经活络，以行药势，为使药。全方补气药和活血药相配伍，补气药多于活血药，使气旺血行，瘀去络通。

【用法】水煎服。

【应用】本方为治疗中风后遗症的常用方剂，也适用于治疗其他原因引起的瘫痪、截瘫及四肢痿软等属于气虚血瘀者。服用必须在患畜体温正常、出血停止时，方中黄芪量宜重，从小剂量开始逐渐增加；祛瘀药量宜轻。

镇痫散(《中兽医治疗学》)

【组成】当归6 g　白芍6 g　川芎9 g　僵蚕6 g　钩藤10 g　全蝎3 g　朱砂5 g　蜈蚣2条 麝香0.5 g

【功能】镇痫安神，养血熄风。

【主治】幼畜癫痫。证见猝然昏倒，四肢抽搐，口吐涎沫，醒后如常。

【方解】本方证因畜痰火壅盛，肝风内动。方中钩藤、僵蚕、全蝎、蜈蚣熄风镇痉，涤痰安神，为主药；当归、川芎、白芍补血养阴，熄风，为辅药；朱砂镇心定神，麝香通经开窍，共为佐药。诸药相合，涤痰镇痫，养血安神。

【用法】共为末，开水冲，候温加入朱砂、麝香灌服(百日内幼驹剂量)。

【应用】用于幼畜癫痫。亦可加大剂量治疗成年家畜癫痫症。对火盛痰多之痫病，应以清心化痰为主，方用胆南星散(胆南星、天麻、川贝、姜半夏、陈皮、茯神、丹参、寸冬、远志、全蝎、僵蚕、白附子、朱砂)；若为心肾虚之痫病，应补虚安神、祛痰定痫为主，方用安神散(生地、芍药、当归、川芎、党参、白术、茯神、远志、胆南星、沙枣仁、黄连、生甘草、石菖蒲、钩藤)。

千金散(《元亨疗马集》)

【组成】天麻25 g　乌蛇30 g　蔓荆子30 g　羌活30 g　独活30 g　防风30 g　升麻30 g　阿胶30 g　何首乌30 g　沙参30 g　天南星20 g　僵蚕20 g　蝉蜕20 g　藿香20 g　川芎20 g　桑螵蛸20 g　全蝎20 g　旋覆花20 g　细辛15 g　生姜30 g

【功能】熄风解痉。

【主治】破伤风。

【方解】本方主治破伤风。风邪由表而入，用蝉蜕、防风、羌活、独活、细辛、蔓荆子疏散外风，为主药；风邪入内、引动肝风，用天麻、僵蚕、乌蛇、全蝎熄风解痉治内风，为辅药；“治风先治血，血和风自灭”，用阿胶、沙参、何首乌、桑螵蛸、川芎养阴熄风；“去风先化痰，痰去风自安”，用天南星、旋覆花化痰熄风，藿香、升麻升清降浊，醒脾开胃，共为佐使药。诸药相合，熄风解痉。

【用法】水煎取汁，化入阿胶，灌服，或共为末，开水冲调，候温灌服。

【应用】本方为治疗大家畜破伤风的常用方，可根据病情加减应用。用本方加减组成祛风解痉汤(钩藤、僵蚕、全蝎、藁本、防风、羌活、独活、天南星、乌蛇、麻黄、土鳖虫、白芷、白胡椒、甘草、细辛、蜈蚣、黄酒)煎汤保留灌肠，治疗马属动物破伤风。

本方与破伤风抗毒素合用，可缓解肌肉强直，缩短病程。

项目2.14　常用安神开窍方药

问题一：下列药物属于安神药的是(　　)。

A. 石菖蒲　　B. 远志　　C. 皂角

D. 牛黄　　E. 蟾酥

问题二：下列哪项不是牛黄的功效（　　）。

A. 清热解毒　　B. 凉肝熄风　　C. 清热燥湿

D. 化痰开窍　　E. 开窍醒神

问题三：走窜力强，能兴奋子宫，孕畜忌用的药物是（　　）。

A. 安息香　　B. 麝香　　C. 牛黄

D. 苏合香　　E. 石菖蒲

问题四：既开窍宁神，又化湿和胃的是（　　）。

A. 白豆蔻　　B. 牛黄　　C. 石菖蒲

D. 苏合香　　E. 安息香

问题五：石菖蒲与远志均有的功效是（　　）。

A. 开窍清热　　B. 开窍宁神　　C. 开窍活血

D. 开窍和胃　　E. 开窍散寒

问题六：通关散主要用于（　　）。

A. 胃肠臌气　　B. 跌打损伤、腰胯疼痛　　C. 猝然昏倒、牙关紧闭、口吐涎沫等

D. 全身出汗、肉颤头摇、气促喘粗、左右乱跌　　E. 牛宿草不转

问题七：(1～3 题共用下列备选答案)

A. 麝香　　B. 酸枣仁　　C. 朱砂

D. 柏子仁　　E. 皂角

1. 具有定惊安神，清心解毒作用的是（　　）。

2. 具有养心安神，益阴敛汗功效的是（　　）。

3. 具有养心安神，润肠通便作用的是（　　）。

【任务 53】常用安神开窍药

1. 安神药

朱砂

Cinnabaris

为硫化物类矿物辰砂族辰砂，主含硫化汞（HgS），又称丹砂。研末或水飞用。主产于湖南、湖北、四川、广西、贵州、云南等地。

【性味归经】甘，凉。有毒。入心经。

【功能主治】定惊安神，清心解毒。主治热病癫狂，躁动不安，疮疡肿毒。

【用量】马、牛 3～6 g；猪、羊 0.3～1.5 g；犬 0.05～0.45 g。

【应用】①心热风邪所致的癫狂或心火上炎所致躁动不安等，常与黄连、茯神同用，如朱砂散；心虚血少所致的心神不宁，常与熟地、当归、丹参、酸枣仁等同用。

②疮疡肿毒，常与雄黄配伍外用，或与冰片、硼砂、玄明粉等同用。

【禁忌】孕畜禁用。本品有毒，不宜大量服用，也不宜少量久服。

【药理】含硫化汞（HgS），具有镇静、催眠作用，外用能抑杀皮肤细菌及寄生虫。

酸枣仁

Semen ziziphi spinosae

为鼠李科植物酸枣 *Zizyphus jujuba* Mill. var *spinosus* (Bge.) Hu. ex H. F. Chou. 的干燥成熟种子。生用或炒用。主产于河北、河南、陕西、辽宁等地。

酸枣

酸枣仁

【性味归经】甘、酸，平。入心、肝经。

【功能主治】养心安神，益阴敛汗。主治心虚惊恐，躁动不安，虚汗。

【用量】马、牛 20～60 g；猪、羊 5～10 g；犬 3～5 g；兔、禽 1～2 g。

【应用】①心肝血虚惊恐或躁动不安等，常与党参、熟地、柏子仁、茯苓、丹参等同用。

②自汗、盗汗等，与牡蛎、麻黄根、浮小麦、五味子等同用。

【药理】含酸枣仁皂苷、白桦脂酸、白桦脂醇、阿魏酸和维生素 C 等，具有镇静、增强免疫、降压等作用。

柏子仁

Semen platycladi

为柏科植物侧柏 *Platycladus orientalis* (L.) Franco. 的干燥成熟种仁。生用。主产于山东、湖南、河南、安徽等地。

侧柏

【性味归经】甘、平。入心、肝、肾经。

【功能主治】养心安神，润肠通便。主治心虚惊悸，肠燥便秘。

【用量】马、牛 25～60 g；猪、羊 10～15 g；犬 2～5 g。

【应用】①血不养心引起的心神不宁、易惊等，常与酸枣仁、远志、熟地、茯神等同用。

②阴虚血少及产后血虚所致的肠燥便秘，常与火麻仁、郁李仁等同用。

【药理】含十六碳三烯酸甲酯、棕榈酸、硬脂酸等，具有润肠作用。

远志
Radix polygalae

为远志科植物远志 *Polygala tenuifolia* Wild. 的根或根皮。生用或炙用。主产于山西、陕西、吉林、河南等地。

【性味归经】辛、苦，微温。入心、肺经。

【功能主治】安神，祛痰，消肿。主治心虚惊悸，咳嗽痰多，疮痈肿毒。

【用量】马、牛 10～30 g；猪、羊 5～10 g；犬 3～6 g；兔、禽 0.5～1.5 g。

【应用】①心气虚所致的惊悸、躁动不安等，常与朱砂、茯神等同用；痰阻心窍所致的狂躁、惊痫等，常与石菖蒲、郁金等同用。

②咳嗽痰多，常与杏仁、桔梗等同用。

③疮痈肿毒等，单味为末加酒灌服或调敷。

远志

远志根

【药理】含远志苷、α-菠甾醇葡萄糖苷、α-菠甾醇葡萄糖苷- 6′-O-棕榈酸酯、豆甾醇、(28Z)三十四碳烯酸等，具有较强的祛痰、镇咳、镇静、抗真菌等作用。

合欢皮
Cortex albiziae

为豆科植物合欢 *Albizia julibrissin* Duzrazz. 的干燥树皮。切段生用。主产于湖北、江苏、浙江、安徽等地。

【性味归经】甘、平。入心、肝、肺经。

【功能主治】安神解郁，活血消肿。主治躁动不安，跌打损伤，疮黄肿毒。

【用量】马、牛 25～60 g；猪、羊 10～15 g。

【应用】①躁动不安，常与酸枣仁、柏子仁、远志等同用。

②跌打损伤，常与当归、川芎、赤芍、桃仁等同用。

③疮黄肿毒，常与透骨草、秦艽等同用。

【药理】含三萜、黄酮、木脂素、生物碱、鞣质及氨基酸和微量元素等，能增强机体红细胞免疫功能，有兴奋子宫和致流产作用，能抑制小鼠的自发活动，协同戊巴比妥钠催眠作用，延长小鼠睡眠时间，提高小鼠的入睡率。

合欢

合欢皮

2. 开窍药

石菖蒲

Rhizoma acori tatarinowii

为天南星科植物石菖蒲 *Acorus tatarinowii* Schott. 的干燥根茎。切片生用。主产于四川、浙江等地。

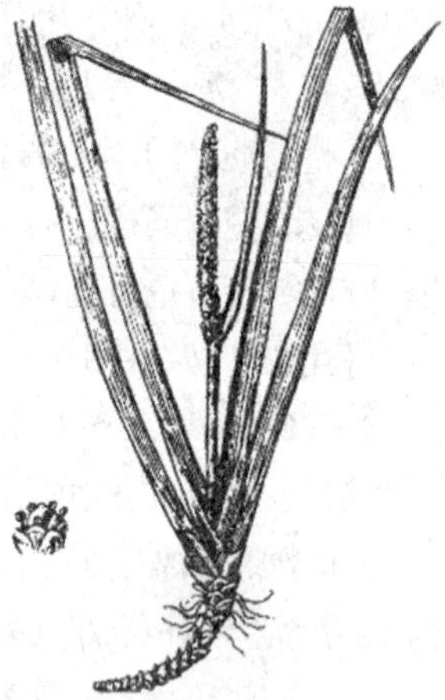

石菖蒲

【性味归经】辛，温。入心、肝、胃经。

【功能主治】开窍豁痰，化湿和胃。主治神昏癫狂，肚腹胀满，寒湿泄泻。

【用量】马、牛 20～45 g；猪、羊 10～15 g；犬、猫 3～5 g；兔、禽 1～1.5 g。

【应用】①痰湿蒙蔽清窍，清阳不升所致的神昏、癫狂，常与远志、茯神、郁金等同用。

②湿阻脾胃所致的食欲不振、肚腹胀满、泄泻等，单用或与香附、郁金、藿香、陈皮、厚朴等同用。

【药理】含挥发油以及氨基酸和糖类，具有解痉、止痛、抗惊厥作用，能促进消化液的分泌，制止胃肠异常发酵，并有延缓肠管平滑肌痉挛的作用。

皂角

Fructus gledisiae

为豆科植物皂荚 *Gleditsia sinensis* Lam. 的干燥成熟果实。打碎生用。皂角刺为皂荚茎上的干燥棘刺。主产于东北、华北、华东、中南和四川、贵州等地。

皂荚

皂角果实

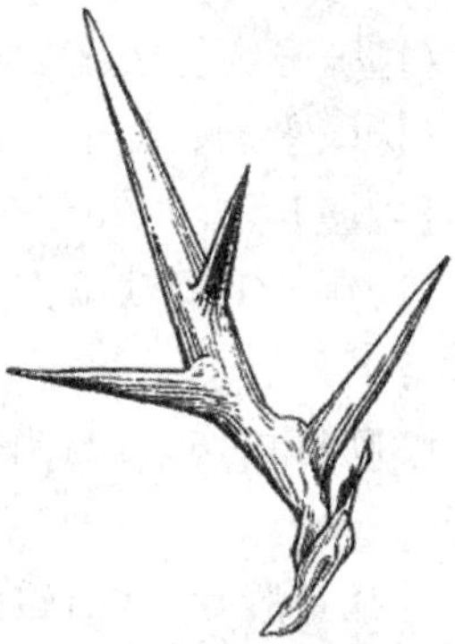

皂角刺

【性味归经】辛、温。有小毒。入肺、大肠经。

【功能主治】开窍豁痰，消肿排脓。主治高热神昏，癫痫，疮痈肿毒。

【用量】马、牛 15～30 g；猪、羊 5～10 g；犬 1.5～3 g。

【应用】①高热神昏或癫痫等，常与细辛研末吹鼻。

②疮痈肿毒，单味煎膏外涂，或与金银花、紫花地丁等同用。

【禁忌】本品用量过大，可产生全身毒性，特别是影响中枢神经系统，先痉挛、后麻痹，重者导致死亡。

【药理】含三萜皂苷、鞣质、蜡醇等，具有刺激呼吸道黏膜、抑菌等作用。

牛黄
Calculus bovis

为牛科动物牛 *Bos taurus domesticus* Gmelin. 的干燥胆囊结石。研细末用。主产于西北、华北、东北等地。

【性味归经】苦、甘，凉。入心、肝经。

【功能主治】开窍豁痰，清热解毒，熄风定惊。主治热病神昏，痰热癫痫，咽喉肿痛，痉挛抽搐。

【用量】马、牛 6～9 g；猪、羊 1～2 g；犬 0.3～1.2 g。

【应用】①热病神昏或痰迷心窍所致的癫痫，狂乱等，多与麝香、冰片等同用。

②热毒郁结所致的咽喉肿痛、口舌生疮、痈疽疔毒等，常与黄连、麝香、雄黄等同用。

③热盛所致的痉挛抽搐等，常与朱砂、水牛角等同用。

【禁忌】孕畜慎用。

【药理】含胆红素、胆酸、去氧胆酸、胆固醇、卵磷脂、苏氨酸、缬氨酸、赖氨酸，以及维生素和微量元素等，具有镇静、强心、抗惊厥、解热等作用。

蟾酥
Venenum bufonis

为蟾酥科动物中华大蟾蜍*Bufo bufo gargarizans* Cantor.、黑眶蟾蜍*Bufo melanostictus* Schneider. 耳后腺及皮肤腺所分泌的白色浆液，经收集加工干燥而成。研细末用。产于全国大部分地区。

中华大蟾蜍

黑眶蟾蜍

【性味归经】甘、辛，温。有毒。入心、胃经。

【功能主治】解毒，消肿，止痛，开窍。主治咽喉肿痛，疮黄疔毒，猝然昏倒。

【用量】马、牛 0.1～0.2 g；猪、羊 0.03～0.06 g；犬 0.075～0.15 g。

【应用】①咽喉肿痛等，常与朱砂、麝香、牛黄等同用，如六神丸。

②疮黄疔毒，常与雄黄、冰片等同用。

③猝然昏倒，常与麝香、雄黄等配伍。

【禁忌】孕畜慎用。

【药理】含蟾毒、吗啡和肾上腺素等，具有强心、镇痛、抗凝血等作用。

麝香
Moschus

为鹿科动物林麝 *Moschus berezovskii* Flerov、马麝 *Moschus sifanicus* Przewalski. 或麝 *Moschus moschiferus* L. 成熟雄体香囊中的分泌物干燥制成。研细末用。主产于四川、西藏、云南、陕西、甘肃、内蒙古等地。

林麝

原麝

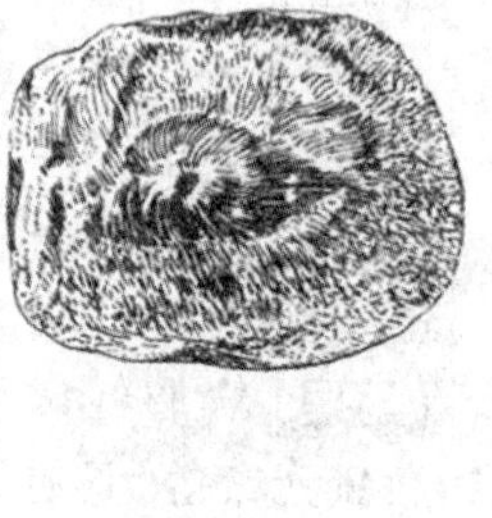

麝香(香囊)

【性味归经】辛，温。入十二经。

【功能主治】开窍通络，活血散瘀，催产下胎。主治高热神昏，疮疡肿毒，死胎，胎衣不下。

【用量】马、牛 0.6～1.5 g；猪、羊 0.1～0.2 g；犬 0.05～0.1 g。

【应用】①温热病热入心包所致的神昏惊厥等，常与冰片、牛黄等同用。

②疮疡肿毒，单用或与雄黄、蟾蜍等同用。

③死胎、胎衣不下，常单用或与皂角刺、三棱、穿山甲等配伍。

【禁忌】孕畜禁用。

【药理】含麝香酮、麝香醇、3-甲基环十三酮、环十四烷酮、降麝香酮、麝香吡喃、麝香吡啶、胆甾醇，以及蛋白质、脂肪酸和无机元素等，具有兴奋呼吸和心跳、促进子宫收缩、利尿、发汗等作用，对中枢神经系统有双向影响，小剂量兴奋，大剂量则抑制。

【相关知识】

凡具有安神、开窍性能，治疗心神不宁，窍闭神昏病证的药物(方剂)，称为安神开窍药(方)。由于药物性质及功用的不同，故本类药又分为安神药与开窍药两类。

(1)安神药：以入心经为主，具有镇静安神作用。适用于心悸、狂躁不安之证。

(2)开窍药：本类药善于走窜，通窍开闭，苏醒神昏，适用于高热神昏、癫痫等病出现猝然昏倒的证候。

【任务 54】常用安神开窍方

朱砂散(《元亨疗马集》)

【组成】朱砂(另研)10 g　党参 30 g　茯神 45 g　黄连 45 g

【功能】安神清热,扶正祛邪。

【主治】心热风邪。证见全身出汗,肉颤头摇,气促喘粗,左右乱跌,口色赤红,脉洪数。

【方解】本方证因外受热邪,内积于心,扰乱神明所致。方中朱砂镇心安神,茯神宁心安神,为主药;辅以黄连清降心火,宁心除烦,为辅药;党参益气宁神,固卫止汗,扶正祛邪,为佐药。诸药合用,安神清热,扶正祛邪。

【用法】共为末,开水冲,候温,加猪胆汁 50 mL,童便 100 mL,灌服。

【应用】用于心热风邪证。配合放颈脉血、冷水浇淋头部、冷水灌肠、迅速将动物移于阴凉通风处等措施。火盛伤阴者,加生地、竹叶、麦冬;正虚邪实者,加栀子、大黄、郁金、天南星、明矾等。

安宫牛黄丸(《温病条辨》)

【组成】牛黄 30 g　犀角(水牛角代替)30 g　麝香 7.5 g　冰片 7.5 g　雄黄 30 g　郁金 30 g　朱砂 30 g　珍珠母 15 g　黄连 30 g　黄芩 30 g　栀子 30 g

【功能】清热解毒,豁痰开窍,镇惊安神。

【主治】高热神昏,内热邪盛,痰迷心窍。证见高热,神昏或惊厥,烦躁不安,舌质红绛,舌苔黄厚,脉洪数等。

【方解】本方为清热解毒,豁痰开窍之剂。方中牛黄、犀角清心解毒,豁痰开窍为主药;辅以麝香、冰片、雄黄、郁金芳香去秽,醒脑开窍;朱砂、珍珠母镇静安神,以解高热之惊厥烦躁;黄连、黄芩、栀子清热泻火。诸药相合,共成清热解毒、豁痰开窍、镇静安神之剂。

【用法】共为极细末,炼蜜为丸。灌服或喂服。马、牛 5 丸,幼畜或小动物酌情减量。

【应用】用于痰热阻闭清窍之脑炎、脑膜炎、犬瘟热等病。

通关散(《丹溪心法附余》)

【组成】猪牙皂角、细辛各等份

【功能】通关开窍。

【主治】高热神昏,痰迷心窍。证见猝然昏倒,牙关紧闭,口吐涎沫等。

【方解】本方为救急催醒之剂。方中皂角味辛散,性躁烈,祛痰开窍;细辛辛香走窜,开窍醒神,二者合用有开窍通关的作用。因鼻为肺窍,用于吹鼻,能使肺气宣通,气机畅利,神识苏醒而用于急救。

【用法】共为极细末,和匀,吹少许入鼻取嚏。

【应用】本方为临时急救之法,苏醒后应按病情辨证施治。

项目 2.15 常用驱虫方药

问题一：下列药物不属于驱虫药的是（　　）。

A. 南瓜子　　B. 常山　　C. 肉苁蓉

D. 川楝子　　E. 雷丸

问题二：有消积作用，且味香不苦，常用于治疗幼畜蛔虫病的药物是（　　）。

A. 使君子　　B. 苦楝皮　　C. 槟榔

D. 南瓜子　　E. 榧子

问题三：下列药物中，不宜入煎剂的是（　　）。

A. 槟榔　　B. 使君子　　C. 川楝子

D. 鹤草芽　　E. 榧子

问题四：具有润肠作用的驱虫药是（　　）。

A. 鹤虱　　B. 芜荑　　C. 雷丸

D. 鹤草芽　　E. 榧子

问题五：以菌核入药的药物是（　　）。

A. 鹤虱　　B. 雷丸　　C. 芜荑

D. 槟榔　　E. 榧子

问题六：万应散主治（　　）。

A. 幼畜奶泻或湿热下痢　　B. 蛔虫、姜片虫、绦虫等虫积证　　C. 体虚自汗

D. 脾虚少食　　E. 暑热伤气，气津两伤之证

问题七：（1～3 题共用下列备选答案）

A. 常山　　B. 南瓜子　　C. 使君子

D. 槟榔　　E. 贯众

1. 常用于驱杀球虫的是（　　）。
2. 常用于驱杀蛔虫或蛲虫的是（　　）。
3. 常用于治疗绦虫病、姜片吸虫病的是（　　）。

【任务 55】常用驱虫药

雷丸
Omphalia

为白蘑科真菌雷丸 *Omphalia lapidescens* Schroet. 的干燥菌核。多寄生于竹的枯根上。切片生用或研粉用，不宜煎煮。主产于四川、贵州、云南等地。

【性味归经】苦，寒。有小毒。入胃、大肠经。

【功能主治】杀虫消积。主治虫积腹痛。

【用量】马、牛 30～60 g；猪、羊 10～20 g。

【应用】绦虫病、蛔虫病、钩虫病等，单用或与槟榔、牵牛子、木香等同用，如万应散。

【药理】含雷丸素（蛋白分解酶）、凝集素、钙、镁和铝等，具有驱杀绦虫的作用，对丝虫病、脑囊虫病也有一定的疗效。

雷丸（菌核）

使君子
Fructus quisqualis

为使君子科植物使君子 *Quisqualis indica* L. 的干燥成熟果实。打碎生用或去壳取仁炒用。主产于四川、江西、福建、台湾、湖南等地。

使君子

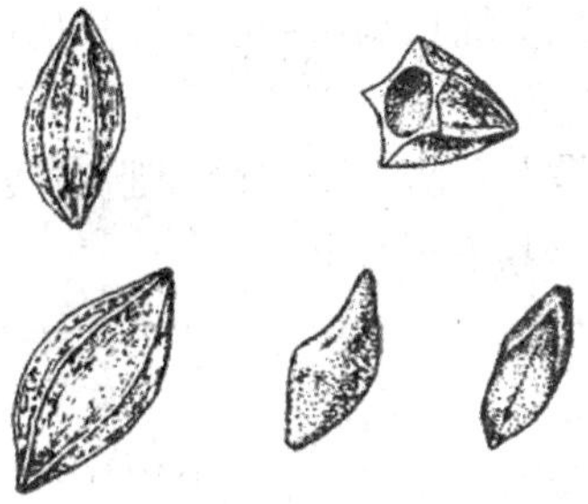

使君子果实和种子

【性味归经】甘，温。入脾、胃经。

【功能主治】杀虫消积。主治虫积腹痛。

【用量】马、牛 30～90 g；猪、羊 6～12 g；犬 5～10 g；兔、禽 1.5～3 g。

【临床应用】蛔虫或蛲虫所致的虫积腹痛，单用或与槟榔、鹤虱等同用，如化虫汤。

【药理】含使君子氨酸、使君子酸钾、胡芦巴碱、脂肪油等，具有杀虫和抗真菌作用。

川楝子
Fructus toosendan

为楝科植物川楝 *Melia toosendan* Sieb. et Zucc. 的干燥成熟果实。又称金铃子。生用或炒用。主产于四川、湖北、贵州、云南等地。

【性味归经】苦，寒。有小毒。入肝、心包、小肠、膀胱经。

【功能主治】疏肝理气，杀虫止痛。主治肚腹胀痛，虫积。

川楝

【用量】马、牛 15～45 g;猪、羊 5～10 g;犬 3～5 g。

【应用】①湿热气滞所致的肚腹胀痛,常与延胡索、木香等同用。

②蛔虫病、蛲虫病,常与使君子、槟榔等同用。

【禁忌】猪慎用。

【药理】含川楝素、生物碱、楝树碱等,具有镇痛、抗炎、杀虫和抗真菌等作用。

南瓜子
Semen moschatae

为葫芦科植物南瓜 *Cucurbita moschata* Duch. 的干燥成熟种子。研末生用。主产于我国南方各地。

南瓜

【性味归经】甘,平。入胃、大肠经。

【功能主治】驱虫。主治绦虫病、蛔虫病。

【用量】马、牛 60～150 g;猪、羊 60～90 g;犬、猫 5～10 g。

【应用】绦虫病,单用或与槟榔同用。也可用于蛔虫病和血吸虫病。

【药理】含南瓜子氨酸及脂肪酸、类酯、氨基酸、维生素和矿物质等,具有驱虫作用。

贯众
Rhizoma Dryopteris crassirhizomatis

为鳞毛蕨科植物粗茎毛蕨 *Dryopteris crassirhizoma* Nakai. 的干燥根茎及叶柄残基。生用或炒炭用。主产于湖南、广东、四川、云南、福建等地。

粗茎毛蕨

【性味归经】苦,寒。有小毒。入肝、胃经。

【功能主治】驱虫,清热解毒。主治虫积腹痛,湿热疮毒。

【用量】马、牛 20～60 g;猪、羊 10～15 g。

【应用】①绦虫病、蛲虫病、钩虫病、肝片吸虫病等,常与槟榔、苦参、百部等同用。

②湿热毒疮等,单用或与金银花、连翘、板蓝根等同用。

【药理】含绵马酸、黄绵马酸、白绵马素、绵马素、绵马贯众素、粗蕨素、松甾酮、羟基促脱皮甾酮、促脱甾酮、羊齿三萜、绵马三萜、鞣质、挥发油和树脂等,具有驱虫、抗病毒、抗菌、抗肝损伤等作用。

蛇床子
Fructus cnidii

为伞形科植物蛇床 *Cnidium monnieri* (L.) Cuss. 的干燥成熟果实。生用。全国各地均有分布。

【性味归经】辛、苦，温。入肾经。

【功能主治】温肾壮阳，祛风燥湿，杀虫止痒。主治湿疹瘙痒，肾虚阳痿，宫寒不孕。

【用量】马、牛 30～60 g；猪、羊 15～30 g；犬 5～12 g。

【应用】①湿疹瘙痒，常与白矾、苦参、银花等煎水外洗；荨麻疹，常与地肤子、荆芥、防风等煎水外洗；虫积，常与榧子、使君子、川楝子等同用。

②肾阳虚所致的阳痿、宫寒不孕等，常与五味子、菟丝子、巴戟天等同用。

【药理】含蛇床子素、欧芹素乙、异虎耳草素、佛手柑内酯、花椒毒素、花椒毒酚、蛇床定、当归素、白芷素、乙酸龙脑酯、丙酸香芹酯和 α-蒎烯等，具有抗炎、抗肿瘤作用，蛇床子总香豆素及蛇床子素均可显著提高腹腔巨噬细胞的吞噬百分率和吞噬指数。

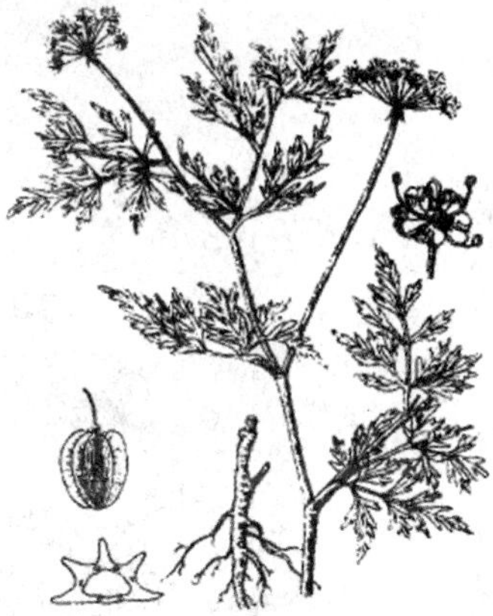

蛇床

鹤虱
Fructus carpesii

为菊科植物天名精 *Carpesium abrotanoides* L. 或伞形科植物野胡萝卜 *Daucus carota* L. 的干燥成熟果实。前者习称北鹤虱，后者习称南鹤虱。生用。北鹤虱产于华北各地，南鹤虱主产于江苏、浙江、安徽等地。

天名精

野胡萝卜

【性味归经】苦、辛，平。有小毒。入脾、胃经。

【功能主治】杀虫。主治虫积腹痛。

【用量】马、牛 15～30 g；猪、羊 3～6 g；兔、禽 1～2 g。

【应用】蛔虫病、蛲虫病、绦虫病、钩虫病等，常与川楝子、槟榔等同用。

【药理】北鹤虱含挥发油，主要成分为天名精内脂和天名精酮、正己酸；南鹤虱含挥发油，油中含 β-红没药烯、罗汉柏二烯、乙酸柏木酯、细辛脑、α-蒎烯、β-蒎烯、α-芹子烯等，天名精煎剂有驱杀绦虫、蛲虫、钩虫作用，对大肠杆菌、葡萄球菌等有抑制作用。

常山
Radix dichroae

为虎耳草科植物常山 *Dichroa febrifuga* Lour. 的干燥根。晒干切片，生用或酒炒用。主产于长江以南各省及甘肃、陕西等地。

常山

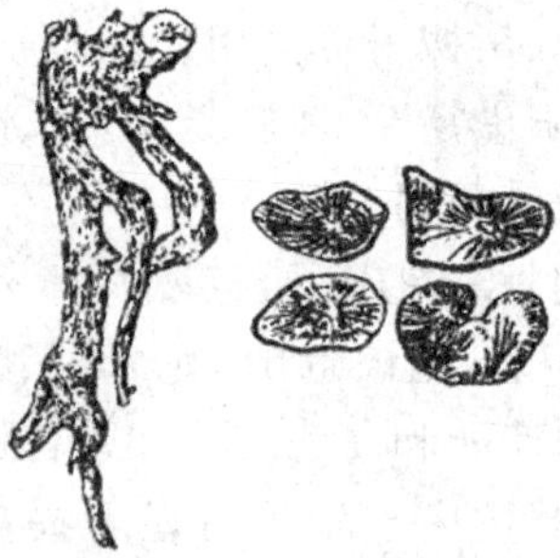

常山根

【性味归经】苦、辛，寒。有小毒。入肝、肺经。

【功能主治】杀虫，除痰消积。主治球虫病，宿草不转。

【用量】马、牛 30～60 g；猪、羊 10～15 g；兔、禽 0.5～3 g。

【应用】①球虫病，单味煎服或与其他药配伍拌料喂服。

②牛、羊草料积滞所致的反刍减少或停止，常与草果、槟榔、陈皮、青皮、半夏、乌梅、三棱、莪术、砂仁等同用。

【药理】含常山碱甲、常山碱乙、常山碱丙、常山次碱等多种生物碱及伞形花内酯等，对甲型流行性感冒病毒(PR-8)有抑制作用，所含生物碱对疟原虫有较强的抑制作用，并有降压和催吐作用。

鹤草芽
Agrimoniae rhizoma

为蔷薇科植物龙芽草 *Agrimonia pilosa* Ledeb. 的干燥冬芽。晒干，研粉用。全国大部分地区均有分布。

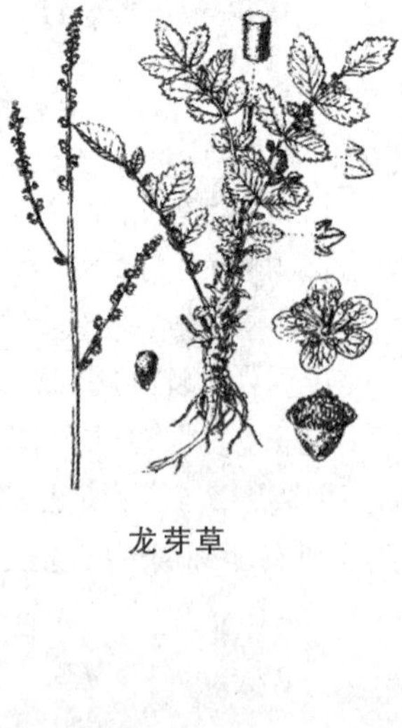

龙芽草

【性味归经】苦、涩，凉。入肝、大肠、小肠经。

【功能主治】驱虫。主治绦虫病。

【用量】马、牛 100～200 g；猪、羊 30～60 g。

【应用】绦虫病，单味研粉灌服。用于驱除猪、羊、猫绦虫。有效成分鹤草酚几乎不溶于水，故用时以散剂为宜。

【药理】含鹤草酚等，能使绦虫体痉挛致死，对头节、颈节、体节均有作用。

狼毒
Radlx euphorbiae ebracteolatae

为大戟科植物月腺大戟 *Euphorbia ebracteolata* Hayata. 或狼毒大戟 *Euphorbia fischeriana* Steud. 的干燥根。切片生用。主产于安徽、河南、黑龙江、吉林、辽宁、河北、山西、内蒙古等地。

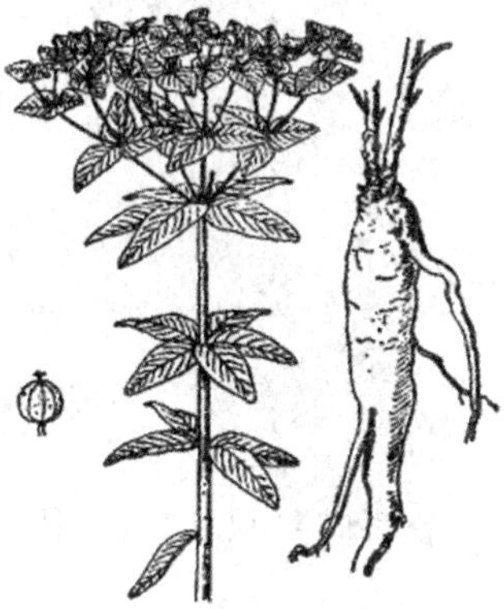
狼毒大戟

月腺大戟

【性味归经】辛，平；有小毒。入肝、脾经。

【功能主治】杀虫，破积，祛痰。主治疥癣，宿草不转。

【用量】马、牛 6～15 g；猪、羊 3～6 g。外用适量。

【应用】①疥癣，单用或与大风子、花椒、硫黄等同用。

②宿草不转，常与大戟、木通、槟榔、枳实、莱菔子等同用。

【药理】月腺大戟含月腺大戟素、异槲皮素、芦丁、没食子酸和鞣花酸，狼毒大戟含狼毒大戟甲素、狼毒大戟乙素和 β-香树酯醇乙酸酯等，具有抗菌、镇痛、抗癌等作用。

大风子
Semen hydnocarpi

为大风子科植物大风子 *Hydnocarpus antheIminiica* Pierre. 的干燥成熟种子。生用。主产于越南、泰国、印度等地，我国云南、台湾和广西有栽培。

【性味归经】辛，热；有毒。入肺、脾、肝经。

【功能主治】祛风燥湿，攻毒杀虫。主治疥癣。

【用量】马、牛 6～20 g。外用适量。

【应用】疥癣，常与巴豆、狼毒、花椒、苍术、硫黄、枯矾等同用。

【药理】含大风子油酸、次大风子油酸、大风子烯酸、油酸甘油酯及软脂酸甘油酯等，大风子油及其脂肪酸钠盐在试管中对结核杆菌及其他抗酸杆菌均有抑菌作用。大风子水浸液体外对奥杜盎氏小孢子菌也有抑制作用。

大风子油及其衍生物有刺激性，能引起呕吐、头痛、腹痛等毒副作用。

大风子

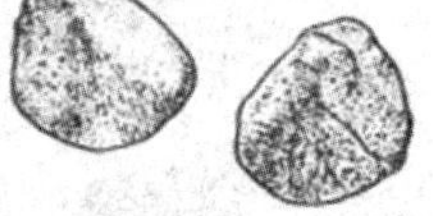

大风子种子

鸦胆子
Fructus bruceae

为苦木科植物鸦胆子 *Brucea javanica*（L.）Merr. 的干燥成熟果实。生用。主产于广东、广西、福建、台湾等地。

鸦胆子

鸦胆子果实

【性味归经】苦，寒；有小毒。入肝、大肠经。

【功能主治】清热燥湿，杀虫，解毒，蚀疣。主治下痢久泻，赘疣。

【用量】马、牛 6～15 g；猪、羊 1～3 g。外用适量。

【应用】①大肠湿热或球虫引起的下痢久泻，常与白头翁、槐花等同用。

②赘疣，单味研末，凡士林调敷患处。

【药理】含鸦胆苦醇、双氢鸦胆苦醇、鸦胆子苷 A、双氢鸦胆子苷 A、鸦胆子素 B、鸦胆子素 D、鸦胆子素 H 等，鸦胆子仁及其有效成分对阿米巴虫有杀灭效力，鸦胆子油提取物具有抗金黄色葡萄球菌、大肠杆菌、绿脓杆菌、白色念珠菌、溶血性链球菌、淋球菌等作用，并具有一定的镇痛、止痒、抗炎作用。

鸦胆子有呕吐、腹泻、便血、胃肠道充血出血、肝脏脂肪变性及充血、肾脏充血及变性等毒副作用。

榧子
Semen Torreyae

为红豆杉科植物榧 *Torreya grandis* Fort. 的干燥成熟种子。生用。主产于浙江、江苏、安徽、江西、福建、湖南等地。

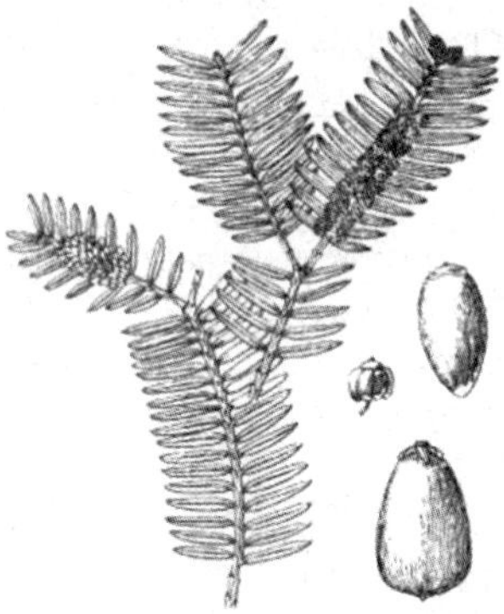

榧

【性味归经】甘，平。入肺、胃、大肠经。

【功能主治】杀虫消积，润燥通肠。主治虫积腹痛。

【用量】马、牛 15～30 g；猪、羊 5～10 g。

【应用】虫积腹痛，常与使君子、槟榔等同用。

【药理】含脂肪油，油中主成分为亚油酸、硬脂酸和油酸，具有驱除绦虫、蛔虫、钩虫、吸虫等作用。

【相关知识】

凡能驱除或杀灭畜、禽体内、体外寄生虫的药物(方剂)，称为驱虫药(方)。

虫证一般具有毛焦肷吊、饱食不长或粪便失调等症状。使用驱虫药时，必须根据寄生虫的种类，病情的缓急和体质的强弱，采取急攻或缓驱。对于体弱脾虚的病畜，可先补脾胃后驱虫或攻补兼施。为了增强驱虫作用，应配合泻下药。驱虫时以空腹投药为好，驱虫后要加强饲养管理，使虫去而不伤正，迅速恢复健康。

驱虫药不但对虫体有毒害作用，而且对畜体也有不同程度的副作用，所以使用时必须掌握药物的用量和配伍，以免引起中毒。

【任务 56】常用驱虫方

万应散(《医学正传》)

【组成】槟榔 30 g　大黄 60 g　皂角 30 g　苦楝根皮 30 g　黑丑 30 g　雷丸 20 g　沉香 10 g　木香 15 g

【功效】攻积杀虫。

【主治】蛔虫、姜片虫、绦虫等虫积证。

【方解】方中雷丸、苦楝根皮杀虫为主药；黑丑、大黄、槟榔、皂角既能攻积，又可杀虫为辅药；木香、沉香行气温中为佐药。诸药合用，具有攻积杀虫之功。

【用法】共为末，温水冲服。

【应用】用于驱除蛔虫、姜片虫、绦虫等。本方攻逐力较强，孕畜及体弱者慎用。

驱虫散(《中华人民共和国兽药典》二〇一五年版二部)

【组成】鹤虱 30 g　使君子 30 g　槟榔 30 g　芜荑 30 g　雷丸 30 g　贯众 60 g　炒干姜

15 g　制附子 15 g　乌梅 30 g　诃子肉 30 g　大黄 30 g　百部 30 g　木香 25 g　榧子 30 g

【功效】驱虫。

【主治】胃肠道寄生虫病。

【方解】方中鹤虱、使君子、贯众、雷丸、芜荑、百部、榧子具有驱杀胃肠道寄生虫的作用；槟榔杀虫攻积，下气行滞；大黄泻下以排出虫体；木香理气止痛；附子、干姜温中散寒；乌梅安蛔驱虫；诃子敛肺下气，涩肠止泻。各药合用，具有驱杀攻逐虫体的功效。

【用法】为末，开水冲调，候温灌服，或水煎服。

【应用】用于驱除胃肠道寄生虫。

贯众散(《中兽医治疗学》)

【组成】贯众 60 g　使君子 30 g　鹤虱 30 g　芜荑 30 g　大黄 40 g　苦楝子 15 g　槟榔 30 g

【功效】驱虫。

【主治】胃肠道寄生虫病。

【方解】方中贯仲、使君子、鹤虱、芜荑驱杀胃肠道寄生虫；大黄利便通肠，驱除虫体；槟榔杀虫攻积，下气行滞；苦楝子杀虫，疏肝止痛。各药合用，有驱杀攻逐寄生虫的作用。

【用法】共为末，开水冲调，候温灌服，亦可煎汤服。

【应用】用于胃肠道寄生虫病，尤其对马胃蝇(马瘦虫病)疗效较好。若动物脾胃虚弱，应兼补脾胃。本方可使断奶仔兔生长发育加快，饲料转换率提高，还可防治仔兔腹泻，减少发病和死亡率；本方还可治疗牛球虫病，预防猪发热不食、精神倦怠、便秘。

《司牧安骥集》中的贯众散由贯众、白药子、枇杷叶、陈皮、青皮、马兜铃、苏子、何首乌、瓜蒌根、桑白皮、葶苈子、牵牛子、款冬花、紫菀、白蒺藜、杏仁等组成，治疗马肺毒疮；《元亨疗马集》中的贯众散由贯众、鹤虱、花椒、臭桔、芜夷、蛇床子等组成，治疗马蜱虫咬袖。

项目 2.16　常用外用方药

问题一：冰片不具有的功效是(　　)。

A. 开窍醒神　　B. 消肿生肌　　C. 化湿

D. 止痛　　E. 清热

问题二：冰硼散主要用于(　　)。

A. 疥癣　　B. 烧烫伤　　C. 云翳遮睛

D. 舌疮　　E. 创伤出血

问题三：如意金黄散主治(　　)。

A. 疥癣　　B. 阳证疮痈肿毒　　C. 云翳遮睛

D. 舌疮　　E. 创伤出血

问题四:(1～3 题共用下列备选答案)

A. 赤芍　　B. 党参　　C. 白芍

D. 泽泻　　E. 硼砂

1. 上述药物属于冰硼散组方药物的是(　　)。
2. 上述药物属于六味地黄汤组方药物的是(　　)。
3. 上述药物属于四物汤组方药物的是(　　)。

问题五:桃花散主治(　　)。

A. 疥癣　　B. 烧烫伤　　C. 云翳遮睛

D. 舌疮　　E. 创伤出血

【任务 57】常用外用药

硫黄
Sulfur

为自然元素类矿物硫族自然硫,或用含硫矿物经加工而成。研末或制用。主产于山西、陕西、河南、广东、台湾等地。

【性味归经】酸,温。有毒。入肾、脾、大肠经。

【功能主治】解毒杀虫,补火助阳。主治疥癣疮毒,阳痿,虚寒气喘。

【用量】马、牛 10～30 g;猪、羊 0.3～1 g。外用适量。

【应用】①疥癣疮毒所致的皮肤湿烂等,常制成 10%～25%的软膏外敷,或与大风子、木鳖子、狼毒等同用。

②命门火衰所致的阳痿等,常与附子、肉桂等同用。

③肾不纳气所致的气喘,常与胡芦巴、补骨脂等同用。

【禁忌】孕畜慎用。

【药理】含硫及杂有少量砷、铁、石灰、黏土、有机质等,外用具有杀灭皮肤寄生虫、抑制皮肤真菌等作用,内服刺激肠壁而起缓泻作用。

雄黄
Realgar

为硫化物类矿物雄黄族雄黄,主含二硫化二砷。研极细粉或水飞。主产于湖南、贵州、湖北、云南、四川等地。

【性味归经】辛,温。有毒。入肝、胃经。

【功能主治】解毒杀虫,燥湿祛痰。主治疮痈肿毒,疥癣,蛇虫咬伤。

【用量】马、牛 5～15 g;猪、羊 0.5～1.5 g;犬 0.05～0.15 g;兔、禽 0.03～0.1 g。

【应用】①疮痈肿毒,常与白及、白蔹、大黄等同用。

②疥癣,单味研末外敷或制成油剂外涂,或与狼毒、猪牙皂、巴豆等同用。

③蛇虫咬伤,常与五灵脂为末,酒调涂患处。

【禁忌】孕畜禁用。

【药理】含三硫化二砷及少量重金属盐，具有抑菌、杀虫作用。内服在肠道吸收，毒性较大，有引起中毒危险，也能从皮肤吸收，大面积或长期使用会产生中毒。

冰片
Borneolum syntheticum

为菊科植物艾纳香 *Blumea balsamifera* DC. 的鲜叶经蒸馏、冷却所得的结晶品，或以松节油、樟脑为原料经化学方法合成。研末用。主产于广东、广西、上海、北京、天津等地。

【性味归经】辛、苦，微寒。入心、肝、脾、肺经。

【功能主治】通窍醒脑，消肿止痛。主治咽喉肿痛，口舌生疮，目赤翳障，疮疡肿毒，神昏惊厥。

【用量】马、牛 3～6 g；猪、羊 1～1.5 g；犬 0.5～0.75 g。外用适量。

【应用】①咽喉肿痛、口舌生疮等，常与硼砂、朱砂、玄明粉等同用，如冰硼散；目赤翳障，单味或与炉甘石、硼砂、琥珀等配伍点眼。

②疮疡肿毒溃后久不收口，常与硼砂、滑石等同用。

③神昏惊厥，常与麝香同用，如安宫牛黄丸。

【药理】含龙脑，具有抗菌、抗炎、促进其他药物透皮吸收等作用。

艾纳香

儿茶
Catechu

为豆科植物儿茶 *Acacia catechu* (L. f.) Willd. 的去皮枝、干的干燥煎膏。生用。主产于云南南部。

【性味归经】苦、涩，微寒。入肺经。

【功能主治】收湿敛疮，生肌止血。主治疮疡多脓、久不收口，外伤出血，泻痢便血，肺热咳嗽。

【用量】马、牛 15～30 g；猪、羊 3～10 g；犬、猫 1～3 g。外用适量。

【应用】①疮疡多脓、久不收口及外伤出血等，常与冰片、乳香、没药等同用，如生肌散。

②泻痢便血，常与黄连、黄柏等同用。

③肺热咳嗽，常与桑叶、硼砂等同用。

【药理】含儿茶鞣酸、儿茶精及表儿茶酚等，具有抑菌、止泻、止血、促进创伤形成痂膜等作用。

儿茶

白矾
Alumen

为含硫酸盐类矿石中的明矾石煎炼而成。又称明矾，煅后称枯矾。捣碎用或煅用。主产于山西、甘肃、湖北、浙江、安徽等地。

【性味归经】涩、酸，寒。入脾经。

【功能主治】燥湿祛痰，杀虫止痒，止血止泻。主治痈肿疮毒，湿疹，疥癣，口舌生疮，咳喘，久泻便血。

【用量】马、牛 15～30 g；猪、羊 5～10 g；犬、猫 1～3 g；兔、禽 0.5～1 g。外用适量。

【应用】①痈肿疮毒，常与雄黄同用；皮肤湿疹，常与冰片、黄柏等同用；疥癣，常与硫黄、大风子等同用；口舌生疮，常与冰片研末外用。

②痰涎壅盛所致的鼻流白脓、咳喘等，常与白及、贝母、黄芩、葶苈子等同用。

③久泻不止、便血等，单用或与五倍子、诃子、五味子等同用。

【药理】含硫酸钾铝，内服后能刺激胃黏膜引起反射性呕吐，至肠则不吸收，能抑制肠腺的分泌，因而有止泻之效。枯矾能与蛋白形成难溶于水的化合物而沉淀，故可用于局部创伤止血；对人型、牛型结核杆菌、金黄色葡萄球菌、伤寒杆菌、痢疾杆菌均有抑制作用。

硼砂
Borax

为硼砂矿经精制而成的结晶。研细用。主产西藏、青海、四川等地。

【性味归经】甘、咸，凉。入肺、胃经。

【功能主治】清热，祛痰，解毒。主治口舌生疮，咽喉肿痛，目赤肿痛，痰热咳喘。

【用量】马、牛 10～25 g；猪、羊 2～5 g。外用适量。

【应用】①口舌生疮、咽喉肿痛，常与冰片、玄明粉、朱砂等同用；目赤肿痛，单味制成洗眼剂使用。

②痰热咳喘，常与瓜蒌、青黛、贝母等同用。

【药理】含四硼酸二钠，能刺激胃液的分泌，至肠吸收后由尿排出，能促进尿液分泌及防止尿道炎症。外用对皮肤、黏膜有收敛保护作用，并能抑制细菌生长，用于治疗湿毒引起的皮肤糜烂。

木鳖子
Semen momordicae

为葫芦科植物木鳖 *Momordica cochinchinensis*（Lour.）Spreng. 的干燥成熟种子。主产于广东、广西、湖北、安徽等地。

【性味归经】苦、微甘，温。有毒。入肝、大肠经。

【功能主治】散结消肿，攻毒疗疮。主治疮痈，乳痈。

【用量】马、牛 3～9 g；猪、羊 1～1.5 g。

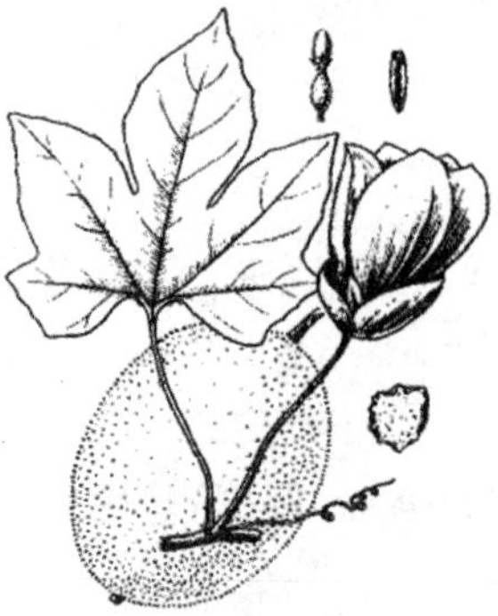

木鳖

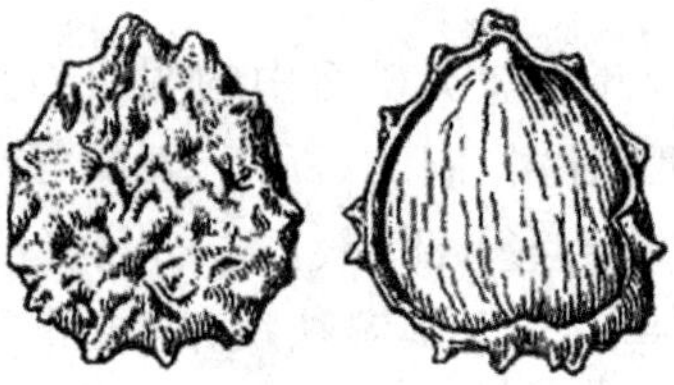

木鳖子

【应用】①疮痈肿痛，单味外敷，日久不溃者可促使破溃排脓。

②乳痈，内服可消散肿块。

【药理】含木鳖子素、皂苷及脂肪油，具有抗氧化和抗癌作用。

斑蝥 Mylabris

为芫菁科昆虫南方大斑蝥 *Mylabris phalerata* Pallas.、黄黑小斑蝥 *Mylabris cichorii* L. 的干燥体。全国大部分地区均有分布，以安徽、河南、广东、广西、贵州、江苏等地产量较大。

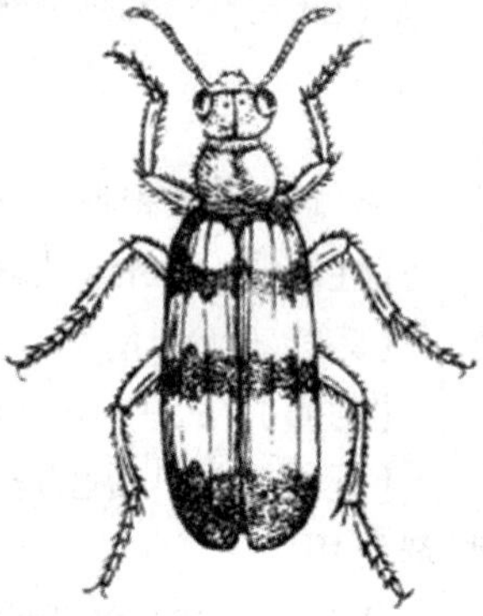

南方大斑蝥

【性味归经】辛，寒。有大毒。入胃、肺、肾经。

【功能主治】攻毒蚀疮，破血散结。主治恶疮，瘰疬。

【用量】马、牛 6～10 g；猪、羊 2～6 g。

【应用】①恶疮，单味研末，与蒜捣膏外敷。

②瘰疬，常与玄明粉同用。

【禁忌】孕畜慎用。

【药理】含斑蝥素、去甲斑蝥素、甲基斑蝥胺等，斑鹫素是斑蝥抗癌的有效成分，也是其毒性的主要成分。外用为皮肤发赤、发泡剂。

炉甘石 galamina

为碳酸盐类矿物方解石族菱锌矿，主含碳酸锌（$ZnCO_3$）。火煅或醋淬后，研末用或水飞用。主产于广西、湖南、四川等地。

【性味归经】涩，平。入胃经。

【功能主治】敛疮生肌，退翳明目。主治疮疡不敛，目赤翳障。

【用量】适量外用。

【应用】①肝热目赤肿痛、羞明多泪、睛生翳障等，常与冰片、硼砂、玄明粉等为末点眼。

②湿疹、疮疡多脓或久不收口等，常与铅丹、煅石膏、枯矾、冰片等同用。

【药理】含碳酸锌和钴、铁、锰、镁、钙的碳酸盐和极微量的镉和钼等，煅烧后为氧化锌，能部分溶解并吸收创面分泌液，起收敛、保护作用，并能抑制葡萄球菌的生长。

石灰
Calcarea

为石灰石($CaCO_3$)煅烧而成的氧化钙(CaO)。各地均产。

【性味归经】辛，温。有毒。入心、肝、脾经。

【功能主治】止血生肌，杀虫，消胀。主治创伤，烫伤，气胀。

【用量】牛、马 10～30 g；猪、羊 3～6 g，外用适量。

【应用】①创伤出血，熟石灰与大黄同炒，散布疮口，如桃花散，或与枯矾、血竭、乳香、没药等研末外用。

②烫伤，熟石灰加水浸泡，搅拌，澄清后吹去水面浮衣，取中间清水 1 份加麻油 1 份，调成乳状，搽涂烫伤处。

③牛臌胀证，制取 10%的清液 500～1 000 mL 灌服。

【药理】生石灰为氧化钙(CaO)，熟石灰为氢氧化钙($Ca(OH)_2$)，具有制酵作用。10%～20%的石灰水常用于场地消毒，其杀菌作用主要是改变介质的 pH，夺取微生物细胞的水分，并与蛋白质形成蛋白化合物。

硇砂
Sal ammoniae

为含氯化铵的结晶体。主产于青海、新疆、四川、西藏、陕西等地。

【性味归经】咸、苦、辛，温。入肝、脾、胃经。

【功能主治】软坚散结，消积祛瘀。主治痈疽疮毒。

【用量】马、牛 15～30 g；猪、羊 3～10 g；犬 1.5～5 g。

【应用】痈疽疮毒，常与铅丹等同用。

【药理】含氯化铵，能增加呼吸道黏膜的分泌，使黏液变为稀薄，容易咳出，故有祛痰作用，又能使肾小管内氯离子浓度增加，排出时携带钠和水而产生利尿作用。

硇砂副作用是引起呕吐、口渴和高氯性酸中毒。

铅丹
Minium

为纯铅炼制而成的四氧化三铅(Pb_3O_4)。主产于河南、广东、福建、湖南等地。

【性味归经】辛，微寒。有毒。入心、肝经。

【功能主治】解毒生肌。主治疮疡肿毒。

【用量】马、牛 3～6 g；猪、羊 1～2 g。

【应用】疮疡肿毒未溃者，外敷可使脓溃消肿，已溃者能拔毒生肌。

【药理】含四氧化三铅、一氧化铅及过氧化铅等，能直接杀灭细菌、寄生虫，并有抑制黏液分泌作用，用于疮疡多脓，为膏药的重要原料，为外科常用药。

水银
Mercury

为矿石中天然汞或由汞矿物制得，多作为成药原料，单用水银较少。主产于贵州、四川、湖南、山西、陕西等地。

【性味归经】辛，寒。有剧毒。入心、肝、肾经。

【功能主治】攻毒，杀虫。主治痈疮肿毒、疥癣。

【用量】外用适量。

【应用】痈疮肿毒，常用三仙丹(由水银配伍火硝、白矾升炼而成)；疥癣，常与硫黄、枯矾、大风子等同用。

【禁忌】孕畜忌用。

【药理】主要含汞及微量的银。是红升丹、黄升丹、白降丹、轻粉等成药的原料。水银的化合物有消毒、泻下、利尿作用，现已不用或罕用。汞离子能与巯基结合而干扰细胞的代谢与功能。

【相关知识】

凡以外用为主，通过涂敷、喷洗形式治疗家畜外科疾病的药物(方剂)，称为外用药(方)。

外用药一般具有杀虫解毒、消肿止痛、去腐生肌、收敛止血等功用。临床多用于疮疡肿毒、跌打损伤、疥癣等病症。由于疾病发生部位及症状不同，用药方法各异，如内服、外敷、喷洒、熏洗、浸浴等。

外用药多数具有毒性，内服时必须严格按制药的方法，进行处理及操作，以保证用药安全。本类药一般都与他药配伍。较少单味使用。

【任务 58】常用外用方

桃花散(《医宗金鉴》)

【组成】陈石灰 250 g　大黄 45 g

【功效】防腐收敛止血。

【主治】创伤出血。

【方解】方中石灰解毒防腐，收敛止血；大黄凉血解毒。二药同炒增强石灰敛伤止血之功。

【用法】陈石灰用水泼成末，与大黄同炒至石灰呈粉红色为度，去大黄，将石灰研细末，过筛，装瓶备用。外用时撒布于创面或撒布后用纱布包扎。

【应用】用于新鲜创伤出血、化脓疮、褥疮、皮肤型猪坏死杆菌病等。

冰硼散(《外科正宗》)

【组成】冰片 50 g　朱砂 60 g　硼砂 500 g　玄明粉 500 g

【功效】清热解毒,消肿止痛,敛疮生肌。

【主治】舌疮。

【方解】方中冰片、硼砂芳香化浊,清热解毒,消肿;朱砂防腐解毒,疗疮;玄明粉清热泻火,解毒消肿。四药合用,清热解毒,消肿止痛。

【用法】共为极细末,混匀,装瓶备用。用时取药少许,吹撒患部。

【应用】用于咽喉肿痛,口舌生疮。

青黛散(《元亨疗马集》)

【组成】青黛、黄连、黄柏、薄荷、桔梗、儿茶各等份

【功效】清热解毒,消肿止痛。

【主治】口舌生疮,咽喉肿痛。

【方解】方中青黛清热解毒;黄连、黄柏助青黛清热解毒,消肿;薄荷、桔梗疏散风热,清利咽喉,祛痰排脓;儿茶收敛生肌,止痛。诸药相合,清热解毒,消肿止痛。

【用法】共为极细末,混匀,装瓶备用。用时装入用四层纱布缝制的细长纱布袋中,用水浸湿后衔于口内,两端用带子固定于头颈之上。牛每次取 50～100 g,其他动物按比例酌减。

【应用】用于心热舌疮、咽喉肿痛。用于治疗动物口炎。

拨云散(《元亨疗马集》)

【组成】炉甘石 30 g　硼砂 30 g　青盐 30 g　黄连 30 g　铜绿 30 g　硇砂 10 g　冰片 10 g

【功效】解毒防腐,退翳明目。

【主治】外障眼。

【方解】本方为外用解毒,退翳明目的专用剂。方中炉甘石拨云退翳,解毒防腐,为眼科要药;冰片、硼砂消肿解毒,防腐;青盐、铜绿去腐解毒,退目翳;硇砂收湿止痒;硼砂收敛消肿;黄连清心明目。诸药相合,解毒去腐,明目退翳。

【用法】共为极细末,过筛,装瓶备用。点眼用。

【应用】用于暴发火眼、红肿流泪、眼边红烂和外障云翳等眼疾。同时内服泻肝散,结合针灸太阳穴。

《痊骥通玄论》中的拨云散多一味麝香,《元亨疗马集》中的另一拨云散由炉甘石、硼砂、硇砂、朱砂、乳香、没药组成,《中兽医诊疗》中拨云散由朱砂、硇砂、硼砂、炉甘石、黄连、冰片组成,功能主治与本方相同。

雄黄散(《痊骥通玄论》)

【组成】雄黄、白及、白蔹、龙骨、大黄各等份。

【功效】清热解毒,消肿止痛。

【主治】体表各种急性黄肿,症见红、肿、热、痛,尚未溃脓者。

【方解】方中雄黄解毒防腐;龙骨生肌敛疮;白及消肿生肌,收敛止血;白蔹清热解毒,消肿生肌;大黄清热泻火,逐瘀消肿。诸药相合,清热解毒,散瘀消肿。

【用法】共为细末,温醋或水调敷,亦可撒布创面。

【应用】用于各种外科炎性肿胀,无破溃者。加白矾、冰片、黄连可加强清热解毒功效,用于治疗非开放性急性炎症。本方也可用于治疗马、驴、牛、奶牛肚底黄、嗓黄、奶黄、蛇咬伤等。

《司牧安骥集》中的雄黄散(雄黄、白及、白蔹、官桂、草乌头、芸薹子、白芥子、大黄、硫黄),治马诸般肿毒,筋骨大硬。《抱犊集》中的雄黄散(雄黄、川椒、白及、白蔹、草乌、大黄、硫黄、白芥子),治牛诸般肿毒及筋骨胀。

如意金黄散(《外科正宗》)

【组成】天花粉 120 g　黄柏 60 g　大黄 60 g　白芷 60 g　姜黄 60 g　生南星 60 g　苍术 30 g　厚朴 30 g　陈皮 30 g　生甘草 30 g

【功效】清热解毒,消肿止痛

【主治】阳证疮痈肿毒,跌打损伤。

【方解】方中天花粉、黄柏、大黄药性寒凉,清热泻火,散瘀消肿;姜黄辛温,活血行气;生南星散结消肿;苍术、厚朴、陈皮行气除湿;白芷疏风活血,消肿定痛;生甘草解毒;醋或蜂蜜调敷以除热毒。诸药合用,清热解毒,消肿止痛。

【用法】共研细末,混匀,装瓶备用。用时以醋、麻油或蜂蜜调敷患部。

【应用】疮疡肿毒未成脓者或湿疹等。临床凡疮疡证见红肿热痛的阳证均可应用,亦可用治烫火伤。

防腐生肌散(《中兽医治疗学》)

【组成】枯矾 500 g　陈石灰 500 g　熟石膏 400 g　没药 400 g　血竭 250 g　乳香 250 g　黄丹 50 g　冰片 50 g　轻粉 50 g

【功效】防腐吸湿,生肌敛疮。

【主治】痈疽疮疡及外伤出血等。

【方解】方中枯矾、石灰、石膏吸湿生肌敛疮;没药、乳香、血竭生肌消肿止痛;冰片清热消肿止痛;轻粉防腐止痒;黄丹防腐拔毒生肌,且增加黏性,使各药易附着于创面。诸药相合,防腐生肌,吸湿敛疮。

【用法】共为极细末，混匀，装瓶备用。用时撒布创面或填塞创腔。

【应用】用于疮痈溃烂，创口不敛，新肉难生。本方加儿茶、炉甘石，可增强敛肌之力；加朱砂，可增强防腐之功；去轻粉、黄丹，则降低脱腐功效。常用于治疗牛腐蹄病。

防风汤(《元亨疗马集》)

【组成】防风、荆芥、花椒、薄荷、苦参、黄柏各等份

【功效】清热祛风，消肿解毒。

【主治】各种创伤、肿毒、疮疡溃破、直肠脱、阴道脱等。

【方解】本方为外洗消肿解毒之剂。方中防风祛风解毒；荆芥解毒散邪；薄荷清凉止痒；花椒活血消肿；黄柏、苦参清热燥湿，疗疮解毒。诸药相合，疏风清热，解毒消肿。

【用法】水煎二沸，去渣，候温洗患部。

【应用】外洗疮疡。也可用于治疗耕牛睛生白翳。

《元亨疗马集》中的防风散由防风、荆芥、花椒、白矾、苍术、艾叶组成，也是煎汤外洗方，主治马脱肛。与本方相比，少苦参、黄柏、薄荷等清凉解毒之品，而多白矾、苍术、艾叶等收敛除湿之药，故其功效偏重于祛风除湿，收敛固脱。

烫火散(《中华人民共和国兽药典》二〇一五年版二部)

【组成】地榆炭 250 g　黄柏 125 g　生石膏 125 g　大黄 60 g　寒水石 60 g

【功效】清解火毒。

【主治】烫伤、烧伤。

【方解】方中地榆炭、大黄收敛，凉血解毒，散瘀消肿；黄柏清热消肿；生石膏、寒水石清热泻火；麻油滋润肌肤。各药合用，药性寒凉，有清解火毒，消肿润肤之效。

【用法】共为细末，混匀。用时麻油调涂患处。

【应用】外涂治烫火烧伤。

擦疥方(《元亨疗马集》)

【组成】狼毒 120 g　牙皂 120 g　巴豆 30 g　雄黄 9 g　轻粉 6 g

【功效】杀虫止痒。

【主治】疥癣。

【方解】本方诸药均系辛散有毒之品，可以毒杀疥螨，消肿止痒。

【用法】共为细末，用热油调匀擦之。隔日一次。

【应用】治疗家畜疥癣。本方有杀疥、止瘙痒的作用，所用药物均为有毒之品，应用时应分片涂擦，并防止患畜舔食。

项目 2.17 常用饲料添加剂

问题一:为了某种目的而以微小剂量添加到饲料中的物质称为(　　)。

A. 饲料　　B. 饲料添加剂　　C. 添加剂预混料

D. 精料　　E. 粗饲料

问题二:中药饲料添加剂的作用是(　　)。

A. 防病保健　　B. 增加动物产品产量　　C. 提高动物产品质量

D. 改善饲料品质　　E. 以上都是

问题三:中药饲料添加剂的特点是(　　)。

A. 来源天然性　　B. 功能多样性　　C. 安全可靠性

D. 经济环保性　　E. 以上都是

问题四:用于治疗脾肾阳虚,促进母畜发情的中药方剂是(　　)。

A. 白术散　　B. 催情散　　C. 阳和汤

D. 补中益气汤　　E. 八珍汤

问题五:健鸡散的主要功效是(　　)。

A. 益气健脾,消食开胃　　B. 清热解毒,涩肠止泻　　C. 理气散寒,和血止痛

D. 健脾补气,温中散寒　　E. 补气生津,敛阴止汗

【任务 59】增加动物产品产量药

1. 促进消化吸收药

佛手

Fructus citri sarcodactylis

为芸香科植物佛手 *Citrus medica* L. var. *sarcodactylis*(Noot.)Swingle. 的果实。果皮由绿开始变浅黄绿色时,晴天采收,切成薄片,晒干或烘干。广佛手主产于广东,建佛手主产于福建,川佛手主产于四川。

佛手

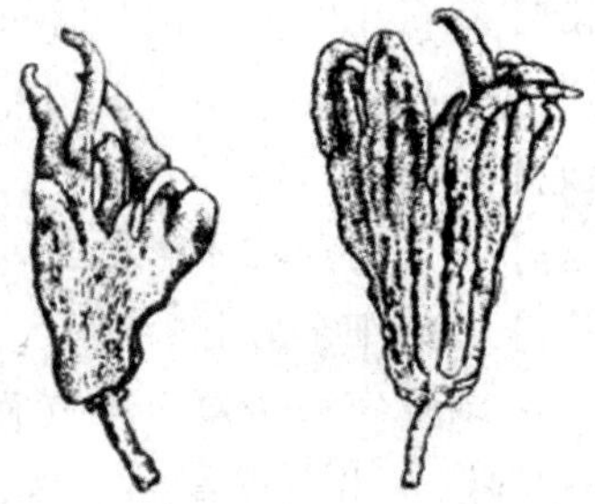

佛手果实

【性味归经】苦、辛,温。入肝、胃经。

【功效】疏肝理气,和胃,化痰。

【用量】马、牛 15~45 g;猪、羊 6~15 g;犬 5~10 g。

【药理】含 3,5,8-三羟基-6,7-二甲氧基香豆素、柠檬苦素、闹米林、β-谷甾醇、胡萝卜苷、棕榈酸、琥珀酸、香叶木苷、橙皮苷等,具有解痉、抗过敏、抗炎、抑制心脏兴奋和降压等作用。

注:具有促进消化吸收的药物还有厚朴、鸡内金、莱菔子、麦芽、神曲、香附、枳壳等,详见相应条目。

2.促生长药

松针
Folium pini

为松科植物油松 *Pinus tabulae formis* Carr. 或马尾松 *Pinus massoniana* Lamb. 等的叶。全年可采集,以冬季采者为佳,制成干粉。也可以鲜品入药。全国各地均产。

油松

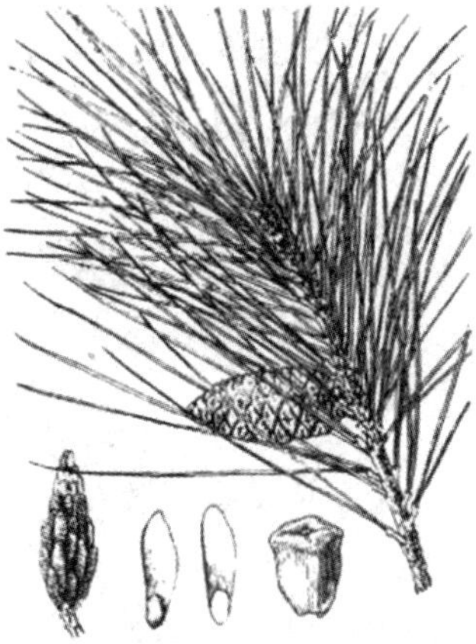

马尾松

【性味归经】苦、涩,温。入心、肝、脾经。

【功效】祛风,燥湿,杀虫。

【用量】鲜松针:马、牛 60~250 g,猪、羊 30~60 g;松针粉:2.5%~5%饲料中添加。

【药理】含 α-蒎烯、β-蒎烯、3-蒈烯、黄酮类、树脂、维生素 A、维生素 B_1、维生素 B_2、维生素 C、维生素 E、维生素 K 以及植物杀菌素、硒、铜、锰、铁、锌、钴、钼等,具有镇咳、祛痰、抑菌等作用。

钩吻
Gelsemii elgantis herba

为马钱科植物葫蔓藤 *Gelsemium elegans* Benth. 的全草。全年均可采集。主产于浙江、福建、广东、广西、贵州、云南等地。

【性味归经】苦、辛，温。有毒。入心、肺、大肠经。

【功效】祛风，攻毒，消肿止痛，杀虫止痒。

【用量】牛 60～120 g；猪、羊 30～60 g。

【药理】含生物碱钩吻素子、钩吻素寅、钩吻素卯、钩吻素甲、钩吻素丙、钩吻素辰，其中钩吻素子的含量最高，钩吻素寅性最毒，对犬、兔子宫，小剂量使其张力上升，大剂量则抑制，与阿托品、肾上腺素协同，能对抗乙酰胆碱及氯化钡引起的大鼠离体肠管的痉挛性收缩。

钩吻碱能抑制脑和脊髓的运动神经。

胡蔓藤

鸡冠花
Flos celosiae cristatae

为苋科植物鸡冠花 *Celosia cristata* L. 的花序。8～10 月花序充分长大、成熟时，分批剪收，晒干。生用或炒炭用。全国各地均有栽培。

鸡冠花

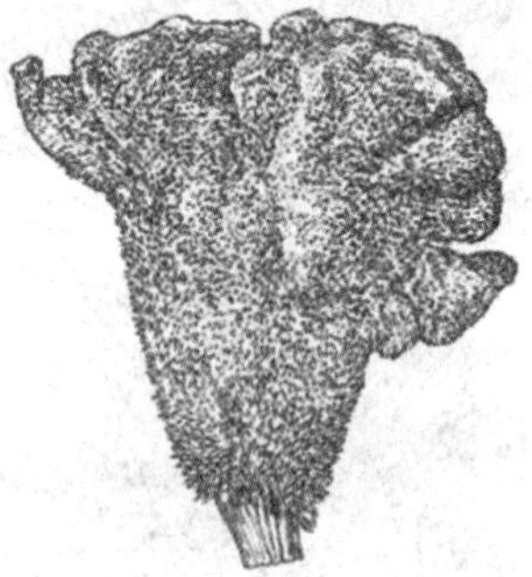

鸡冠花药材

【性味归经】甘，凉。入肝、肾、大肠经。

【功效】凉血止血，止痢止带。

【用量】牛 15～30 g；猪、羊 3～10 g；犬 1.5～5 g。

【药理】含山柰苷、苋莱红苷、松醇和硝酸钾等，具有驱杀阴道毛滴虫作用，10％鸡冠花制剂子宫腔内注射，对小鼠、豚鼠和家兔有中期引产作用。

泡桐叶
Folium paulowniae

为玄参科植物泡桐 *Paulownia fortunei*（Seem）Hemsl. 或毛泡桐 *Paulownia tomentosa*（Thunb）Steud. 的叶。夏秋采集，鲜用或晒干，粉碎。主产于东北、华北、中南及西南等地。

【性味归经】苦，寒。入心、脾经。

泡桐

毛泡桐

【功效】补充营养，清热解毒。

【用量】马、牛 60～120 g；猪、羊 30～60 g。

【药理】泡桐叶的干物质中含粗蛋白、粗脂肪、粗纤维、无氮浸出物、钙、磷、硒、铜、锌、锰、铁、钴等，毛泡桐叶含熊果酸、糖苷及多酚类，泡桐叶与山楂酸之合剂能扩张冠状血管，治疗冠脉循环及心功不足。

注：具有促生长作用的药物还有艾叶、赤芍、枸杞子等，详见相应条目。

3. 催情药

韭菜
Folium allium

为百合科植物韭 *Allium tuberosum* Rottler. 的叶片或种子。叶片春夏可收割 3～4 次，入秋后收获种子。鲜用或炒用。全国各地均产。

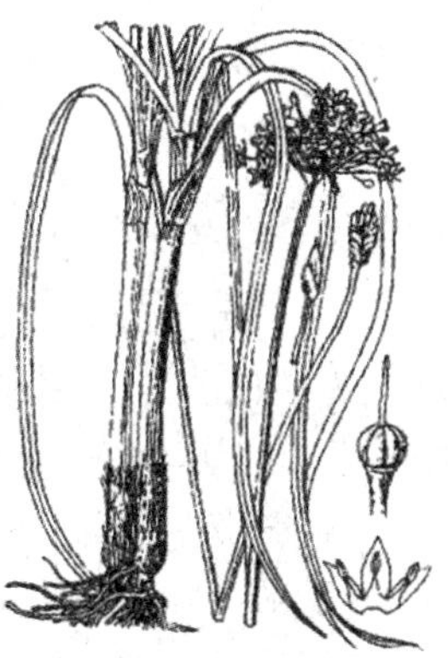

韭

【性味归经】辛，温。入肝、胃经。

【功效】散瘀止血，行气消肿。

【用量】马、牛 120～250 g；猪、羊 60～120 g；犬 30～60 g。

【药理】叶含大蒜辣素、蒜氨酸、丙氨酸、天冬氨酸、缬氨酸、β-胡萝卜素、维生素 K_1，以及二甲基二硫化物、二甲基四硫化物等挥发油等，具有兴奋神经系统、降血压、抗菌、杀虫、兴奋子宫平滑肌、抗氧化、抗突变等作用。

注：具有催情作用的药物还有蛇床子、小茴香、阳起石、淫羊藿、巴戟天等，详见相应条目。

4. 促孕保胎药

具有促孕保胎作用的药物主要有杜仲、黄精、黄芩、女贞子、山茱萸、菟丝子等，详见相应条目。

5. 壮阳药

具有壮阳作用的药物主要有骨碎补、肉苁蓉、桑螵蛸、锁阳、仙茅、续断等，详见相应条目。

6. 活血增乳药

赤小豆
Semen phaseoli

为豆科植物赤小豆 *Phaseolus calcaratus* Roxb. 或赤豆 *Phaseolus angularis* Wight. 的种子。8～9 月荚果由黄变为褐色时，割取地上部分，晒干，脱粒，去杂。主产于浙江、江西、吉林、北京、山东、安徽等地。

赤小豆

赤豆

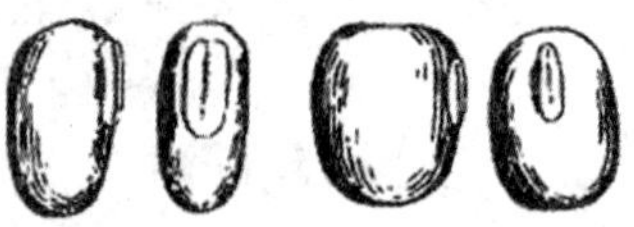
赤小豆　赤豆

赤小豆种子

【性味归经】甘，凉。入心、脾、小肠经。

【功效】利水消肿，健脾益胃，解毒排脓。

【用量】马、牛 30～60 g；猪、羊 8～15 g；犬 3～5 g。

【药理】含蛋白质、脂肪、碳水化合物、钙、磷、铁、硫氨酸、核黄素、烟酸等，20%煎剂对金黄色葡萄球菌、福氏痢疾杆菌、伤寒杆菌等有抑制作用。

羊乳参
Radix Codonopsis

为桔梗科党参属植物羊乳 *Codonopsis lanceolata*（Sieb. et Zucc.）Trautv. 的肉质根。秋季采收，洗净，晒干。主产于东北、华北、华东等地。

【性味归经】甘、辛，平。入肝、脾、肺经。

【功效】养血催乳，健脾益肺。

【用量】马、牛 60～120 g；猪、羊 30～60 g；犬、猫 15～30 g。

【药理】含苷类（三萜皂苷、羊乳皂苷 A、羊乳皂苷 B、羊乳皂苷 C）、生物碱（N-9-甲酰基哈尔满、1-甲酰基咔啉）、挥发油（己醛、反式-2-己烯醛、1-己醇、顺式-2-己烯-1-醇、反式-2-己烯-1-醇）、α-菠菜甾醇、齐墩果酸、党参苷、多糖、胡萝卜素、核黄素、抗坏血酸、钙、磷、铁、锌、锰、铜等，可刺激造血系统，提高红细胞和血红蛋白含量，具有促进乳腺发育，增强乳腺分泌作用。水煎剂对链球菌、葡萄球菌有抑制作用。

羊乳

注：具有活血增乳作用的药物还有川芎、丹皮、红花、桃仁、通

草、王不留行、胡芦巴、马鞭草、蒺藜等，详见相应条目。

7. 增蛋药

具有增蛋作用的药物主要有火麻仁、当归、黄芪、玄参、益母草等，详见相应条目。

【任务 60】提高动物产品质量药

1. 提高鸡蛋品质药

海藻
Sargassum

为马尾藻科植物海蒿子（大叶海藻）*Sargassum pallidum*（Turn.）C. Ag. 和羊栖菜（小叶海藻）*Sargassum fusiforme*（Harv.）Setch. 的全草。夏秋采割，除去杂质，清水洗漂，稍晾，切段，晒干生用。主产于浙江、福建、广东、山东、辽宁等地。

海蒿子

羊栖菜

【性味归经】苦、咸，寒。入肝、胃、肾经。

【功效】清热消痰，软坚散结。

【用量】马、牛 15～30 g；猪、羊 3～9 g；犬、猫 1～3 g。

【药理】含碳水化合物、蛋白质、碘、钾、钙、镁、锰、铁、锌、维生素，以及藻胶酸、甘露醇等，具有抗凝血、降血脂、降血压、抗溃疡、抗肿瘤、抗感染、改善微循环等作用，对甲状腺肿有治疗作用。

紫菜
Herba porphyrae

为红毛菜科紫菜属植物坛紫菜 *Porphyra haitanensis* T. J. Chang et B. F. Zheng、条斑紫菜 *Porphyra yezoensis* Ueda、圆紫菜 *Porphyra suborbiculata* Kjellm.、甘紫菜 *Porphyra tenera* Kjellm.、长紫菜 Porphyra bentata Kjellm. 等的藻体。冬春季采收，洗净，晒干。主产于辽宁、山东等地。

【性味归经】甘、咸，寒。入肺经。

【功效】化痰软坚，清热利尿。

【用量】马、牛 15～30 g；猪、羊 3～9 g；犬 1～3 g。

【药理】含蛋白质、氨基酸、多糖、脂肪、膳食纤维、碳水化合物、硫胺素、核黄素、烟酸、抗坏血酸、维生素E、钾、钠、钙、镁、锰、锌、铜、磷、硒等，具有增强机体抵抗力，延缓衰老作用。还具有抗炎、降血糖、抗氧化、抗肿瘤等作用。

注：具有提高鸡蛋品质的药物还有菊花、苍术等，详见相应条目。

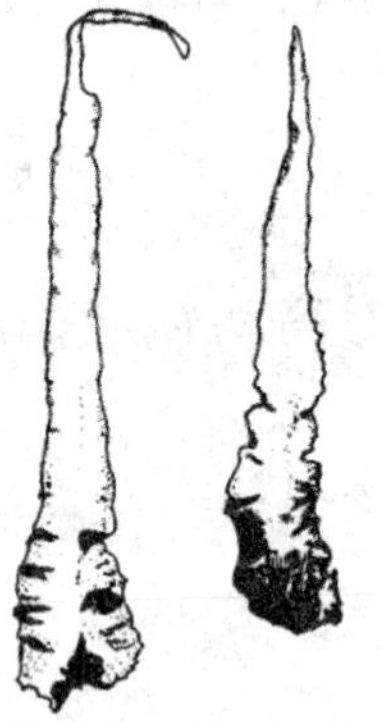

坛紫菜

甘紫菜

2.改善产品风味药

具有改善产品风味的药物主要有陈皮、丁香等，详见相应条目。

3.提高乳品质量药

落花生
Arachis

为豆科植物落花生 *Arachis hypogaea* L. 的种子。秋季采挖果实，剥去果壳，晒干。全国各地均有栽培。

【性味归经】甘，平。入脾、胃、肺经。

【功效】健脾益胃，养血通乳，润肺化痰。

【用量】马、牛 150～200 g；猪、羊 60～100 g；犬、猫 20～30 g。

【药理】含脂肪油、蛋白质、淀粉、纤维素、γ-亚甲基谷氨酸、γ-氨基-α-亚甲丁酸、谷甾醇、胆甾醇、24-亚甲基胆甾醇、卵磷脂、嘌呤、花生球蛋白、甜菜碱、胆碱、维生素 B_1、泛酸、生物素、生育酚、木聚糖、锌、钴、铜、碘、硒等，具有补充营养、促进泌乳、改善代谢、提高免疫功能、增进皮肤被毛健康等作用。

落花生

注：具有提高乳品质量的药物还有漏芦、地龙等，详见相应条目。

4.提高毛皮质量药

向日葵子
Sunflower seeds

为菊科植物向日葵 *Helianthus annuus* L. 的成熟种子。秋季采收成熟花托，打下种子，晒干。产于黑龙江、吉林、辽宁、河北、河南、山东、安徽、江苏、浙江、湖北、江西、四川、贵州、云南、山西、陕西、甘肃、青海、内蒙古等地。

【性味归经】甘，温。入脾、肺经。

【功效】养血润肺，健肤泽毛，利尿消肿，止血止痢。

【用量】马、牛 60～120 g；猪、羊 30～60 g；犬、猫 15～

向日葵

30 g。

【药理】含蛋白质、脂肪、碳水化合物、膳食纤维、胡萝卜素、视黄醇、硫胺素、核黄素、烟酸、钙、磷、镁、铁、锌、铜、硒等，能改善皮肤被毛代谢、降低血脂、清除血管沉积物、促进血液循环、提高骨质密度等。

脂麻
Sesame

为胡麻科植物脂麻 *Sesamum indicum* L. 的种子。即芝麻。秋季果实成熟时采收，割取全草，顶端向上。晾晒，打下种子，除杂，晒干。主产于山东、河南、河北、四川、安徽、江西等地。

脂麻

【性味归经】甘，平。入肝、肾、肺经。

【功效】养血柔肝，润肺泽毛，补肾益精。

【用量】马、牛 60～120 g；猪、羊 30～60 g；犬、猫 15～30 g。

【药理】含蛋白质、脂肪、碳水化合物、膳食纤维、硫胺素、核黄素、烟酸、钙、磷、铁、硒、铜、锌、芝麻素、芝麻醇、卵磷脂、芝麻苷、芝麻糖、细胞色素 C 等，能促进血液循环，改善皮肤和被毛代谢，增强免疫等。

【任务 61】改善饲料品质药

1. 补充营养药

黑豆
Sojae semen nigrum

为豆科植物大豆 *Glycine max*（L.）Merr. 的黑色种子。10 月采收，晒干，脱粒，除杂。全国各地均有栽培。

【性味归经】甘，平。入肝、肾经。

【功效】补脾，益肺，解毒。

【用量】马、牛 120～250 g；猪、羊 60～120 g；犬 30～60 g。

【药理】含蛋白质、脂肪、碳水化合物、胡萝卜素、维生素 B_1、维生素 B_2、烟酸、大豆苷、染料木苷、大豆皂苷醇 A、大豆皂苷醇 B、大豆皂苷醇 C、大豆皂苷醇 D、大豆皂苷醇 E 等，具有解痉和雌激素样作用。

大豆

胡萝卜
Radix dauci carotae

为伞形科植物胡萝卜 *Daucus carota* L. var. *sativa* DC. 的根。10 月中旬至 11 月上旬采挖根部，洗净，鲜用或加工为成品。全国各地均有栽培。

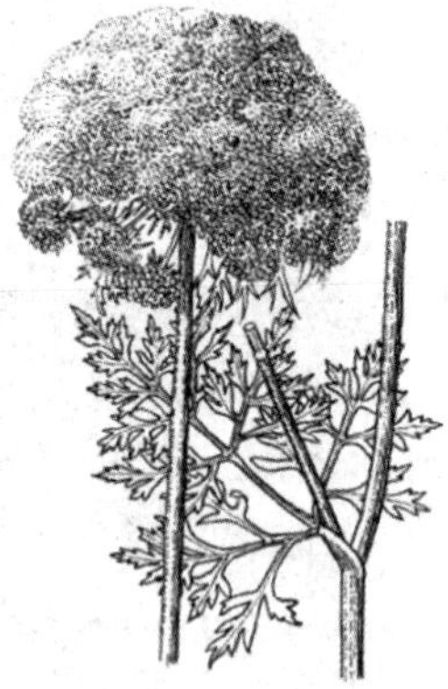

胡萝卜

【性味归经】甘，平。入肺经。

【功效】健脾化滞，养肝明目。

【用量】以料代药喂给，用量不受限制。

【药理】含 α-胡萝卜素、β-胡萝卜素、γ-胡萝卜素、ε-胡萝卜素、番茄烃、六氢番茄烃、维生素 B_1、维生素 B_2、伞形花内酯、咖啡酸、绿原酸、没食子酸、挥发油、糖等，具有降血糖作用。

胡麻子
Semen lini

为亚麻科植物亚麻 *Linum usitatissimum* L. 的种子。8～10 月间种子成熟时割取全草，晒干，打下种子，除杂，晒干。主产于东北地区。

亚麻

【性味归经】甘，平。入肝、胃经。

【功效】养血祛风，润燥通便。

【用量】马、牛 120～250 g；猪、羊 60～120 g；犬 30～60 g。

【药理】含脂肪油、棕榈酸、硬脂酸、蛋白质、黏质、糖、维生素 A 等，具有轻泻、调节小肠功能和降血脂等作用。

沙棘
Fructus hippophae

为胡颓子科植物中国沙棘 *Hippophae rhamnoides* L. 的果实。9 月中旬果实成熟，成熟后不脱落，采收期可延长到 12 月，鲜用或干燥。主产于青海、内蒙古、山西、河北、四川等地。

中国沙棘

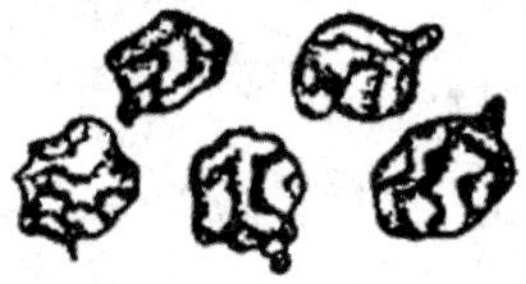

沙棘果实

【性味归经】酸、微甘，平。入肺、胃经。

【功效】润肺养胃，生津止渴，消食止泻。

【用量】马、牛 50～100 g；猪、羊 30～45 g；犬 15～20 g。

【药理】含亚油酸、油酸、硬脂酸、磷脂酸、蛋白质、脂肪、磷、钙、纤维素、维生素 C、胡萝卜素、类胡萝卜素、氨基酸等，具有抗溃疡、降血脂、增强免疫力、保肝、抑制血小板凝集、增加冠脉及心肌血流量等作用。

紫花苜蓿
Herba medicago

为豆科植物紫苜蓿 *Medicago sativa* L. 或南苜蓿 *Medicago hispida* Gaertn. 的全草。5～6 月开花时采收，鲜用或晒干。全国大部分地区均有栽培。

紫苜蓿

南苜蓿

【性味归经】甘、苦，凉。入脾、胃、大肠、小肠经。

【功效】清湿热，利尿，排石。

【用量】马、牛 60～120 g；猪、羊 30～60 g；犬、猫 15～30 g。

【药理】含大豆皂苷、三萜皂苷、植物甾醇、植物甾醇酯、苜蓿二酚、香豆雌酚、刺芒柄花素、大豆黄素、刀豆酸、胡萝卜素、月桂烯等，具有抗癌、抗真菌、雌激素样、抗凝血及止血、祛痰、镇咳及松弛支气管平滑肌作用，但对子宫平滑肌却有兴奋作用。

胆矾
Bluestone

为天然含水硫酸铜结晶。在铜矿中采挖，选择蓝色透明之结晶。主产于云南、山西、江西、陕西、广东、甘肃等地。

【性味归经】酸、辛，寒。有毒。入肝、胆经。

【功效】催吐，燥湿杀虫，化痰消积。

【用量】马 2.5～9 g；牛 3～12 g；猪、羊 0.3～1.5 g；犬 0.1～0.5 g。

【药理】含硫酸铜（$CuSO_4 \cdot 5H_2O$），内服能引起中枢性呕吐，稀溶液具有收敛止泻作用。

麦饭石
Maifanite

为原岩经蚀变、风化作用而形成的结构疏松的层状、脉状、透镜状的活性矿物，因其外貌颇似大麦米煮出的饭团而得名。主产于内蒙古、辽宁、天津、河北、吉林等地。

【性味归经】甘，温。

【功效】健胃疏肝，解毒消痈，抗老保健。

【用量】马、牛 30～120 g；猪、羊 15～30 g；犬、猫 8～15 g，兔、禽 1～3 g。

【药理】主要含硅铝酸盐，包括二氧化硅、氧化铝、三氧化二铁、氧化亚铁、氧化锰、氧化钙、氧化钾、氧化钠、五氧化二磷、氧化锰，含有动物所需的全部常量元素，具有抗菌、抗缺氧、抗疲劳、增强机体免疫力、降胆固醇等作用。

注：具有补充营养作用的药物还有蜂蜜、绿豆、杨树花、代赭石、石膏、禹余粮等，详见相应条目。

2. 调味诱食药

八角茴香
Fructus anisi stellati

为木兰科植物八角茴香 *Illicium verum* Hook. f. 的干燥成熟果实。秋冬果实由绿变黄时采摘。主产于广西、福建、台湾、广东、贵州、云南等地。

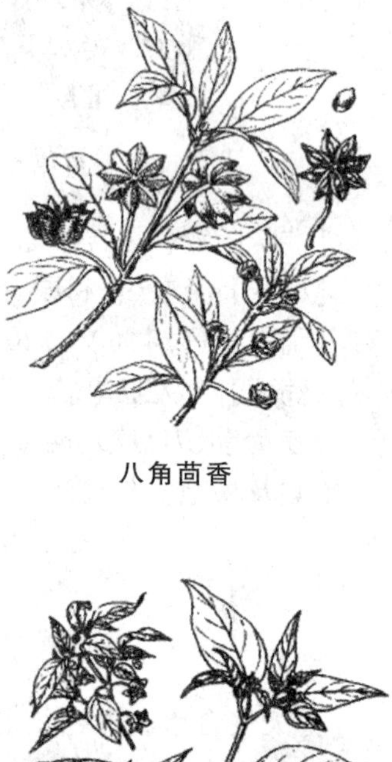
八角茴香

【性味归经】辛，温。入肝、肾、脾、胃经。

【功效】温中散寒、理气止痛。

【用量】马、牛 25～60 g；猪、羊 10～15 g。

【药理】含反式茴香脑、对丙烯基苯基异戊烯醚、α-蒎烯、β-蒎烯、樟烯、月桂烯、顺式茴香脑、茴香醛、茴香酮等挥发油，以及槲皮素、3-鼠李糖苷等黄酮类，羟基苯甲酸、咖啡酰奎宁酸等有机酸，具有抗菌、促进胃肠蠕动、升高白细胞、增进呼吸道分泌等作用。

辣椒
Fructus capsici

为茄科植物辣椒 *Copsicum annuum* L. 的果实。果实变红色时采摘。全国各地均有栽培。

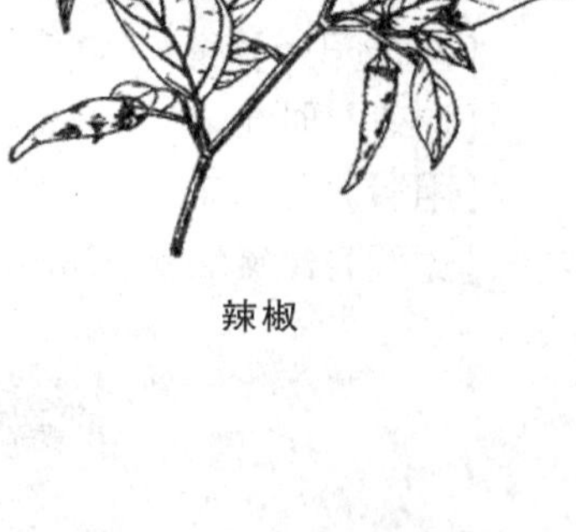
辣椒

【性味归经】辛，热。有小毒。入胃、大肠经。

【功效】温中止痛，消食和胃。

【用量】马、牛 15～30 g；猪、羊 6～15 g；犬 5～8 g。

【药理】含辣椒碱、二氢辣椒碱、降二氢辣椒碱、高辣椒碱、辛酰香草胺、辣椒红素、胡萝卜素、枸橼酸、酒石酸等。具有抗菌、杀虫、镇痛作用。

胡椒
Fructus piperis

为胡椒科植物胡椒 *Piper nigrum* L. 的果实。果实变黄或稍呈红色时分批采收。果穗直接晒干成黑胡椒；将果穗浸 7～8 d，使果皮、果肉腐烂，洗净，晒干成白胡椒。原产于东南亚，我国广东、广西、云南、福建、台湾等地均有栽培。

胡椒

【性味归经】辛，热。入胃、大肠经。

【功效】温中散寒，健胃止痛，下气消痰。

【用量】马、牛 10～25 g；猪、羊 3～6 g；犬 2～5 g。

【药理】含胡椒碱、胡椒亭碱、胡椒油碱 B、胡椒酰胺、二氢胡椒碱、类对香豆酰哌啶等，具有抗炎、促进胆汁分泌、抑制中枢神经系统功能等作用。

注：具有调味诱食作用的药物还有肉桂、生姜、白芷等，详见相应条目。

【相关知识】

中药饲料添加剂是以中药为原料制成的饲料添加剂。作用主要体现在防病保健、提高动物生产性能、改善动物产品质量和改善饲料品质等方面。

中药饲料添加剂分类目前尚无统一标准，一般按照药材来源分为植物类、动物类和矿物类三类，按照原料类型分为原产物类、加工提取物类和副产物类三类，按照产品作用分为保障动物健康类、增加动物产品产量类、提高动物产品质量类和改善饲料品质类四类。由于前面章节中详细介绍了解表、清热、泻下、消导、止咳化痰平喘、和解、温里、祛湿、理气、理血、收涩、补益、平肝、安神开窍、驱虫和外用等十六类药物（方剂）的性能与应用，因此，本部分内容着重介绍增加动物产品产量类、提高动物产品质量类和改善饲料品质类中药饲料添加剂。

【任务 62】常用饲料添加剂

催情散（《中华人民共和国兽药典》二〇一五年版二部）

【组成】淫羊藿 6 g　阳起石（酒淬）6 g　当归 4 g　香附 5 g　益母草 6 g　菟丝子 5 g

【制法】粉碎，过筛，混匀。

【功效】催情。

【方解】母畜不发情，多因脾肾阳虚。方中淫羊藿、阳起石补肾壮阳，当归补血活血，香附、益母草活血理气，菟丝子补肾养肝。诸药合用，补肾壮阳，催情。

【用量】猪 30～60 g。

【应用】用于母猪不发情。也可用于其他母畜不发情。

肥猪散(《中华人民共和国兽药典》二〇一五年版二部)

【组成】绵马贯众 30 g　何首乌(制)30 g　麦芽 500 g　黄豆(炒)500 g

【制法】粉碎,过筛,混匀。

【功效】开胃,驱虫,补养,催肥。

【方解】方中绵马贯众驱虫;制首乌补肝肾,益精血;麦芽健胃消食;黄豆补充营养,炒用增加饲料香味,促进采食。

【用量】猪 50～100 g。

【应用】用于食少,瘦弱,生长缓慢。

承气治僵散(《兽医验方新编》)

【组成】大黄 500 g　芒硝 500 g　枳实 500 g　厚朴 500 g　甘草 500 g　氯化锌 3 g　氯化钴 3 g　硫酸铜 5 g　硫酸镁 5 g　碘化钾 5 g

【制法】粉碎,过筛,混匀。

【功效】健胃消食,促进生长。

【方解】方中大黄、芒硝、枳实、厚朴泻热通肠,甘草益气健脾,氯化锌、氯化钴、硫酸铜、硫酸镁、碘化钾补充微量元素,共奏健胃消食,促进生长功效。

【用量】按 0.1%比例拌料饲喂。

【应用】用于防治僵猪。

健鸡散(《中华人民共和国兽药典》二〇一五年版二部)

【组成】党参 20 g　黄芪 20 g　茯苓 20 g　神曲 10 g　麦芽 10 g　山楂(炒)10 g　甘草 5 g　槟榔(炒)5 g

【制法】粉碎,过筛,混匀。

【功效】益气健脾,消食开胃。

【方解】党参、黄芪、茯苓、甘草益气健脾,神曲、麦芽、山楂、槟榔消食开胃。

【用量】按 2%的比例拌料饲喂。

【应用】用于鸡食欲不振,生长迟缓。

激蛋散(《中华人民共和国兽药典》二〇一五年版二部)

【组成】虎杖 100 g　丹参 80 g　菟丝子 60 g　当归 60 g　川芎 60 g　牡蛎 60 g　地榆 50 g　肉苁蓉 60 g　丁香 20 g　白芍 50 g

【制法】粉碎,过筛,混匀。

【功效】清热解毒,活血祛瘀,补肾强体。

【方解】方中虎杖清热解毒,丹参、川芎、地榆活血止血,当归、白芍养血敛阴,丁香理气,肉苁蓉、菟丝子补肾壮阳，牡蛎涩精，共奏清热解毒，活血祛瘀，补肾强体功效。

【用量】按1%的比例拌料饲喂。

【应用】用于输卵管炎，产蛋功能低下。

蛋鸡宝(《中华人民共和国兽药典》二〇一五年版二部)

【组成】党参 100 g　黄芪 200 g　茯苓 100 g　白术 100 g　麦芽 100 g　山楂 100 g　神曲 100 g　菟丝子 100 g　蛇床子 100 g　淫羊藿 100 g

【制法】粉碎，过筛，混匀。

【功效】益气健脾，补肾壮阳。

【方解】党参、黄芪、白术、茯苓补气利湿，麦芽、山楂、神曲健胃消食，菟丝子、蛇床子、淫羊藿补肾壮阳，共奏益气健脾、补肾壮阳功效，促进产蛋。

【用量】按2%的比例拌料饲喂。

【应用】用于提高产蛋率，延长产蛋高峰期。

参考文献

[1] 中国兽药典委员会. 中华人民共和国兽药典二部，2015 年版[M]. 北京：中国农业出版社，2016.

[2] 国家药典委员会. 中华人民共和国药典一部，2015 年版[M]. 北京：中国医药科技出版社，2015.

[3] 南京中医药大学. 中药大辞典[M]. 2 版. 上海：上海科学技术出版社，2006.

[4] 姜聪文，陈玉库. 中兽医学[M]. 3 版. 北京：中国农业出版社，2016.

[5] 胡元亮. 中兽医学[M]. 北京：中国农业出版社，2006.

[6] 宋大鲁，谢慧胜主译审定，中国农业科学院中兽医研究所. 元亨疗马集选释[M]. 北京：中国农业出版社，2015.

[7] 中国农业百科全书总编辑委员会. 中国农业百科全书中兽医卷[M]. 北京：中国农业出版社，1991.

[8] 于船. 中兽医学大辞典[M]. 成都：四川科学技术出版社，2002.

[9] 刘钟杰，许剑琴. 中兽医学[M]. 4 版. 北京：中国农业出版社，2012.

[10] 许济群. 方剂学[M]. 上海：上海科学技术出版社，2014.

[11] 何静荣. 中兽医方剂学[M]. 北京：北京农业大学出版社，1993.

[12] 张克家. 中兽医方剂大全[M]. 2 版. 北京：中国农业出版社，2009.

[13] 吴培. 兽医中药学[M]. 北京：中国农业出版社，1987.

[14] 胡元亮. 兽医中药学[M]. 北京：中国农业出版社，2007.

[15] 郑继方. 兽医中药学[M]. 北京：金盾出版社，2012.

[16] 胡元亮. 中药饲料添加剂的开发与应用[M]. 2 版. 北京：化学工业出版社，2017.